法 学 阶 梯
INSTITUTIONES
普通高等教育**法学规划教材**

法律职业伦理

Legal Ethics

主　编　王新清

副主编　李　蓉　赵旭光

撰稿人　王新清　李　蓉　李筱永
以姓氏笔画为序　赵旭光　袁　钢　高　通
谢财能

法律出版社
——北　京——
始创于1954年

好书,同好老师和好学生分享

图书在版编目(CIP)数据

法律职业伦理 / 王新清主编. -- 北京 : 法律出版社, 2021(2025.7 重印)
ISBN 978-7-5197-5385-6

Ⅰ. ①法… Ⅱ. ①王… Ⅲ. ①法伦理学-高等学校-教材 Ⅳ. ①D90-053

中国版本图书馆 CIP 数据核字(2021)第 034418 号

法律职业伦理
FALÜ ZHIYE LUNLI

王新清 主编

责任编辑 陈 慧
装帧设计 乔智炜

出版发行 法律出版社
编辑统筹 法律教育出版分社
责任校对 晁明慧
责任印制 刘晓伟
经　　销 新华书店

开本 787 毫米×1092 毫米 1/16
印张 20.5 **字数** 420 千
版本 2021 年 4 月第 1 版
印次 2025 年 7 月第 8 次印刷
印刷 三河市龙大印装有限公司

地址:北京市丰台区莲花池西里 7 号(100073)
网址:www.lawpress.com.cn
投稿邮箱:info@lawpress.com.cn
举报盗版邮箱:jbwq@lawpress.com.cn

销售电话:010-83938349
客服电话:010-83938350
咨询电话:010-63939796

书号:ISBN 978-7-5197-5385-6
定价:46.00 元

凡购买本社图书,如有印装错误,我社负责退换。电话:010-83938349

出 版 说 明

法律出版社在其奋进发展的六十年光辉历程中，秉精诚之心，集全社之力，服务于我国法学教育事业，致力于法学教材出版。尤其在改革开放三十余年间，本社以“传播法律信息，推进法制进程，积累法律文化，弘扬法治精神”为宗旨，协同司法部法学教材编辑部，规划并组织出版了国家“八五”“九五”期间的法学规划教材，为我国改革开放之初的法学教育和法治建设做出了开创性贡献；进入21世纪之后，法律出版社又根据教育部的部署和指导，相继规划并组织出版了“十五”、“十一五”和“十二五”法学规划教材，为我国法学教育事业的发展与改革付出了艰辛努力。

承蒙法学教育领域专家作者的信任，以及广大法律院校师生的支持，法律出版社经过三十年的发展与积累，相继出版各类法学教材达四百余种。在学科范围方面，完成以法学核心课程为重心，涉及法学诸学科的“全品种”横向结构；在培养层次方面，健全以本科教育为根本，兼顾职业教育和研究生教育的“多层次”纵向结构，进而打造“法律版”法学教科书体系，以期更好地为法学教育服务，为法治建设贡献绵薄之力。

近年来，法律出版社因应法学教育的发展变化，在教材编写体例及系列安排方面作出相应调整。在教材编写体例方面，结合当前教学实际与培养方案，将系统、全面的理论知识讲授与灵活、丰富的法律实践和能力训练相结合，倡导教材内容差异化，增加教材可读性，以期更好地培养法科学生的思维能力和法学素养。在教材系列安排方面，全力推进新品教材编写与注重既有教材修订相结合，根据教材风格与特色进行适当的套系整合，集中现有的国家级规划教材和在编的规划教材，形成以“普通高等教育法学规划教材”为名的全新教材系列。

本系列教材多为出版多年并广受好评的经典教科书。此次全新推出，既是向长期以来关心支持法学教育出版事业的专家作者的崇高致敬，也是法律出版社为中国当代法学教育事业发展拳拳努力之情的真诚表达。法律出版社将以高度的精品意识和质量标准，不断丰富、完善本系列教材的结构和内容；除教材文本之外，还将配有多层次、多形式的教辅材料，更好地为广大师生服务。

“好书，同好老师和好学生分享”，法律出版社愿与法律共同体诸同仁，分享好书，分享智识，分享法治进程中的点点滴滴！

法律出版社　谨识

2014年10月

作 者 简 介

王新清　男,1962年出生,河南新野人。法学博士,教授,国务院政府特殊津贴专家。现任中国社会科学院大学党委副书记、副校长,中国社会科学院研究生院院长,博士生导师。兼任中国人民大学法学院教授、博士生导师,教育部高等学校法学类专业教学指导委员会副主任委员,中国法学会常务理事,中国刑事诉讼法学研究会常务理事,中国法学会法律文书学研究会常务副会长。著有《刑事管辖权基本问题研究》(独著)、《市场经济中的律师和律师工作机构》(独著),主编《刑事诉讼程序研究》《刑事诉讼法》《律师学》《证据学》等法学著作三十余部,在《中国法学》《法学家》《中国刑事法杂志》等杂志上发表《论刑事诉讼当事人辅助制度》《特别行政区刑事管辖权》《中国法治建设的路径选择》《刑事诉讼中的合意问题》《司法改革的目标和原则》等学术论文七十余篇,多篇论文被《中国社会科学文摘》《新华文摘》《高等学校文科学术文摘》转载(摘编)。曾获"宝钢教育奖"、"北京市青年优秀教师"、北京市教育教学成果二等奖、中国人民大学"十大教学标兵"等奖项,其编写的教材曾被评为全国普通高等学校优秀教材。

李　蓉　女,1968年出生,湖南邵阳人。湘潭大学法学院教授,博士生导师。1987年考入湘潭大学图书情报学系学习情报学,1991年留校工作;1996年考取湘潭大学法学院硕士研究生,1999年获硕士学位,分配至湖南省政法管理干部学院任教;2002年考入中国人民大学法学院,2005年毕业并获得博士学位。2011年8月至2012年8月作为国家留学基金委公派访问学者到加拿大戴尔豪斯大学(Dalhousie University)法学院访学一年,研修加拿大刑事司法制度。现为湖南省诉讼法学会副会长,湖南省法治研究会副会长,湖南省人民检察院专家咨询委员会委员。已撰写和编著法学著作近十部,发表学术论文四十余篇,主持国家、省部级课题十余项。

赵旭光　男,1979年出生,山东蓬莱人。法学博士,教授,硕士生导师。1998年考入对外经济贸易大学国际经济贸易学院国际经济合作系学习,2002年考入中国人民大学法学院攻读诉讼法学硕士研究生,2004年继续攻读诉讼法学博士研究生,2007年获得博士学位,同年应聘至华北电力大学任教。现任华北电力大学人文与社会科学学院副院长、廉政研究中心主任。兼任中国法学会法律文书学研究会理事,北京法律谈判研究会常务副会长。2013年入选首批北京高等学校“青年英才计划”。已出版专著两部，参编教材三部，主持国家社科基金等纵向课题九项，在《政法论坛》《法学家》《法律科学》等专业刊物上发表学术论文四十余篇。

袁　钢　男，1979年出生，安徽合肥人。1997年考入安徽财经大学法学院经济法专业学习，2001年起在中国人民大学法学院攻读法学理论硕士和博士学位，2007年起任教于中国政法大学法学院。2013年入选首批北京高等学校“青年英才计划”。2015年10月至2017年2月最高人民法院首批法律研修学者，并荣获最高人民法院“优秀法律研修成果奖”。2018年4月至2019年4月哥伦比亚大学法学院Randle Edwards Fellow访问学者。现为中国政法大学法学院教授、博士生导师，兼任中国法学会法律文书学研究会常务副秘书长、中国法学会法学教育研究会副秘书长等。主要研究方向：司法制度与法律职业伦理、法学教育、人权法。独著《北京市法律援助体系实证研究》《欧盟监察专员制度研究》《权利回归：国家人权机构研究》，独译《推进正义的法律诊所教育》，主编《实践性法学教育论丛》（第四卷）（第五卷）等，合著三部、合译两部，参编教材三十余部，在《体育科学》《行政法学研究》《法学》《法学杂志》《南京大学学报（哲学·人文科学·社会科学）》《中国高教研究》等专业刊物上发表学术论文三十余篇，主持国家社科基金、北京社科基金等纵向项目三项。

李筱永　女，1976年出生，山西吕梁人。法学博士，首都医科大学副教授，硕士生导师。医学人文学院卫生法学系主任，国家级卫生监督培训基地和市级校外人才培训基地授课专家。兼任中国政法大学医药法律与伦理研究中心研究员、首都医科大学附属佑安医院伦理委员会委员。主要研究方向为卫生法学，曾经主持过国家级社会科学基金、北京市社会科学基金等纵向科研课题八项。主持或者参加国家卫健委、国家中医药管理局、北京市人大教科文卫体办公室、北京市卫健委委托横向课题二十余项。主编或者参编著作十余部，在核心期刊发表学术论文二十余篇。

高　通　男，1985年出生，山东淄博人。2003年考入中国海洋大学法学院，2007年考入中国人民大学法学院先后获得刑事诉讼法学硕士学位和刑事诉讼法学博士学位，2012年起任职于南开大学法学院。现为南开大学法学院副教授、南开大学人权研究中心研究员。主要从事刑事诉讼法学和司法制度研究，曾在《法学研究》《法学家》《法学》等刊物发表论文三十余篇，主持国家社会科学青年基金一项、教育部人文社科青年基金等省部级课题四项及其他课题若干。

谢财能　男，1982年出生，福建龙海人。2001年考入中国青年政治学院法律系，先后获得学士、硕士学位；2008年起先后于北京市人民检察院、北京市中信公证处工作，现为中国人民大学法学院在读博士生。先后在《人民检察》《法制与社会发展》《法学杂志》等专业期刊发表学术论文二十余篇。

编写说明

本教材脱胎于《法律职业道德》，其第一版于2007年4月由法律出版社出版发行以来，较好地适应了我国法学教育的需要，受到广大读者的好评。该版先后10次印刷，印数26000余册。

其后，特别是党的十八届四中全会以后，法律职业面临新的、更重要的任务和使命，有关法律、法规和中央文件也对法律职业提出了更高的道德要求。为了把这些新的规定和要求吸收进本教材，我们在法律出版社的大力支持下，对《法律职业道德》第一版做了修订，对很多章节重新进行了撰写，是为《法律职业道德》第二版。

2017年5月，习近平总书记在中国政法大学考察时发表重要讲话，强调法学教育要坚持立德树人、德法兼修，不仅要提高学生的法学知识水平，而且要培养学生的思想道德素养。2018年年初，教育部发布《法学专业类教学质量国家标准》，将"法律职业伦理"课程列入法学专业核心必修课程，要求所有开设法学专业的高校必须面向法学专业学生开设。从"法律职业道德"向"法律职业伦理"的变化，绝不仅仅是用词的变化，更是我们对新时代中国特色社会主义法治内涵基本认识的巨大进步。面对这种要求和需求，在法律出版社的策划下，我们对原《法律职业道德》第二版做了大幅度修改，以一本全新的《法律职业伦理》教材呈现给读者。

为了帮助读者深入理解教材内容，我们在各章章末附上相关典型案例，并作案例分析；为了帮助读者参加法律职业资格统一考试，我们按照考试大纲的基本要求编写各章节，并将与各章内容相关的例题选取或者设例一二附在章后，并添解答，以助益读者的学习和理解。

第一版参加编写的人员有（按姓氏笔画为序，作者单位仍遵照出版时）：王新清（中国人民大学法学院教授、法学博士、博士生导师）、李江海（广东省广州市人民检察院检察官、中国人民大学法学院博士生）、李蓉（湘潭大学法学院教授、法学博士）、李筱永（中国人民大学法学院博士生）、赵旭光（中国人民大学法学院博士生）、高宏雷（中国人民大学法学院博士生、黑龙江省绥化市北林区人民检察院挂职副检察长）。由于职业变动、工作繁忙等原因，李江海、高宏雷博士没有参与教材的修订。为加强本书的编写力量，第二版修订时我们邀请中国政法大学副教授袁钢博士，北京市人民检察院第二分院检察官、中国人民大学法学院博士生谢财能加盟，本次修订我们又邀请了南开大学法学院副教授高通博士参与教材有关章节的撰写和修订。

李江海、高宏雷两位博士分别撰写了第一版的第五、六章和第八、九章，对他们在第一版编写中的卓越工作表示感谢。本书历经两次大修，之前撰写的章节的大部分内容都已经重新撰写，从本版开始，这些章节的知识产权都由新的作者享有。

本版教材的撰稿人及其分工如下：

王新清 法学博士，中国社会科学院大学教授、博士生导师。
撰写并修订第七章和第十一章。

李　蓉 法学博士，湘潭大学法学院教授、博士生导师。
撰写并修订第一章和第二章。

袁　钢 法学博士，中国政法大学教授。
撰写并修订第五章和第八章。

赵旭光 法学博士，华北电力大学人文与社会科学学院教授。
撰写并修订第三章和第四章。

李筱永 法学博士，首都医科大学法学系副教授。
撰写并修订第十章。

高　通 法学博士，南开大学法学院副教授。
撰写并修订第六章。

谢财能 北京市中信公证处公证员，中国人民大学法学院博士生。
撰写并修订第九章。

全书由上述作者修改后，先由副主编赵旭光副教授审阅修改，最后由主编王新清教授通改定稿。

由于作者水平有限，书中疏漏乃至谬误在所难免，敬请读者批评指正。

编者
2020 年 11 月

目　　录

第一章 法律职业伦理概说

要坚守职业良知、执法为民,教育引导广大干警自觉用职业道德约束自己,做到对群众深恶痛绝的事零容忍、对群众急需急盼的事零懈怠,树立惩恶扬善、执法如山的浩然正气。

——习近平

|章引语|

作为一种特殊的职业伦理,法律职业伦理的特征表现为:第一,主体特定。法律职业共同体是法律职业伦理规范的特定主体。第二,职业特殊。法律职业伦理以遵守和实施法律为职业活动的基本内容。第三,刚性约束。法律职业伦理相对于一般伦理或道德而言具有更强的约束性,内省与外部制约相结合是其作用的基本方式。法律职业伦理主要具有调节功能、示范功能、提升功能和辐射功能。法律职业伦理基本准则是法律职业伦理规范体系的核心,其内容包括:忠实执行宪法和法律,维护法律的尊严;以事实为根据,以法律为准绳;恪守职业纪律,保守职业秘密;互相尊重,互相配合;忠于职守,勤勉尽责;清正廉洁,遵纪守法。

职业伦理 法律职业伦理 法律职业伦理基本准则

第一节 法律职业伦理的内涵和渊源

一、法律职业伦理的基本内涵

法律职业伦理与伦理、职业伦理有着密切的联系。伦理包括职业伦理,而法律职业伦理是职业伦理的有机组成部分。职业伦理、法律职业伦理受社会整体伦理状况的制约。因此,在研究法律职业伦理之前应当对伦理、职业伦理这两个更为基础的概念进行理解和把握。

（一）伦理

1. 伦理的含义

根据《伦理学大辞典》的解释，伦理系指一定社会的基本人际关系规范及其相应的道德原则。“伦”是指人的关系，即所谓“人伦”。“理”是指道德规律和原则。“伦理”即人与人相处应当遵守的道德准则。

在我国古代，“伦”即辈、类、序；“理”即分、条理、道理。二字一般单用，“伦”“理”连用，始于秦汉时期。《礼记·乐记》中说：“乐者，通伦理者也。”唐《孔颖达疏》中解释：“比音为乐，有金石丝竹干戚羽旄，乐得则阴阳和，乐失则群物乱，是乐能经通伦理也，阴阳万物各有伦类分理者也。”乐是声音的所由生，音乐本于人心，人心感觉事物不同，其声音也不同。乐得阴阳和谐，乐失群物混乱，阴阳万物都有条理顺序。这里的伦理意指把不同的事物、类别区分开来的原则、规范。后人将安排部署有条理秩序称为伦理。[1] 尽管这里也包含着对事物的处理规则，但主要指人伦关系。

伦理最初被称为“五教”，《尚书·舜典》有“敬敷五教”之说。根据《左传》的解释，“五教”是“父义，母慈，兄友，弟共（恭），子孝”（《左传·文公十八年》）。孟子时已出现了“人伦”这个概念，孟子说：“人之有道也。饱食、暖衣、逸居而无教，则近于禽兽。圣人有忧之，使契为司徒，教以人伦：父子有亲，君臣有义，夫妇有别，长幼有序，朋友有信。”（《孟子·滕文公上》）战国时代“人伦”概念已被广泛使用，如荀子说：“人伦并处。”《管子·八观》提到：“倍（背）人伦而禽兽行。”《吕氏春秋·壹行》认为：“凡人伦以十际为安者也，释十际则与麋鹿虎狼无以异。”这里的“十际”即指君臣、父子、兄弟、朋友、夫妻五种关系。后来“伦理”被发展为表示人与人之间的关系及道德原则和规范的专门用语。如西汉贾谊说“以礼义伦理教训人民”（《新书·辅佐》），其义与“人伦”一词相通。在这一意义上，“伦理”也就是“人伦之理”。

在西文中，英文“ethic”（等于 ethics）一词源于希腊语 ethos，意为风尚、习俗、德性等，汉语译作“伦理”。“伦理”一词与“道德”一词一般通用，如“伦理关系”即“道德关系”。但也有主张分开使用，“道德”指人们之间的道德关系和道德行为，“伦理”指社会的人际“应然”关系，对这种“应然”关系的概括就是道德规范，而“道德”则是主体对道德规范的内化和实践，即主体的德性和德行。“伦理”更侧重于社会，更强调客观方面，强调从整体上关注人们的行为事实的规律以及如何对其进行规范。“道德”则更侧重于个体，更强调内在操守方面。在伦理学或道德哲学理论中，“伦理”是伦理学中的一级概念，而“道德”是“伦理”概念下的二级概念。两者各有不同的概念范畴和使用区域。[2]

---

〔1〕 参见张立文：《和合伦理道德论——中华传统道德精髓与人工智能》，载《社会科学战线》2018 年第 8 期。

〔2〕 参见尧新瑜：《“伦理”与“道德”概念的三重比较义》，载《伦理学研究》2006 年第 4 期。

当然,这种区分,更多见于社会伦理学、制度伦理学的研究中。

马克思主义伦理学认为,在伦理道德和社会物质生活条件的关系问题上,社会物质生活条件决定伦理道德,伦理道德反作用于社会物质生活条件。

2. 伦理与法律的关系

伦理与法律均起源于风俗习惯。伦理道德发生史研究表明,人类的伦理道德发端于原始禁忌,而原始禁忌是原始习俗中的重要内容。人类伦理道德的形成和发展,经历了由原始族群的禁忌到氏族的禁令再到共同制定伦理道德规范的发展过程,这也是一个从他律到自律、从外在要求到内在需要、从无意识到有意识的发展过程。而人类学、历史学和社会学的研究表明,法律是氏族社会习俗的延续和变革。法律与伦理均源于社会关系的形成和社会秩序的需要。两者都是在人类历史发展的进程中产生和发展的,其共同基础是人类生活于其中的社会生产关系。从规范作用看,伦理与法律都是从整体上维护社会生活秩序的规范,承担着稳定社会的任务。两者的目的都是解决利益冲突、推动人际合作、促进社会和谐。一般来说,任何一种法律制度,都是特定社会伦理精神的体现和伦理要求的具体化,有什么样的伦理,就有什么样的法律制度。当然,这不等于说法律制度与社会伦理总是如影随形,一定社会的伦理在其具体化、程式化的过程中,也常常会出现分离甚至异化的情况。[3] 总体而论,现代社会的伦理与法律的关系可以概括为:

第一,相互渗透、相互促进、相互作用。伦理原则常常通过影响法律制定者而体现于法律当中。正义的法律或道德的法律总具有伦理上的正当性,伦理正当性是法律的价值基础。伦理秩序是设定法律目的直接依据,伦理关系体系直接影响着法律的内容:法律与伦理常常相互吸收整合,一些伦理规范被吸收到法律当中,许多在伦理上不能获得支持的行为在法律上也是被禁止的。

第二,有限度的分化和偏离。法律与伦理的分化是社会进步的表现。这种分化的直接原因是生产力水平的提高。生产力水平提高导致原始社会共同分配和共同劳动关系的解体,社会分化为不同群体。利益分化导致不同利益群体间的伦理道德规范分化,从而使同一国家或同一社会形态下存在多种内容不一的道德伦理规范,这是统治者无法根据某一种伦理道德管理或治理国家的现实原因。另外,由于各阶级间矛盾加深,社会问题复杂化,主要依靠内省和行业自律来规范人们行为的伦理规范已很难应对这些矛盾和冲突。统治者需要制定一个社会共同的行为准则来维护秩序、管理社会,这个由国家制定、以国家强制力为后盾的共同行为准则即是法律。

法律对伦理道德的偏离在法律发展史上时有发生。偏离的方式可能是在伦理道德上不被认可的行为在法律上予以认可;在伦理道德上肯定的行为在法律上不予认可。

---

[3] 参见魏英敏主编:《新伦理学教程》,北京大学出版社1993年版。转引自陈秀萍:《论法律的伦理性——变革时期法律与道德的冲突问题研究》,吉林大学2006年博士学位论文。

两者发生偏离的原因可能是因为法律移植中未充分尊重本国的传统伦理观，也可能是因为两者发展未能同步，或者因为价值取向发生了偏离。尽管一个社会对法律、伦理的偏离有一定的包容度，但偏离超过限度，则可能带来法律实施的问题。

同样是调整人们行为的规范体系，伦理与法律的不同体现在：(1)产生方式不同。伦理源于社会生活，并在社会生活中随着人们交往方式、生活习惯、价值取向的变化而变化。法律是国家制定或认可的，在国家政权的作用下运行，在相对稳定的时期具有确定性。(2)特征和性质不同。法律侧重于规范人的外部行为，而伦理则侧重于约束人的内部良心。法律靠国家强制力保障实施，虽内含伦理要求，但并不涉及内心服从的问题。而伦理规范则主要靠人们内心的良知自我约束。(3)所含内容不同。伦理产生于个体之间的公共生活中，作为一种规范，它以约束个体之间的思想和行为为基本作用方式。伦理主要是关于人与人之间相互关系所应遵守的规范。伦理规范对个体的约束，不随国家和阶级的产生而产生，也不随国家的消亡而消亡。而法律是国家制定的，是上升为国家意志的统治阶级意志的体现。(4)存在的时间不同。伦理先于法律出现，后于法律消亡。在法律出现之前，伦理已在一定程度上内化于人们的主观世界，显现于人们的行为和日常生活中。而法律是阶级社会的产物，它随着国家的出现而出现，随着国家的消亡而消失。伦理是伴随人类社会始终的。

法律与伦理之间既有分化和冲突，又有一致和联系。法律有伦理化的倾向，伦理有法律化的趋势。伦理与法律的这种关系主要通过道德的作用来实现。

(二)职业伦理

1. 职业伦理的含义

从社会伦理学看，职业伦理，就是职业活动中的伦理关系及其调节原则。[4] 职业活动是人类社会中最基本、最普遍、最主要的实践形式，是社会分工体系中的重要组成部分。社会中的个体，都是作为社会角色存在的。角色是社会结构体系中的纽带，个人以其在社会结构网络中的具体位置而获得其角色的具体规定性。[5] 因此，角色要求对于个人来说是先在的，它所表达的是社会对于其成员的要求，它所追求的是社会系统整体功能。[6] 社会职业角色，是社会结构对于职业的功能性要求，有角色就有角色规范，就有角色伦理，即关于角色的权利和义务、责任的规定。据此，我们认同以下这个职业伦理的概念：它是在一定社会结构及制度下，以权利与义务关系统一为核心，凸显社会职业角色义务或者责任，对社会职业角色进行调整的职业伦理观、伦理规范及伦理惩戒制度。[7]

---

〔4〕 参见朱贻庭主编：《伦理学大辞典》，上海辞书出版社2011年版，第269页。

〔5〕 参见宋希仁主编：《社会伦理学》，山西教育出版社2007年版，第60页。

〔6〕 参见宋希仁主编：《社会伦理学》，山西教育出版社2007年版，第60页。

〔7〕 参见廖大刚：《司法官职业伦理比较研究》，吉林大学2017年博士学位论文。

职业活动是特殊的社会角色活动,职业伦理是特殊的角色伦理。以法律职业伦理为例,它是社会系统对法律职业角色及其功能性要求。职业伦理,可以认为是当职业作为社会角色的身份地位得以确定后,对应于社会职业的角色伦理。

职业活动体现了特定的价值理念,职业关系是特殊的伦理关系。职业活动中一切关涉伦理性的方面构成职业伦理的现实内容。职业道德是职业伦理的内在方面。[8]

职业伦理的结构包括职业角色功能定位和职业角色的伦理模式。职业角色的功能定位是职业角色的伦理模式建立的前提。如前所述,职业角色是社会结构对职业的功能性要求,职业角色决定了职业规范,决定了职业伦理。"每个确定的人、现实的人、具体的人都是特定的社会角色,都在社会关系之网中占有特定的位置,与现实社会有着特定的联系,并形成特定的伦理关系,由此地就具有了角色责任、职责和使命等社会伦理的规定性。"[9]职业角色的伦理模式包括三个层面的内容:职业伦理观、伦理规范和伦理惩戒制度。职业伦理观是基于职业角色定位的职业人应有的职业价值理念。职业伦理规范是职业者从业应遵循的行为准则。职业伦理惩戒制度是指当职业人违反了职业伦理观及职业伦理规范而应受到何种惩戒以及如何进行惩戒的制度。这三个层面从观念到制度、从理论到实践确定了职业伦理模式。

2. 职业伦理与职业道德的区别

职业道德是职业范围内的特殊道德要求,指同人的职业活动紧密联系的并具有自身职业特殊性的道德准则和道德规范的总和。职业伦理是某专门或特殊职业的从业人员应具备的行业道德和应遵循的基本职业规范。两者的区别主要体现在如下方面:

第一,作用的方式不同。职业道德是职业个体在职业活动中,根据社会对某一职业的要求对自己的内心和行为所作的约束。对于职业规范的遵守,它更强调主动性、内在性、个体性。而职业伦理更多是特定职业对从业人员整体要求,是外在的、他律的规范形式。

第二,追求的价值目标不同。职业道德是个体通过职业活动体现出来的善,"其最本质的东西是个体心灵完善和自身的自由追求",[10]因而从表现形式上看是主观的,具有个体的差异性。而职业伦理则是一个社会对职业角色的要求,其基本价值目标必须符合社会对该职业的价值认同。

第三,作用的领域不同。职业道德作用于个体职业活动的精神领域,是职业人士在职业活动中通过职业行为体现出来的精神修养。而职业伦理则作用于职业共同体的公共领域,它是职业整体根据社会对职业的功能定位,通过对话协商、达成共识而形成的共同的职业理念。

---

〔8〕 参见朱贻庭主编:《伦理学大辞典》,上海辞书出版社2002年版,第43页。

〔9〕 田秀云:《角色伦理的理论实践基础》,载《道德与文明》2012年第4期。

〔10〕 许身健:《法律职业伦理》,中国政法大学2019年版,第15~16页。

（三）法律职业伦理

“法律职业的社会地位是一个民族文明的标志。”法律职业是社会分工精细化的产物。随着社会生活日趋复杂、法律体系日渐发达、法学理论日益成熟、司法知识走向专门化、司法技能逐步专业化，法律职业在社会分工体系中的独立性和重要性日渐显现，法律职业就此形成。

法律职业的特征主要包括如下几个方面：（1）较强的专业性。法律职业的技能以系统的法学教育和体系完整的法学理论为基础，从业者通过严格的法学教育，建立包括法律规范、法律思维和法律方法在内的法律专业知识体系。这是法律职业具有法律专业性的保障。（2）特有的职业伦理。法律职业人在长期的职业实践中发展出符合法律活动规律的职业技能、职业伦理，从而为该职业的自我完善和自我发展提供了条件。（3）高度的自治性和自主性。法律职业的从业者从事职业活动受法律保护，不允许法外力量进行干涉。

法律职业伦理是法律职业发展的产物。法律职业伦理是指根据法律职业的角色定位，法律职业人在其职业活动中所应具备的心理意识和应遵守的行为规范。[11] 这一概念至少包含了三个方面的内容：第一，法律职业伦理源于社会结构对于法律职业的功能性要求；第二，法律职业伦理是关于法律职业者的权利、义务和责任的规定，以法律职业者的权利与义务关系统一为核心；第三，法律职业伦理以法律职业人职业理念和职业行为上当为或不当为的准则为基本形式。

法律职业伦理是法律职业的基本构成因素。法律职业在现代法治社会的存续和发展必须具备四个要件：法律知识和技能、法律职业精神、法律职业的自我管理机制、良好的社会地位。[12] 而法律职业伦理与这些要素均有重要联系。

首先，法律职业伦理是法律知识和技能的基本内容。法律职业伦理是法律职业者在职业活动中应具备的心理意识和应遵守的行为规范。从事法律职业必须掌握专门的法律知识和技能，其中就包括这种职业特有的心理意识和行为规范。一般人成为法律职业者之前，必须经过法律教育、法律职业培训，通过必要的职业入门考试。在这一过程中，他们要“习得”的不仅包括法律理论（术语）、法律规范、法律技能，还包括法律职业所要求的特殊的职业理想、职业操守、职业行为规范，这些都是法律职业伦理的重要内容。

其次，法律职业伦理是法律职业精神的核心内容。法律职业精神的核心，即在于服务社会、服务于民。换言之，这种精神强调的是利他主义的伦理观，而这恰恰也是伦理

〔11〕 参见董静姝：《论法律职业伦理与大众伦理的分裂与统一》，载许身健主编：《法律职业伦理论丛》（第 3 卷），中国政法大学出版社 2017 年版，第 176 页。

〔12〕 参见张志铭：《法律职业道德的意义》，载张志铭：《法理思考的印迹》，中国政法大学出版社 2003 年版，第 398 页。

评价的精髓所在。法律职业伦理在调整职业与社会、职业者个人与职业群体、职业者个人与职业外个人的关系方面所作出的种种规范，均体现了服务社会的利他主义职业精神的要求。

再次，制定和实施职业伦理准则是法律职业自治、自我管理的重要手段。法律职业伦理是一种调整法律职业内外关系的行为规范，它不仅有引导作用，更有一定的强制性，可以通过职业惩戒机制，以限制进入职业组织，惩戒甚至清除那些严重违反职业伦理准则的人，维护和实现职业自治。可见，职业伦理建设是法律职业自治的重要途径。

最后，遵守法律职业伦理是良好社会地位的内在保障。一个职业在社会中的地位如何，取决于这一职业对社会的贡献和国家、社会给这一职业提供的外在保障。其中，职业的贡献是关键所在。法律职业伦理所提倡和要求的服务社会、利他主义行为准则，是法律职业充分发挥职业功能的保障，它能有效地支撑和巩固法律职业的社会地位。

此外，加强法律职业伦理建设又是依法治国、促进司法公正的需要，也是以德治国、加强社会主义精神文明建设的需要，更是建立和完善社会主义市场经济体制的需要。

二、法律职业伦理的渊源

法律职业伦理的渊源是指法律职业伦理的表现形式。法律职业伦理的表现形式有规范形式和非规范形式。非规范形式如法律职业习惯、职业传统伦理等。本节主要讨论以规范形式表现出来的法律职业伦理渊源。

第一，法律。法律与伦理规范都是调整人们行为的规范，二者同为社会上层建筑的重要组成部分，有着共同的经济基础。因此，法律和伦理规范常常是相互补充、相互作用的。法律和伦理规范在法律职业伦理这里得到了完美的结合，许多伦理规范被直接纳入法律之中。如我国《法官法》第3条规定："法官必须忠实执行宪法和法律，维护社会公平正义，全心全意为人民服务。"我国《检察官法》第4条规定："检察官应当勤勉尽责，清正廉明，恪守职业道德。"《律师法》第3条第1款规定："律师执业必须遵守宪法和法律，恪守律师职业道德和执业纪律。"此外，我国《刑事诉讼法》《民事诉讼法》《行政诉讼法》等诸多程序法中也作出了相应规定，如《刑事诉讼法》第30条第1款规定："审判人员、检察人员、侦查人员不得接受当事人及其委托的人的请客送礼，不得违反规定会见当事人及其委托的人。"《民事诉讼法》《行政诉讼法》中也有类似规定。可见，国家颁行的法律是法律职业伦理规范的一个重要渊源。

第二，行政法规及部门规章。这一类规范也是法律职业伦理的重要渊源之一。如国务院颁布的《法律援助条例》中对律师应当遵守的职业道德规范作了重要规定，司法部颁布的《律师和律师事务所违法行为处罚办法》，对律师执业中应当遵守的职业道德规范也作了相应的规定。

第三，行业规范。行业规范常常集中体现和规定各法律职业者的职业道德规范。如最高人民法院颁布的《法官职业道德基本准则》、最高人民检察院颁布的《检察官职业道德基本准则》、中华全国律师协会颁布的《律师职业道德和执业纪律规范》和《律师执业行为规范》等。这些行业规范一般能比较集中地反映法律职业的伦理规范要求。

第四，司法解释。司法解释是法律法规的重要补充，是法律职业者执业实践的重要规则渊源。这些具有法律规范效力的规则中有许多内容涉及法律职业者的职业道德问题。如最高人民法院、最高人民检察院等机关作出的关于《刑事诉讼法》适用的司法解释中，即有大量的涉及法官、检察官、律师职业道德的内容，如关于回避、辩护、审判中立的诸多规定。

第五，国际公约。在我国已经签署或参加的国际公约中，包含有诸多对法律职业者的道德要求，特别是涉及刑事司法方面的文件中，关于法官、检察官、律师、警察等人员应当遵守的职业规范和道德要求构成了这些公约的重要内容。由于这些公约是我国司法制度的重要法律渊源，其中那些有关法律职业者职业道德规范的内容也构成了我国法律职业者的职业道德规范。

第六，社会大众伦理。法律职业伦理是社会伦理的重要组成部分，是社会伦理在法律职业中的体现和具体化。因此，一般来说，普遍性的社会伦理原则与法律职业伦理间存在一般与特殊、抽象与具体的关系，它们对法律职业伦理起着补充、指导作用，是研究和制定法律职业伦理规范的重要渊源。如社会主义核心价值观中的“敬业”“诚信”，当然是法律职业伦理的核心内容。

第二节　法律职业伦理的特征

学者们从不同角度对法律职业伦理的特征进行了分析，如有学者比较法律职业伦理与大众伦理的不同，认为法律职业伦理具有以法律为制度性背景，行为规范更明确化、具体化和组织化，受正规教育而获得，作用范围特定等特征。[13] 也有学者从法律职业伦理区别于一般职业伦理的特殊性概括了法律职业伦理的特点，即对象的特定性、内容的确定性、形式的规范性、实施的约束性、价值权衡的特殊性等。[14] 我们将从法律职业伦理的主体特征、职业特征、实践特征等方面进行概括。

一、法律职业伦理的主体特征

法律职业伦理的主体，广义上说，是受法律职业伦理规范所保护和约束，如有违反

〔13〕 参见董静姝：《论法律职业伦理与大众伦理的分裂与统一》，载许身健主编：《法律职业伦理论丛》（第3卷），中国政法大学出版社2017年版，第176～179页。

〔14〕 参见孙笑侠：《法律家的技能与伦理》，载《法学研究》2001年第4期。

应受其惩戒的人。这些人的集合即是法律职业共同体。

（一）法律职业共同体的概念与性质

法律职业是社会众多职业中的一种。广义的法律职业指所有从事法律工作的人所形成的职业，但一般意义上的法律职业特指经法律专业训练、具有娴熟的法律职业技能与伦理的人所形成的职业。〔15〕这种职业主要以执行、实施法律为工作内容，其工作属性不能为其他职业类型所概括，是具有独立形态的职业类型。法律职业伦理的主体，即法律职业伦理的承载主体，是法律职业共同体，“是一个拥有共同专业的法律知识结构、独特的法律思维方式，具有强烈的社会正义感和公正信仰的整体”，〔16〕主要包括法官、检察官、律师、法律研究者、仲裁人、公证人员、行政执法人员等。这是一个以精通法律专门知识、实际运用和操作法律为特点，以实现法律价值为终极目标的群体。

从性质来看，法律职业共同体是一个语言共同体、事业共同体、利益共同体。首先，他们是一个法律语言共同体，依赖共通的法律话语来沟通和从事职业活动，他们的思维方式与生存方式是与这种语言形式紧密相连的。其次，他们是一个事业共同体，具有对法律和法治的共同认知，遵循共同的标准和规范，有统一的知识体系、职业思维、职业逻辑和对职业目标追求，有共同的伦理道德、专业素质和知识修养。从职业技能角度来看，法律职业者接受过相同的语言思维方式、推理方式及辨析技术、职业技能等训练，因而也是一个知识共同体。最后，法律职业共同体又是利益共同体。一个有效的法律制度的运行，不仅在于法律是良法，而且在于法官、检察官等法律职业者对法律的忠实执行。法律的良性运行使法律职业共同体获得职业荣誉感和职业保障，相反，法治不彰则使所有的法律职业共同体成员失去职业保障。法律职业共同体是一荣俱荣、一损俱损的关系，这是法律职业共同体成员共同利益之所在。这种利益的一致性，促使法律职业共同体成员创造共同体文化、维护共同体形象，推动国家法治建设的进步。

（二）法律职业共同体形成的意义

第一，法律职业共同体的形成是实现法治国家的重要前提和基础。法律职业共同体是实现依法治国的核心力量，他们受过系统的法律职业教育和训练，是国家立法、司法、执法、法学研究教育活动的主要力量，这些力量是法治国家建设不可或缺的。他们在立法、司法、执法、向社会提供法律服务、法学教育和研究中，以维护社会正义和公民权利、维护法律的权威、推动法治前进为己任，这是实现法治国家的重要基础。

第二，法律职业共同体是社会法律文化、法律观念最重要的创造者，是国家法治不

---

〔15〕 参见孙笑侠：《法律人之治——法律职业的中国思考》，中国政法大学出版社 2004 年版，第 12 页。

〔16〕 王利明：《法律职业专业化与司法改革》，载苏泽林主编、最高人民法院政治部编：《法官职业化建设指导与研究》2003 年第 1 辑，人民法院出版社 2003 年版，第 25 页。

断完善的动力源泉。法律职业者一般是社会的精英阶层,对社会进步的影响力极大。他们以共同的法律精神内涵为联系纽带,一旦形成了稳固的集体,势必成为一股更为强大的合力,拉动国家法治建设不断前进。特别是这个共同体发展出的法律职业话语,不断向大众及社会传递着理性、法治的精神,能极大地推动和促进法治的进程。

第三,法律职业共同体是法律权威的最有力支撑。强大而有威信的职业法律人群体构成法律权威的最稳定、最持久、最可靠的基础。静态的法律制度本身具有不可避免的缺陷,如相对于社会生活的滞后性、不完善性等,这种缺陷只有在运行层面通过法律人的法律素养加以完善和弥补,才能树立法律的权威。法律职业者是最有动力维护法律权威的群体。职业法律家是以法律为业的人,从理性的、自利的角度,必然捍卫其赖以安身立命的法律的权威。民众对法律的认知往往始于职业法律家,要想提升法律权威,就要形成一个相对独立的、精英化的、有威望的职业法律家阶层。

第四,法律职业共同体促进民主政治的形成。法治国家的历史经验表明,法律职业共同体在人才选拔和培育上较其他职业更倾向于精英化,这个精英群体一旦形成成熟的共同体,即不断向政府和其他政治机构、企事业单位的决策层输送人才,并在这个过程中传递法律人的伦理价值观。因此,有人认为,“法治”即“法律人之治”。[17] 而法律人掌管政府机构,必然将法律职业的思维方式、行为模式带到政府的管理中来,使之充满法治的氛围。

第五,从这一群体自身来看,法律职业共同体的形成将有助于协调不同法律职业间的利益冲突,促进群体自身的良性发展。法律职业共同体是由法官、检察官、律师以及法律学者等构成的一个颇为复杂的社会群体,各法律职业之间存在一定程度的利益冲突。例如,法官群体与检察官群体之间的冲突,国家法律工作者(法官、检察官等)群体与律师群体之间的冲突。法律职业共同体的形成,能够促使各法律职业群体形成共同的法治信仰和法律文化,在一定程度上消融不同法律职业群体之间的隔阂,消解各职业间的利益冲突,促进法律职业共同体的良性发展。

(三)法律职业共同体在我国的发展

一般来说,一个国家内法律职业共同体的形成必须具备一定的条件,如法治的迅速发展、法律职业准入机制的建立、统一的法律人培训机制的建立、职业者在数量和质量上规模化、法律职业文化的形成等。[18] 这意味着一个成熟的法律职业共同体的形成往往是一个漫长的过程。西方法律职业共同体的形成经历了数百年的时间,在此过程中,政治进步、经济发展、思想文化繁荣起了关键性作用:社会从神权统治、君权统治发展到

---

〔17〕 孙笑侠:《法律人之治——法律职业的中国思考》,中国政法大学出版社2005年版,第一章。

〔18〕 也有学者提出法律职业共同体的形成要具备四个要素:专业知识体系或者专业特性的强化;法律信仰的确立;法律职业教育的系统化和强化;司法的真正独立。参见黄文艺:《呼唤中国的法律职业共同体——“中国法治之路与法律职业共同体”学术研讨会综述》,载《法制与社会发展》2002年第5期。

民主政治，使法律在社会生活中的地位日隆，为法律职业的专业化提供了发展空间；商品经济或者市场经济的发展加剧了社会分工的深化，从而为法律职业的独立做好了物质和技术上的准备。一些关于人力资本的理论为法律职业的独立提供了思想和理论支持，如现代社会人力资源的合理开发和优化配置理论，对包括法律职业在内的社会各行各业产生了重大影响和积极作用，其结果是法律职业发展良好，法律职业共同体健康和谐发展，逐步形成一整套独特的法律职业标志、法律职业意识、法律职业语言、法律职业知识、法律职业伦理、法律职业思维方式、法律职业共同的发展背景、法律职业的行业组织，最终使法律职业在社会中形成独立的阶层。〔19〕

目前，我国尚未形成真正意义上的法律职业共同体，一些外部或内部的制约因素仍将在一段较长的时间内影响法律职业共同体的形成。从外部来看，民主政治仍在建设中，市场经济发育不充分，规则文化建设步伐缓慢，这些因素客观上阻碍了法律职业共同体的形成。从内部来看，法治发展进程一波三折，步履艰难；法律职业缺乏独立性，不能得到社会的普遍认可；法学教育和法学研究未对职业共同体建设投入足够的关怀，理论界对法律职业共同体的发展缺乏清晰的思路和积极的准备，等等。为了加快法律职业共同体的形成，我们不能靠其自然演进，必须借助制度推进，促其发展。这些制度一般包括法律职业共同体的培养制度、职业保障制度等。

法律职业共同体的培养制度是法律人才培养机制的组成部分，它由一整套的与法律职业特点和职业要求相适应的教育、考核和培训制度组成，包括以下几个方面：(1)法学专业教育。这是以培养优秀的法治人才为目标，以向受众传授系统的法学知识体系和法律工作技能为手段，使未来的法律共同体成员具备丰富的法律知识、娴熟的法律工作技能、坚定的法律职业伦理，树立共同的法治信仰。这是法治人才培养的重要基础。(2)体系化的法律职业准入制度和统一的法律职业资格考试制度。它是法治人才培养中的关键环节，其目的是统一法律职业的准入条件和标准，以保障和建设一支高素质的法律职业共同体队伍。(3)法律职业培训。培训的主要任务是对通过法律职业资格考试、准备进入法律职业的"法律人"开展的上岗前的实务训练。这种培训以传授不同法律职业技能为重点，一般由法律职业部门承担，采取"法官教法官""律师教律师""检察官教检察官"的形式，使即将从事具体法律事务的人掌握与该法律事务相关的技能。这是法治人才宏观培养模式不能缺少的组成部分。(4)终身法律继续教育。这种教育的主要任务是更新、补充法律知识和业务技能。一般是由法律职业部门和普通高校及科研机构共同承担，其任务是为法律职业共同体提供终身教育的机会和学习渠道。〔20〕 为保证这一体制有效发挥功用，上述四个阶段的教育、考试和培训制度应当

---

〔19〕 参见霍宪丹：《关于构建法律职业共同体的思考》，载《法律科学》2003 年第 5 期。

〔20〕 参见黄文艺：《呼唤中国的法律职业共同体——"中国法治之路与法律职业共同体"学术研讨会综述》，载《法制与社会发展》2002 年第 5 期。

相互衔接和统一,法律职业制度与教育培训制度应当统一和协调。人才培养机制是共同体建设的基础。

职业保障制度包括从业人员职业保障制度,如有关从业人员生活、待遇保障,独立执业保障等,还包括该特殊职业的市场保护制度,这种市场保护包括禁止未获执业资格者从事法律职业,要求从事法律职业者必须接受过长期、有效的职业培训等。职业保障制度也是促进法律职业共同体发展的重要制度保障。

二、法律职业伦理的职业特征

职业伦理是调节职业活动中各主体关系的行动指南,是从业人员在其职业活动与社会生活中所应遵循的行为规范。由于职业分工,从事不同职业的人对社会所承担的责任不同,这直接影响着人们职业目标的确定和职业活动的选择,继而形成不同的职业伦理规范。职业伦理是职业范围内的特殊要求,是同人们的职业活动紧密联系的自身行为规范和行为准则。每一个职业都有自己的伦理规范,一定的职业伦理也只适用于某一特定的职业活动领域。某一特定职业所具有的伦理道德要求,会随着职业技能、职业知识在该特定职业中世代相传,从而造成不同职业的人在行为品质上的差别。这是职业伦理的行业或职业特征。职业性是职业伦理最鲜明、最突出、最主要的特征。

法律职业是以适用法律并实现法律价值为共同目标的职业,遵守法律、实施法律、维护法律的权威、弘扬法治是这一职业的核心伦理要求,是法律职业共同体对社会承担的基本责任,也是与法律职业的社会功能、权利和义务相一致的思想意识和行为规范。

首先,法律职业伦理是法律人在共同的法律职业生活实践基础上形成的,法律职业生活以实施、遵守法律为基本内容。职业伦理不是在一般意义的社会实践基础上形成的,而是在特定的职业生活实践中逐步形成的。法律人在社会生活中共同承担着实施法律的任务,在这种共同的社会实践基础上,逐渐产生了忠于法律、遵守法律的行为规范和道德要求,这是其他职业所不具有的。

其次,忠于法律、实施法律反映了法律职业的特殊的职业利益和职业要求。职业伦理不是一般地反映社会伦理和阶级伦理的要求,而是着重反映本职业的特殊利益和要求。从职业伦理的形成过程看,各个职业部门的行业集团为了维护本职业的利益、维护本职业的职业信誉和职业尊严,必须制定某些职业伦理规范。一方面用以调整本职业内部成员之间的利益关系,维护职业内部秩序;另一方面用来调整本职业同外部的利益关系,满足社会对本职业的要求,这是职业伦理的基本来源之一。如果把法律职业共同体视为一种利益共同体,则这一共同体以实施法律、推行法治为其共同利益指向。在处理与外部的关系上,忠于法律则是外部社会对这一职业的基本要求,也是法律职业获得社会地位和社会认可的重要原因。

最后,法律职业伦理在内容上概括地表现为要求法律从业人员忠于法律、遵守法律的职业义务和在违反上述义务的情况下所需承担的职业责任。职业伦理的主体范围主要是从事该职业的人，在内容上则以表达职业义务和职业责任为主。法律职业的职业义务可以概括地表达为忠于法律、遵守法律、实现法律；法律职业的责任即是在违反上述职业义务的情况下应当接受的职业上的制裁。“制裁是所有道德规范的基本要素”，[21]对法律的义务和责任构成了法律人职业规范的最主要部分。

尽管存在职业的特殊性，并因此出现职业伦理内容的多样性或差异性，如对法官而言，追求司法公正是其最基本的伦理要求，对律师而言，恪尽职守、依法实现当事人利益最大化是其基本的伦理要求，对检察官而言，努力保障和实现国家、公共利益才是职业伦理的基本要求，法学教育与研究人员则以培养法治人才、研究法学及法律发展规律为己任，但这些职业的共同特点在于以法为本，以实施法律为基本目标，以维护和遵守国家法律为基本特点。

当然，实施法律、维护和遵守法律并非对法律的刻板依从，而是一种高智力的创造活动，这种活动具有以下特点：

第一，它是法律理论与法律实践高度结合的活动。法律职业作为一种高度专业化的职业，在长期的发展中已形成了包括法治思想、法学理论在内的法律知识体系。法律职业人在运用这些为普通公众解释实践问题时，既是创造性地将抽象的规则和深刻的理论准确、恰当地运用于具体、鲜活的实践，解决社会生活问题的过程，又是将个别的、具体的实践问题提炼为法律问题，涵摄到既有法律和法学理论框架内的过程，这是一个理论见之实践的过程，法律在这一实施过程中也因此得以发展和完善。

第二，它是一种将抽象的法律运用于具体社会关系的活动。一般而言，法律职业是依据法律的规定向社会提供法律服务或解决社会冲突的职业。法律规范一般是抽象的和概括的，以保持法律规则的高适应性。而法律实践始终面对的是具体问题。因此，实施法律、遵守法律要求法律职业者通过个体和群体的经验积累和探索总结将抽象的规则运用于解决具体生活问题，并不断完善和修订法律规则和法律制度，以应对时代和社会的不断变化和挑战。

第三，在现代社会中，法律的实施是一种将高度统一性的法律适用于高复合性的社会关系的过程，这更需要从业人员的敬业和创造。就一个国家而言，国家的统一性决定了法治的统一性，而统一性也在某种程度上意味着公平、正义。与之相反，受法律调整的社会关系则日益呈现复合性的特点，即随着经济社会发展和民主政治的完备，随着国家工业化任务的逐步完成并向治理型社会发展，经济生活、政治生活和社会生活都将逐步纳入法治的轨道，各类经济关系、政治关系和社会关系也将越来越多地表现为法律关系和归结为法律问题从而受法律调整，这使法律实践所面临的问题日益呈现综合化、复杂化、专业化和国际化的趋势。法律制度本身的统一性与受法律调整的社会关系的多元化、复杂化的矛盾，使法律职业活动越来越具有挑战性。

---

〔21〕［法］爱弥尔·涂尔干：《职业伦理与公民道德》，渠东等译，上海人民出版社 2001 年版，第 4 页。

三、法律职业伦理的实践特征

法律职业伦理在实践上的特征，表现为伦理规范的实施依靠内省与外部约束相结合。

“一般而言，群体的结构越牢固，适用于群体的道德规范就越多，群体统摄其成员的权威就越大。群体越紧密地凝聚在一起，个体之间的联系越紧密、越频繁，这些联系越频繁、越亲密，观念和情感的交流就越多，舆论也越容易扩散并覆盖更多的事物。”“职业伦理越发达，它们的作用越先进，职业群体自身的组织就越稳定、越合理。”〔22〕涂尔干对职业伦理（道德）与群体结构关系的阐释表明，职业伦理之于职业群体有重要意义，它能加强职业群体的组织稳定性，提高群体凝聚力，促进群体成熟。职业伦理的这种功用是通过两个途径发挥作用的。

一是以固定于成员个体意识中的职业义务要求作为衡量标准，通过成员“内省”，并不断调整自己的行为，使其职业活动符合职业共同体的共同利益，以履行自身对共同体和社会的责任。这一途径是通过使伦理规范内化为成员的行为标准或行为准则，使成员自觉遵守职业纪律、维护职业利益来发挥伦理准则的功用的。将伦理规范内化为成员的行为标准，使其成为成员培养良好的职业心理和职业行为习惯的内动力，能大大提高其服从职业规范的自觉性，主动处理好职业内部和外部的利益关系，这是职业伦理发挥作用的重要形式。“有一种体系似乎必然会把这些社会利益带给个体的心灵，迫使个体尊重它们，这种体系就是道德纪律。因为所有道德纪律都是为个体制定的规则，个体必须循此而行，不得损害集体利益，只有这样，才不会破坏他本人也参与构成的社会。”〔23〕在职业化的过程中，成员通过学习、培训所要掌握的不仅仅是职业知识与技能，更要学习这种职业为他标出的行为界限，并最终将这些行业的限制内化为遵纪守法的职业习惯。法律职业伦理通过共同体的培养机制和养成机制渗透进共同体成员的个体意识中，通过影响成员的行为选择而发挥作用。

二是通过职业责任和职业纪律约束，从外部迫使职业群体成员遵守职业伦理规范。职业伦理不同于普通社会伦理的一个显著特点，是它不仅靠传统习惯、社会舆论和内心信念来调整人的言行，它还要通过职业责任和职业义务，对从业人员形成一定的强制，迫使从业人员遵从职业伦理规范。从职业伦理的构成看，一种成熟的职业伦理体系往往包括职业理念、职业态度、职业责任、职业义务、职业纪律、职业信誉等，职业责任、职业义务、职业纪律则是以某种强制的形式对从业人员的行为进行外部约束。如职业责任，主要指从事职业活动的人必须承担的职业上的责任和义务，它往往通过具有法律和行政效力的职业章程或职业合同来设定；职业纪律是为维持职业活动的正常秩序，保证职业责任的履行所必须遵守的规则，常常表现为规章、条例等形式。这些规范或者以法

〔22〕［法］爱弥尔·涂尔干：《职业伦理与公民道德》，渠东等译，上海人民出版社2001年版，第4页。
〔23〕［法］爱弥尔·涂尔干：《职业伦理与公民道德》，渠东等译，上海人民出版社2001年版，第16页。

律的形式，或者以行业规范的形式，或者以契约的形式，对从业者进行约束，一旦从业者违反了这些规范，即会有相应的组织对其进行制裁。不仅如此，法律职业伦理的这种制裁常常更有强制性，需要借助法律实施机构、行业规范监督执行机构实施，而不是通过人员自身"内省"发挥作用。

通过法律维护职业伦理的尊严，这是现代社会职业伦理的显著特征。社会分工的发展使职业活动成为人类社会最基本、最重要的社会实践活动，因此，规范职业活动，协调各职业内外利益关系，常常不只是职业内部的问题，而是全社会的问题。特别是法律职业，它事关国家法治和社会正义的实现，关乎社会秩序的建立和维护，更涉及每个社会成员的生命、财产安全，这种职业的重要性决定了法律职业伦理需要更为有力的措施加以维护和实施，即通过职业伦理的制度化约束从业人员的职业行为。另外，职业纪律、职业责任还会以行业规章等形式表现出来，并依靠职业共同体的组织机构来制约从业者，如律师协会即可对违反律师职业伦理的一些行为进行制裁。

职业伦理得以存在和发挥作用的方式与一般伦理规范是不同的。一般来说，职业伦理与一般社会伦理并不完全相通，因而不能像一般伦理一样，只依靠公众舆论来迫使从业者遵从。法律职业伦理有时还不能屈服公众舆论的压力。涂尔干说："这种道德（职业道德）与众不同的特征，即区别其他伦理的地方，就是无视公众意识对它的看法。"〔24〕因此，职业伦理有自己的运转机制，这套运转机制主要靠职业伦理内化与外部强制相结合的方式来发挥其功能。按照西方学者的观点，现代社会是法律理性的统治，法律所张扬和传递的是一套独特的"技术理性"，这种"技术理性"或"人为理性"常常是价值中立的，本身所包含的道德内容较低。如果没有职业伦理发挥作用，法律职业将变成韦伯说的"可怕的腐败和丑陋的市侩习气，将给这个团体造成致命的威胁"。法律伦理一方面通过"身份荣誉意识"或类似的职业伦理，通过共同体成员的自我约束，保持这一群体的"廉洁正派"；另一方面，法律伦理规范通过惩戒机制，从外部对法律职业共同体成员进行约束。两者的结合，从外部看，保证了法律职业共同体及其成员的良好形象，维护了其权威；从内部看，则能有效地克服法律职业的"职业病"，如过分技术化带来的对目的的偏离。

第三节　法律职业伦理的基本准则

一、法律职业伦理规范体系的结构

法律职业伦理规范体系是法律职业伦理规范按照一定的秩序和内部联系组合而成

---

〔24〕［法］爱弥尔·涂尔干：《职业伦理与公民道德》，渠东等译，上海人民出版社2001年版，第8页。

的法律职业伦理规范系统。法律职业伦理规范体系由法律职业伦理基本准则、法律职业伦理要素和法律职业伦理规范三个部分组成。法律职业伦理基本准则是法律职业伦理规范体系的核心,居主导地位,是法律职业伦理区别于其他类型职业伦理规范的根本标志,又是各类法律职业在伦理道德上的共性所在。它是指法律职业伦理的基本尺度、基本纲领和基本要求,它贯穿于法律职业伦理现象的一切领域,对所有法律职业伦理现象均有指导意义,是各种不同类型法律职业伦理的根本标志。法律职业伦理要素是反映法律职业伦理现象的一些基本范畴,这些基本范畴反映了法律职业伦理现象的特性、关系和基本结构。法律职业的从业者借助于职业伦理要素,使法律职业伦理原则和规范转化为内心的道德要求,进而形成完整的法律职业伦理系统。法律职业伦理规范是指导和规范法律职业者职业活动的行为准则,它是社会和国家对法律职业者行为和关系的基本要求的概括。法律职业伦理规范是法律职业伦理基本准则的具体化。三者是相互补充、相互影响、相互制约的关系。

二、确立法律职业伦理基本准则的依据

明确法律职业伦理的基本准则对确定法律职业伦理的基本内容、规范法律职业者的行为、促进法律职业伦理共同体的形成有重要意义。

法律职业伦理的基本准则是法律职业伦理规范体系的核心,确立法律职业伦理基本准则的依据应当包括如下四个方面。

第一,法律职业伦理的基本准则,必须反映法律职业伦理的特点。涂尔干说:“舆论是共同道德的基本,它散布于社会各处,用不着我们去甄别它究竟处于何方,而职业伦理则不同,每一种职业伦理都落于一个被限定的区域。”〔25〕每个职业都有不同于其他职业的伦理规则,每一行业的伦理基本准则必须反映本行业的特殊伦理要求。法律作为一种独立的、以“技术理性”为特征的职业,社会对其有着不同于其他职业的伦理要求,法律职业内部也有着特殊的利益关系需要调节,因此,作为法律职业伦理规范体系核心的法律职业伦理基本准则必须是区别于其他职业的、能反映本职业伦理特点的准则或原则,并以此作为区别于其他职业伦理的分界线。

第二,法律职业伦理的基本准则,必须具有全局性。基本准则是法律职业伦理规范的灵魂,是对法律职业伦理规范的抽象和概括,它贯穿于法律职业伦理的所有领域。它不是法律职业伦理个别领域的具体原则或规则,而是渗透于法律职业伦理各个领域中具有普遍意义的全局性原则。这种全局性表现在以下两个方面:一是法律职业伦理的基本原则及于法律职业实践的各个领域,适用于法律职业伦理体系的一切范围。立法工作者、行政执法工作者、司法工作者、律师直至法律学者的职业行为都受到这些基本准则的约束。二是法律职业伦理是国家和社会对法律职业的基本要求的反映,一旦确

---

〔25〕 [法]爱弥尔·涂尔干:《职业伦理与公民道德》,渠东等译,上海人民出版社 2001 年版,第 9 页。

立，即具有相对稳定性和一致性。相对于法律职业伦理规范，它对职业行为的制约是概括性的、统领性的，而不是具体的、局部的，因此，不同于法律职业伦理规范的多变，它常常是稳定的，并最终决定着法律职业伦理规范的发展。

第三，法律职业伦理的基本准则是主体性的，即法律职业伦理的基本准则总是以主体的主动形式表现出来，并由个人自觉自愿主动执行的。伦理规范的表现形式有主体性的和规范性的，规范性的伦理规范是以制裁形式表现出来的。法律职业伦理基本准则都是主体性的，这与法律职业伦理规范不同，规范有主体性的，也有规范性的。

第四，法律职业伦理基本准则是法律职业理论与实践的共生物，是在实践中产生并上升到理论层面的东西。法律职业伦理包括两个层面：一是理念形态，由法律职业伦理观念、法律职业伦理理论构成；二是法律职业伦理的实践形态，由道德生活、伦理关系、伦理行为组成。这两个层面统一于伦理基本准则之下：职业伦理理论依靠基本准则走向伦理实践，内化为职业者自觉行动的力量；伦理实践则以基本准则为基准集合了隐藏在实践中的理论要素，为理论发展提供了材料。

三、法律职业伦理基本准则的内容

（一）忠实执行宪法和法律，维护法律的尊严

法律职业是以操作、实施和研究法律为主要内容的职业，实施或执行法律是法律职业者的目标，法律是其职业活动的依据。忠于法律，维护法律的尊严，依法办事是国家、社会对法律职业者的基本要求。

忠实执行宪法和法律，维护法律的尊严，首先要求从业者必须严格依宪法和法律的规定从事职业活动。法律职业者应当以法律为其言行准则，不能以任何理由破坏法治的权威。法治是我国现行政治体系的重要内容，它体现了人民民主的意志和要求，代表了当代中国大多数人的意愿。宪法和法律所确立的国家制度是社会政治、经济、文化秩序的根本保障，法律职业者以维护法治秩序为己任，忠于宪法和法律是其对国家和社会承担的义务。对这一义务，我国《法官法》《检察官法》《律师法》等法律中都有规定，如《检察官法》第3条规定："检察官必须忠实执行宪法和法律，维护社会公平正义，全心全意为人民服务。"《律师法》第3条第1款规定："律师执业必须遵守宪法和法律，恪守律师职业道德和执业纪律。"《公证员职业道德基本准则》第1条规定："公证员应当忠于宪法和法律，自觉践行社会主义法治理念。"可见，忠实于法律作为一项基本准则已为各法律职业伦理所确认，成为各种法律职业人应当遵守的首要伦理要求。

严格地依法办事，即实现"形式主义法治"，在实施法治的初级阶段尤为重要，它是理性治国的第一步。因此，不能把忠于法律理解为机械的教条主义或本本主义。但同时也应当认识到，严格依法办事只是忠于法律原则第一层面的要求，是其浅层次的要求。忠于法律这一伦理基本准则的较深层次的含义是要求法律职业者必须捍卫法治，

维护法律的尊严和权威，坚持宪法法律至上。法律至上是法治的核心内容，坚持法律至上也是对法律职业者深层次的伦理要求。这一层面的伦理要求不仅需要法律职业者依法办事，更要求他们以法律为本，坚持以专业的精神独立地从事职业活动，不受政党、机关、个人的非法干预。

忠实执行宪法和法律是当今中国社会对法律职业者的基本要求，是国家认可和为法律职业提供保障的基本前提。这是由法律在现代社会中的至上地位决定的：其一，从经济层面看，法律是发展社会主义市场经济的需要。市场经济条件下，利益及利益主体的多元化使市场主体对有限资源的竞争变得激烈，各主体之间形成一种紧张关系，因而需要一种更具有公共权威的规则来协调这种紧张关系并解决争端，这种规则只能是法律。另外，统一的市场和有序的市场活动要求所有市场主体都应按统一的准则展开竞争，这种准则也只能是法律，因为法律在当代社会是唯一一种能全面反映市场经济规律，合理配置权利、义务的行为规范体系。法律职业者作为法律的操作、实施者，必须正确实施法律，全面贯彻法律的精神，才能满足市场对法律的需求。其二，从政治层面看，法律是民主的保证和表现形式，也是权力制约的最有力手段。民主是多数人的统治，民主的实现过程必须依赖一套预先制定的、被一致认可的规则，这套规则有凌驾于任何个人、组织之上的地位。现代民主制下的政府一般采取共和制，以间接民主即代议制作为政权组织形式，权力所有者与权力行使者分离极易导致权力失控，这要求一种凌驾于各权力之上、权威性的规则来实现对权力行使的监控。这种规则只能是法律，法律在现代政治中具有凌驾于各种权力、权威的至上性。法律职业者必须以实现或保护法律所张扬的利益或价值为其职业活动的出发点和归宿，正确处理权力与权力、权力与权利的关系，才能实现法律在政治上的价值。

总之，无论从法律规范本身还是从法律实现的过程看，法律职业者都应当以忠实执行宪法和法律、维护法律的尊严为首要原则，不断通过自己的职业活动服务于国家的改革开放和社会建设，服务于国家的人民民主专政制度，并运用法律手段保障国家的政治、经济、文化等各项建设的顺利进行，在实现法治的进程中完成职业使命。

（二）以事实为根据，以法律为准绳

忠于法律在实践层面的要求即是要求法律工作者在适用法律的过程中能够“以事实为根据，以法律为准绳”，做到一切从案件的客观事实出发，依审查确实的证据和凭借这些证据认定的事实处理案件，并严格依法办事，不能臆测事实，更不能枉法裁断。

“以事实为依据，以法律为准绳”是我国三大诉讼法共同确定的诉讼原则。“以事实为根据”，主要是指法律职业者无论作出什么样的决定、采取什么样的措施、实施什么样的诉讼行为，无论是解决实体问题还是解决程序问题，都必须以查证属实的证据和凭借这些证据认定的案件事实为基础，而不能以主观想象、推测和查无实据的“设想”、议论作为根据。“以法律为准绳”，是要求法律职业者严格依法办事，不能为任何个人、

机关、团体所左右。法律职业是围绕法律的实施和操作展开职业活动的，事实和法律是法律职业者职业活动的中心问题，而事实常常是适用法律的基础和前提，任何现实的法律实践都必然以一定的客观事实为基础。另外，适用或运行法律是法律职业的特点，了解和认知事实的目的是准确地运用法律，适用法律或运行法律是事实调查或认知的逻辑发展。因此有人说，以事实为根据、以法律为准绳，如“鸟之两翼，车之两轮”，缺一不可。如果不以事实为根据，没有事实作为职业行为的基础，就根本不可能正确地适用法律，更谈不上以法律为准绳。如果不以法律为准绳，事实认定的真实性就无法得到保证，对问题的处理也难以做到准确公正。

坚持以事实为根据，以法律为准绳，是法律职业者执业活动的基本原则。对此，我国相关法律中均有规定，如《法官法》第 6 条规定，法官审判案件，应当以事实为根据，以法律为准绳，秉持客观公正的立场。《检察官法》第 5 条第 1 款规定，检察官履行职责，应当以事实为根据，以法律为准绳，秉持客观公正的立场。《律师法》第 3 条第 2 款规定：“律师执业必须以事实为根据，以法律为准绳。”《公证员职业道德基本准则》第 3 条规定：“公证员应当依法办理公证事项，恪守客观、公正的原则，做到以事实为依据、法律为准绳。”足见，“以事实为依据，以法律为准绳”的原则已经是法律职业者的基本执业要求，法律职业者在职业活动中严格执行了这一原则，就等于抓住了法律职业活动的关键问题，从而为实现法律职业活动的价值创造了最根本的条件。如在刑事司法实践中，出现“枉”或“纵”的原因不外乎有两个：或是没有查明案情，或是没有正确适用法律。司法人员在工作中坚持了这个原则，就可以杜绝“枉”“纵”现象的发生，提高司法机关办理刑事案件的质量。

（三）恪守职业纪律，保守职业秘密

职业纪律、职业道德和法律规范均是法律职业者的行为准则，它们在不同范围内，以不同的方式发挥着基本相同的功能：保证法律职业者公正执业、恪守法律和伦理道德。纪律是为保证工作顺利进行而要求成员必须遵守的规章、条文，法律职业纪律是维护法律职业活动正常秩序，保证法律职业义务得以实现的行为规范。从适用范围来看，法律职业纪律既有调整行业外部关系的内容，也有调整行业内部关系的内容；既有规范职业者职业活动的内容，也有规范其业外活动的内容。它的作用范围比法律宽泛，作用方式比一般伦理原则明确，是调整法律职业者行为的重要行为规范，也是保证法律职业者履行职责的重要措施。因此，严格遵守职业纪律是法律职业者的义务，没有纪律保障，法律职业活动就会失范，这既会影响法律职业者行为的效力，又会给其形象带来很大的负面影响。对这一义务，我国许多法律法规中有规定，如《法官法》第 10 条规定，“法官应当履行下列义务：……（五）保守国家秘密和审判工作秘密，对履行职责中知悉的商业秘密和个人隐私予以保密”。《检察官法》第 10 条规定：“检察官应当履行下列义务：……（五）保守国家秘密和检察工作秘密，对履行职责中知悉的商业秘密和个人

隐私予以保密”。《律师法》第 3 条第 1 款规定,“律师执业必须遵守宪法和法律,恪守律师职业道德和执业纪律”。

法律职业纪律比较集中地体现在一些纪律性规范文件中,如最高人民法院颁布的《人民法院工作人员处分条例》《关于审判人员在诉讼活动中执行回避制度若干问题的规定》,最高人民检察院颁布的《检察人员任职回避和公务回避暂行办法》,司法部颁布的《律师和律师事务所违法行为处罚办法》等。法律职业者应当认真学习、遵守这些规定,作为自己完成职业活动的基本保障。

从广义上说,恪守职业纪律不仅包括守法意义上的内容,还包括执法和立法层面上的内容。从执法层面来看,法律职业管理者不仅应当督促法律职业者严格执行法纪,对违反职业纪律的行为还应当严格依法处理。从立法层面来看,应努力制定严格而明确的纪律规范规制职业行为,使职业者能有法可依、有法必依。

保守职业秘密是严守执业纪律的重要内容。法律职业者在日常职业活动中要接触各种秘密,如国家秘密、侦查秘密、审判秘密、商业秘密、个人隐私等,因此,保守秘密成为对法律职业人员从事职业活动的必然要求。我国多项法律制度都对这一内容作出了明确规定,如《法官法》第 10 条第 5 项、第 46 条分别规定,法官应当保守国家秘密和审判工作秘密,对履行职责中知悉的商业秘密和个人隐私予以保密。对泄露国家秘密、审判工作秘密、商业秘密或者个人隐私的,应当给予处分,构成犯罪的,依法追究刑事责任。《检察官法》第 10 条第 5 项规定:检察官应当保守国家秘密和检察工作秘密,对履行职责中知悉的商业秘密和个人隐私予以保密。《律师法》第 38 条规定:“律师应当保守在执业活动中知悉的国家秘密、商业秘密,不得泄露当事人的隐私。律师对在执业活动中知悉的委托人和其他人不愿泄露的有关情况和信息,应当予以保密。但是,委托人或者其他人准备或者正在实施危害国家安全、公共安全以及严重危害他人人身安全的犯罪事实和信息除外。”《检察人员纪律处分条例》第 77 条规定:泄露案件秘密,或者为案件当事人及其近亲属、辩护人、诉讼代理人、利害关系人等打探案情、通风报信的,给予记过或记大过处分;造成严重后果或恶劣影响的,给予降级、撤职或开除处分。法律职业者泄露国家、公共、个人秘密(隐私),不仅会给国家、社会以及当事人利益造成程度不同的危害,还能严重损害法律职业者的形象,影响法律职业的成长。因此,法律职业者应当严守职业秘密。

(四)互相尊重,互相配合

一般而言,法律职业者实施法律的过程需要多个法律部门、众多法律职业者的参与。法律职业者在法律实践中必须互相协作、互相配合,以保证立法、司法、执法等实务活动的顺利运行。如在司法领域,法官、检察官、律师各自承担着不同的职责,所处的地位也不相同,但从宏观上看,他们的目标却有一致性:使案件得到公正处理,人权得到保障。统一于这一目标下,法官、检察官、律师的关系不仅是互相制约、互相监督,更要互相配合、互相协作、互相尊重。

法律职业者之间的互相尊重、互相配合表现在两个方面：

一是同行业职业者之间的互相配合与协作，如法官之间、检察官之间、律师之间的互相配合与协作。同行业的法律职业者之间应当互相尊重、互相支持，共同提高执业素质。因为他们共享着相同的执业技术、职业理念、职业道德，只有互相尊重、互相支持，共同提高本行业的职业技术水平和职业道德水平，才能获得社会的认可，取得职业威信，为本行业创造良好的职业环境。对此，我国一些法律法规中已有体现，如《律师职业道德和执业纪律规范》第 9 条规定：律师应当尊重同行，同业互助，公平竞争，共同提高执业水平。《法官职业道德基本准则》第 14 条规定：尊重其他法官对审判职权的依法行使，除履行工作职责或者通过正当程序外，不过问、不干预、不评论其他法官正在审理的案件。

二是不同法律行业之间的互相配合，如法官与检察官之间、法官与律师之间、检察官与律师之间的互相配合。根据现行宪法和刑事诉讼法的规定，公安人员、检察官和法官在办理刑事案件时，应当在各负其责的基础上，通力协作，互相支持，共同完成查明案件事实、惩罚犯罪分子、保障无罪的人不受刑事追究的任务。公、检、法三机关不能互相扯皮或人为设置障碍。互相配合、互相尊重是法律职业者相互关系的重要方面。他们具有共同的职业目标——维护法律、实现正义。在这一基础上，各种行业的法律职业者人格上是平等的，依法履行职责的地位也是平等的。如果法律职业者不能相互支持、相互尊重，则会影响法律职业者的整体社会威信，降低其社会地位。

互相尊重、互相配合首先要求法律职业者在履行法律职责的过程中严格遵守职业纪律，依法执业，不得超越职权干预和妨碍其他法律职业者履行职责。如在刑事诉讼中，法官、检察官不得妨碍律师会见犯罪嫌疑人、被告人。法律职业者应当广泛听取其他法律职业者的意见，不应先入为主、固执己见、刚愎自用，更不得倚仗公权力压制其他法律从业人员，甚至滥用权力干涉其他职业者行使权利。

为了协调法官与律师之间的关系，最高人民法院、司法部颁布的《关于规范法官和律师相互关系维护司法公正的若干规定》第 10 条规定，法官在庭审过程中，应当严格按照法律规定的诉讼程序进行审判活动，尊重律师的执业权利，认真听取诉讼双方的意见。律师应当自觉遵守法庭规则，尊重法官权威，依法履行辩护、代理职责。这一规定旨在使法官与律师建立一种互相尊重、互相配合的关系。而针对司法实践中出现的任意践踏律师权利的情况，最高人民法院、最高人民检察院、公安部、国家安全部、司法部颁行了《关于依法保障律师执业权利的规定》。该规定第 2 条开宗明义："人民法院、人民检察院、公安机关、国家安全机关、司法行政机关应当尊重律师，健全律师执业权利保障制度，依照刑事诉讼法、民事诉讼法、行政诉讼法及律师法的规定，在各自职责范围内依法保障律师知情权、申请权、申诉权，以及会见、阅卷、收集证据和发问、质证、辩论等方面的执业权利，不得阻碍律师依法履行辩护、代理职责，不得侵害律师合法权利。"除此之外,其他许多法律法规中也有类似调整法律职业者相互关系的规定,这些规定为法律共同体内部建立良好的合作关系提供了依据。

互相尊重、互相配合其次要求法律职业者在行为举止和态度上要谦恭有礼、遵守职业礼仪,保持对其他人的尊重。如《法官职业道德基本准则》第22条规定,法官应当尊重当事人和其他诉讼参与人的人格尊严,避免盛气凌人、"冷硬横推"等不良作风;尊重律师,依法保障律师参与诉讼活动的权利。《律师职业道德和执业纪律规范》第18条规定,律师应当遵守法庭和仲裁庭纪律,尊重法官、仲裁员,按时提交法律文件、按时出庭。

应当注意的是,法律职业者间的互相配合应当有合法的目的、合法的形式以及合法的手段。它应以实现社会正义、增进职业整体利益为目标,不能以法律职业者的私益或小集团利益置换职业整体利益或社会公益。法律职业者间的互相配合不是职业者间相互勾结、共谋私益,他们的互相配合只能以顺利完成职务、实现法律的价值为目标。司法实践中有两种现象,其形式上表现为法律职业者间的"配合",但实则隐藏着不正确的诉讼观或违法的目的:一个是刑事诉讼中的"控审合流";另一个是司法官与律师之间的"利益共谋"。"控审合流"指刑事诉讼中行使控诉职能的检察官与行使审判职能的法官只有合作关系,缺乏制约关系,使刑事诉讼成为一个线性结构。"控审合流"是刑事诉讼目的单一性的表现,即刑事诉讼仅以打击犯罪为目的,人权保障则不在其列。这与现代刑事诉讼强调人权保障的理念是不一致的。因此,摒弃刑事诉讼单纯以打击犯罪为目的的观念,就必须调整控审关系,改"控审合流"为"控审分离",使控审在互相制约、互相监督的基础上充分尊重、通力合作。

司法官与律师之间的"利益共谋"问题在我国司法实践中也时常出现,这是司法腐败的一种表现形式。为消除这种现象,我国颁布了相关法律法规,对治理这一问题作出了相应的规定。最高人民法院、司法部《关于规范法官和律师相互关系维护司法公正的若干规定》直接针对法官与律师关系的问题作出了规定。《检察人员纪律处分条例》第89条规定,检察人员"私自会见案件当事人及其近亲属、辩护人、诉讼代理人、利害关系人、中介组织,或者接受上述人员提供的礼品、礼金、消费卡等财物,以及宴请、娱乐、健身、旅游等活动的,给予记过或者记大过处分;情节较重的,给予降级或者撤职处分;情节严重的,给予开除处分"。法律职业的特殊性决定了法律职业者具有一定的独立性,因而,在执业过程中必须保障其执行职务的独立性,但每一个法律职业者所完成的只是法律实践链条上的一个环节,从这一点来看,他们又必须协作。

(五)忠于职守,勤勉尽责

忠于职守、勤勉尽责是要求法律职业者在职业活动中严格履行自己的职责,对具体工作认真负责,对法治事业勤勉努力、孜孜以求。工作积极认真是恪尽职守、勤勉尽责的最基本要求。法律职业者对本职工作应当兢兢业业,一丝不苟,认真负责,绝不马虎,并愿意为做好本职工作吃苦耐劳,不将个人利益置于国家、社会、职业共同利益之上。

对事业孜孜以求是恪尽职守、勤勉尽责的第二个层面的要求，它要求法律职业者以国家法治建设事业为己任，在工作中勇挑重担，为做好工作能牺牲个人利益，以成全国家、社会及法律职业共同体的利益。

忠于职守、勤勉尽责，首先要求法律职业者要认清自己的职责。法律职业具有一定的独立性，它不仅要求职业者独立思考，有时更需要职业者力排各种阻力和影响因素，忠于法律、忠于事实，依法完成职责。因此，认清自己的职责范围，以法律设定的职责为限努力工作、不逾矩是这一准则的第一要求。其次，这一内容要求法律职业者在本职范围内应当热情、努力，以积极的态度创造性地完成任务。由于法律本身的不完备性和法律实践活动的高度复杂性，法律职业是一个具有高度创造性的职业，法律职业者常常被赋予更大的自由裁量的权力（利）。忠于职守、勤勉尽责要求法律职业者在法律规定的范围内，以忠实实现国家、社会公益，维护当事人合法权益为目的，充分发挥自己的主观能动性，积极工作，认真完成职责。

对法律职业者恪尽职守、勤勉尽责的要求，已体现在诸多法律法规中。如《法官职业道德基本准则》第6条规定：法官应当热爱司法事业，珍惜法官荣誉，坚持职业操守，恪守法官良知，牢固树立司法核心价值观，以维护社会公平正义为己任，认真履行法官职责。《检察官法》第4条规定，检察官应当勤勉尽责，清正廉明，恪守职业道德。《律师法》《律师职业道德和执业纪律规范》也要求律师在法律服务中要尽职尽责地向当事人提供法律服务。《律师职业道德和执业纪律规范》第5条规定，律师应当诚实守信，勤勉尽责，尽职尽责地维护委托人的合法利益。这些规范强调了作为法律职业者“忠于职守、勤勉尽责”的职业活动基本原则，不仅如此，这些规范还以易于操作的形式解释，并在一定程度上丰富和发展了这一法律职业基本准则的内容，使职业人员易于遵照执行。

（六）清正廉洁，遵纪守法

清正廉洁是人们自古至今对法律职业者概莫能外的要求。我国有关规范性文件对此作了很多的规定。法官应当“树立正确的权力观、地位观、利益观，坚持自重、自省、自警、自励，坚守廉洁底线，依法正确行使审判权、执行权，杜绝以权谋私、贪赃枉法行为”；“严格遵守廉洁司法规定，不接受案件当事人及相关人员的请客送礼，不利用职务便利或者法官身份谋取不正当利益，不违反规定与当事人或者其他诉讼参与人进行不正当交往，不在执法办案中徇私舞弊”；“不从事或者参与营利性的经营活动，不在企业及其他营利性组织中兼任法律顾问等职务，不就未决案件或者再审案件给当事人及其他诉讼参与人提供咨询意见”。[26] “律师应当珍视和维护律师职业声誉，模范遵守社会

---

〔26〕《法官职业道德基本准则》第15、16、17条。

公德,注重陶冶品行和职业道德修养。”[27] 检察官应当“坚持廉洁操守,自觉接受监督”。[28]

清正廉洁、遵纪守法,是要求法律职业者在法律职业活动中不得利用自己职务上的方便为自己谋取非法利益,不在自己所从事的职业活动中作出违反法律、道德、行业规章的行为,始终保持清明、正直、廉洁、无私的优良作风。清正廉洁、遵纪守法要求法律职业者不畏权势,不为权力、地位、名誉、金钱和其他物质利益所动摇,在执业中以自己廉洁的形象和人格魅力获得公众信任。

法律职业是最容易滋生腐败的职业之一。这是由于法律职业是一种实施法律或与此相关的职业,而法律本质上是分配和调整社会利益的行为规范,法律的实施总是与权利、权力、利益紧紧联系在一起的。如果法律职业者不能做到清正廉洁、遵纪守法,转而为己谋私,更容易利用自己的知识、技能优势,找到法律的漏洞,规避法律的制裁,从而给国家、社会、公民造成巨大的损害。

在我国目前的社会环境下,在法律职业者中展开清正廉洁、遵纪守法教育具有重要的现实意义:清正廉洁、遵纪守法是法律职业形象重塑的首要步骤,是建设良好的法治环境的关键性因素。我国司法领域出现的腐败问题使法律执业者的形象受到了严重损害,严重影响了法律职业者乃至法治的权威。因此,提倡廉洁、倡导守法对纯洁法律职业队伍,提高法律职业群体在公众心目中的地位,建设良好的法治运行环境具有重要意义。

第四节　法律职业伦理的功能

伦理道德对社会生活及社会关系的能动作用是通过主体的行为表现出来的。法律职业伦理作为社会伦理的一种,其功能总是通过法律职业者的职业行为和职业生活表现出来,主要有调节功能、示范功能、提升功能和辐射功能。

一、调节功能

调节职业内外利益关系,保障从业人员的职业权利、鞭策他们履行职业义务和责任,督促他们圆满完成本职工作,是职业伦理最主要、最基本的社会功能。作为职业伦理的一种最主要的功能,调节功能是指法律职业伦理具有通过职业规范和职业意识来

[27] 《律师职业道德和执业纪律规范》第 7 条。
[28] 《检察官职业道德基本准则》第 5 条。

指导和纠正法律职业人员的执业活动，以协调法律职业人员之间、法律职业人员与法律职业对象之间关系的效能。法律职业伦理的调节功能，首先是通过提高法律职业群体的规则和道德意识，使其自觉提升职业境界，加强职业自律，主动处理好职业内部与外部的利益关系来发挥作用的。执业能力的提高、职业意识的增长、职业情感的培养、职业理想的树立、良好的职业习惯及职业心理的养成，使法律职业者能正确认识本职业的社会责任和社会功能，促其热爱本职工作，忠于职守，并自觉地将这种认识、情感、观念、理想变为职业信念、良心和责任感，在职业活动中自觉约束和规范自己的言行。这将有助于处理复杂的法律职业群体内部、法律职业群体与外部的关系。

尽管我们可以概括地说法律职业都是操作、实施法律的职业，但由于每一种法律职业在特征、性质上各有差别，各种法律职业者在工作中所代表的利益各不相同，产生冲突的可能性也很大。如在刑事诉讼中，检察官、法官、律师各自代表的利益不尽相同，职业角色的冲突在各个法律职业者完成职责的过程中不可避免地要显现出来，进而产生个人之间的、个人与职业集团间的、职业集团与职业集团间的冲突。但如果每一位法官、检察官、律师都能在忠于职守的前提下充分理解自己和他人的职责，冲突就容易化解，关系的协调就会简化。

在调整职业共同体与法律职业外部的关系上，伦理规范能够通过行业自律，从思想、情感、作风、意志和行为上加强对法律职业活动的约束，使法律职业者在理性的光芒下严格依法行使国家或社会赋予的权力，这无疑有利于协调法律职业者与其他职业以及与社会整体间的关系。

法律职业伦理的调节功能还能通过法律职业伦理的外部约束机制发挥出来。法律职业伦理具有一定的强制性，一方面，它通过舆论的压力、习惯的束缚，通过社会或职业内部的评价机制影响法律职业者的行为来调节法律职业者之间、法律职业者与其他职业以及与社会整体的关系。另一方面，制裁是所有伦理规范的基本要素，法律职业伦理的制裁机制通过对违反职业纪律、违背职业义务的行为进行制裁来树立和倡导正确的法律职业关系模式，从而达到协调法律职业内、外部关系的目的。

简言之，作为社会调节系统中的一部分，法律职业伦理调节社会关系的主要特点在于通过舆论、良心、风俗、习惯、榜样感化、思想教育以及惩戒等手段，使法律职业者形成良好的职业理念，促其自觉遵守职业纪律，履行职业义务，从而达到协调某些特定社会关系的目的。在这一过程中，法律职业伦理评价是法律职业伦理调节的主要形式，社会舆论、传统习惯和内心信念是其借以发挥作用的主要力量。通过对职业行为“应该与不应该”的评价，来调节法律职业人员的行为，由此表现出规劝和引导的特点。法律职业伦理的调节功能主要是通过上述途径，广泛深入法律职业人员生活的各个方面，触及其他方式触及不到的地方，以此补充其他社会调节手段之不足。

二、示范功能

职业伦理是社会伦理的组成部分。社会伦理反映着一定时期内社会绝大多数人的伦理水平和精神文明状况。社会伦理从总体上制约着职业伦理的发展,职业伦理也对社会整体伦理产生影响:各行业的职业伦理构成了全部社会伦理的重要部分,各行业从业人员的职业伦理状况,对整个社会生活秩序和良好社会道德风尚的形成有重要作用,而与重要的职业活动相对应的职业伦理,对社会伦理的形成及发展则有着直接的作用。

法律职业活动是一种重要的社会活动。法律职业伦理通过影响法律职业者的职业行为,对公众及社会整体伦理产生影响。如公正、廉洁、勤政为民、惩恶扬善、扶弱济困等这些法律职业伦理的基本要求,必然对法律职业者的职业活动和职业行为产生影响。而受到上述要求影响的职业行为,则会向社会传递一种善的行为风范,这些行为风范将有助于促进良好的社会伦理的形成。这正是法律职业伦理对社会及公众行为的示范作用。

另外,从法律职业伦理本身来看,它总会以一定的形式表现出来,或为原则或为规范,这些原则或规范对职业者的行为有重要的指引作用。我国目前的法律职业大多有自己成文的职业道德规范,这些规范本身就具有示范性。加强法律职业伦理建设就是要在法律职业者中弘扬这些优秀的法律职业伦理,树立先进的道德意识,培养良好的职业习惯和职业心理。法律职业伦理为法律职业者的职业活动和职业行为树立了航标,指引着法律职业者向更高的道德水平和职业水平努力。法律职业伦理的示范作用,将有助于在法律职业中建立和贯彻一定的法律职业伦理原则和基本规范,这必然对建立起为社会所充分认可的法律职业群体具有重要作用。

三、提升功能

法律职业伦理的提升功能是指法律职业伦理具有提升法律职业从业人员整体素质、提高其职业道德和职业能力的作用。在法律职业群体中加强法律职业伦理建设,将有助于增强从业人员的职业意识、职业观念,促进其提高职业能力,敦促其遵守职业规范,帮助其树立职业理想和信念,强化其职业责任感和使命感,这无疑将从整体上提升法律职业者的职业素质。

法律职业伦理是法律职业者职业生活的指南,它对每个从业人员的思想和行为有着常规性的、深刻的影响,指导法律从业者在自己的职业岗位上树立强烈的职业责任感,培养各种优良品质。同时,由于职业伦理还能通过从业人员对义务、责任、荣誉的理解和追求,使从业人员内心产生塑造、完善、发展自己的强烈愿望,明确自己对职业、对社会应负的伦理责任,努力塑造自身完善的职业品格。

现阶段我国法律职业群体构成复杂,素质参差不齐,职业伦理水平差距较大,总体水平不高。利用法律职业伦理的提升功能,加强法律职业的伦理建设,提升法律职业者的思想素质和业务素质,对优化我国法治环境具有重要意义。

一般而言,法律职业伦理对于法律职业人员的提升作用,是通过法律职业伦理教育来实现的。法律职业伦理教育既可以通过正规的法学专业教育、法律职业教育来完成，又可以通过社会评价、政策激励的方式来完成。法律职业伦理教育的任务是通过教育，把国家、社会倡导的价值观念、行为准则灌输到法律职业者或未来法律职业者的思想意识中去，使之形成相应的法律职业伦理信念和道德品质。这些品质和信念将成为法律职业伦理发挥作用的内部机制，不仅能促进法律职业者不断提高自身素质，还能反作用于法律职业伦理本身，促进法律职业伦理的建设和发展。

四、辐射功能

法律职业伦理的辐射功能是指，法律职业伦理建设不仅有利于提高法律职业队伍的整体素质，树立法律职业人员的形象，同时它对整个社会的道德建设也具有辐射作用，从而能有力地带动整个社会的法治文明乃至精神文明的进步。

"新伦理学的职责便在于把那些理想——那些能够激起人们的热诚，而且将建设一个结合个人能力以谋万人福利的生活形态所必需的力量给予人们的理想注入在人们的脑中。"[29]职业伦理以实践—精神的方式掌握世界，这一方式的特征在于它体现着主体对"应有"的追求，它具有直接启动实践的力量，即试图通过对客体的改造，使之转化为符合主体要求的"理想"状态。职业者的这种理想状态同时又以外化于伦理主体的方式对非职业主体产生影响，如公正的职业法官形象将激起人们对法律的尊重和对法治的信仰，从而自觉地遵守法律。从这一角度来看，每一种职业都或多或少地会对非职业内主体的思想和行为施加影响。

法律职业伦理以追求公正为理想，以惩恶扬善、扶弱济困为基本责任，以忠诚为民为核心义务，以诚实信用、爱憎分明为职业良心，以纪律严明为职业特点，强调职业活动的勤勉、谨慎、清正廉洁。这种职业伦理体系的基本准则、基本规范与社会主义道德文明的精神是一致的。这些基本原则和精神通过法律职业者的行为向外散发和传递，能起到激发、鼓励人们主动、积极参与社会生活，促进其自我发展、自我完善的作用。另外，这种精神还能促进整个社会关系进一步有序化、规范化、法治化。

法律职业伦理的辐射作用是通过一定的社会机制完成的。这种机制包括道德理想、道德榜样和伦理评价三个构成因素。法律道德理想体现了一定社会道德规范的要求，是人们对所向往的美好未来的构想。它体现了人们的奋斗目标，为人们的行为提供了特定的价值取向，向人们展示了完美的道德人格应该表现出来的精神面貌，因而具有激励人们努力实现完美人格的作用。道德榜样是道德理想的具体化，通过道德榜样，人们认识了理想人格的具体体现。榜样们的以身示范向人们昭示了至善品德的可习得性，因而道德榜样相对于道德理想更具激励作用。伦理评价是通过社会评价，揭露、遣

---

〔29〕［俄］克鲁鲍特金：《伦理学的起源和发展》，转引自李本森主编：《法律职业道德》，中国政法大学出版社 2004 年版，第 18 页。

责社会道德生活中的恶行,从而达到抑制不符合道德理想的意念和行动,并激发善行的目的。从一定角度来看,伦理评价是保持社会体制的生机与活力的重要因素。总之,法律职业伦理是通过这样的一个机制实现其辐射功能的:其一,以法律职业伦理理想影响社会及非法律职业人的道德理想的树立;其二,通过向社会树立道德榜样来传递法律职业的良好形象;其三,通过法律职业人的职业活动引导社会的伦理评价方向。这是法律职业伦理外向作用的方式。

本章案例

A法官在网络上看了广受关注的荆门科技公司涉黄案的庭审视频,即在网上发表评论,批评该案主审法官庭审准备明显不足,导致法庭审理被动。同时,还批评了辩护律师利用网络误导公众,对法院审案形成不当影响。问:A法官的评论行为是否妥当?

|案例解析|

《法官职业道德基本准则》第14条规定,法官应当尊重其他法官对审判职权的依法行使,除履行工作职责或者通过正当程序外,不过问、不干预、不评论其他法官正在审理的案件。因此,A法官评论荆门科技公司涉黄案主审法官依法行使审判权的行为违背了法官职业伦理。批评辩护律师利用网络误导公众,虽无法律、法规明文禁止,但基于法官的慎言义务,实名点评未结案件,也不妥当。

法律职业资格考试例题

1.(单项选择)关于司法制度与法律职业的表述,下列哪一选项不能成立?

A. 为了客观、中立、公正地进行事实判断、解决纷争,在组织技术上,司法机关只服从法律,不受上级机关、行政机关的干涉

B. 根据检察权统一行使原则,我国各级检察机关构成不可分割的统一整体,其特点是在行使职权、执行职务时实行"上命下从";每个检察机关和检察官的活动是检察机关全部活动的有机组成部分,均需依照法律赋予的权力进行

C. 法律职业以法官、检察官、律师为代表,法律职业之间具备同质性而无行业属性,因此多数国家规定担任法官、检察官、律师须通过专门培养和训练

D. 法律职业伦理的基本原则是指法律职业伦理的基本尺度、基本纲领和基本要求。法律职业伦理的基本原则主要包括忠实执行宪法和法律、互相尊重互相配合、清正廉洁遵纪守法等方面

|试题解析| C

法律职业是以律师、法官、检察官为代表的,受过专门的法律专业训练,具有精良的法律知识、娴熟的法律技能与严格的法律伦理的司法工作者所构成的自治性共同体。法律

职业具有鲜明的行业性特征。由于法律职业队伍构成较为复杂，其内部存在法官、检察官、律师、公证员等具体行业之分，因而不可能有完全统一的法律职业伦理规范。不同法律职业人员之间的道德界限存在差异，在职业道德上的具体要求各有不同，具有鲜明的行业特征。因此，C 项表述不能成立。法律职业之间具备一定的同质性，也有其行业属性。

2.（单项选择）关于法律职业伦理，下列哪一表述是不正确的？

A. 基于法律和法律职业的特殊性，法律职业人员被要求承担更多的社会义务，具有高于其他职业的职业道德品行

B. 互相尊重、相互配合为法律职业伦理的基本原则，这就要求检察官、律师尊重法官的领导地位，在法庭上听从法官的指挥

C. 选择合适的内化途径和适当的内化方法，才能使法律职业人员将法律职业伦理规范融进法律职业精神中

D. 法律职业伦理教育的途径和方法，包括提高法律职业人员道德认识、陶冶法律职业人员道德情感、养成法律职业人员道德习惯等

｜试题解析｜ B

与一般社会伦理相比，法律职业伦理具有主体的特定性、职业的特殊性和更强的约束性的特征。更强的约束性，是指法律职业伦理相对于一般社会伦理而言，具有更加严格的约束性。违反职业伦理的法律职业人员要承担更大范围的责任。作为法律的实施者、执行者、裁判者的专业法律人员所应该具有的道德品行必然要高于其他职业的道德要求，这是法律职业的特殊性所决定的。因此 A 项的说法正确。

B 项的说法不正确。因为检察官、律师在法庭上听从法官的指挥，是根据诉讼法的要求，是建立“以审判为中心的诉讼制度的需要”，而不是法律职业伦理的要求。此外，法官在法庭上的地位，也不是“领导地位”，是审判活动组织者的地位。

在实践中，只有选择合适的内化途径和适当的内化方法才能够使法律职业者将法律职业伦理规范融进法律职业精神中。法律职业的相关机构有责任促进法律职业内环境的建设，这将极大地促进法律职业者的道德内化。因此 C 项的说法正确。

法律职业伦理教育的途径和方法，主要包括提高法律职业人员道德认识、确立法律职业人员道德信念、陶冶法律职业人员道德情操、锻炼法律职业人员道德意志、养成法律职业人员道德习惯等方面。因此 D 项的说法正确。

第二章　法律职业伦理要素

世界上唯有两样东西能让我们的内心受到深深的震撼，一是我们头顶上灿烂的星空，一是我们内心崇高的道德法则。

——[德]康德

章引语

法律职业伦理要素是反映法律职业伦理现象的特征和关系的一些基本观念。借助于各种法律职业伦理要素，使法律职业伦理基本准则和规范转化为内心的道德要求，进而形成比较完整的法律职业伦理系统。法律职业伦理由职业理想、职业态度、职业责任、职业义务、职业良心、职业纪律、职业信誉、职业荣誉等要素组成。

法律职业伦理要素　法律职业理想　法律职业纪律　法律职业良心

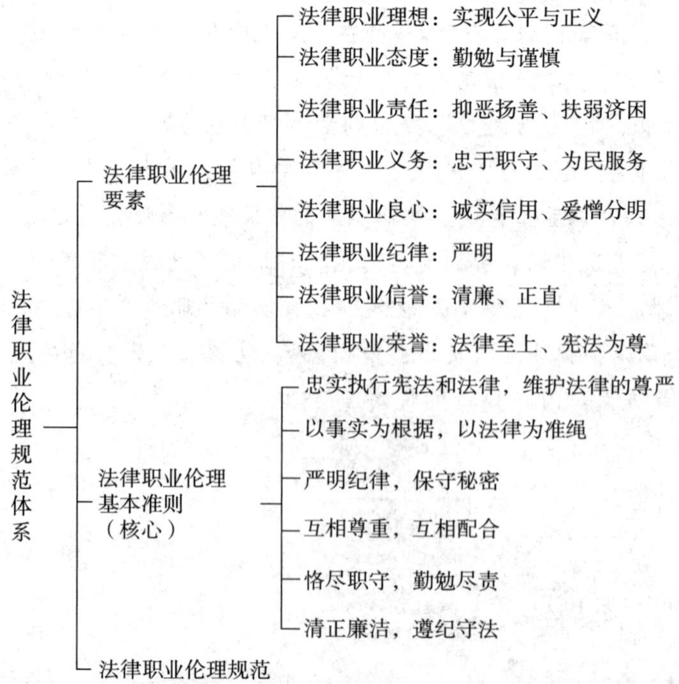

图 2.1　法律职业伦理规范体系

法律职业伦理要素是反映法律职业伦理现象的特征和关系的基本观念，是法律职业伦理规范体系的重要组成部分。它形塑了法律职业伦理的观念形态，也从整体上构建了法律职业伦理的基本框架。这些基本观念包括法律职业理想、职业态度、职业责任、职业义务、职业良心、职业纪律、职业信誉、职业荣誉等。

第一节　法律职业理想——实现公平与正义

《现代汉语大词典》对理想的解释是"对未来事物的美好想象和希望"或"对某事物臻于最完善境界的观念"。一般来说，理想是一定社会、一定阶级的人们从自己所处的特定的历史条件和自己特定的社会地位、社会利益出发，对自己向往的美好未来的构想，它体现了人们的奋斗目标和美好愿望。[1] 理想源于现实又高于现实，换言之，建立在现实基础上的理想是具有现实可能性的合理构想，是未来的现实。法律职业理想是法律职业者对法律职业的美好想象，即对未来法律职业的职责、业务、发展的想象、向往和希望。

职业理想是个历史范畴。时代不同，阶级不同，职业理想也不同。如封建社会的法律职业者所追求的职业理想与社会主义社会法律职业者所追求的职业理想，在具体内容上有所不同。但同样不能忘记的是，职业伦理具有稳定性、继承性和连续性，不同时代的法律职业者的职业理想又必然存在一定的相似性或同质性。职业伦理的稳定性是指，尽管人们职业活动的方式会随着经济、文化、科学技术的进步，随着社会实践需要的变化而变化，但它的基本内容会保持相对的稳定。职业伦理的继承性指职业伦理具有相对的独立性和历史延续性。由于职业伦理总是与特定的职业要求和职业生活实践结合在一起，职业伦理中的基本内容和基本特征总是相对稳定的，并可加以保留和继承。职业伦理的连续性是指职业伦理总是带着特定职业活动的特点，使其在职业生活中经常性地、接续性地发挥作用，并对从业人员的思想和行为产生连贯性的影响。这种连续性同时也体现着特定职业的成熟性。职业理想能够鼓舞和推动从业者在职业生活中努力奋斗，不断追求，开拓创新。因此，职业理想是推动职业进步的精神动力源泉。

概括地说，实现公平与正义是历代法律人始终如一的理想。"自古至今，人类社会尽管对正义有无数不同的解释，但普遍认为这是一个崇高的价值、理想和目标。"[2] 正义的实现方式有很多，但通过法律分配正义，通过司法实现正义应当是一种最主要的方

---

〔1〕 参见汪荣有、徐迎红：《职业道德引论》，中央编译出版社 2004 年版，第 33 页。

〔2〕 沈宗灵：《法·正义·利益》，载《中外法学》2003 年第 5 期。

式。从这个意义上说，正义是法律职业活动最根本的价值目标，也是人们对法律职业的终极企盼。

首先，实现社会公平和正义是法律制度所追求的目标和理想，法律职业者选择了这个职业，也就意味着其在法律职业生涯中选择了公平和正义作为自己的价值目标追求。

公平和正义是在广泛的社会规范领域内起作用的一种意识形态，而法律在很大程度上是一种社会资源和产品的分配制度。在法律产生之初，其仅作为"定分止争"、建立及维护某种秩序的制度标准存在。随着社会的进步，公平、正义观念与法律制度在社会分配制度的问题上建立起了紧密的联系：公平和正义观念成为建立法律制度的手段和评判法律制度的标准，法律制度由此获得了极高的权威性和稳定性，更重要的是，它甚至成为法律秩序所追求的目的，决定着法律制度的构建。

作为人们普遍接受的分配方式，法律在形式和内容上表达着一定时期的公平正义观，并将最大限度地体现公平与正义。法律职业者以操作、实施法律为内容，以实现法律的价值为目标，职业行为产生的直接效果就是法律制度得以有效实施，法律所携带的价值得以体现，法律所弘扬的精神得以传播。可以认为，法律制度的目标在很大程度上是通过法律职业者的职业行为实现的，法律职业者所追求的目标与法律制度需要实现的目标是高度一致的。公平与正义是法律职业者永恒的理想。

其次，法律制度蕴含的公平、正义只能通过以公平、正义理想武装的法律人才能最终实现。"徒法不足以自行。"法律制度蕴含的公平、正义要在社会现实中实现，必须通过司法、行政执法等活动，而在许多时候，这个过程既危险又艰难，如果没有崇高的职业理想、坚定的职业信念武装，法律职业者是很难排除万难、始终如一坚持法律的公平和正义的。

另外，法律制度的形式性、滞后性、类型化等特点，与不断发展着的社会的公平、正义观念总是存在一定的距离，要想实现法律的公平、正义，往往需要法律职业者良好的司法、执法能力来弥合。在韦伯（Max Weber）看来，"形式"包含两重含义：一是指按照抽象的一般性法律规则处理具体问题，而不是具体情况具体处理；二是指法律体系的独立性和自我完善性，即法律规则的适用不受道德、宗教、政治以及权力者个人意志等实体性要素的影响，强调法律的自治性。〔3〕 而法律制度的形式性通常是指法律强调其外部形式，如一般性、独立性等，而不涉及它的内在价值范畴。从这一点来看，法对正义的表现和实现往往是形式性的，与其他社会规范相比，缺乏具体的和实质的内容。法律的滞后性是指，尽管法律也会随着社会的发展而发展，但较之于应时而变的经济和文化以及与之相随的社会需求，法律往往是落后的、保守的。法律制度的类型化，是指法律作为全社会统一遵行的规范，主要是通过类型化或一般化的方式发挥作用，同类或类似情况同样处理。公平、正义观念往往在具体的社会矛盾与利益冲突中显示它的价值判断

〔3〕 参见黄金荣：《法的形式理性论——以法之确定性问题为中心》，载《中国社会科学》1999年第2期。

作用,其要求对立双方得到公平对待的内涵往往随时间、地点、场合和人物的不同而不同。以此为标准,则法律类型化的处理结果常常缺乏具体的公正。但法律的稳定性又是维持社会秩序所不可或缺的:人类社会客观上最基本的需求是有安全、可预测性的秩序,法律制度所具有的强制性、稳定性、规范性,能够最有效地保证安全,维持秩序。换言之,法律制度这种社会分配方式是人类社会所必需的。

法律与公平、正义间的这种复杂关系决定了作为法律的实施者,法律职业者不仅应当有良好的职业能力,更应当有崇高的职业理想,因为它是法律职业者创造力的源泉,能使他们在执业过程中创造性地适用法律,赋予法律正义和社会秩序新的生机,保持法律制度的先进性。

耶林(Rudolph von Jhering)认为,法律制度的生命在于自我实践,此乃生活与法的真理的实现,法律制度的价值不是纸上正义,而是法本身实践于生活之中。从这一层面看,法律职业者的使命更为神圣,其职业素质也显得更为重要。然而,一个易为社会及法律职业者忽略的问题是,法律的技术理性及法律职业群体的官僚化管理方式,常常会导致职业者的过分职业化,即过分注重职业技能的培养,忽视职业理想和职业美德的培育,造成法律职业者对社会缺乏普遍的关怀和同情,过分疏离社会的价值观而仅依工具理性处理问题,使这一职业有迅速沦为法律工匠,而不是引领社会道德潮流、富有社会责任感的法律家的危险。

美国法学家克罗曼(Anthony Kronman)认为,法律职业者的实践智慧既是程序上的品质,也是实体上的品德。法律职业者应当把法律实践本身当作实现善的过程,从而遏制工具性的法价值观。法律的技术理性要求法律职业者在工作中保持一定的冷酷,但冷酷必须保持在一定限度内,过分冷酷则是法律职业者应当"尽最大努力去避免的。如果放纵这种恶智的扩散,就会导致人性堕落的危险"。[4] 法律是一门科学,也是艺术,不能只是技能。只有技能没有思想支撑的行业是没有发展前途的,不能把法律精神融入法律实践中的职业活动,是一种将法律的意义抽空并使法律干瘪化的行为。因此,在法律职业中普遍进行职业理想培育是这一行业特性所要求的。

正义是法官职业活动最根本的价值目标,也是公众对法官职业活动或司法活动的终极企盼。可以认为,法官是司法正义的掌门人,与正义的实现有着很深的渊源。司法正义的实现要求法官不仅要具有良好的法律职业素养,更需要有高尚的职业情操以及对正义深刻的理解和不懈的追求,这些构成了法官正义品格的核心内容。我国台湾地区著名法学家史尚宽先生说:"虽有完美的保障审判独立之制度,有彻底的法学之研究,然若受外界之引诱,物欲之蒙蔽,舞文弄墨,徇私枉法,则反而以其法学知识为其作

---

〔4〕［美］A. T. 克罗曼:《迷失的律师——法律职业理想的衰落》,周战超、石新中译,法律出版社2002年版。转引自丁国强:《法律职业理想与"冷淡的智力"——读〈迷失的律师〉》,载《人民法院报》2005年1月27日,第3版。

奸犯科之工具,有如为虎附翼,助纣为虐,是以法学修养虽为切要,而品格修养尤其为重要。”[5]德国法社会学创始人爱尔利希(Ehrlich)宣称:“法官的人格是正义的最终保障。”对正义的准确把握和不懈追求,使法官能从内部释放出巨大的创造力,这种创造力不仅能帮助法官排除司法中妨碍正义实现的障碍,更能巧妙地矫正既定法律制度中与正义冲突的规定,使立法的正义价值最终得到完整的实现。在遇到法制缺失的时候,根据法的精神和正义的理念,确定最终公平合理的解决方案。对正义的追求还要求法官全面理解正义,“正义不仅应得到实现,而且要以人们看得见的方式加以实现”。法官对一个案件的判决,不仅要在裁判结果上做到公正、合理、合法,还应当确保判决过程的公平和正义。完整的司法正义是实体正义和程序正义的统一。

实现公平和正义应是法官的最高职业理想。法律代表着公平和正义,法官选择了这个职业,也就意味着法官在职业生涯中选择了公平和正义作为自己的价值目标追求。一名合格的法官,应努力走出自身的局限和观念上的迷茫,坚定地去探求法的终极目的和价值。

在我国,检察机关的定位是国家的法律监督机构,负责监督国家法律的有效实施,因而是国家利益的代表。从历史上说,这一定位与中立的、代表社会正义的法官是有差距的,这一特性在刑事诉讼中表现得非常清楚、明白。但是,在现代法治国家,国民主权原则的贯彻和实施,普遍规定检察官也有客观公正义务,这从根本上拉近了两者在追求正义上的距离。在大陆法系国家,检察官一般被定位为“司法官”或“准司法官”。法国的检察官和审判官都是司法官,检察官俗称为“立席司法官”,与法官在任职资格、待遇等方面完全相同;在日本,学理上一般认为检察官具有准司法官的地位;意大利的检察官是司法系统的成员之一,有着和法官同等的地位以及同等的不受外界干涉的自由。作为司法官或准司法官,检察官自然背负着客观公正地追求和实现法律正义的义务。不仅在大陆法系国家,即便在英美法系国家,检察官的客观公正义务也被纳入了法律秩序。英国的普通法判例和律师行为守则均规定,检察官不能不惜代价地谋求胜诉,控方律师对被告人负有公正义务并应当公正行事;加拿大的检察官被作为“司法官员”而负有客观公正行事的义务。加拿大最高法院的兰德(Ivan Cleveland Rand)法官指出,“刑事诉讼的目的不是获得定罪,而是在陪审团面前提出检察官考虑的与被控为罪犯的内容相关的可信证据。检察官有责任保证所有因素的可获得性法律证据被提出:它应被施加其合法力量而被坚定地执行,但它也必须被公平地执行。检察官的角色排除了任何赢和输的观点,其功能不是民事生活中可能带有较大个人责任性指控,而是一种公众责任。它应具有对司法程序正直、严肃和公正的牢固信念而被有效执行”[6]。

---

〔5〕 史尚宽:《宪法论丛》,荣泰印书馆1973年版,第336页。

〔6〕 谢佑平、万毅:《检察官当事人化与客观公正义务——对我国检察制度改革的一点反思》,载《人民检察》2002年第5期。

根据国民主权原则,只有国民才是国家主权的真正享有者,维护国民的权益是国家权力存在的唯一目的。国家权力的运行应当也只能是为国民谋福利,而不能走向国民利益的对立面。有别于传统的国家公权益的专职维护者的定位,现代社会要求检察官以客观公正为念,不偏袒、公平地采取职权活动,以追求和实现公平、正义为基本道德要求和职业理想。如我国《检察官法》第3条规定,检察官必须忠实执行宪法和法律,维护社会公平正义,全心全意为人民服务;《检察官职业道德基本准则》第4条规定,检察官应当坚持公正理念,维护法制统一。这些规定阐明了检察官维护正义的义务。

追求社会的公平和正义,关怀社会公众的利益,不仅仅是对法官、检察官、法律研究、教育者的要求,也是对律师这样一种已经市场化了的职业的要求。克罗曼(Anthony Kronman)在其名著《迷失的律师》中提出,律师不应当仅仅充当一个法律工匠,不应把职业追求完全放在满足客户的个人需要上,而应当对公众利益发生兴趣,并认为律师政治家理想的消解是造成美国法律行业危机的根本原因。他认为,就律师职业而言,法律技术和专业修辞并不能凸显其思想的力量和个性的魅力,追求公正的理想,服务公众的意识与专业技能同等重要。作为法律共同体的律师,尽管常常只是私益的代表,在其职业伦理中,追求自我利益的实现也是普遍得到认可的,但从这一职业的整体意义看,律师又不能仅仅关注"我的利益"和客户的利益,应当关注更大事业的完善和公共利益的维护,即法律共同体的利益、社会公益、社会的公平与正义。只有这样,他们才不会成为受预期利益控制的工具。"律师不仅仅是收取报酬提供深思熟虑建议的人,律师有责任引导客户不断调整个人行为以适应公共规则。""好律师的热心公益不是缝合在他的职业技能上的某种东西,是他技艺上的一种道德附加物,而是他技艺中不可分割的必要组成部分。"〔7〕律师的职业伦理要求律师不能在背离自己对法律的理解的前提下,在背离普遍的社会正义观念的情况下谋划私益。因为这种有悖于法律理性的判断将影响整个法律秩序的健康发展。因此,律师也应当建立法律职业共同体的同质化的职业理想,以实现社会正义为最终目标,保障法律秩序的有序运转。

第二节　法律职业态度——勤勉、谨慎

职业态度是人们在从事各种职业活动过程中的举止神情和对于自己所从事的职业

〔7〕丁国强:《法律职业理想与"冷淡的智力"——读〈迷失的律师〉》,载《人民法院报》2005年1月27日,第3版。

的看法以及所采取的行动。[8] 职业态度从本质上看是一种劳动态度。职业态度的好坏,反映出一个行业、一个部门的职业水平和精神风貌。职业态度既是做好本职工作的重要条件,也是对人们进行职业伦理评价的标准。法律职业态度作为法律职业伦理的要素之一,主要指法律职业者在从事法律职业活动中所显现的举止神情和自己对所从事的职业的看法以及由此而采取的行动。

一、勤勉

法律职业者首要的工作态度应当是勤勉。勤勉就是要求法律职业者在职业活动中表现出来的认真履行职责,对工作努力、不懈怠的态度和行为。

法律职业以促进社会公平和正义、维护社会秩序、保护人权为己任,职业活动常常要涉及公民的财产、自由甚至生命,任何懈怠、疏忽和散漫都可能给国家、社会、公民个人造成无法弥补的损失。因此,法律职业者对待本职工作应当积极、认真、一丝不苟,对自己职责内的事力求做好、做实。

认真履行职责就是要在正确理解法律设定的职责的前提下,以积极的态度完成职责要求的每一项工作。努力、不懈怠是要求法律职业人员敬业、爱岗,主动积极工作,谨防因自己的疏漏给国家、社会、公民造成损害。勤勉是一种工作态度,是做好工作的一种精神力量。"徒法不足以自行",法律职业者是法律实施的主观要素和法律机制的软件部分,而使主观要素充分发挥预定作用的前提是职业者勤勉的工作态度和积极的工作行为,这是保障职业者充分发挥工作创造力的基础。只有勤勉尽责的法律职业者才能以负责的态度认真完成工作任务,相反,消极的态度、散漫的职业行为则容易给司法工作造成难以挽回的后果。因此,《关于完善人民检察院司法责任制的若干意见》《关于完善人民法院司法责任制的若干意见》中均将重大过失产生严重后果作为法官、检察官承担司法责任的条件。[9]

目前,我国司法实践中出现的办事拖拉、工作松散、态度生硬、神情冷漠等问题,已成为人民群众对司法人员工作不满的主要原因之一。这种现象已严重影响了司法权威的树立,严重影响了人们对司法的信任,容易导致人们对法治丧失信心。

勤勉作为对法律职业者的职业态度上的要求不仅表现在其对待工作的态度和行为上,还表现在其努力提高自身素养的态度和行为上。法律职业是一门专业性很强的职业,其职业理论博大精深,职业技能和职业伦理系统性强、内容庞杂,需要不断地学习才

---

[8] 参见汪荣有、徐迎红:《职业道德引论》,中央编译出版社2004年版,第34页。

[9] 如《关于完善人民检察院司法责任制的若干意见》第35条规定,检察人员在司法办案工作中有重大过失,怠于履行或不正确履行职责,造成下列后果之一的,应当承担司法责任:(1)认定事实、适用法律出现重大错误,或案件被错误处理的;(2)遗漏重要犯罪嫌疑人或重大罪行的;(3)错误羁押或超期羁押犯罪嫌疑人、被告人的;(4)涉案人员自杀、自伤、行凶的;(5)犯罪嫌疑人、被告人串供、毁证、逃跑的;(6)举报控告材料或其他案件材料、扣押财物遗失、严重损毁的;(7)举报控告材料内容或其他案件秘密泄露的;(8)其他严重后果或恶劣影响的。

能真正掌握。从另一个角度来看，运用和操作法律又是一种“以其积极活动塑造和决定法律样式的活动”，[10]即法的适用是一种高度创造性的活动，法律的形式在一定程度上是法律职业者在实施法律的过程中确定的。这要求法律职业者不断学习，不断提高职业能力和职业道德素养，使法律在稳定和发展的均衡关系中得到适用。因此，不断地学习、不断提高自己的能力，也是法律职业者勤勉工作的职业态度的表现。

二、谨慎

除了应当勤勉执业，法律职业者还必须要谨慎从事职业活动。法律职业者所从事的是有关法律实施和运行的活动，社会需要通过其职业活动解决如下重要问题：(1)定分止争；(2)社会控制，即通过对社会中纠纷的预防和化解，实现对现存社会秩序与政治权威的维护，进而使社会达到良好的治理效果；(3)制约权力，通过司法权和社会权力的行使和运用，实现对包括立法权、行政权等其他政治权力的监督与制衡；(4)完善现行国家制度，即通过法律实施活动，发现现行国家制度的缺漏，并利用其权力影响国家社会政策的制定与改造；(5)法治教育，即通过一般、反复的法律实施活动，强化民众的法律意识，引导人们遵循社会主流价值观，依法参与社会生活。

从国家角度来看，法律职业者的工作涉及国家制度的正常运行、国家政策的制定以及国家的社会管理职能的充分发挥，这些工作是国家得以存在和充分发挥作用的关键。因此，法律职业活动意义重大，职业者必须谨慎待之。如法官的职业活动直接影响着司法信用的建立，而司法信用决定着人们对政权的态度。

从社会角度来看，法律职业者对纠纷的解决起着核心作用，这有助于社会的稳定和发展。另外，由于法律实质上倡导了一些特定的生活、行为模式，职业者对法治的坚守能促进社会主流价值观的形成，有利于社会的统一和整合。概言之，法律职业活动对社会稳定、社会发展起着关键作用，职业者的任何疏忽，不仅可能造成纠纷的扩大，影响社会秩序的稳定，更有可能造成人群分离和社会隔阂，形成更为剧烈的社会冲突。

从个人层面来看，法律职业者的职业活动总是与人们的重要权益的实现和维护有关。司法人员的不谨慎，轻则可能导致人们财产权益受损，重则可能影响人民的生命、健康权。如律师的疏忽不仅可能导致当事人重大财产权益受损害，更可能危及当事人的生命、自由。总之，法律职业与许多重要的社会关系、社会权益有关，职业者必须谨慎处之，否则可能会引起严重后果，如权力间的冲突、国家权力与社会间的冲突、民族或阶层间的冲突等。

谨慎的工作态度要求法律职业者：

第一，在严格依法执业的前提下，谨慎对待国家、社会、个人间的利益关系。法律是社会关系的调节器，法律职业者的职业活动，常常是在国家、社会、个人间利益发生冲突

[10]　范愉：《法律家素质及法律教育刍论》，载《人大法律评论》2000 年卷第二辑，第 130 页。

的时候开始的。法律职业者一定要以法为据,均衡保护三者的权益,既不能以牺牲个人利益成就国家、社会利益,也不能以保护权利为由忽视国家、社会利益。同时,还应该注意到,随着社会建设的进步,社会利益与国家利益已不再是一体或统一的,法律职业者在执业中应当谨慎区分,根据自己的职业内容明确自己所代表的利益对象,严谨、慎重地完成本职工作。《法官职业道德基本准则》第19、20条规定,法官应当牢固树立以人为本、司法为民的理念,强化群众观念,重视群众诉求,关注群众感受,自觉维护人民群众的合法权益;注重发挥司法的能动作用,积极寻求有利于案结事了的纠纷解决办法,努力实现法律效果与社会效果的统一。《检察官职业道德基本准则》第2条规定,检察官应当坚持为民宗旨,保障人民权益。这一规定要求法官在处理案件时要谨慎对待案件涉及的个人利益和公共利益,通过实现个人利益与社会利益的共赢,提升司法公信力。《律师职业道德和执业纪律规范》第4、5条强调了律师两个方面的职业责任,一是忠于宪法和法律,坚持以事实为根据,以法律为准则,严格依法执业,坚持原则,维护国家法律与社会正义;二是诚实守信,勤勉尽责,尽职尽责地维护委托人的合法利益。因此,律师职业应当在维护社会正义和维护当事人合法权益之间保持平衡。

第二,谨慎对待依法与创新的关系。法律人不仅是法律的严格依从者,同时也是法律和法律形式的创造者,这已成为现代理性社会的共识。法律的稳定性和可预见性则要求法律在内容和形式上保持相对稳定和连贯。因此,法律职业者应当谨慎对待"守法"与"造法"的关系,以维护现行法律的尊严和现有法治秩序为原则,在出现法律空白或法律严重落后于时代的情况下,依法推动法律的修改完善。

谨慎处理"守法"与"造法"的关系,对目前我国正在进行的司法体制改革有重要意义。前些年,我国司法改革实践中曾出现过许多违法改革的情况,如在基层法院推行判例制度、刑事诉讼中实行辩诉交易。这些改革和制度创造不仅缺乏现行法的依据,许多还与现行法的基本原则相冲突,其结果必然是破坏我们正在建立的法治秩序。《法官职业道德基本准则》第9条规定,法官应当坚持以事实为根据,以法律为准绳,努力查明案件事实,准确把握法律精神,正确适用法律,合理行使裁量权,避免主观臆断、超越职权、滥用职权,确保案件裁判结果公平公正。这一规定里暗含着严格守法、谨慎司法、合法且合理地行使自由裁量权的执业理念。

第三,无论在职业活动中还是职业外活动中都应当要言行谨慎。在职业活动中言行谨慎可以有效防止泄露工作秘密,避免给当事人、国家、社会造成危害。在职业外活动中言行谨慎则有利于树立法律职业人诚实信用、公正无私、清正廉洁的良好职业形象。我国《法官行为规范》第29条"出庭时注意事项"第5项规定,法官不得与诉讼各方随意打招呼,不得与一方有特别亲密的言行。此即为对法官从事审判活动言行谨慎的要求。

历史经验表明,法律职业者的过分职业化可能导致职业行为的随意和不谨慎。职业化使法律人的职业活动成为一种展示技术理性的过程,法律职业也因此获得独立性和自治性,但职业化又为法律人的擅断、独裁和疏漫埋下了伏笔。“由于法律家的活动具有较大的独立性和自治性,其中法官、检察官等还拥有身份保障权,执法的公正与否很大程度上是依靠他们的‘良心’保证的。因此,相对于外在的监督和制约,职业道德和行业自律是更为重要和有效的保证机制。”[11] 既然司法的独立性和自治性对实现法治来说是不可或缺的,为克服职业化带来或可能产生的弊端,就应当加强对法律人的职业道德教育,在法律职业者中大力提倡谨慎、勤勉的工作态度,使其谨慎处理各种利益关系。

第三节 法律职业责任——抑恶扬善、扶弱济困

《现代汉语大词典》对“责任”的解释包括两个基本含义:一是指分内应做的事;二是指因没有做好分内应做的事而应当承担的后果。因此,我们可以认为,责任的含义包括两个层面的内容:一是职责层面的,二是后果层面的。从广义上说,职业责任也包括两个基本含义:一是指从业人员根据法律或职业道德规范的要求应当完成的工作;二是指从业人员违反法律或职业道德规范的规定而应承担的不利后果。但在道德领域,“职业责任”常常仅指从业人员的工作职责。

职业责任包括职业集体责任和职业个人责任两个方面。职业集体责任指该职业集体对社会所承担的责任,是由该集体的各个成员共同承担的。职业个人责任由从业人员个人充分发挥主观能动性和创造性独立地完成。只有每个职业成员都能承担起各自的岗位责任,职业集体才能全面履行对社会的责任。

广义上说,法律职业责任也有两层含义:一是指根据法律或伦理规范的要求,法律职业者应当完成的社会工作;二是指法律职业者违反法律和伦理规范的要求应承担的法律后果。但作为法律职业伦理要素的法律职业责任,则通常仅指第一个层面的内容。

作为一个成熟的职业,法律及道德规范已对法律职业者应当履行的职业任务或应当完成的职业行为作了较全面的规定,这些规定既有原则性的,也有具体性的;既有实体上的,也有程序上的,法律职业者应当严格按照这些规范的要求从事职业活动。概括地说,这些规则的基本要求即抑恶扬善、扶弱济困。

一、抑恶扬善

法律职业者以维护社会公平、正义为基本准则,实现公平、正义是法律职业者的职

---

〔11〕 范愉:《法律家素质及法律教育刍论》,载《人大法律评论》2000 年卷第二辑,第 131 页。

责，而抑恶扬善、扶弱济困是实现公平、正义最直接的手段。所谓抑恶扬善，即是对“恶”的行为进行抑制、追究、责罚，对“善”的行为予以褒扬、扶助。“善”与“恶”是一对相对应的道德范畴，用来对人的社会活动进行评价。虽然“善”“恶”的判断因时因地因传统而未必一致，如古代希腊人视智慧、公正、勇敢与节制为“善”，孟子以仁、义、礼、智为善德，基督教强调信、望、爱。但在这些内容不一的理解中，却包含着许多共同的因素，这些共同的东西就是一切美好的、对人类的社会生活有益的品性和行为。法律职业者的职业活动以实现正义为核心价值理念，从道德层面看，就是弘扬善，抑制恶，保护有益的社会行为，维护良好的社会风尚，促进有序的社会交往，同时，对“恶”的行为或品性进行遏制，对做“恶”的人进行控制、改造。

抑恶扬善，首先要求法律职业者努力实现立法所张扬的“善”，遏制立法所贬抑的“恶”。法律是上升为国家意志的伦理规范，从本质上看，法律就是对重要的社会行为和社会关系作出的价值判断。法律职业者在实施法律的过程中应正确理解和把握立法的价值判断，公正地“抑恶”，正确地“扬善”：法官在履行职责时不仅应当通过程序在形式上实现对“善”的保护，更应当通过实体裁判从实质上实现对“善”的维护。而对“恶”的惩罚，则应当严格依法律规定的范围、方式、程序进行。法律上表现出来的“恶”是指各种违法犯罪现象。对“恶”进行惩治除了严格依法进行外，还应当坚持公正、文明、人道，以惩罚为手段，以矫正和恢复为目的。检察官应当以维护国家利益和社会公益、追究违法犯罪等“恶行”为基本职责，同时坚守客观公正的立场，加强对“善”的保护。律师是当事人或委托人利益的代表，但律师维护的只能是当事人的合法的、正当的利益，律师不应当仅是法律工匠，其职业追求不仅仅是满足客户的个人需要，关注公众利益对其职业而言同样重要，即维护社会的公平和正义也是其职业目标所在。“那些把法律作为一种世俗的谋生方式的律师，不但失去了诚实的品格，而且也造成理想的陷落。”〔12〕作为法律共同体的成员，律师不应当仅仅把职业活动当作谋生的手段，而应当有更高的境界和追求，通过向社会提供法律帮助，高擎正义之旗，在“抑恶”中“扬善”，在“扬善”中“抑恶”。

应当注意的是，法律职业伦理与一般伦理并不是两个完全对应的概念，二者在许多领域是有差距的。“这些伦理（职业伦理）与共同意识并无深层的联系，因为它们并不是所有社会成员共有的伦理，换言之，它们与共同意识无关。”〔13〕法律职业者在职业活动中所因循的“善”“恶”标准与一般大众所理解的“善”与“恶”并不完全相同。法律职业者对“善”与“恶”的评价总是以法律为核心和基础，以职业活动的目的为基本出发点，如律师在职业活动中常常需要作为“罪犯”的辩护人，竭力维护其合法利益；法官在

〔12〕［美］A. T. 克罗曼：《迷失的律师——法律职业理想的衰落》，周战超、石新中译，法律出版社 2002 年版。转引自丁国强：《法律职业理想与“冷淡的智力”——读〈迷失的律师〉》，载《人民法院报》2005 年 1 月 27 日，第 3 版。

〔13〕［法］爱弥尔·涂尔干：《职业伦理与公民道德》，渠东等译，上海人民出版社 2001 年版，第 14 页。

执行职务时应始终保持中立立场，充分听取控、辩（原告、被告）双方意见，充分保障辩方的权利。这些职业要求与一般的大众道德是有区别的。因此，法律职业者之“抑恶”与“扬善”必须建立在法律评判的基础上，而不是按大众伦理进行。“抑恶”必须在法律规定的幅度内，以合法的方式，并在充分保障被惩处人合法权益的基础上进行；“扬善”也不能破坏职业活动的规则，如法官绝不能放弃中立立场和司法被动性原则。

另外，由于法律职业者还承担着发展法律的职责，在法律明显落后或法律明显缺失的领域，法律人应当通过职务活动将发展了的“善”“恶”观念贯彻到司法活动中，促进法律的发展。法律人不仅是法律的忠实追随者，还是法律的智慧创造者。伦理道德是法律的基础，法律应当与伦理道德保持和谐一致的关系，但法律的滞后性又往往使其落后于伦理道德的发展。幸运的是，法律的适用是一个由抽象到具体的过程，这给法律人留下了巨大的创新空间，法律职业者可借此将法律标准与公众、社会的伦理标准拉近，将法律重新置于伦理道德的最有力的支撑之下。因此，法律职业者的“抑恶扬善”并非完全是一个将法律的标准投影到个案中的过程，也是一个法律职业者将法律的道德观与公众的道德观拉近，并使法律的实施获得公众、社会广泛支持的过程。

二、扶弱济困

法律职业者还担负着另一项重要责任，即扶弱济困。法律的真谛就在于对权利的确认和保护。物质财富的拥有可以有先后之分，正义的获得却不应有先后之别，而正义的基本含义即平等。

法律上的平等包括立法意义上的平等和司法、执法等实践意义上的平等。前一层面上的平等已由我国宪法及其他法律所确认，但实践意义上的平等却任重道远。这是因为任何国家的司法、执法资源均是有限的，司法、执法需要成本，经济上的不平等必然导致对司法、执法资源利用的实质不平等。此外，知识上、政治或社会地位上的差别也会导致司法、执法资源利用的不平等，这些因素是实践意义上不平等产生的原因。

尽管到“2019 年末，全国农村贫困人口 551 万人，比上年末减少 1109 万人，下降 66.8%；贫困发生率 0.6%，比上年下降 1.1 个百分点”，[14] 但随着绝对贫困数字的降低，相对贫困问题日益突出，而它也是阻碍人正常生活、正常享有权利的核心因素。联合国开发计划署认为，贫困不只是人们通常所认为的收入不足问题，它实质上是人类发展所必需的最基本的机会和选择权利被排斥，恰恰是这种机会和选择权利才把人们引向一种长期健康和创造性的生活，使人们享受体面生活、自由、自觉和他人的尊重。根据第 6 次人口普查统计，我国文盲人口约 5466 万人，[15] 他们中的多数人构成了当今中

---

〔14〕 张翼：《2019 年全国农村贫困人口减少 1109 万人》，载《光明日报》2020 年 1 月 24 日，第 3 版。

〔15〕 参见国家统计局：《2010 年第六次全国人口普查主要数据公报》，载中国政府网，http://www.gov.cn/test/2012-04/20/content_2118413.htm。

国社会的弱势群体。加强对弱势群体的权益保护,既是由我国社会主义国家性质所决定的,也是我国宪法主张的人人平等的要求。只有实现了绝大多数人的平等,我国社会主义制度的优越性才能体现出来,也才能得到最广大的人民群众的支持。另外,只有为社会的弱势群体提供了最有效的平等保护,才能处理好经济高速发展中产生的尖锐的社会矛盾,维护社会稳定。

改革开放至今,我国经济高速发展,但制度建设尚不十分健全,现有制度仍不能很好地发挥作用。在这种形势下,弱势群体作为一个获得社会资源最少的群体,其利益往往最容易被忽视甚至被侵犯。如果社会不能提供很好的救济机制,消化和排解社会矛盾,则普通的纠纷也可能激化为剧烈的社会冲突。

法律职业者是法律的实施者或法律制度的设计者,不仅对法律制度的确立发挥着重要作用,更对法律运作过程产生决定性的影响,对此承担着不可推卸的责任。

扶弱济困是法律职业者的重要职业责任,是法律职业者实现正义的职责要求。对此,我国许多法律均有规定。如我国《法律援助条例》第 6 条规定:“律师应当依照律师法和本条例的规定履行法律援助义务,为受援人提供符合标准的法律服务,依法维护受援人的合法权益,接受律师协会和司法行政部门的监督。”第 12 条规定:“公诉人出庭公诉的案件,被告人因经济困难或者其他原因没有委托辩护人,人民法院为被告人指定辩护时,法律援助机构应当提供法律援助。”《刑事诉讼法》第 35 条规定:“犯罪嫌疑人、被告人因经济困难或者其他原因没有委托辩护人的,本人及其近亲属可以向法律援助机构提出申请。对符合法律援助条件的,法律援助机构应当指派律师为其提供辩护。犯罪嫌疑人、被告人是盲、聋、哑人,或者是尚未完全丧失辨认或者控制自己行为能力的精神病人,没有委托辩护人的,人民法院、人民检察院和公安机关应当通知法律援助机构指派律师为其提供辩护。犯罪嫌疑人、被告人可能被判处无期徒刑、死刑,没有委托辩护人的,人民法院、人民检察院和公安机关应当通知法律援助机构指派律师为其提供辩护。”从这些法律规定中可见,扶弱济困不仅是一项道德要求,也是一项法律要求,是法律职业者不可推卸的责任。

第四节 法律职业义务——忠于职守、为民服务

《现代汉语大词典》中对“义务”的解释包括两层内容:一是“依照身份、地位或职业由命令或习俗责成的工作、行为、服务或职务”;二是“在道德或伦理上一般强制的应尽责任”。通常认为,义务是指人们应当履行的对社会、集体或他人的责任,而职业道德理论中所称的职业义务一般指职业从业人员在伦理或道德上对社会、集体、他人应尽的

具有一般强制性的职业上的责任。

法律职业义务是法律职业者在伦理上对社会、集体、他人应尽的强制性的责任。关于法律职业者的义务，各类法律、职业道德规范有更为详尽的规定，如《法官法》和《检察官法》中规定法官、检察官应当履行下列义务：严格遵守宪法和法律；必须以事实为根据，以法律为准绳，秉公办案，不得徇私枉法；依法保障诉讼参与人的诉讼权利；维护国家利益、公共利益，维护自然人、法人和其他组织的合法权益；清正廉明，忠于职守，遵守纪律，恪守职业道德等。《律师法》规定了律师不得私自接受委托、收取费用，接受委托人的财物或者其他利益；不得利用提供法律服务的便利牟取当事人争议的权益；不得接受对方当事人的财物或者其他利益，与对方当事人或者第三人恶意串通，侵害委托人的权益；违反规定会见法官、检察官、仲裁员以及其他有关工作人员等义务。

法律和道德规范对法律职业者的义务规定因法律职业的不同而各有差异。从宏观上看，作为一个整体，法律职业共同体的核心义务是忠于职守和为民服务。

一、忠于职守

就法律职业者而言，忠于职守是以实现正义为最终目标，尽心竭力完成好本职工作，严格履行法定义务，以极大的热情迎接挑战，在工作中尽情发挥所长，始终寻找完成工作的最佳途径，并自觉接受人民的监督和批评，向人民负责。忠诚是法律职业者维护自身职业发展必须具备的素质，更是营建法律职业共同体的必然要求，也是一个社会的法律获得权威的有效方式。忠诚意味着高度的责任感和令人钦佩的敬业精神，从小处着眼，它可以使职业者本人获得尊敬，促进本职业迅速发展；从大处着眼，每一个法律人的忠诚是法律获得权威的最有效支撑。

职业忠诚源于对法律职业的尊重和深刻理解，来源于对正义事业的执著和追求。法律职业者不是一个大众化的职业，而是一个职业化的群体，职业发展走的是精英化的道路，职业忠诚是其走向职业化的必备素质。一名法律职业者，应当以为国家的法治事业作出贡献为职业指南，把公正作为自己的职业目标孜孜不倦地追求。只有这样，才能克服司法、执法实践中面临的各种困难，完成这一群体的社会角色要求。在我国现阶段，法律职业者更是实现法治的主力军，担负着实现法治、推进法治、宣传法治精神的历史重任，更应当以忠诚为崇高理念，努力磨炼自己，以超乎常人的持久力和免疫力抵御权力、金钱、人情的诱惑。

每一种法律职业的忠诚所包含的内容也不尽相同。就法官而言，忠于职守表现为对法律的绝对忠诚和对正义的执著追求。高素质的法官队伍，是实施依法治国方略、建设社会主义法治国家的内在要求。法官素质是决定司法改革成败的关键因素，最终将决定着人民法院能否在全社会真正树立起崇高的司法权威。“人们从不谈所谓‘谨守法律的法官’，而是把那些不仅‘睿智’而且对法律绝对忠诚的法官称为‘正直的法官’。”[16]对法律的忠诚、对正义的追求是法官的核心义务，也是法官职业道德规范的核心要求。忠诚于法律，首先要求法官要信奉法律、崇尚法治。要实现建设社会主义法治国家这一目标，法官应当成为学习法律、遵守法律、执行法律的模范，在审判工作中要严格执行宪法和法律，做到“有法必依”，不受法律之外任何因素的干扰，尤其不能为权势和人情所左右。要把公平、正义、民主、法治的精神运用和体现到审判工作中，用独立、平等、公开、廉洁的观念和意识规范司法行为。

忠诚于法律，要求法官主动提高专业水平，努力精通法律，将自己打造成为法律专家，对法律知识和理论有广泛的涉猎和精深的理解。作为法官，不仅要有“根据法律的思考”，还要有“关于法律的思考”，不只是熟悉法律条文及其文义，更应通晓法源、法理和法之精神，并通过积累审判工作经验，取得娴熟自如的庭审驾驭能力，获得较强的综合分析能力和独立处断能力，成为一名头脑清醒、思想深刻、博学睿智的“专业法律人”。法学既是一门专业性很强的学科，又与哲学、政治学、经济学、逻辑学、社会学、管理学等学科和学说内容交叉，联系紧密。忠诚于法律的义务要求法官有很强的法律实践能力，即正确地将法律及其内含的精神运用于司法实践中，这要求法官不仅仅要精通法律规范，而且要具有渊博的知识和厚实的文化底蕴以及较宽的知识面。因此，牢固树立自觉学习、终身学习观，善于接受新知识、新事物，提高科技素养，紧跟时代步伐，是法官忠诚于法律的具体要求。

就检察官而言，忠诚意味着对法律秩序的坚守，对国家利益坚定不移的维护。检察官是法律秩序的积极守护者，担负着监督法律实施、维护国家利益的神圣职责。法治社会试图达到的目标就是用法律来维持和恢复社会秩序，实现社会正义，保障人权的实现。要达到这一目标，一个首要的前提是要求已公布的法律得到普遍的服从，任何违反法律秩序的行为都要得到及时的纠正和处理。法官、检察官、律师都承担着对法律秩序的维护职能，但法官更侧重于通过以中立第三人的立场解决争议的方式来恢复法秩序，律师则着力于通过维护当事人合法权益的角度维护法秩序，而检察官的角色定位要求其以国家利益为本，主动对违反法律秩序的犯罪行为进行追诉并对诉讼中的其他违法行为进行纠正。换言之，检察官的职业忠诚主要表现为对国家、社会公共利益的忠诚，对国家、社会公共权益的小心翼翼的看守和矢志不渝的维护。另外，社会主义的国家性质决定了国家利益、社会公益与人民群众根本利益是一致的，这种一致性要求检察官站在客观的立场进行追诉活动，既要打击犯罪，又要担负保护人权、实现法律正义之责，即履行检察官的“客观性义务”。检察官的忠诚义务要求其对犯罪行为严格按照法律的规定进行追究，不折不扣地保障法律的实施，既不能使犯罪者逃避法律的制裁，又不能让无罪的人受到错误的追究。对国家和社会来讲，检察官要努力践行实现法律秩序、保

---

〔16〕［德］古斯塔夫·拉德布鲁赫：《法律职业人与法律学术》，舒国滢译，载《律师文摘》2003年第3辑。

持社会稳定的职责;就个人而言,检察官要尽力做到客观执法,积极保护个人权利,促进法律正义的实现,即检察官并不是打击犯罪的"追诉狂",而是依法言法、客观公正的守护人。

律师的职业忠诚则首先表现在充分利用法律手段最大限度地实现委托人的合法权益,即对当事人利益的忠诚上。委托人的合法权益是否得到法律的保护是衡量律师是否忠于法律的标准之一。律师的职业忠诚其次表现在对宪法和法律的忠诚上。我国的律师是社会主义国家的律师,这种性质要求律师必须忠于宪法和法律,在执业中坚持以事实为依据,以法律为准绳,依法维护当事人的权益,力求做到将维护当事人的合法权益与维护法律的正确实施统一起来。在两者发生冲突的情况下,坚持在法律框架内最大限度地忠诚于当事人的合法权益。

法律教学与研究人员的职业忠诚表现在对待教学、科研上的一丝不苟的严肃认真态度和孜孜追求的科学精神。

二、为民服务

社会主义的法是人民意志的体现,社会主义社会的法律职业是以实现人民意志为宗旨的职业,为民服务是社会主义法律职业伦理的基本要求。作为法律职业伦理准则,为民服务的内涵包括立法、司法、法学研究和法学教育几个层面:在立法层面上,法律应当积极回应公众的立法期待和社会的立法需求,立法为民要求立法机关以民为本,充分汲取大众的知识资源,催生民主立法,彰显人文的立法精神。在司法层面上,它要求法律职业者以保护人民、维护社会稳定、化解社会矛盾、调节社会关系、保障社会职能正常运行为职业目标,在职业活动中采取多种举措为民提供便利和服务。在法学教育与法学研究层面上,从事法学教育和法学研究者应当以服务社会、服务公众为根本目标来构建法学理论体系和法学教育体制。

为民服务是法律职业者贯彻始终的义务。这是因为,第一,为民服务符合历史发展的客观规律。历史唯物主义认为,人类社会是人民群众的历史,人民群众是社会实践的主体,是历史的创造者。把服务于民作为法律职业伦理的原则和核心是符合历史发展客观规律的。第二,为民服务体现了社会主义法律职业伦理的群众基础。社会主义法律职业以服务于人民为本,维护的是人民群众的利益。社会主义法律职业的这种性质和任务决定了法律职业伦理"服务于民"的重要属性。第三,为民服务这一精神是社会主义法律职业伦理区别于其他性质的法律职业伦理的根本所在。方向问题是核心问题,为民服务解决了法律职业"为谁"的问题。实践表明,"为民",法律职业才能健康发展,国家才能长治久安,社会才能稳定繁荣。背离了"为民"这一根本宗旨,我们的法律工作就会迷失方向。另外,为民服务是维护社会公平、正义和法律尊严的客观需要,是法律职业者履行社会职责和义务的出发点和落脚点。

法律职业以维护公平、匡扶正义为根本追求目标,它是社会正义的实现机制,其有效发挥作用的前提是法律机制及法律职业共同体受到人民群众的信赖和认可,只有做到为民服务,法律机制才能获得权威,全社会的公平和正义才会有实现的基础。

为民服务的基本要求包括两项:一是要满腔热忱为公众服务,倡导人性化法律理念,推行文明执业。法律职业向社会、向公众提供的服务应该是整体的、全方位的,不仅要体现在公正、高效的结果上,还要体现在职业的行为和态度、作风以及方式方法上。充满人文关怀的职业活动,要求法律职业者要有大众意识、民主意识,在工作中热情、热心,平等地对待各种身份的公民,在法律规定的范围内以符合执业规律的方式关心群众疾苦,急群众所急,想群众所想,文明办案,礼貌待人。对司法人员,则更要强化其便民、利民意识,不断扩大人民群众的知情权、参与权,自觉把司法工作置于群众的监督之下,使执法活动充满人性关怀。二是要竭尽全力保障人民的合法权益。法律职业以保障人权为基本出发点,在工作中应当竭尽全力保障人民的政治权利、人身权利、财产权利不受侵害,勇于同各种侵犯人权的行为作斗争,尤其对弱势群体的权利,应当重点维护。

理论界曾经有过分强调西方近代法治理念而忽视以民为本、为民服务优良传统的倾向。如过分强调司法的被动性,即出现与公众过分疏离、对群众疾苦漠不关心的“贵族”法官;过分强调法律活动的程序性,即出现司法教条主义;过分强调司法的中立性,放弃法律工作的价值判断。从西方的法治发展历程看,法律人的职业化和专业化是法治发展一个不可或缺的要素。这个过程既是职业化的要求,又是职业化的结果,职业者与社会保持一定程度的疏离逐渐成为这一职业中的习惯或行规。这种疏离在职业态度上又常常表现为贵族式的倨傲和冷漠,这对我国法律职业建设也是弊大于利的。西方社会法律职业过度职业化引起的民主危机也成为人们批判职业化的口实。我国的法律职业建设,应当努力克服西方法律职业化过程中出现的过分职业化的问题,加强为民服务意识的培养,这在我国有着重要的意义。

为民服务意识的培养应当从如下几方面入手:一是强化民本意识。人心向背,历来是决定一个政党、一个政权盛衰的根本因素。在我国,法律职业以实现人民意志为本,法律职业者所掌握的国家权力均来自人民。因此,要在法律职业者中贯彻“权为民所用”的思想,帮助他们把手中的权力行使好。强化民本意识,即是要建立为民、利民意识,要站在人民群众的立场上考虑问题,想群众之所想,急群众之所急,全心全意为人民群众谋利益;克服困难、积极努力,把那些能够做到、应该做好的事落到实处。二是强化发展意识。发展是实现最广大人民群众利益的根本途径。保护发展,促进发展,就是保护和促进最广大人民群众的利益。法律职业者要用发展的眼光看问题,积极主动地适应新形势下广大人民群众的要求,用创新的手段解决新时期出现的新问题。三是强化公正意识。公平、正义是法律职业活动的灵魂和归宿。只有做到了公平、公正,才能真正做到顺民意、谋民利、得民心,才能得到人民群众的支持和拥护。换言之,公正执业是为民服务的基础,培养为民服务的意识,应当首先从公正执法、公正执业入手。

需要强调指出的是,对为民服务的法律职业伦理原则不能作狭隘理解,尤其不能违背各种不同法律职业的规律过度“为民”。如司法为民不能违背司法被动性原则和司法中立性原则;律师为民服务应当以维护委托人合法权益为本;检察官为民服务则应当以更广大的人民群众为着眼点。此其一。其二,应当准确把握并协调好法律职业的程序性特征与“为民服务”原则的“非程序化”之间的关系。法律职业以实施、操作法律为特征,程序性是法律实施过程的一项重要原则,法律职业活动必须按照法定程序进行。因此,不能以为民服务为借口,破坏法律职业活动的程序性。

为民服务在我国与职业忠诚有着内在的统一性。职业忠诚首先表现为对法律的忠诚,而我国社会主义法是人民利益的集中体现,因而职业忠诚从另一个角度看即是忠诚于人民利益,为民服务即是法律职业者职业忠诚的具体表现,职业忠诚是为民服务的第一层面的要求。

第五节　法律职业良心——诚实信用、爱憎分明

良心指个人内心的是非感,是对自己行为、意图或性格好坏的认识,以及一种做好人好事的责任感,常被认为能引起对于做坏事的内疚和悔恨。马克思认为,“良心是由人的知识和全部生活方式决定的”。一方面,良心作为人们的内在伦理道德评价能力和伦理道德责任感,是由个人的科学文化知识和道德修养决定的;另一方面,人们的良心又必然受到社会的阶级意识制约,由社会的生产方式和生活方式所决定。不同时代、不同阶级的人有不同的良心。

职业良心是从业者对职业责任的自觉意识,或者说是从业者对他人和社会履行义务的伦理责任感和自我评价能力。其实质反映的是从业人员对他人和社会的职业义务意识,是一种对职业关系和职业活动的是非、善恶的内心体验。职业良心是职业责任感和义务感的发展,并与人们对职业行为的选择和职业伦理实践紧密相连。职业良心对人们的职业活动起着重要的调节作用,从业者会因受到职业良心的激励而积极地从事合乎职业伦理的实践,产生对他人、对社会有益的职业行为;从业者受到职业良心的谴责,对不符合伦理要求的情感、欲望能够主动予以抑制和克服,对已经作出的一些不合乎职业伦理的职业行为,也能够严肃反思,认真悔改。职业良心外在表现为为人正直、办事公道、行义从善,作出不符合职业伦理规范的行为时感到内疚,并及时改正错误。

法律职业良心是法律人基于对法律的正当性与合法性的认识与理解,以及对自己所经历的法律生活的体验和反思而产生的对自己职业行为的善与恶、正确与错误的基本认知和评价,对法律职业责任的认识,或者自己对社会、他人应履行的义务的职业责任感和自我评价能力。法律职业良心是调整法律职业关系、指导职业行为、保证职业者

正确执业的重要伦理要素。卡尔·卡拉斯(Carl Callas)在谈到法官职业良知时说:“仅仅要求法官要用最好的智识和良知来裁判,是不够的。应该规定法官仅需要那些最小的智识,而需要那些最大的良知。”[17]有人甚至认为,对法官而言,专业能力在执业活动中的作用远不如良知来得重要。事实上,不仅对法官,职业良心对所有法律人的职业活动均有重要意义。这是因为法律人的职业良心是保证法律人正确、公正运用法律机制为公众服务的重要手段。从法律的特征来讲,法律必须由人来操纵,法律人对法律机制发挥预期功能起决定性作用。马克思说:“要运用法律就需要法官。如果法律可以自动运用,那么法官也就是多余的了。”[18]足见法律人对法律运行的重要意义。

法律职业良心等道德要素在法治的创造性实践过程中,发挥着出人意料的作用,具体而言表现在两个方面:

其一,通过法律人创制新法的职业活动影响法律机制的运行。由于社会生活纷纭复杂,各种新问题、新矛盾层出不穷,面对无限发展的社会,条文法中存在的缺漏和盲区会不断显现,特别是在社会高速发展的今天,立法者的殚精竭虑仍无法摆脱立法对实践的挂一漏万。在这种情况下,人们甚至认为,法律不只是作为一种条文或规范存在,更重要的是作为一种原则和精神存在。法律人在实践中不应也不可能完全拘泥于法律条文的规定,而可以凭借对法律精神的理解,以自己的智慧和良知,将法律精神融入职业活动中,真正落实法律所内含的公平与正义。

其二,通过法律人对法律的合目的性解释影响法治的发展。由于法律概念本身的抽象与概括特性,加上法律语言的多义、立法技术的失误等诸多因素作用,法律自身不可避免地存在不合目的性、不周延性、滞后性和模糊性等局限。法律人在职业活动中对法律合目的的解释、拓展,是法律发展和自我完善的重要手段。“法律的实施以解释过程为前提。”[19]马克思说:“法官的职责是当法律运用到个别场合时,根据他对法律的诚挚的理解来解释法律。”[20]法律人对现行法的缺漏进行弥补,既是对法律人职业活动的技术要求,也是伦理要求:由于法律工作是一个专业性、技术性很强的职业,创造性的司法、执法过程在知识上和程序上都是排他的,因而外部监督常常是低效能的。这就对法律人的职业良心提出了要求。法律人应当正确行使国家或当事人赋予的权力(利),以职业良心为“规”和“矩”,将法律精神贯彻于职业活动中,实现社会正义。因此,法律人在执业过程中必须始终充满良知,奉行操守,在实现“真”的价值的同时,完美体现“善”和“美”的价值,表达人性的光芒和理性的光辉,将对社会的关怀体现在司法实践中。

---

[17] 董茂云、徐吉平:《法官良知对于司法过程的意义——兼论法官良知与现代宪政体制及理念的关系》,载《复旦学报》2003年第6期。

[18] 《马克思恩格斯全集》(第1卷),人民出版社1956年版,第76页。

[19] [法]勒内·达维德:《当代主要法律体系》,漆竹生译,上海译文出版社1984年版,第109页。

[20] 《马克思恩格斯全集》(第1卷),人民出版社1956年版,第76页。

综上所述,可以认为,法律人的职业活动不应当被视为纯粹的客观活动,也不应归纳为纯粹的技术性活动,它同时也是一项主观活动。在这一活动中,法律人的价值观以职业良心等形式渗入司法实践,即法律人的个人良知直接影响、指导着法律实施过程。因此,博登海默认为,“法律制度所应得到的尊严与威望,在很大程度上取决于该制度的工作人员的认识广度以及他们对其所服务的社会责任感的性质和强度”〔21〕。如果说一般人对道德和良心的遵守还可以较为宽泛的话,那么法律人对职业伦理和职业良心的遵守,则具有一定强制性的要求。这是因为法律人所从事的是与社会的公平与正义相关的事业,应当受到更高层次伦理道德和良知的约束。当然,强调法律人的职业良心并非提倡泛道德主义。法律职业包含着很强的技术理性,不能提倡法律人受无节制的同情心的支配,以至于偏离合法性前提,而单纯地用道德和感情去处理法律问题。法律制度的运作,在很大程度上是依靠法律人的自尊心、责任感以及他们的智慧、自制力和良心保证司法的公正,但这不是全部。自由裁量行为必须受法治精神和原则的规制。

作为一项法官裁判的原则,依照自己的良心、信念以及对法律的理解形成的正义准则裁判案件,在一些国家的宪法和法律中被明文规定。如 1946 年《日本宪法》第 76 条第 3 款规定:“所有法官依良心独立行使职权,只受宪法和法律的约束。”《韩国宪法》第 98 条规定:“法官依据宪法、法律及良心独立审判。”《土耳其宪法》第 132 条第 1 项规定:“法官独立执行其职务,法官判案,须依宪法、法律、正义及个人信念。”〔22〕我国《法官职业道德基本准则》第 23 条规定,法官应当坚持学习,精研业务,忠于职守,秉公办案,惩恶扬善,弘扬正义,保持昂扬的精神状态和良好的职业操守。不仅是法官,检察官、律师、法学研究者与法律教育者在执业过程中对法律未涉及的领域,也应当依据职业良心履行职务。

从形式上看,法律职业良心外在表现为诚实守信、爱憎分明等优良品性。

一、诚实信用

诚实信用原则,简称诚信原则,最初是民事法律关系的一项基本原则,指民事主体在从事民事活动、行使民事权利和履行民事义务时,应本着善意、诚实的态度,即讲究信誉、恪守信用、意思表示真实、行为合法、不规避法律和曲解合同条款等。诚实信用原则的具体表现是:(1)不为欺诈行为;(2)恪守信用、尊重交易习惯;(3)不得规避法律和曲解合同条款;(4)正当竞争,反对垄断;(5)尊重社会利益,不得滥用权力(利)。诚实信用原则是社会公德的直接法律化:它既是一项普遍性的伦理原则,也是维护民事秩序的一项法律原则。在民法基本原则中,诚实信用原则属于帝王条款。作为职业伦理规范,诚实守信是对从业者执业的最基本要求,也是中华民族的传统美德,是社会主义道德建

---

〔21〕［美］博登海默:《法理学——法哲学及其方法》,邓正来译,华夏出版社 1987 年版,第 490 ~ 492 页。

〔22〕黄军峰、梁鹏:《论司法公正和司法独立》,载《西藏民族学院学报》2001 年第 1 期。

设的根本。

诚实守信,对一个公民而言,其基本要求系指在做人、做事和社会交往中,以诚待人、以实任事、遵守承诺。对法律职业者而言,诚信含义更显丰富,要求更加严格。它要求法律从业者具有强烈的社会责任感和使命感,坚定地站在国家利益和人民群众的立场上,以对人民高度负责的精神,以维护国家、社会、个人的利益为准则,本着公平、真诚、恪守信用的精神,坚持正义、尽职尽责。具体而言,诚实守信就是要做到:第一,在自身修为上,诚实、正派、公正无私、光明磊落。第二,在本职工作上,要树立强烈的工作责任心,以自己的良心对事实负责,对法律负责,对当事人负责,对社会负责,工作积极,认真细致,以事实为根据,以法律为准绳,忠于职守,努力掌握法律业务知识,熟练运用各项司法技能,刚正不阿,正气凛然,执法如山。第三,在社会生活中,法律职业者要以树立法律权威、实现司法公正为职业目标,以服务社会、造福社会为最终理想,严格要求自己。

在各种社会关系中,诚实待人、恪守信用,一直是一个道德高尚的人所应具备的品德和情操。随着社会的发展和社会交往的日益复杂化,一切参与社会生活的主体都必须讲求信用,遵守诺言,以降低社会交往的成本,维护社会秩序的稳定。诚实守信是一种善良风俗,一种社会伦理规范,一种经济生活原则,每个社会成员都必须遵守和维护。近年来,国家提出了建设诚信社会的构想,而其中最为关键的环节是"行政诚信"和"司法诚信",即作为社会管理者的国家机关和国家公职人员应当首先严格遵守诚信原则。唯其如此,诚信之风方能在全社会兴起。因此,从这个意义上说,诚信首先是一种"官风",是对国家机关的要求,是对从事国家管理工作的各级公职人员的要求。

一般而言,现代国家政权能否取信于社会、取信于民,通常从两个方面去衡量:一个是它的金融信用,另一个则是它的司法信用。金融信用自不待言,它是社会交易稳定和交易安全的最基本的保障,是一个国家经济能否正常运行的衡量器;而司法信用则在一定程度上反映了公众在政治上对整个国家政权的信任程度。司法作为一切社会矛盾的最终调节手段和社会正义的最终实现方式,是社会政治、经济等各种秩序得以维护的最后一道屏障。没有可信赖的司法,国家就丧失了解决社会矛盾的权威性,进而无法发挥其社会管理职能。更关键的是,公众对司法的信任程度,反映和促进了一个国家政权在政治上的稳定性。

司法信用的建立和维持一是取决于体制,二是取决于在司法过程中起核心作用的法律职业者。法社会学创始人爱尔维希说:"法官的人格,是法律正义的最终保障。"法律职业者的诚实守信、勤勉执业、坚持正义的品质,是创造良好司法信用的重要保障。法律职业者诚实守信的品质会对社会生活起最好的示范作用,激励人们以诚信原则要求自己。

法律职业者只有在心目中树立诚实守信的意识,有强烈的责任感和使命感,才能正确行使手中的权力(利),维护正义。诚实守信,是法律职业者维护法治权威、建立良好职业形象的重要途径,也是充分发挥职业功能,维护社会主义法律尊严,为社会主义法治建设作出贡献的重要品质、人格保障。因此，我国许多法律和道德规范中对法律职业者的诚信品质都提出了要求，如我国《律师执业行为规范(试行)》第7条规定，律师应当诚实守信、勤勉尽责，依据事实和法律，维护当事人合法权益，维护法律正确实施，维护社会公平和正义。《律师职业道德和执业纪律规范》第5条规定，律师应当诚实守信，勤勉尽责，尽职尽责地维护委托人的合法利益。我国《法官法》《检察官法》中规定了法官、检察官有维护国家利益、公共利益、自然人、法人和其他组织合法权益，忠于职守，秉公执法，客观求实的义务，这些道德要求是诚信原则在司法活动中的体现。

二、爱憎分明

爱憎分明、疾恶如仇，也是法律职业者职业良心的表现。由于法律职业者在法的实施过程中起决定性作用，因而职业者的品质是法律的生命依托，是实现法治的重要道德载体。重要的社会职责决定了法律职业者必须从政治、道德信念、伦理意识和伦理情感上，自觉地树立马克思主义的善恶观，在自己的行为和实践中扬善抑恶，爱憎分明。在表现形式上，爱憎分明、疾恶如仇主要表现为坚持真理、立场坚定，不为人情所牵累，不为权势所屈服，不为假象所迷惑，坚持正义，惩恶扬善，实事求是，以实现人民的利益为己任。应当注意的是，这一道德要求必须在忠于法律的前提下理解和实施。法律职业是一种以技术理性为特征的职业，法律职业者对人民、对社会的“爱”应体现为依法保护和以法律技术为手段的“爱”，而对违法、犯罪的“憎”必须以保障其合法权益为基础，对其处罚应当是合目的和合理的。

法律职业者身上存在两种影响力，即国家赋予的权力或当事人授予的权利和职业人格魅力。前者的影响力是外在性、强制性和阶段性的，而人格魅力的影响力却是内在性、根本性和长远性的。我国目前最缺乏的是后者，因此努力提高法律职业者的道德素养，培养良好的职业道德和职业良心，树立正确的善恶观、荣辱观、是非观，是目前我国法律职业共同体建设的重点和关键。

第六节　法律职业纪律——严明

通常所言的纪律，是指为维护集体利益并保证工作的进行而要求成员必须遵守的规章、条文或纲纪法规。纪律是一种社会控制手段，产生于人们的社会生活和集体生活。在人类社会早期，由于社会生产力水平低下，人们以血缘为纽带过着群居生活，在共同的劳动和生活中，调整人们关系、规范人们行为的准则一般是社会公德和习惯。此后，随着生产力的发展，人们共同生活的领域逐渐扩大，社会关系日益复杂，早期粗陋的社会公德对人们行为的调整深度已远不能满足社会关系的需要，出于维系和保障社会生活秩序的目的，更有效率的调整社会关系的规范出现了，这就是纪律和法律。

职业纪律是一种职业行为规范，指从业人员必须遵守的带有强制性的条例、章程、制度、规定等准则，其实质是要求从业人员遵守业已确立的行业秩序、执行命令和履行自己的职责。职业纪律是职业活动能够正常进行的重要保证，是职业道德规范具有强制性的表现。它是调整个人和他人、个人和集体、个人和社会等关系的主要方式，也是对人的职业行为进行社会控制的手段，对维护社会生活秩序起着重要的作用。

职业纪律起源于职业分工。随着职业分工的产生和发展，不同职业间以及职业内部从业者的利益冲突加剧，而社会交往和社会协作的需要程度却在逐渐增加，为保持前述各种利益的均衡，人们将一些能被双方从业者都接受的行为规范确定下来，作为约束从业者行为的规则或守则，这就形成了职业纪律。

法律职业纪律是指法律职业者在职业活动中必须遵守的带有强制性的条例、章程、制度、规定等准则，是调整法律职业者之间、法律职业者与外部社会关系的行为规范，是一种从外部约束法律执业者行为的强制性行为准则。这种行为准则对法律职业建设具有重要意义，具体体现在相互联系的两个方面：一是对法律职业共同体建设的意义，二是对我国法治建设的意义。

法律职业纪律是法律职业共同体建设的必要条件。职业纪律是调整行业内、行业间相互关系的行为准则，对协调上述利益冲突起着重要的作用。它以引导或惩戒的形式发挥作用，对从业人员的行为进行规制。由于职业纪律是行业内外共同认可的行为准则，在它的调整下，行业内外的利益实现平衡，职业才能健康发展。

法律职业共同体是一个特殊的群体，有着较为复杂的内外部关系。从外部来看，法律职业者的工作关乎法律实施，他们的职业活动决定着人们的生命、财产和自由，决定着社会秩序的恢复和国家目标的实现，他们对社会承担着维护正义的责任，因而，他们的行为更应当受到严明的纪律和法律的约束；从内部来看，职业纪律是法律职业者不断提高职业技能、职业道德水平的重要推动力量，是树立法律职业权威的重要举措。只有纪律严明的职业才能获得社会的认可，其发展才能蒸蒸日上。另外，只有纪律严明，法律职业共同体内部才能建立起有效的配合、监督、制约的关系，避免共同体成员间的相互串通或互设障碍。最高人民法院、司法部 2004 年 3 月 19 日联合发布《关于规范法官和律师相互关系维护司法公正的若干规定》，就是为加强对法官和律师在诉讼活动中的职业纪律约束，规范法官和律师的相互关系而制定的职业纪律规范。

法律职业纪律对我国法治建设有重要的意义。法治的实现不仅要求有优良的法律，更要求有优秀的法律实施者。“纸面上的法律”必须由“行动中的人”来实施，否则不能发挥作用，而职业纪律则是职业者正确实施法律的重要保障。优秀的法律职业者不仅是一个业务技能强的专家，更是一个政治过硬、品德高尚、严于律己的人。就一个职业而言，纪律永远是忠诚、敬业、创造力和团队精神的基础。由于法律职业纪律是具有强制性的道德准则,它不仅能通过正面途径引导法律人遵纪守法、恪尽职守,更能通过惩戒的形式对法律职业者进行教育。这种正面提倡与反面教育相结合的方式,能更有效地督促法律职业者认真遵守职业纪律,并逐渐养成良好的职业习惯,进而有助于法律职业群体形成良好的职业风尚。另外,加强职业纪律约束是提高法律职业者政治素质的重要手段,是加强党风廉政建设、深入开展反腐败斗争的需要。我国特殊的政治、社会环境,决定了司法领域的党风廉政建设和反腐败斗争的重要性和艰巨性。因此,坚持标本兼治、综合治理,惩防并举、注重预防,建立健全教育、制度、监督并重的惩治和预防腐败体系至关重要,而对法律职业者加强纪律教育,培养其廉洁自律、勤政爱民的职业习惯,则是这一体系中的重要环节。

职业纪律是规范法律职业者行为的重要和有效的手段,我国许多法律和职业规范,对法律职业者的职业纪律作出了规定。《法官法》《法官职业道德基本准则》《关于规范法官和律师相互关系维护司法公正的若干规定》《检察人员纪律处分条例》《律师职业道德和执业纪律规范》有关职业纪律的规定,对法律职业者的言行起了积极的作用,为加快建设高素质的法律职业者队伍提供了重要的纪律保障。

法律职业纪律按主体可分为法官职业纪律、检察官职业纪律、律师职业纪律、其他法律职业者职业纪律等;按内容可分为业内纪律、业外纪律以及违反职业纪律应承担的责任三个方面的内容。

1. 业内纪律。业内纪律是指法律职业者开展与其职业相关的活动时应当遵守的纪律,如法官履行司法职务应当遵守的纪律,检察官履行法律监督职责必须遵守的纪律,律师从事法律服务必须遵守的纪律等,不一而足。这是法律职业纪律的主要内容。

2. 业外纪律。业外纪律是指法律职业者从事其职责范围以外的一切社会活动应当遵守的纪律的总称。法律职业者业外纪律内容非常广泛,散见于各类法律、法规和道德规范中。如《法官法》第 46 条第 9 项规定,法官违反有关规定从事或者参与营利性活动,在企业或者其他营利性组织中兼任职务的,应当给予处分;构成犯罪的,依法追究刑事责任。《法官行为规范》第 80 条至第 89 条,对法官参加业务外的社会活动纪律作出了详细的规定,包括参加学术、社团活动,接受媒体采访,出入社交场所,因私探亲、旅游等内容。业外纪律主要规范的是法律职业者的业务外活动,是维护职业形象、树立职业权威的重要举措,对提升法律职业修养具有重要意义。

3. 违反职业纪律承担的责任。法律职业纪律具有强制性,这主要表现为给违反纪律的人施加相应的惩戒后果。一般而言,违反职业纪律的责任形式主要包括警告、记过、记大过、降级、撤职、开除。此外,对轻微违纪行为,可施以批评和通报批评;违反职业纪律又构成犯罪的,应当受到刑事处罚。对违反法律职业纪律的行为给予相应惩处,是职业纪律规约性的表现,也是职业纪律发挥作用、保持有效性的重要方式。我国许多法律法规及法律职业规范,都对违反职业纪律应承担的责任作了相应的规定。如《关于规范法官和律师相互关系维护司法公正的若干规定》第 14 条规定,人民法院、司法行政部门、律师协会对于法官、律师违反本规定的,应当视其情节,按照有关法律、法规或者规定给予处理;构成犯罪的,依法追究刑事责任。又如《法官法》第六章、《检察官法》第六章、《律师法》第六章,都对违反职业纪律的行为应承担的责任作出了规定。这些规定能切实保障法律职业纪律对职业者的约束力。

从整体上看,法律职业纪律是对法律职业者的职业行为、一般性社会行为进行规范的准则,它的有效实施将全面提高法律职业者的业务素质和职业道德素质。法律职业者对这些行为准则必须严格遵守,而不能选择或规避。换言之,在我国法律职业伦理建设中,必须严明职业纪律,充分发挥职业纪律在建设法律职业共同体中的作用,使我国法律职业群体成长为一支职业纪律严明、职业技能精深、职业理念先进、职业形象良好的队伍。

从外部看,严明职业纪律包括立法和执行两方面:首先,职业管理者应当制定严明的职业纪律,使职业者的职业活动有法可依、有章可循,同时使侵害法律职业共同利益的行为得到有效的制裁,均衡职业内外利益。其次,职业管理机构在执行职业纪律时,一定要严明,即要严肃而公正地实施法律职业纪律,对违法违纪行为进行公正的制裁。

从法律职业者内部看,严明职业纪律要求每一个法律职业者严格遵守宪法和法律,严格遵守职业纪律。对此,我国《法官法》《检察官法》《律师法》中作了明确规定。《法官法》第3条规定,法官必须忠实执行宪法和法律,维护社会公平正义,全心全意为人民服务;第5条规定,法官应当勤勉尽责,清正廉明,恪守职业道德。《检察官法》第3条和第4条也作了同样的规定。《律师法》第3条第1款规定:"律师执业必须遵守宪法和法律,恪守律师职业道德和执业纪律。"按上述立法要求,法律职业者应努力从如下方面主动维护职业纪律的权威,自觉遵守职业纪律:(1)认真学习有关法律职业纪律,提高思想认识,增强法纪观念。当前,我国一些法律职业者的法律素养较低,其违法违纪的一个重要原因,就是他们对职业纪律理解不透、认识不足。因此,普遍性地倡导法律人自觉学习有关职业纪律方面的规定,使他们真正了解职业纪律的内容,懂得遵守职业纪律的意义,是提高职业者素质的第一步。(2)提高自身职业素养,增加遵纪守法的自觉性。目前,我国正处于社会主义初级阶段,法纪不完善是一个暂时还无法克服的问题。这就要求法律实施者有良好的素质,自觉遵守和维护职业纪律,绝不能利用法纪的漏洞实施有害于国家、社会和人民的行为。(3)自觉接受人民群众的监督。接受人民群众的监督是减少法律职业者不良职业行为,杜绝不正之风,防止腐败现象滋生蔓延的一个重要措施。在当前法律职业者自我控制能力、法律职业共同体对违法违纪行为的控制能力均十分薄弱的情况下,接受人民群众的监督,应当说是督促法律职业者遵纪守法的有效方式。(4)勇于同违法乱纪的行为作斗争。法律职业者自觉遵纪守法,不但表现在他们自身的模范遵守法律法规上,还应当表现在勇于揭露和批评违法乱纪行为,敢于同一切违法乱纪行为作斗争上,只有这样,才能在职业共同体内形成遵纪守法的良好风尚,促进法律职业共同体的健康发展。

第七节　法律职业信誉——清廉、正直

就普通道德规范而言，信誉指主体在社会实践中坚持正直、诚实、守信，并因此获得很好的名声。一般职业道德范畴中的职业信誉，指职业信用和声誉，是个人或各行业在职业活动中遵守诺言，实践定约，从而取得社会和他人的信任，得到肯定的评价和认可。[23] 职业信誉产生于商品交换。社会发展带来了职业分工，职业分工使商品交换成为可能。在商品交换过程中，不讲信誉、不遵守社会公德就会增大交易成本。为规范交易行为，减少交易风险，职业信誉便成为新的职业道德要求。职业人应守信、正直、诚实，这是自古及今的社会对其成员的要求，也是被普遍公认的美德。守信、正直、诚实，指职业者忠于自己的诺言，勇于承担应负担的责任，言必信，行必果，不自食其言，不虚言伪饰。良好的信誉既是对个人或群体价值的肯定，也是对其人格的尊重，是职业者从事职业活动的宝贵资源。职业信誉，常常是评价一个人或一个行业职业道德水平高低的重要标志。职业信誉是从业的基本态度，是职业者自我完善、自我发展的有效途径。

法律职业信誉是指法律职业的信用和声誉，它是获得社会公众信任，得到社会认可，树立法律权威的基本条件。

法律职业的信誉是诚实正直、清廉守法。“一切人，作为人来说，都有某些共同点，在这些共同点所及的范围内，他们是平等的。”[24] 人自身天然物质条件的相对平等，决定了人要求得到平等对待的意识。换言之，追求平等是人的天性。而法律自产生起就与公平观念紧密联系在一起，人类社会外部环境资源的有限性和生产力发展的阶段性决定了社会产品的有限性，要求人们必须建立某种相对公平的分配方式，以“定分止争”。作为上层建筑中最具强制力的有关权利和义务的规范，法律总是一定社会分配方式最明显的体现。因此，法律总在一定程度上代表公正。但法律实践表明，法律所体现的公平总与作为社会意识形态的公平存在差距，能够对法律的不足进行弥补，使法律继续维持其在公正实现机制中核心地位的只有法律职业人。耶林说，法律制度的生命在于自我实践，此乃生活与法的真理的实现，法律制度的价值不是纸上正义，而是法本身实践于生活之中。[25] 这一说法则更为巧妙地说明了只有通过法律人，法律及法律实施过程的公正性才能得到完美体现。法律的这种现实决定了公正是社会对法律职业的

---

〔23〕 参见汪荣有、徐迎红：《职业道德引论》，中央编译出版社 2004 年版，第 38 页。

〔24〕 《马克思恩格斯选集》（第 3 卷），人民出版社 1994 年版，第 444 页。

〔25〕 参见高翔：《关于法官同质化标准的重构》，载《人民法院报》2004 年 5 月 27 日，理论版。

最本质要求,而正直、清廉是保证法律人公正实施法律的重要品质要素。法律职业者选择以探索和实践法律为职业,也就意味着在他们的职业生涯中选择了将公平和正义作为自己的价值追求。因而,合格的法律职业者必须努力走出自身的局限,去探求法的终极目的和价值,只有当其自身的正义理念与法律中蕴含的正义价值相吻合时,法的正义才能够被发掘,进而得到实现。法律职业者正直的品格、公正的理念和廉洁的行为将赋予法律正义和社会秩序新的生机。也只有做到这点,才能成为称职的法律职业者,并获得信任、声誉和权威。

一、清廉

清廉指清白廉洁。《楚辞·招魂》有"朕幼清以廉洁兮"之句,后人王逸注释曰:"不受曰廉,不污曰洁。"可见,廉洁即不受贿,不贪污。《汉书·贡禹传》中记载:"孝文皇帝时,贵廉洁,贱贪污。"清廉自古即是受人敬重的优秀品质。作为法律职业伦理的要求,清廉是指法律职业者应当保持清正、廉洁,不徇私、不贪图私利,洁身自好,公正执法。法律职业者只有做到清正廉洁,才能在工作中无所畏惧,做到坚持正义,坚守法律,"铁面无私""执法如山"。

从历史上看,我国历朝历代都十分注重对司法人员的廉洁要求,并制定了十分严酷的刑罚保障官吏的清廉。我国古代出现过许多以清廉著称的官吏。东汉时期苏章廉洁奉公、秉公执法的故事至今仍广为传颂。苏章初任冀州刺史时,闻所辖清河县令贪污受贿,瞒上欺下,民怨载道。清河县令与苏章曾是故交,苏章到任后,清河县令即摆酒宴请苏章,请其网开一面。可苏章听罢此话说:"今晚你我喝酒,是尽私人的情谊;明天升堂审案,我仍然会公事公办。公是公,私是私,绝对不能混淆!"次日,苏章开堂审案,果然不徇私情,按照国法将清河县令正法了。苏章清正廉洁,公私分明,至今仍激励着人们。可见,清廉是法律职业者获得同行及社会认可和赞誉所必备的品德要件。

清正廉洁是国际社会和世界各国对法律职业者的普遍要求,国际法和许多国家的法律对此都有规定。如联合国 1979 年 12 月 17 日第 106 次全体会议通过的《执法人员行为守则》第 7 条规定,执法人员不得有贪污行为,并应极力抗拒和反对一切贪污行为。《美国司法行为准则》准则二 B 款规定:法官不得通过其家庭的、社会的、政治的或其他的关系影响其司法行为和裁判,法官不得利用其司法官的声望而谋取其个人的或其他人的私人利益。准则四 D 款更进一步规定:法官不应当从任何人那里收受礼物、馈赠、恩惠、贷款,且应当监督法官及其居住在一起的家庭成员不收受他人的礼物、馈赠、恩惠、贷款。《加拿大法官职业道德准则》第六章第一款第 2 目规定:法官应尽可能合理地处理其个人事务和商业事务,从而把自己被要求回避的机会降低到最低程度。

我国许多法律法规中都对法律职业者提出了清正廉洁的要求,如《法官法》《检察官法》《律师法》规定了法官、检察官、律师的清正廉明义务。《法官职业道德基本准则》第四章第 15 ~ 18 条专门对法官保持清正廉洁问题作了规定,要求法官必须坚守廉洁底线,依法正确行使审判权、执行权,杜绝以权谋私、贪赃枉法行为;不接受当事人及相关人款物,不从事或者参与营利性的经营活动;妥善处理个人和家庭事务,不利用法官身份寻求特殊利益。《检察官职业道德规范》中对检察官的“清廉”提出了要求:模范遵守法纪,保持清正廉洁,淡泊名利,不徇私情,自尊自爱,接受监督。《检察人员纪律处分条例》则进一步对违反清正廉洁义务的检察人员作出了处罚规定,如第 89 条规定,私自会见案件当事人及其近亲属、辩护人、诉讼代理人、利害关系人、中介组织,或者接受上述人员提供的礼品、礼金、消费卡等财物,以及宴请、娱乐、健身、旅游等活动的,给予记过或者记大过处分;情节较重的,给予降级或者撤职处分;情节严重的,给予开除处分。足见,清正廉洁是对法官、检察官、律师及其他共同体成员共同的道德要求。

二、正直

正直在伦理道德领域指公正刚直的品德,它既是一般性的伦理要求,也是法律职业的伦理要求。作为法律职业伦理要求,正直是指法律职业者执行职务时要秉公执法,办事公平,不畏权力,不阿显贵。特别是在法律和权势发生冲突时,法律职业者要不徇私枉法,不趋炎附势,坚持公民在法律面前一律平等和依法执业的原则,秉公办案。

早在先秦时期,法家代表人物韩非就已提出了“法不阿贵,绳不绕曲”“刑过不避大夫,赏罚不遗匹夫”的思想。汉文帝时期的最高司法官张释之也主张“贵贱同法”,反对“阿谀顺旨”。这些不仅阐释了古人朴素的法律平等思想,更表达了对执法者的道德要求:正直不曲,坚守法律,不畏不阿。我国古代有不少执法者,如北宋时期的包拯、明朝时的海瑞都是以执法不阿闻名古今的。海瑞任淳安县令时,一次“总制浙直七省”的总督胡宗宪的儿子路过淳安县,因驿吏对其招待不周,便毒打驿吏。海瑞派人痛打恶少,没收其银两,并亲自具文呈报胡宗宪,假称此人冒充总督公子,胡作非为,败坏总督名誉。胡宗宪最终哑巴吃黄连,有苦说不出。小官斗恶少显示出海瑞正直不阿的品德,受到了后人的敬重。

尽管如此,法律平等并未在我国封建社会占统治地位,相反,“官当”“八议”“刑不上大夫,礼不下庶人”的等级观念不仅在整个封建社会成为统治思想,甚至在今天,也仍影响着我国的司法实践。因此,提倡公正刚直、不徇私情、正直不曲的道德品质,在当今的法律职业建设中仍有重要意义。换言之,在今天,法律职业仍应当以正直作为其立业的基本品德,刚直不阿,爱憎分明,公正执法,只有这样,才能获得社会成员的认可和信任。

我国宪法规定的“公民在法律面前人人平等”原则,为法律职业者公正执法提供了最高保障,各部门法所构建的法律体系也大多贯彻了这一精神。

为规范法律职业者的行为,防止封建等级思想糟粕影响法律职业人员,我国近年又颁行了多项法律和道德规范,以提倡、促进和保障法律人养成正直、公道的品质。如《法官职业道德基本准则》第 8 条规定,法官应当坚持和维护人民法院依法独立行使审判权的原则,客观公正审理案件,在审判活动中独立思考、自主判断,敢于坚持原则,不受任何行政机关、社会团体和个人的干涉,不受权势、人情等因素的影响。为防止个别法官及诉讼参与人员不公正对待他人,第13条特别规定,法官应当自觉遵守司法回避制度,审理案件保持中立公正的立场,平等对待当事人和其他诉讼参与人,不偏袒或歧视任何一方当事人,不私自单独会见当事人及其代理人、辩护人。《检察人员纪律处分条例》第85条规定,对故意违背案件事实作出勘验、检查、鉴定意见的检察人员,应给予降级或者撤职处分;情节严重的,给予开除处分。《律师职业道德和执业纪律规范》第4条规定,律师应当忠于职守,坚持原则,维护国家法律与社会正义。

清廉、正直是法律职业者执业的品质保证,更是其获得社会认可和尊重的前提。没有这种优秀的道德品质作保障,法律职业者的职业技能就可能变成失控的"怪兽",成为法律职业者个人或小集团谋利的工具。因此,廉洁、正直教育对法律职业者是至关重要的。

第八节　法律职业荣誉——法律至上、宪法为尊

荣誉,常指由于成就和地位而得到广为流传的名誉和尊荣。职业荣誉与职业活动相关,是指人在职业活动中履行了社会义务之后,对其职业行为的社会价值所作出的肯定评价,以及从业者对这种肯定评价的自我意识。职业荣誉包括两方面内容:一是社会舆论,即从业者由于在职业活动中履行了社会义务,对社会做出了贡献之后,而得到社会肯定;二是自我意识,即从业者对自己行为的社会价值的自我评价,以及因履行了社会义务而产生的满足感和自豪感。

社会生产和分工不断发展,使社会生活中个人和个人、个人和集体之间的矛盾越来越复杂和突出,进而使一个多层次的规范体系成为必要。道德规范是通过社会舆论、习惯力量和人的内心信念,驱使个人按照一定的伦理要求从事活动,来调整社会关系的,即通过有组织、有计划地对其成员施加系统的伦理规范影响,不断深化人们的道德认知,培养人们的职业情感,坚定人们的职业信念,使人们自觉地履行伦理义务。在这个过程中,职业荣誉在职业活动中发挥了积极的作用。由于荣誉是一定社会物质生活条件的反映,它包括了具体的社会内容。每个人都有自己的人生价值,这种价值集中表现在个人对自身、对他人和对社会进步所起的作用上:一方面,人作为劳动者、创造者的价值是通过自己所创造出来的满足人类生活需要的价值表现出来的,在这个意义上,一个人劳动贡献的大小、创造成果的大小,就标志着他的价值大小。个人创造的价值越大,对社会的贡献越大,它的社会价值也就越大。另一方面,人的价值还包括他的职业伦理

价值，优秀的职业品质和职业行为也是对社会的一种贡献，当社会肯定并赞赏一个人的职业价值，并予以褒奖和赞赏时，便形成了职业荣誉。因此，职业荣誉是一个人履行的社会义务及其对社会贡献的正面评价结果，是人的价值的主要表现。

法律职业荣誉是法律职业者在履行了其社会义务——维护法律秩序、维护社会正义之后，人们对其职业行为的社会价值所作出的肯定评价，以及法律职业者对自己职业行为的社会价值的认知和评价与基于自己的职业活动而产生的满足感和自豪感。法律职业荣誉产生的前提是法律职业者履行了社会赋予的义务，这个义务就是实现正义，维护社会秩序。法律职业者的这一义务是永恒的，但又是随时代变化的，因为公平、正义价值在不同的阶段和不同的人那里呈现出不同的面孔，因此，实现法律正义是法律职业者必须始终如一坚守和遵从的义务。换言之，法律职业者的职业荣誉来自对宪法和法律的维护和实现，来自对“法律至上、宪法为尊”这一精神的贯彻和实现。

一、法律至上

法律至上是指国家立法机关依照法定的立法程序制定并颁布的规范性法律文件，在整个国家、社会的运作过程中具有最高权威性和普遍性。其适用的范围是国家的政治活动、司法活动以及个体间相互联系的社会化活动。就国家的政治生活而言，由于现代政治是政党之治，它要求任何政党包括执政党和在野党，在权力追逐的过程中，在宪法和法律许可的范围内，实现全体公共利益的最大化；对于解决国家与个人、个人与个人之间冲突的司法活动，它要求法官在准确认定事实的基础上，唯法律马首是瞻，只服从法律。对于个体的社会行为，它要求社会的成员自觉遵守既定的法律规则，规范自己的行为，以此实现社会秩序的良性存续和每个个体的自由、利益的最大化。总之，无论是国家、社会团体，还是作为公民个体，均需无一例外地以法律来规范自己的行为。

法律至上是法治的核心。习近平总书记把宪法法律至上排在基本法治观念之首，他明确指出，“领导干部都要牢固树立宪法法律至上、法律面前人人平等、权由法定、权依法使等基本法治观念”[26]。英国宪法理论大师戴雪（Dicey）在其《英宪精义》（An Introduction to the Law of the Constitution）中，论述了法治的三个原则，即（1）公民非依事先确定的法律并在普通法院证实其违法前，不得被处罚或遭受身体或财产上的不利处罚。其要义乃防止政府过度行使专断的权力。（2）任何人不得凌驾于法律之上，无论其职位或阶层，都无例外地服从普通法并受普通法院管辖。这也是法律面前人人平等原则的概括，同时强调了司法的优位及司法的一元主义。（3）宪法是普通法院保障人权的结果，而非保障人权之来源。[27]

---

〔26〕《习近平谈治国理政》（第2卷），外文出版社2017年版，第127页。

〔27〕Dicey A. V. Introduction to the Law of the Constitution. London：Macmillan and co，Limited，pp. 183 – 201. 转引自秦前红：《论法治原则》，载北大法律信息网，2003年11月9日，http：//article. chinalawinfo. com/ArticleFullText. aspx？ArticleID = 24194&listType = 0。

当代英国行政法权威威廉·韦德(H. W. R. Wade)则进一步认为法治的含义包含以下原则:(1)合法性原则。政府的任何行为必须有法律授权,否则就是侵权行为。政府行使权力的所有行为即所有影响他人法律权利、义务和自由的行为都必须说明它的法律依据。(2)自由裁量权原则。政府必须根据公认的、限制自由裁量权的一整套规则和原则办事。(3)对政府行为是否合法的争议应当由完全独立于行政之外的法官裁决。(4)法律必须平等地对待政府和公民。政府不应当在普通法律上享有不必要的特权和豁免权。[28]

在大陆法系的德国,与法治相对应的概念是法治国理论。康德从国家的目的出发,认为每个处于自然状态的人,不免会出于恣意而侵犯他人的自由,为了理性,每个人必须由自然状态中解脱出来,而借一个由人群组成的团体,以实力来界定个人之义务及行为界限,此"团体"即国家。国家是人类理性的产物,国家的目的是维护秩序,维护秩序要通过法律来实现。康德的论述对后世法治国理念的产生有着重大影响。19 世纪,德国哲学家普拉西度(J. W. Placidus)首次使用了"法治国"这一概念,随后,韦克尔(K. T. Wecker)系统论述了这一概念,认为可认知的法形式、法的非道德性和法的强制性是"法治国"这个概念的要素。[29] 这意味着在其"法治国"概念里,"法律支配"是基本内容。此后,德国行政法学之父奥托·迈耶(Otto Mayer)将法治(法律的支配)原理体系化为三大原则,即法律的法规创造力、法律保留与法律优位。[30] 很显然,无论是法治肇始的英国,还是提出"法治国"理论的德国,其法治理念都是围绕法律至上这一精神展开的。

二、宪法为尊

现代意义的宪法是指规定国家与公民的关系(权力和权利)以及国家机关的组织原则、产生方式等问题的根本法。其实质是对权力进行有效的法律控制(或曰法律授权),其方法是通过分权与制衡,以权力制约权力,以权利对抗权力,目的在于有效保护权利和自由。宪法是对公民"天赋"的权利进行确认,并对权力进行授权。从宪法与国家、政党、国家机构以及与其他法律的关系上看,宪法是政党政治活动的规则,是产生国家机构、其他法律的母体。

宪法为尊主要包括三方面的内容:首先,表明宪法是文明、民主的"政治活动规则"。现代的政治是政党政治,对政党行为进行法律规范,防止暴力、武力方式解决政见冲突或阶层利益冲突,是现代宪法制度的重要任务之一。在我国,中国共产党主动提出党要在宪法和法律规定的范围内活动,一方面表现了党执政能力和执政水平的提高,

---

〔28〕 参见[英]威廉·韦德:《行政法》,楚建、徐炳译,中国大百科全书出版社 1997 年版,第 25 ~ 27 页。
〔29〕 参见刘敏、徐爱国:《德国"法治国"的实践与启示》,载《北京行政学院学报》2015 年第 6 期。
〔30〕 参见王贵松:《论法律的法规创造力》,载《中国法学》2017 年第 1 期。

另一方面也显示了党对宪法至尊地位的捍卫，为各党派和全国人民树立了很好的榜样。“30年来，我国宪法以其至上的法制地位和强大的法制力量，有力保障了人民当家作主，有力促进了改革开放和社会主义现代化建设，有力推动了社会主义法治国家进程，有力促进了人权事业发展，有力维护了国家统一、民族团结、社会稳定，对我国政治、经济、文化、社会生活产生了极为深刻的影响。”[31]其次，意味着宪法是国家及国家机构产生的前提。组成什么样的国家机器、如何产生具体的国家机构，都是由宪法规定的。最后，宪法为尊意味着，其他法律都是基于宪法产生的。宪法规定了公民的基本权利，国家立法机关则有义务根据宪法制定保证权利实现的刑法、民法、诉讼法等相关法律，从各个方面落实宪法的规定，保证公民的基本权利落到实处。

实现法治，无论是社会主义还是资本主义的法治，都要求人们视法律为外在行为的准则，这也是法律的规范性和一般性属性的应有之义。在展开论述之前，有必要剖析维护法律权威的义务主体的层次性，目的是凸显规制的重点。从主体来讲，首先，每个公民负有守法的义务，但公民直接负担的不是宪法义务，而是一般的部门法律所规定的义务。其次，政府机关、立法机关、政党等是可能违反宪法义务的最主要主体，同时也是宪法之外的法律最需要重点规制的主体，尤其是因为其本身行使的公权力可能被非法、不合理或者不合目的地滥用。它所造成的对公民权利的损害，如对行政相对人的损害是经常发生的。但是，更加引人注目的还是他们因拥有公权力或拥有事实上的绝对支配力而可能对司法的干扰和侵犯。最后，由于现代的司法最终解决原则，许多争议，包括平等主体间的民事权益冲突、行政执法过程中对行政行为合法性的争议、社会调整政策合宪性、行政合宪性、一般法规合宪性争议，最终会通过技术手段转化为法律问题，被纳入法律帝国之中，被引导到不同但多样的诉讼渠道，由司法最终解决，而非以武力、暴力解决。虽然现代民事争议解决机制已向多元化发展，但是，最终、最权威的解决仍是司法，并且许多冲突如政党之间的冲突、公权力与私权利的冲突、公权力与公权力的冲突，只能依靠司法来解决。基于此，司法者被推到各种社会矛盾的最前沿，其行为必然受到严格的规范，其裁判结果也理应受到全体社会成员，包括具体个案中当事人的尊重和服从。同时，为保证尊重和服从的正当性，法官的裁判依据势必纯化，即严格依照体现公平、正义的法律并将此作为唯一的考量因素。很显然，对此构成最大、最有力的障碍的是政治、行政、社会的偏见和不明智的被扭曲的公众舆论。同时，法官自身的诸多因素如个人的情感、爱好、对行政的过分依赖、对政治的迎合倾向、对上级的顺从甚至人性固有的对金钱的追求，都可能构成通往正义之路的“绊脚石”。所以，我们应将维护法律至上、宪法为尊的重点，放在对国家公权力的拥有者的有效控制与防范上来，因为他们最容易滥用权力。他们或者在行政过程中直接侵犯具体的行政相对人的合法权益，或者在具体的诉讼中违背法律、无视事实而枉法裁判，或者滥用行政立法权或司法解释

---

[31]《习近平谈治国理政》，外文出版社2014年版，第136~137页。

权,或者基于部门利益或某阶层或地方政府的不当利益,甚至基于私利,而普遍性、整体性地剥夺、侵犯公民权利。这种不当的侵权所造成的危害,较之民事侵权更为严重,因为受害人范围及受损害的利益要广泛得多。

坚持法律至上、以宪法为尊,需要法律职业共同体的每一个成员在执业过程中树立"唯法律是从"的理念,把宪法和法律顶在头上,甚至不惜牺牲一切捍卫宪法和法律的尊严。

在日本近代法治建设过程中,有一个奠定了法治基础的经典案例,它至今仍被频频提及:1891 年 5 月 21 日,前来日本旅游的俄国皇太子(后来的尼古拉二世),在大津受到担任警卫的津田三藏的袭击,头部被打伤。事件发生后,松方正义内阁成员和元老们担心俄国以此为由对日本进行军事报复,便对法院施加压力,要求法院对津田三藏判处极刑。不仅如此,天皇也下了诏书,要当时担任大审院院长的儿岛惟谦谨慎处理。松方正义首相、西相内相、山田法相等人,多次强烈要求儿岛惟谦对津田三藏适用有关加害皇室的规定(按照当时日本宪法及明治十三年制定的刑法第 116 条的规定,伤害天皇、太皇太后、皇后、皇太后、皇太子者处以极刑)。儿岛惟谦没有屈从压力,拒绝政府对司法的干预,坚决主张该案只能根据加害普通人的法律规定,按谋杀未遂罪论处,不能违背法律枉法裁判,损害司法的尊严。儿岛惟谦说服了当时审理此案的态度比较软弱的法官,以普通谋杀未遂罪判处津田三藏无期徒刑,维护了司法权的独立。[32]

相比较而言,我国法律职业共同体对"唯法律是从""法律至上、宪法为尊"的观念则重视不够。加强法律职业者职业道德建设,提升法律职业者的荣誉感,应当从这一理念入手。

本章案例

北京市才良律师事务所律师王某前往天津市某区人民法院立案,立案过程中与该院行政庭庭长张某发生冲突。王某称张某在立案大厅内对自己挥拳,并在立案大厅外将自己的脖子掐住。在其与张某交涉立案事宜的过程中,张某不但一直指着王某的鼻子说话,还说过"我就是法院,法院就是我""你晚上走路小心点"等过激的话。不久,中国律师网披露了"北京律师在天津遭法官殴打"事件,法制报刊发报道《天津一法官被指法院内殴打北京律师》。天津市政法委、天津市高级人民法院为此成立调查组。经调查认为,王某所述基本属实,张某在立案大厅接待王某及其当事人过程中,的确存在举止不当,不能有效地控制局面的情况。请结合所学知识,评论张某违背了哪些职业道德规范。

| 案例解析 |

主要涉及的法官职业伦理规范包括:

---

〔32〕 参见上海社会科学院法学研究所编译:《法学流派与法学家》,知识出版社 1981 年版,第 115 页。

1. 张某违反了《关于依法保障律师执业权利的规定》第 2 条关于“人民法院、人民检察院、公安机关、国家安全机关、司法行政机关应当尊重律师，健全律师执业权利保障制度，依照刑事诉讼法、民事诉讼法、行政诉讼法及律师法的规定，在各自职责范围内依法保障律师知情权、申请权、申诉权，以及会见、阅卷、收集证据和发问、质证、辩论等方面的执业权利，不得阻碍律师依法履行辩护、代理职责，不得侵害律师合法权利”的规定。

2. 张某违反了《法官职业道德基本准则》第 22 条“尊重当事人和其他诉讼参与人的人格尊严，避免盛气凌人、‘冷硬横推’等不良作风；尊重律师，依法保障律师参与诉讼活动的权利”的规定。

法律职业资格考试例题

1.（单项选择）下列哪一法律职业人员的行为不违背相应职业纪律要求？

A. 金法官向自己审理案件中受尽屈辱的原告推荐社会知名律师为其代理诉讼

B. 闻律师在办理无偿的法律援助案件后，收取受援人交通费

C. 公证员黄某在派发的名片上印有“法学硕士、法学副教授”的头衔

D. 曾律师发起举办了“金融危机下律师业的挑战”研讨会，并邀请一些教授、法官、检察官、公证员朋友出席

| 试题解析 | D

法官应当保障司法公正审慎处理法官与法官、法官与当事人或律师之间的关系。根据《关于规范法官和律师相互关系维护司法公正的若干规定》第 6 条的规定，法官不得为当事人推荐、介绍律师作为其代理人、辩护人。A 项中，金法官向自己审理案件中受尽屈辱的原告推荐社会知名律师为其代理诉讼，明显违反了上述规定，是错误的行为。B 项中，闻律师在办理无偿的法律援助案件后，收取受援人交通费，违反了法律援助的有关规定，也是错误的行为。我国《公证员惩戒规则（试行）》第 12 条规定，在公证员名片上印有曾担任过的行政职务、荣誉职务、专业技术职务或者其他头衔的，对公证员予以警告。C 项中，公证员黄某在派发的名片上印有“法学硕士、法学副教授”的头衔，法学副教授为专业技术职务，违反了有关规定，也是不正确的行为。D 项中，曾律师发起举办了“金融危机下律师业的挑战”研讨会并邀请一些教授、法官、检察官、公证员朋友出席。这是提高职业能力的活动，是法律职业人员社会责任心的表现，不违反有关规定。因此，本题的参考答案为 D 项。

2.（多项选择）效率与公正都是理想型司法追求的目标，同时也是理想型司法应具备的两个基本要素。关于两者的关系，下列哪一说法是错误的？

A. 司法效率和司法公正是相辅相成的

B. 根据我国司法现状应当作出“公正优先、兼顾效率”的价值选择

C. 细化诉讼程序通常导致效率低下,效率和公正难以兼得

D. 司法工作人员提高业务水平,勤勉敬业,有利于促进司法公正和效率

| 试题解析 | C

A 项、B 项、D 项都正确。因为公正与效率是市场经济条件下法律体系的两大价值目标,同时也是我国司法制度所应追求的两大价值目标。司法公正与司法效率是相伴相随、两位一体的概念。司法公正本身就含有对司法效率的要求,没有司法效率,就谈不上司法公正;司法不公正,司法效率也无从谈起。效率与公正都是理想型司法所追求的目标,同时也是理想型司法所必备的两个基本要素,因而有其相辅相成的一面;但由于效率具有绝对性而公正具有相对性,所以司法效率与司法公正又存在内在的紧张关系。在司法价值取向问题上,当前我们宜选择"公正优先、兼顾效率"的价值目标。同时,司法效率是解决司法资源如何配置的问题,即司法公正的核心应当被理解为司法资源的节约和对司法资源有效利用的程度;司法职业人员勤勉敬业,恪尽职守,提高了司法效率,也促进了司法公正的实现。

而 C 项不正确。由于效率属于工具理性,具有明确的可比性,而公正属于价值理性,具有模糊的相对性。所以,这两者存在一定的紧张关系。但是,在司法实践中,细化诉讼程序并不必然导致效率低下,程序的公正能够消除当事人的逆反心理,调动其积极性,而且能使其心甘情愿地接受由此产生的诉讼结果,不仅对实现司法公正是必要的,对于提高诉讼效率也是有益的。例如,过于简单的一审程序可能导致当事人上诉增多,精细的一审程序可以使当事人服判息诉。当事人服判息诉就能使诉讼效率大幅提高。

第三章　法律职业道德与职业伦理建设

德之不修，学之不讲，闻义不能徙，不善不能改，是吾忧也。

——孔子

章引语

法律职业伦理建设是十八届四中全会部署的全面依法治国战略的有机组成部分，是法律职业共同体形成的必要条件，是阻隔人治、走向法治的重要途径。法律职业伦理的养成讲求法律从业者的道德自律，同时也要借助职业伦理教育与纪律约束。法律职业伦理建设即应从自律和他律两方面入手，在法律职业者的内心修为与外部约束的共同作用下，提升整个法律职业群体的道德伦理水平。

道德伦理建设　道德伦理教育　道德伦理约束

第一节　法律职业道德与职业伦理建设概述

一、法律职业道德与法律职业伦理

学理上，道德与伦理是一对既紧密联系又互相区别的概念。在西方伦理思想史上，黑格尔是将“道德”与“伦理”相区别的最具代表性的哲学家。他认为：“伦理是现实生活世界及其秩序，而道德是主观精神操守，不是主观精神决定现实生活世界及其秩序，而是现实生活世界及其秩序决定道德（主观精神）的内容。”[1] 简单而言，伦理是现实的，而道德是精神的；伦理是客观的，道德是主观的。这与我国古代对于“伦理”的认识是惊人相同的。在中国古代，“伦理”实际上是建基于“礼”这一宗法等级制的人际关系

〔1〕 高兆明：《心灵秩序与生活秩序：黑格尔〈法哲学原理〉释义》，商务印书馆2016年版，第28页。

及其秩序之上的。而正是这样的“伦理”,规定了处于这一宗法伦理实体的各个角色的各种规范形式的道德义务,从而成为宗法“道德”的基础。[2] 所以,无论中外,“伦理”实际是一种人与人的关系及其秩序,而道德则是特定“伦理”关系下对个人的德性要求。

那么,法律职业伦理即是法律职业群体基于法治和职业共同体要求而形成的职业关系和秩序,法律职业道德则是法律职业伦理对法律职业人的品格、德性要求。

二、法律职业道德与职业伦理建设的重要意义

1. 法律职业道德与职业伦理建设是公民道德建设工程的重要组成部分。习近平总书记指出,“国无德不兴,人无德不立”。道德是社会关系的基石,是人际和谐的基础。他强调要始终把弘扬中华民族传统美德、加强社会主义思想道德建设作为极为重要的战略任务来抓,为实现中华民族伟大复兴的中国梦提供强大的精神力量和有力的道德支撑。2017 年习近平总书记在考察中国政法大学时强调,全面推进依法治国是一项长期而重大的历史任务,要坚持中国特色社会主义法治道路,坚持以马克思主义法学思想和中国特色社会主义法治理论为指导,立德树人,德法兼修,培养大批高素质法治人才。党的十九大报告明确要求,“深入实施公民道德建设工程,推进社会公德、职业道德、家庭美德、个人品德建设”。道德建设覆盖社会生活的各个领域,推进道德建设是一项社会系统工程,而包括法律职业道德建设在内的职业道德建设正是这项伟大工程中的重要一环。在法律职业道德指引下,形成健康的法律职业伦理关系,则是法律职业道德建设的目标和表现。

2. 法律职业道德与职业伦理建设是通往法治的重要途径。2014 年 10 月,党的十八届四中全会审议通过了《中共中央关于全面推进依法治国若干重大问题的决定》,确立了全面推进依法治国、建设法治国家和法治政府的战略。法律职业道德与职业伦理建设正是这个伟大战略不可或缺的重要一环。

“人治”与“法治”是两种不同的国家治理模式。大致说来,法治论者认为治理社会和国家主要依靠法律规则,而人治论者认为治理社会和国家主要依靠优秀的有智慧的统治者、管理者以及善良的民众。孟德斯鸠说过:“一切有权力的人都会滥用权力,这是万古不易的经验。要防止滥用权力,就必须以权力约束权力。”[3] 在人类经历了奴隶社会、封建社会的残酷统治,以及近代以来“法西斯”统治的猖獗之后,法治成了人们普遍赞同、向往和追求的目标。但是,什么是法治、法治的要素有哪些,一直为学者所争论。然而,谁也无法否认的是,法律职业者是法治社会的重要支柱。有学者甚至认为,

---

〔2〕 参见朱贻庭:《“伦理”与“道德”之辨——关于“再写中国伦理学”的一点思考》,载《华东师范大学学报(哲学社会科学版)》2018 年第 1 期。

〔3〕 [法]孟德斯鸠:《论法的精神》,张雁深译,商务印书馆 2004 年版,第 154 页。

“法治乃法律人之治”。[4] 我们认为,法治有着很多层面的意义,而法治社会通过法律职业者来实施法律是其中一个重要的层面。要想使法律职业者在法治建设中发挥积极作用,法律职业道德与职业伦理建设则是不可或缺的途径。

3. 法律职业道德与职业伦理建设有着阻隔人治的重要作用。人治的基本特征,是在社会控制中个人具有很大的能动性、主体性,不以法律作为唯一的甚至是最重要的价值取向。人治与法治的根本区别不在于有没有法律,而在于法律的定位不同。人治下的法律是治民的工具、君主的武器;法治下的法律,是保护一切人权利的武器,是规范一切人行为(包括最高领导人和统治集团)的工具。作为一种治国的原则与方法,与法治相比,人治有其无法避免的缺陷。人治社会中个人权力至上,夸大个人作用,把治理国家的希望完全寄托在贤君或明主身上。孟子有言:“君仁,莫不仁;君义,莫不义;君正,莫不正。一正君而国定矣。”但是,由于人治没有一种有效的监督体系能够有力地防止个人专断和腐败,民众的权利无法保障,社会陷入治乱循环的“历史周期率”。

欲实现法治,阻隔人治是其基本前提。法律职业道德与职业伦理建设在这方面的作用是不可估量的。法律职业者所具有的“一切依法办事的卫道精神”[5],“法律至上、宪法为尊”的职业信仰,以及强烈的职业荣誉感,是维系法治社会的精神保障。法律职业者是法律机器的操纵者,是法治文明的传播者,对于法律人来说,法律至上的信念使其产生的是从事法律职业的无上尊荣感和法律规则至高无上的行事原则,这使法律人无论是在强权还是其他显赫人物面前,仍能始终如一地坚守法律规则。法律人的这种品格,是实行法治、阻断人治的重要因素。

4. 法律职业道德与职业伦理建设有利于司法权威的确立。司法权威就是指司法者(主要是指法官)所拥有的一种能够使人们服从其命令的品质和属性。司法权威一方面表明法官与其他诉讼主体之间的一种命令和服从的关系,另一方面也昭示着一国司法的公信力。用通俗的语言表达,司法权威反映了这样一个问题,即在多大程度上人们愿意接受和遵从法院的命令(包括判决、裁定等多种形式)。司法权威并不完全甚至可以说并不主要来自国家强制力,从根本上说,司法只有在一定程度上反映了社会的共同意志和普遍利益,在人民内心得到认同的时候,才能够赢得权威。蒲罗东曾经说过,权力是“信仰物质”,其基础是“信任”。西方法律人之所以能够享有无上尊贵的地位,其主要原因就在于他们在漫长的职业历史中,积淀了来自普通民众的信任和支持。

法律职业道德与职业伦理建设对司法权威的树立意义重大。司法权威主要源于审判独立的制度设计、司法人员的娴熟技能、高尚品德和因之形成的良好职业伦理规范。其中,权威主体具有的优良品质,常常被看成是权威得以确立和维护的一个内在因素。法官权威在很大程度上,是依赖于法官公正、清廉、正直的品质。在中国历史上,“清

---

〔4〕 孙笑侠:《法律人之治——法律职业的中国思考》,中国政法大学出版社2005年版,第一章。

〔5〕 季卫东:《法律职业的定位》,载《中国社会科学》1994年第3期。

官”之所以会赢得民众的尊崇，恐怕原因即在于此。西方曾经有位哲人这样说过：“如果社会上追求完人的话，那么法官就是完人。”其实，不仅仅法官，对于检察官、律师等其他法律职业者也应如此。对法律职业伦理的恪守遵行，会使得民众更加信任法律，从而愿意通过法律途径来解决纠纷，从更深层次讲也就是更愿意接受法治。

5. 法律职业道德与职业伦理建设是法律职业共同体形成的必要条件。法律职业是法律职业道德与伦理存在的前提，职业道德与伦理是伴随职业分工的出现而形成的，从事某种特定职业的人们，由于有着共同的劳动方式，经受着共同的职业训练，往往具有共同的职业兴趣、爱好、习惯和心理传统，形成特殊的职业关系，从而产生特殊的行为模式和道德伦理要求。特定职业道德与伦理产生的前提是特定职业的形成。美国学者E. 格林伍德（E. Greewood）在《职业的特征》一书中，将职业形成的特征概括为：职业人员的技能以系统的理论知识为基础；职业人员对他们的工作有相当大的自主性；职业人员形成联合体，调整职业人员内部事务，对外代表职业人员的利益；加入一个职业受到现有成员的认真审查，要成为一个职业成员往往要参加职业考试，获得许可证；职业拥有道德法典，要求其所有成员遵守。〔6〕

根据这样的特征，我国古代并不存在法律人阶层，今天我们也没有形成真正意义上的法律职业共同体。法律职业共同体的形成应当有如下四个标志：一是法律职业或法律人的技能以系统的法律学问和专门的思维方式为基础；二是法律人共同体内部传承着法律职业伦理，从而维系着这个共同体的成员以及共同体的社会地位和声誉；三是法律职业或法律人专职从事法律活动，具有相当大的自主性或自治性；四是加入这个共同体必将受到认真考察，获得许可证。〔7〕

在这四个标志中，前两者属于内在的标志，即职业技能与职业伦理。可见，法律职业伦理，或者说法律职业道德建设对法律职业共同体的形成，起着至关重要的作用。而法律职业共同体的形成，对法治的实现，其作用是无法估量的。因为法律职业并不是一个单一的职业，它是由以法官、检察官、律师为代表的，受过专门的法律专业训练，具有娴熟的法律技能与法律伦理的人所组成的“自治性”共同体。法律职业又可以细分为法官、检察官、律师等多个职业。而这些职业的具体职业目的和职责是不尽相同的，同时这些职业又有着各自不同的利益，种种因素会导致他们对法律的理解不尽相同，这就给法治的顺利推行造成了障碍。正是从这个意义上讲，法律职业群体并非等同于法律职业共同体或会自然过渡到法律职业共同体，只有在这一群体能够折射出一种无形的、支撑着这一群体所从事的法律事业的法治精神时，它才能够被称为法律共同体。在我们这个普遍尊崇法治理念的时代，法治精神无疑已成为时代精神之一种，作为法律职业群体如若不能体现出这种时代精神之内涵，那只能表明其所处的仍然是一个传统的社

---

〔6〕 转引自朱景文：《现代西方法社会学》，法律出版社 1994 年版，第 103 页。

〔7〕 参见孙笑侠：《法律人之治——法律职业的中国思考》，中国政法大学出版社 2005 年版，第 21 页。

会,其本身并非法律职业共同体,不过是法律职业者个体的聚合。

从法治的内在思路来看,法治要求法律具有最高的权威,要求一个完美无缺的法律文本,而且要求一个独立且中立的法律人阶层,这些无疑都向职业化的法律群体提出了要求。如果没有群体法律职业者的支持,法律制度是不可能发挥作用的。因此,法律职业共同体的形成过程代表着法治社会的发展阶段和状态,反之,法治社会的成型与否也决定着法律职业共同体的存在及水平。

三、法律职业道德与职业伦理建设的方法

道德的本质既是一种社会意识,也是一种特殊的行为调节方式,属于调整人和人之间关系的行为规范。在人类社会中,为了调整人和人之间的关系,有多种不同的行为规范,如法律规范、政治规范以及其他对人的行为发生约束和导向作用的各种规范。道德规范的特殊性在于,它不完全由政治的、行政的机构制定,也不靠强力的、威胁的手段去维护,而是由人们约定俗成,并且主要是靠人们的内心信念和社会舆论来维护。就终极意义而言,道德规范是一种内化的规范,道德规范只有在为人们真心诚意地接受,并转化为人的情感、意志和信念时,才能得到实施。但道德规范本身是一种客观的社会要求和人们的主观意识相统一的结果,是一个由他律向自律转化的过程。

(一)道德的他律性

无论是什么形式的道德规范,都首先表现出道德上的他律性,即道德规范的外在约束力。在规范伦理学中,道德他律的直接含义,是指人或道德主体赖以行动的道德标准或动机首先受制于外力,受外在的根据支配和节制。这些外力或外在的根据,是超出道德自身和道德主体自身之外的,即所谓道德义务的范畴。道德义务,是生活在某一社会中的人所时常感受到的对社会、对他人的一种职责、任务和使命。这种职责、任务和使命,一旦由一定的社会集团用道德规范的形式明确肯定下来,就成为一定社会群体的道德义务。

因此,从道德的他律性出发,法律职业道德建设必须讲究教育的方法和义务的约束。

(二)道德的自律性

停留在他律阶段的道德规范,无论人们怎样尽职地去遵循它,都终究是一种外在于道德主体的“异己”力量,只要道德主体尚未将道德规范内化为自己的道德品格,尚未走完从他律到自律的历程,那么道德规范的道德性就是不完全的,即不是严格意义上的道德规范。一切他律的道德规范,都必须转换为自律的道德规范。道德规范的他律性转换为自律性的最重要特征,表现为道德主体自身的行为动因由原来的外在约束,转换为内在约束,由原来的外在导向,转换为内在导向,即转换为主体自己的意志约束。道

德自律的问题，恰恰给我们的法律职业道德建设，提出了另外一个重要的方式方法，即法律职业道德的自我养成。

（三）良好职业道德的养成与健康伦理关系的形成

只有法律职业人养成良好的职业道德，在这种内化于心的职业道德约束之下，才能外化于行，形成健康的职业伦理关系。法律职业人只有在内心真正认同法律至上，真正尊重法律、追求法治信仰时，才可能形成对其他法律职业的合乎法治精神的尊重。实际上，尊重其他法律职业就是对法律的尊重，对法治的尊重。因此，健康的法律职业伦理关系的形成，有赖于良好法律职业道德养成。

总之，法律职业道德教育、法律职业道德养成、法律职业道德约束是法律职业道德建设的三种基本方法，也是法律职业伦理关系形成的基础。法律职业道德教育，将法律职业道德的基本要素及品质要求，有效地施加并影响于法律职业者；法律职业道德约束则从外部对法律职业者的行为加以规范，二者最终都将落脚于法律职业者自身道德的养成。这也是一个内、外因相互作用的过程。

第二节　法律职业道德与职业伦理教育

一、法律职业道德与职业伦理教育概述

（一）教育及其基本要素

在教育学理论中，教育是一个争议很大的概念。人们对教育的概念、本质、范围等认识和理解的差异，使至今也不容易给教育下一个完整的定义。目前国内教育学的主流观点，是将教育分为广义和狭义两种概念。凡是一切增进人们知识、技能、身体健康以及形成和改变人们思想意识的过程，都可归于广义的教育。这种教育，自人类社会产生即有，存在于各种生产、生活活动之中。而狭义的教育通常就是指学校教育。

早在几千年前，中国哲人就频繁使用“教育”一词，《尚书·尧典》中载：“命汝典乐，教胄子。”孔子也说过：“有教无类”；“以不教民战，是谓弃之”。孟子云：“得天下英才而教育之。”荀子也曾提过：“以善先人者谓之教。”我国古代著名的教育论著《礼记·学记》中写到：“教也者，长善而救其失者也。”这些“教”都包含着现代意义上的教育的韵味。《说文解字》中对“教育”解释道：“教，上所施，下所效也；育，养子使作善也。”此中的“教”包含着教者的教诲和受教者的仿效两层意思，而“育”则是指受教者得以向好的方向发展的意思。在西方，“教育”的英文是 Education。这个词来自拉丁文 Educare，意

指诱导、引出的作用。可见,中西方比较一致的看法是,教育包含两个方面,即教导和养成。因此,有学者将教育分解成三个构成要素:教育者、受教育者及教育影响。教育者从事以教育为目的的活动,这一活动直接指向的是受教育者的身心。受教育者是教育的对象,他们通过接受教育,获得知识、技能和道德修养,从不成熟走向成熟。而教育影响则是置于教育者和受教育者之间的一切媒介的综合,包括作用于受教育者的影响物以及运用这种影响物的活动方式和方法。

(二)法律职业道德与职业伦理教育及其基本要素

法律职业道德与伦理教育是教育的一种形式,或者说是教育在法律职业领域的具体化。然而,如果我们赞同学界关于广义教育和狭义教育的分类,那么法律职业道德与伦理教育究竟属于哪一种,值得深思。从伦理学的角度看,道德教育是指生活于现实的各种社会关系中的有道德知识和道德经验的人们(亦可以称为道德上的先觉者),依据一定的道德准则和要求,对其他人有组织、有计划地施加系统影响的一种活动。那么道德与伦理教育就不仅仅局限于学校教育的领域了。从法律职业道德与伦理教育的具体形式上看,我们可以至少分为三种:第一,学校的教育,即法律从业者在专职学习期间受到的法律职业道德与伦理教育。比如,学生在法学院、法官学院、检察官学院等法律院校和职业培训机构所接受的职业道德与伦理课程的教育。第二,工作机构的教育,即法律职业者在工作中接受的所在工作机构的相关教育,包括工作机构组织的教育和同行之间进行的"传、帮、带"式的教育。第三,相关社会团体的教育,主要是职业自律性组织的职业道德与伦理教育,比如,律师协会对律师进行的职业道德与伦理教育等。

因此,我们认为,法律职业道德与伦理教育是一个宽泛的概念,不能简单地用广义教育或狭义教育来进行定义。由于教育由教育者、受教育者、教育影响三个要素构成,所以,法律职业道德教育也可以细分为以下三个要素。

1. 法律职业道德与伦理的教育者

法律职业道德与伦理的教育者,也就是进行法律职业道德与伦理教育的主体,这在我国目前还是一个不太明确的概念。从理论上讲,凡是从事法律教育和有责任对法律从业者进行教育的机构和人员,都应当是法律职业道德与伦理教育的主体。但目前的实际情况并不乐观,除了法律执业人员所在单位、相关社会组织(如律师协会)开展为数不多的法律职业道德与伦理教育外,许多从事法律教育的机构,如法学院校、法律职业培训机构,比较忽视法律职业道德与伦理教育,绝大多数法律院校和法律职业培训机构长时期并未开设法律职业道德与伦理课程。2018 年 1 月,教育部发布我国高等教育领域首个教学质量国家标准,其中《法学类专业教学质量国家标准》明确将《法律职业伦理》纳入法学专业必修课。我国法学教育长期忽视职业道德与伦理建设的状况终于有了根本性改变,法学院校成为法律职业道德与伦理教育的主力军。

2. 法律职业道德与伦理的受教育者

法律职业道德与伦理教育的受教育者，也就是应当接受法律职业道德与伦理教育的主体。良好的职业道德素养、丰富的法律知识和娴熟的工作技能是合格的法律职业人员必须具备的三个条件。所以，一切从事法律职业或者可能从事法律职业工作的人，都应当是法律职业道德与伦理教育的受教育者。法律职业道德与职业伦理应当是法学院学生的必修课程。同时，任何在工作过程中转行从事法律职业工作的人，都应该首先成为法律职业道德与伦理教育中的受教育者。

3. 法律职业道德与伦理教育的教育影响

法律职业道德与伦理教育的教育影响，也就是教育者通过什么样的手段、方式和方法来对受教育者进行法律职业道德与伦理教育。教育影响是多种多样的，既有课堂教学的直接说教，也有言传身教的榜样力量，当然还有日常工作和生活中无所不在的环境影响。

二、法律职业道德与伦理教育的目的与原则

（一）法律职业道德与伦理教育的目的

教育目的，指的是通过教育过程、教育影响要把受教育者培养成什么样的人。教育是人类所特有的实践活动。目的性是人类实践活动的一个根本特性，任何一种实践活动从一开始就必定包含着某种改造客观现实的主观要求。教育这种实践活动，也必定是具有一定目的的。在教育实践活动中，教育者的活动对象是受教育者。受教育者就是教育者所要改造的“客观世界”，要把受教育者改造成为什么样的人，在教育过程开始以前就以表象的形式存在于他们的头脑之中了。他们的一切活动都是要在教育对象身上实现自己的目的。正如加里宁所言：“教育是对于受教育者心理上所施加的一种确定的、有目的的和有系统的感化作用，以便在受教育者的身心上，养成教育者所希望的品质。”[8]那么，法律职业道德与伦理教育的目的究竟何在呢？我们认为，法律职业道德与职业伦理教育的目的，包括终极目的和直接目的两个层次。

1. 法律职业道德与伦理教育的终极目的

从社会意义上看，法律职业道德与伦理教育的最终目标是推动“法治”社会的实现并使其不断完善。我们今天在法律职业道德与伦理领域所做的一切努力，都最终指向“法治”。我们在前面探讨过法律职业道德与法律职业伦理对于“法治”的意义，法律职业道德与伦理教育的根本目的，就是致力于培养法律职业者的职业道德，形成健康的职业伦理关系，从而阻隔“人治”、确立司法权威，为“法治”培养合格的专业人才。

2. 法律职业道德与伦理教育的直接目的

法律职业道德与伦理教育的终极目的——“法治”是以社会意义为出发点，而如果

---

〔8〕［苏联］加里宁：《论共产主义教育》，陈昌浩译，时代出版社 1953 年版，第 56 ~ 57 页。

换个角度，对法律职业者个人来讲，法律职业道德与伦理教育又有其直接的目的。依伦理学的观点，职业道德由八个基本要素构成，即职业理想、职业态度、职业责任、职业义务、职业良心、职业纪律、职业信誉、职业荣誉。由此出发，法律职业道德教育的直接目的即应当包含以下内容：(1)培养法律职业者“公平与正义”的职业理想；(2)培养法律职业者“勤勉与谨慎”的职业态度；(3)培养法律职业者“抑恶扬善、扶弱济困”的职业责任；(4)培养法律职业者“忠诚、为民”的职业义务；(5)培养法律职业者“诚实信用、爱憎分明”的职业良心；(6)培养法律职业者“严明”的职业纪律；(7)培养法律职业者“清廉、正直”的职业信誉；(8)培养法律职业者“法律至上、宪法为尊”的职业荣誉感。

古希腊教育家苏格拉底认为，最高的善就是知识，把道德教育视为人格完成的教育。其实，我们完全可以这样说，法律职业道德教育的目的也就是法律人独特的人格教育。“法律人”是一个独特的群体，是专业化分工的产物。“法律人”由于其独特的“技术理性”使得其远离民众，似乎与大众之间存在一道专业屏障。法律职业者的话语、思维都异于其他职业群体，那是因为法律人所受到的独特训练以及法律职业对他们在知识和技能上的独特要求，也是“法治”的要求。那么，法律人所拥有的道德规范是不是同样异于常人，甚至有时是与其他人群相冲突呢？回答是肯定的。因为法律职业道德除普通职业道德中共同的要求之外，还包括法律职业特殊的道德要求，它们源于法律职业的专门逻辑，也因此区别于大众的生活逻辑。法律职业道德的这种特殊道德主要来自“法律程序”，有学者将之称为“程序伦理”。而这种独特伦理，正是“法治”的最基本要求。这种独特伦理的培养也正是法律职业道德的目的之一。

(二)法律职业道德与伦理教育的原则

法律职业道德与伦理教育的原则，是法律职业道德与伦理教育活动所要遵循的基本准则。其主要包括从受教育者实际出发、知行合一、集体教育与个别教育相结合、榜样教育与反面教育相结合、职业伦理教育和法学专业教育相统一、主体性与主导性相结合、教育影响的连续性与一致性等原则。

1. 从受教育者实际出发的原则

法律职业道德与伦理教育的受教育者所包含的人群非常广泛，一切从事法律职业或者可能从事法律职业工作的人，都应当是法律职业道德与职业伦理教育的受教育者，既包括已经从事法律职业的工作者，也包括将要从事法律职业的人员，还包括可能从事法律职业的人员。受教育者的广泛性决定了其复杂性，因而，法律职业道德与伦理教育应根据受教育者自身的年龄、当前的生活和工作等实际情况提出教育的要求，确定教育的内容，运用教育的方法，从而避免“一般化”。

2. 知行合一的原则

法律职业道德与伦理教育中的知行合一原则，就是应当既重视对受教育者进行系统的理论教育，又要通过相应的活动进行实践教育；既要提高受教育者的思想认识，又要求受教育者作出相应的行动，把认识与实践、思想和行动统一起来。从道德的心理结构来看，道德品质是稳固的行为动机和相应稳固的行为方式的统一体。由于动机不同，完全相同的行为方式，可能是完全不同的品质的表现。同样的动机也可以表现为不同的行为方式。因此，知与行、动机与行为应当统一。

首先，法律职业道德与伦理教育应当使受教育者的思想认识有实践的感性材料做基础，防止理论成为无源之水、无本之木，成为抽象的概念、空洞的词句。其次，应当帮助受教育者把实践中获得的感性材料提升到理性的高度去认识，同时在理论的指导下，去理解感性的东西。最后，要求受教育者将法律职业道德与伦理规范转化为自己的信念和行为动机，并且贯彻到行动中去。

知行合一的原则在当前有着非常重要的意义，社会生活中以及司法实践中的很多问题都与此相关。知与行的背离，已经不是简简单单的思想认识问题，少数法律职业者的徇私枉法、言行不一已经严重影响到了"法治"在人们心目中的形象，也影响到了司法权威的确立。"执行难"及上访问题，从侧面反映了我们法律职业道德与伦理教育的无力，尤其是知行合一原则的苍白。因此，无论何种层面的法律职业道德与伦理教育，这项原则都应当成为重中之重。

3. 集体教育与个别教育相结合的原则

通过集体来进行教育，是法律职业道德与伦理教育的重要原则，尤其是在法学院和法律职业培训机构内更是如此。但集体又是由千差万别的许多个人组成，每个人都有其不同的特点。因此，又要注意个别教育，这在法律职业者从业后更为突出。通过集体教育个别，又通过个别影响集体，这就是集体教育与个别教育的辩证关系。

集体其实不单单是一个简单的人的集合，更是一个有机的集合体。正确的集体舆论、集体的监督，往往比教师个人的教育影响具有更大的作用。集体朝气蓬勃的作风和优良的传统，对每个人也有着潜移默化的影响。反之，对集体中的个体进行的针对性教育，又可以影响其他个体，这样对个人的教育力量也就变成了对集体的教育力量。

4. 榜样教育与反面教育相结合的原则

榜样教育与反面教育相结合的原则，是唯物辩证法在法律职业道德与伦理教育中的具体运用。法律职业道德教育，必须坚持以正面引导教育为主，同时辅之以反面教育，将二者结合起来。

正面引导教育是由法律职业道德与伦理教育过程的性质所决定的。道德教育是处理精神世界的问题，这同处理物质的东西不同，不能采取简单粗暴的、强制的方法，只能用细致的、讲理的方法，而榜样的作用无疑是正面教育的最好教材。法律职业道德与法律职业伦理的发展是一个充满矛盾的过程。在实践中，既存在道德楷模，也存在违反职业道德的反面事例。正面的榜样力量必须辅之以反面教训，二者共同作用，才能起到最佳的教育效果。

5. 职业伦理教育和法学专业教育相统一的原则

道德与伦理就其实质来说，是社会生活对人们的一种要求，是调整人与人之间关系的一种基本准则。伦理学是一个有着严密逻辑的系统科学，道德规范的调整对象不同，道德要求也不尽相同。职业道德是社会一般道德要求在职业生活中的具体体现，它既反映了社会道德的一般要求和基本面貌，同时也具有不同于一般道德要求的特点。不同的职业对社会所承担的责任不同，这就影响着人们对生活目标的确立和对人生道路的选择，同时也影响着人们的情趣、爱好、性格和作风。此外，不同职业的不同利益和义务，也造成了人们不同的职业良心。这些都从不同的侧面影响着人们道德心理的特殊倾向，制约着道德调节的特殊方向。所以，职业道德与伦理和职业紧密联系，也与职业所需要的专业知识、专业技能紧密联系。进行职业道德与伦理教育时离不开专业知识；进行专业知识、技能教育时，也往往涉及职业道德与伦理问题。正因如此，职业伦理教育必须与专业教育相统一、相结合，这样的职业伦理教育才能更生动、更富有可接受性。

6. 主体性与主导性相结合的原则

主体性是指把受教育者视为主体，即把他们看作有自我意识、有能动作用、有人格个性的独立主体，而不是任教育者随意摆布的被动客体。教育者与受教育者之间不是主体与客体的关系，而是发生在主体之间的互动关系。主导性是指在教育过程中，虽然教育者与受教育者都处于主体地位，但二者的作用却并不相同，教育者应起主导作用。主体性与主导性相统一的原则，体现了教育过程中对受教育者的尊重和对教育者责任的强调，也是自律性与他律性、选择性与规范性相统一原则的根据所在。

在认识论的层面上，我国传统的道德与伦理教育往往将教育者与受教育者之间的关系看作主体与客体的关系，即认为教育者是主体，是主动的、积极的，处于支配地位，而受教育者是客体，是被动的、消极的，处于从属地位。由此出发，道德与伦理教育长期采取“我说你听、我教你做”的权威主义教育模式，采用单向灌输的教育方法，硬性地把社会要求的道德与伦理规范传递给受教育者，忽视受教育者的需要和接受能力，抑制受教育者接受教育的积极性、主动性和创造性，教育效果受到限制，甚至在很大程度上引起了受教育者的抵触情绪。受教育者作为具有主体性的人，绝不会像非人的物质客体一样受教育者的任意摆布。面对教育者的教育，他们会依据自己的思想观念和价值取向，作出相信或怀疑、接受或拒绝的能动性反应，即使在某种外在的压力下不能表露，也仍会有这种自我认知。

主体性与主导性相统一的原则要求我们，要辩证地处理教育者和受教育者的关系，要充分尊重受教育者的主体地位，发挥他们的积极性、主动性和创造性。

7. 教育影响的连续性与一致性原则

教育影响的连续性，要求法律职业道德与伦理教育按照一定的目标有计划、系统地进行。职业道德与职业伦理关系的养成是一个前后连续的完整过程，在总的方向上应该是始终一贯的，各个阶段的教育应互相衔接，有计划、系统地进行。教育影响的一致性，要求来自各方面的教育要求能够统一起来。职业伦理的形成发展又是多方面教育影响的结果。因此，院校专业教育、职业培训等的法律职业伦理教育影响应当统一，才能保证其效果。如果各方面要求不统一或者不一致，教育作用就会相互抵消，甚至造成受教育者思想上的混乱或行动上的彷徨。

三、法律职业道德与职业伦理教育的方法与手段

道德教育的规律和原则，为法律职业道德教育方法的正确运用提供了理论根据。法律职业道德教育的方法应当同其规律、原则相适应，与人们道德人格的形成和完善过程相一致。道德人格是由道德认识、道德情感、道德意志、道德信念和道德习惯五种因素构成的。按照道德人格的一般形成过程，道德教育也就必须是一个帮助受教育者提高道德认识、陶冶道德情感、锻炼道德意志、树立和坚定道德信念并最后形成道德习惯的过程。那么道德教育的第一个环节，是提高人们的道德认识。毛泽东说过："不论做什么事，不懂得那件事的情形，它的性质，它和它以外的事情的关联，就不知道那件事的规律，就不知道如何去做，就不能做好那件事。"[9]要使法律职业者具备法治所必需的法律职业道德与职业伦理素质，首先就必须使人们了解和把握法律职业道德与职业伦理的原则、规范和义务，了解和把握什么是善、什么是恶，然后他们才能有所适从，才能有一个明确的道德实践的方向。

道德教育的第二个环节，是陶冶人们的道德情感。列宁说："没有'人的感情'，就从来没有也不可能有人对于真理的追求。"[10]道德主体有了道德认识，并不一定有相应的道德情感，没有道德情感也就不会有对善的强烈追求。只有通过实际生活和工作中的具体事例，通过善与恶的强烈对比，受教育者受其感染，才能形成稳固的道德情感。

道德教育的第三个环节，是锻炼受教育者的道德意志。坚强的道德意志，是人们在道德实践中克服困难，战胜邪恶，抵抗私欲，形成理想的道德人格和品质的关键。锻炼道德意志，主要是在道德实践的过程中进行。

道德教育的第四个环节，是确立道德信念，这也是道德教育的中心环节。这个环节以前三个环节为基础，只有识深、情笃、意坚，才能形成坚定的道德信念。

道德教育过程的最后完成，在于养成道德习惯，即要使法律职业者对于法律职业规范习惯于遵守，从心所欲而不逾矩。

从这些道德教育的基本规律以及原则出发，法律职业道德与职业伦理教育应当采取以下方法和手段。

---

〔9〕《毛泽东选集》(第1卷)，人民出版社1951年版，第163页。
〔10〕《列宁全集》(第20卷)，人民出版社1958年版，第255页。

（一）说服教育的方法

说服是一种借助语言、事实和示范等方式，影响受教育者的思想意识，从而提高其觉悟的教育方法。说服教育的方法能够影响受教育者的情感和意志，形成和巩固他们优良的道德品质，消除他们行为中的缺点。其主要作用是提高受教育者的道德认识。

从教育学的角度讲，说服教育的方式大体可以分为三类。

1. 语言、文字的说服教育方式

具体说来，语言、文字的说服教育方式又包括讲解和报告、谈话、讨论等具体方式。讲解和报告是比较系统地阐述法律职业道德与职业伦理问题，以提高受教育者的认识水平和道德觉悟的方法，也是学校以及培训机构通常采用的教育方法。讲解和报告可以由高校教师来进行，也可以由社会道德模范人物来进行，其内容应当结合受教育者自身的特点来确定。谈话是一种常用的、随意性很强的教育方式，它不受时间、地点、人数的限制，也不受教育阶段的限制，无论学校教育还是职业教育都可以采取这种方法。讨论是受教育者自我教育的一种方法，也是集体教育的重要方法。

2. 运用事实进行说服的教育方式

运用事实进行说服教育通常是指参观、访问、调查等组织受教育者接触社会实际，运用具体生动的事实说服受教育者的教育方式。其优点是受教育者能亲眼看到、亲耳听到，直观性强，因而具有很强的说服力。在我们党曾经进行的“三讲”“保持共产党员先进性教育”“两学一做”等活动中，组织党员到革命根据地进行参观、考察，就是这种方式的集中体现，并且收到了很好的教育效果。

3. 运用榜样引导的说服教育方式

运用榜样引导的说服教育，也称示范的方式，它指运用榜样人物的优秀品德来影响受教育者的思想、感情和行为，以达到教育的要求，是说服教育的重要方式。榜样的作用是无穷的，这种教育方式对受教育者有巨大的激励和影响作用。“人民满意的好法官”宋鱼水的模范事迹影响了千千万万的法律职业者，正是这种榜样人物模范作用的最好体现。

（二）陶冶教育的方法

陶冶教育是利用环境、气氛、作风以及教育者自身等教育因素，对受教育者进行积极影响的方法。陶冶教育主要是有意识地创造教育情境，使受教育者置身于所设置的教育情境中，使其耳濡目染、潜移默化地接受教育者的理想、思想、情感和认识，以达到塑造人的性格的目的。

社会环境对人的身心、道德的养成有着重大的影响作用，自觉利用环境对受教育者进行积极的影响，是陶冶教育所依据的基本原理。任何环境都是以具体直观的生动形象呈现在人们面前的，对人的影响作用较之抽象说教也更容易被人所接受，而且易于激起人们情感上的共鸣。而环境的影响作用不是强制的,是在人与环境的接触中,使人不知不觉受到环境的影响。根据教育的要求设置的教育环境,不同于自发的环境,因为这样的环境是根据道德教育的任务进行了选择和加工的,环境中的教育因素不但形象而且典型,具有相对的系统性和完整性,这样的环境是可由教育者控制的。

当然,我们必须看到,现阶段对法律职业人员进行陶冶教育是比较困难的。我们国家正处在社会转型的重要时期,各种思潮相互交织,许多人们原来坚持的信念遭到颠覆。法律职业者面对的环境更加复杂,他们往往会比普通公众接触到更多的社会阴暗面,看到更多的法律漏洞,受到更多的诱惑。在这样的环境中陶冶情操,任务显然是极其艰巨的。我们一方面要在推进法治国家建设的同时,不断进行优良的法律职业道德与职业伦理环境的营造;另一方面要在不同的法律职业群体内部,通过不断的说服教育,使法律职业者分清什么是善,什么是恶,主动创造良好的小环境,使一个个良好的小环境逐步发展成为良好的大环境,积极为环境陶冶教育创造条件。

(三)理论教育与实践教育相结合的方法

理论教育就是坚持用科学的理论去教育、引导、培养受教育者,使其认识真理、相信真理,用科学的理论武装自己,改造自己的主观世界,指导自己的行为。所谓实践教育,就是受教育者通过参加各种社会实践活动,进行自我认识、自我改造、自我完善的活动。

道德是一个意识问题,是一种内化的规范。道德规范只有在为人们真心诚意地接受,并转化为人的情感、意志和信念时,才能得到实施。因此,最深层次的解决问题的方法就是理论教育,从受教育者的思想根源入手,树立良好的职业道德意识、良心,从而为他律向自律的转化奠定基础。然而,理论教育尤其是道德理论教育,往往必须面对一大难题,即理论的乏味问题。传统的说教方式容易使受教育者对道德理论的说教产生反感、抵触情绪,这就要求我们要注意说理的真实性,增强理论的趣味性。要研究理论教育的艺术性,采取灵活多样的方式、广征博引的方法、生动风趣的语言、感人的事迹、典型的案例,使理论教育声情并茂。在理论教育中,要有求真务实的态度和精神,坚持以理服人,而且要注意从实际出发,要言之有据,不哗众取宠,更不可用谎话、大话、假话进行理论传输。

实践活动是人类认识世界的唯一源泉,是人们各种能力发展的必由之路,是磨炼人的意志的重要手段,是人的思想道德形成、完善的根本途径。马克思主义认为,人的正确思想和认识,只能通过社会实践,从感性认识发展到理性认识,再以理性认识能动地指导社会实践,改造主观世界和客观世界。作为社会意识形态的法律职业道德与职业伦理,也只能通过实践、认识、再实践、再认识这样的多次反复,才能形成、发展和完善。社会实践作为一个中介机制,能很好地把职业道德规范、准则通过具体生动的形象来影响受教育者,使法律职业者能够客观地认识自我,恰当地评价自我,找到自己的职业道德水平与实际需求之间的差距,从而鉴别和选择正确的行为准则,提高自我调控能力,提高自身的职业道德水平。

20世纪60年代在美国法学院普遍兴起、当前我国多所法学院校采用的“诊所式法律教育”,是一种非常好的法律实践教育手段。其特点是仿效医学院利用诊所实习培养医生的形式,通过诊所教师指导学生参加法律实际工作,培养学生的法律工作能力,促进学生对法律的深入理解,缩小专业知识教育与职业技能的距离,培养学生的职业意识观念。这种实践不仅可以使学生检验其所学的法学知识,更重要的是,实践可以使学生直接感受到法与情、法与道德等的冲突,学会如何在这些利益冲突中进行选择和平衡,这不仅是一个法律工作技能问题,更是一个道德修炼的问题。“诊所式法律教育”在这方面恰好给予了“未经世事”的学生以直观的锻炼,对法律职业道德与职业伦理的养成作用巨大。

(四)现代教育技术手段

所谓手段,就是人们在认识世界和改造世界过程中所采取的方法和措施。运用什么样的教育手段,不仅取决于教育者的认识以及教育内容和目标,而且受一定社会政治、经济、文化和科学技术发展的制约。现代化教育技术手段,以教育理论为基础,以多媒体和网络化技术为标志,通过系统科学技术成果来解决教育各个层次的问题。现代教育技术手段在法律职业道德与职业伦理教育中的运用,突破了时间、空间的限制,使抽象的概念、枯燥的数字经过艺术加工和影像处理,以形象、直观、生动的画面展现在受教育者面前,从而增强了职业道德教育的吸引力和趣味性。

互联网是现代教育技术手段的重要载体。但是,互联网是一把“双刃剑”,它在给人们的学习和生活以极大便利的同时,也带来了很多消极的东西。网络的复杂性对人们正确的世界观、人生观和价值观的形成构成潜在的威胁。互联网是一张无边际的“网”,内容虽丰富却庞杂,良莠不齐。网络的隐蔽性易造成人们道德感的弱化。每个人在网络上的存在都是虚拟的、数字化的、以符号形式出现的,人与人的交往也表现为符号与符号的互动。上网的人都缺少“他人在场”的压力,“快乐原则”支配着个人的欲望。网络中道德感的弱化也波及现实生活中的道德行为,网络信息的泛化也给人们造成了相当的信息污染,加剧了法律职业道德与职业伦理教育环境的复杂性。信息对法律工作者的影响较其他职业为大,法律工作者较常人会接触更多的社会阴暗面。尤其在我国目前法治尚不健全的情况下,司法的不足会对法律工作者的思想产生潜移默化的影响。因此,在法律职业道德与职业伦理教育过程中,如何将网络等现代教育手段为我所用,就是一个非常有价值的课题。对于法学院校、法律职业培训机构、法律职业主管机关、法律职业机关、法律职业自治性组织等教育者来说,应当充分利用网络进行道德宣传教育,建立法律职业道德与职业伦理讨论专区,从正面引导受教育者。同时也应当加强网络知识教育,让受教育者认识网络的实质与虚幻性,使他们懂得从中汲取营养、摒弃糟粕。

不同的方法在教育功能上是有所侧重的。说服教育的方法侧重于道德认识的提高，陶冶教育的方法侧重于道德情感的培养，理论教育侧重于道德信念的确立，实践教育的方法则侧重于道德行为和道德习惯的养成。各种教育方法的作用是互相联系的，任何方法都不应脱离整个方法体系孤立地存在。

第三节 法律职业道德与职业伦理约束

法律职业道德与职业伦理的约束，是法律职业道德与职业伦理规范对法律职业者从业内外行为的制约和控制。规范是人类社会生活中普遍存在的现象，是一种行为标准、行为准则，这种标准、准则既可以是人们在日常生活和交往中约定俗成的，也可以是人们有意识制定的。道德规范是常见的规范形态之一。道德规范在人类活动的历史进程中，有着多样化的表现形式，正是这些不同的形式决定了它们对人的不同约束方式，或者是内在的，或者是外在的。

一、法律职业道德与职业伦理规范的形式

道德规范作为人类行为的基本准则，在人类漫长的道德生活中曾经有过形态各异的表现形式。这些不同的表现形式，是由不同的社会关系和道德关系赋予的。从学理上考察，我们可以将人类历史上出现过的道德规范的形式，大致概括成以下几种，即图腾、禁忌、风俗、礼仪、准则、箴言、义务、责任。图腾、禁忌、风俗、礼仪作为道德规范在人类历史上曾经起到过非常重要的作用，在某些民族和地区，甚至在每一个人身上都或多或少地存留有这些规范的影子，比如中国人通常认为子女直呼长辈的姓名是不礼貌的。严格说来，除礼仪外，这些规范都是比较低级、粗糙的道德规范，它们基本上是人类在同自然、社会和他人的交往活动中，自发形成的，并没有更多地凝结着人类的道德智慧，只能称为人类幼年的产物。在现代人类社会中，起作用的主要是箴言、准则、义务、责任等规范形式。

（一）箴言

箴言是人类道德文明发展过程中，最先发展起来的道德规范形式。箴言用富于哲理的格言警句，向人们展示世界、社会和人生的图景，并以劝诱的方式，制约人们的行为。箴言不但是人类道德智慧的结晶，而且是真正属于人类的理性信念，因而它在制约人们的行为时，已不再是单纯外在的对人有影响的祸福惩奖，而转向人们的心灵，转向

人们的道德觉悟。法律箴言是有关法律的精辟而含蓄的经典表述，从中我们可以找到某些原理、原则、规则的最古老的依据，使我们对法律有更深刻的认识。法律职业者不仅可以从这些法律箴言中看到“对有疑问的部分，必须做出对被告有利的判断”这样直截了当的解决问题的方法，也可以找到“经过审慎考虑的判决常会变得比较成熟，而匆匆而就的判决则绝无可能”这样的道德警句。箴言是人类智慧的结晶，也是法律职业道德与职业伦理的重要载体。

（二）准则

一切道德规范，在本质上都是一种准则。准则作为道德规范，其对待行为善恶的倾向性比图腾、禁忌、礼仪、风俗等要明确得多。准则明确了某一种行为应该是这样的，而不应当是那样的。准则包含着道德理性的成分，因而不同于图腾、禁忌、礼仪、风俗。准则又因为其包含着道德命令的成分，从而又同箴言相区别。

（三）义务

作为道德规范，义务的道德强制性又高于道德准则。准则仅仅是一种行为恰当与否的标准，行为者只有在从事准则要求的相关行为时才会受到准则的制约。换言之，如果道德主体的行为与某准则无关，那么这个准则对他而言就没有丝毫约束力。道德义务则不同，在一个特定的道德体系中，道德义务常常是道德主体摆脱不掉的。道德主体要成为有德的人，就必须履行这些道德义务，而没有选择性。

（四）责任

责任是道德义务基础上的又一次升华。如果说义务表现的是一种道德强制性的话，那么责任就意味着违反义务所应当承受的不利后果。责任是道德规范中所包含道德强制力和道德理性最多的，也是处于最高层次的道德规范。

不同形式的道德规范，作用于道德主体的方式也是不同的。

二、法律职业道德与职业伦理规范的外在约束力

无论是什么形式的道德规范，都首先表现出道德上的他律性。道德规范的外在约束力，主要就是指道德规范的他律性。道德规范他律性的核心目的，是表明人在道德领域内是没有绝对自由的，总是要受制于某种外在的必然性，在这种必然性的前提下行动。法律职业道德与职业伦理规范的他律性主要通过两种渠道体现出来。

（一）法律职业道德与职业伦理规范的外在导向功能

所谓法律职业道德与职业伦理规范的导向功能，是指法律职业道德与职业伦理规范对法律职业者的职业活动所起到的引导作用。道德规范作为一种行为准则，必然在

约束人们的行动时也引导人们的行动。道德规范的约束力,不但告诉人们不能做什么,同时也告诉人们应当做什么;不但约束某一行为,同时也激励某一行为。道德规范的这种价值导向功能,是与约束力同时并存、同时发挥作用的。因此,道德规范的约束性,实际上包含着导向性。道德规范的这种特性,使它在发挥自己的约束及导向功能时,尽管是一种规定和准则性的东西,也依然用应当或不应当的道德劝诫语句,感化、说服、唤起人们的良知。[11] 翻开法律职业有关的法律和规范性文件,我们会发现很多地方都有"应当"的字眼。例如,《法官法》第4条规定:"法官应当公正对待当事人和其他诉讼参与人,对一切个人和组织在适用法律上一律平等。"该法第5条规定:"法官应当勤勉尽责,清正廉明,恪守职业道德。"这些"应当"所引领的语句,绝不应仅仅被看作口号式的宣言,它们更是一种行为导向。这些导向功能,大部分由法律箴言、法律职业行为准则这两种形式来承担。

(二)法律职业道德与职业伦理规范的强制约束功能

在法律职业道德与职业伦理规范中,还存在两种带有强制命令性的形式,即法律职业义务与法律职业责任。义务是必须要遵从的行为准则,而责任则是违反了义务将会承担的不利后果。道德的他律性源于社会关系、道德关系及客观的社会道德要求。法律职业道德与职业伦理义务,正是法律职业者时常感受到的对社会、对他人的一种职责、任务和使命。这种职责、任务和使命,一旦为一定社会集团(如法律职业组织)用道德规范的形式明确下来,就成为一定群体的道德义务。关于法律职业道德与职业伦理规范强制约束力的作用方式,即法律职业责任的问题,我们将在第四章进行具体、详尽的介绍。

三、法律职业道德与职业伦理规范的内在约束力

法律职业道德与职业伦理规范的内在约束力,是法律职业道德与职业伦理规范的自律性。道德规范的他律如果不转换为道德主体的自律,对道德主体是无道德意义可言的。一切他律的道德规范,都必须转换为自律的道德规范,才能发挥其应有作用。道德的自律主要是通过道德主体的自身意志约束来实现的。

第一,道德主体自身的意志约束,首先表现为对道德规范他律性的认同。认同意味着主体既认识到了道德规范的他律性,又自觉地服膺这种他律性的约束。或者说,是把这种外在的规律,看成就是自身内在的规律;他律的约束,等同于自律的约束;社会的道德要求,等同于主体自身的道德需要。认同的动因,是主体在对道德规范他律性进行深刻反思的基础上,由内心涌动出来的对这种他律性的充分认同。主体只有从内心深处敬畏这些道德规范,自身才会积极地对自己的行动进行意志约束。

---

〔11〕 参见罗国杰主编:《伦理学》,人民出版社1989年版,第192页。

第二,道德主体自身的意志约束,表现为"自己为自己立法"。意志约束就是将道德规范的外在要求,内化为心中的道德法则,是道德认同的进一步发展。道德主体自身的意志约束,集中体现在对爱好和欲望的把握上。爱好和欲望是一种个人的东西,也是一种无法回避的由客观决定的意识存在。每个个体都会有自己的爱好和欲望,而爱好和欲望往往受客观限制,并不总是能够实现。如何对待这种矛盾,是伦理学上的一个难题。通常我们都会用"理性"这个词汇来把握爱好和欲望,理性的节制应该是一种合理的节制。这种理性对于个人而言,其基础在于一种意志力。这种力量能够保证理性在与爱好和欲望的抗衡中掌握主动权,并最终取得胜利。[12]

法律职业人员由于其工作性质的特殊性,经常会面临形形色色的诱惑,也经常会面对来自各方面的压力。是否能够"富贵不能淫,贫贱不能移,威武不能屈",最关键的还是要依靠法律职业人员自身的意志约束力。这种意志力反映出道德主体自身的道德修养程度,反映出自身的法律职业道德与职业伦理信仰、职业良心以及职业荣誉。这就要求每一个法律职业人员都要尽可能地在思想上做到自尊、自重、自省、自察、自励;行动上做到慎权、慎利、慎独,树立崇高的法律伦理精神,增强职业责任感、正义感,同时注意培养法律职业人员良好的品质,建立法律人的职业威望和人格魅力。

第四节　法律职业道德与职业伦理养成

依据伦理学的观点,一切他律的道德规范,都必须转换为自律的道德规范。只要道德主体尚未将道德规范内化为自己的道德品格,尚未走完从他律到自律的历程,那么道德规范的道德性就是不完全的,也就不是严格意义上的道德规范。因此,法律职业道德与职业伦理约束是法律职业道德与职业伦理的他律手段,法律职业道德与职业伦理教育是法律职业理想人格、道德品质的培育手段,二者的最终目标都旨在促进法律职业道德与职业伦理从他律向自律的转化,即本节我们所要探讨的法律职业道德与职业伦理的养成。法律职业道德与职业伦理的养成对于一个法律职业者来说,是一个法律职业道德与职业伦理的内化过程,即道德主体自身的行动动因由原来的外在约束转换为内在约束;由原来的外在导向转换为内在导向,转换为主体自己的意志约束。这种转化首先表现为对道德规范他律性的认同,其次表现为"自己为自己立法",最后集中表现为意志对爱好和欲望的把握。影响法律职业道德与职业伦理的养成,有内因和外因两大因素。法律职业道德与职业伦理养成的外部因素主要是指社会环境的影响,法律职业

---

〔12〕 参见罗国杰主编:《伦理学》,人民出版社 1989 年版,第 199～205 页。

道德与职业伦理养成的内部因素则主要指法律职业者的道德修养。此外，法律职业道德与职业伦理的养成还需要一定的制度保障。

一、影响法律职业道德与职业伦理养成的环境因素

环境两字分开来说，“环”是四周，“境”是境况，合起来就是指人类（生存的）周围境况（环境）。人的生存环境包括两个部分：自然环境和社会环境。马克思主义认为，人的本质不是单个人所固有的抽象物，在其现实性上，它是一切社会关系的总和。所有的人都是社会的人，社会中的所有因素都是一种社会环境。如果想要用语言穷尽所有的环境因素，恐怕是一件非常有难度的事情，我们也只能尽力抓住主要因素，抓住对法律职业者影响最大的几个因素来进行分析。

（一）政治环境

政治环境是指人类社会中一切政治要素及其运行所形成的环境。它包括政权的性质、政治制度、政治体制和政治意识、政治准则等。政治环境具有社会历史性、阶级性和相对独立性的特点。政权的性质、政治制度决定了人的政治地位，政治意识、政治准则等规范着人们的行为。政治环境直接对人的道德素质产生影响。具体来讲，政治环境对法律职业道德与职业伦理的影响主要表现在以下三个方面。

1. 政治体制对法律职业道德与职业伦理的影响

我国《宪法》第1条第1款规定：“中华人民共和国是工人阶级领导的、以工农联盟为基础的人民民主专政的社会主义国家。”第2条第1款规定：“中华人民共和国的一切权力属于人民。”第2条第3款规定：“人民依照法律规定，通过各种途径和形式，管理国家事务，管理经济和文化事业，管理社会事务。”第27条第2款规定：“一切国家机关和国家工作人员必须依靠人民的支持，经常保持同人民的密切联系，倾听人民的意见和建议，接受人民的监督，努力为人民服务。”同时，《宪法》还规定了公民的基本权利。中华人民共和国公民在法律面前一律平等，中华人民共和国公民有言论、出版、集会、结社、游行、示威的自由。中华人民共和国公民的人身自由、人格尊严、住宅不受侵犯。公民的通信自由和通信秘密受法律的保护。公民有劳动的权利和义务，有休息的权利，有受教育的权利等。作为国家根本大法——《宪法》的这些规定，首先明确地宣告：在我国，人民是国家的主人。一切国家机关工作人员，包括法官、检察官都是人民的公仆，都应当奉行“全心全意为人民服务”的宗旨。一切国家机关工作人员，都应当致力于为人民谋福利。这就要求法律职业人员，尤其是法官和检察官应当做到如下几点。

（1）必须确立“为人民服务”的宗旨。在这个大的道德框架下，公平、正义、勤勉、谨慎、抑恶扬善、扶弱济困、忠诚、为民、诚实信用、爱憎分明、严明、清廉、正直等，都是题中应有之义。在社会主义国家，无论是人民法院还是人民检察院，都是为人民提供法律服务的机关。无论法官还是检察官都不能高高在上、脱离群众，应当时刻保持同人民的密

切联系，倾听人民的意见和建议，自觉接受群众的监督。提出“为人民服务”的宗旨，并不是什么高喊政治口号。当前，我们的司法实务界确实存在腐败现象，少数法官、检察官身上“官老爷”的作风还在滋长，少数司法人员的特权思想相当浓厚。司法人员在群众中的评价不高，司法缺乏威信。同样的情况在商业化色彩浓厚的律师业也存在。一些律师不愿意办理法律援助的案子，不愿接“经济效益不好”的刑事案子。“抑恶扬善、扶弱济困、爱憎分明”这些应当是所有法律人共有的优良品质，律师也概莫能外。“为人民服务”是一个职业作风问题，也是伦理学上道德的要素之一，具有深刻的道德意义。

(2)必须确立保障人权的职业理念，这也是法律职业道德与职业伦理的应有之义。宪法规定了若干公民基本权利，这是人民当家作主的具体体现。2004年，十届全国人大二次会议通过的宪法修正案，首次将“人权”概念引入宪法，明确规定“国家尊重和保障人权”。这是中国法治和政治文明建设的一件大事，是中国人权发展的一个重要里程碑。与此稍显不对称的是，在司法实践部门，侵害公民基本权利的事情仍然在不断发生。刑讯逼供、超期羁押等非法剥夺公民人身权利的事件仍屡禁不绝。重视人权的司法理念，必须要刻不容缓地在法律职业者的心目中树立。

(3)必须确立法律至上的职业信仰。法律职业区别于其他职业的一个重要特点就是形式理性。所谓形式理性也就包含了一切以法律为出发点，同等状况同样对待。“法律至上、宪法为尊”正是形式理性在法律职业道德与职业伦理领域的具体要求，也是法律人所应当具有的基本素质。

2. 司法体制对法律职业道德与职业伦理的影响

我国的司法体制，从大框架来说，人民法院是国家的审判机关，行使审判权；人民检察院是国家的法律监督机关，行使法律监督权和公诉权；公安机关及其他法律赋予侦查权的机关是犯罪侦查机关，行使侦查权。这样的司法体制是有中国特色的社会主义司法体制，与西方建立在“三权分立”基础上的司法体制有着根本的不同。我国的司法体制在政策贯彻上，有着西方所不能比拟的优越性。当前，我国的司法制度还存在一些弊端。比如，“司法体制综合配套改革”还没有到位；“以审判为中心的诉讼制度”还没有在诉讼中建立起来；有些司法制度形同虚设；诉讼程序设计还不尽科学；司法受地方干预问题还没有彻底解决等。这样的体制，势必会影响到法律职业者的职业道德。以司法受地方干预为例，法律职业者在这样的干预下，是否还能坚持“法律至上”的信仰？汉密尔顿(Alexander Hamilton)有言：“就人类天性之一般情况而言，对某人的生活有控制权，等于对其意志有控制力。”[13]可见，司法体制必然会深刻影响到法律职业者的道德选择。也正是从这个意义上讲，提高法律职业者的职业道德素质，是一个大的系统工程，需要诸多方面的努力，当然也离不开制度上的弊病革除以及相应的制度保障。

---

〔13〕［美］汉密尔顿等：《联邦党人文集》，程逢如等译，商务印书馆1980年版，第396页。

3. 国家政策对法律职业道德与职业伦理的影响

政策是国家或执政党为实现一定的政治、经济、文化等目标任务而确定的行动指导原则与准则。与法律相比，政策具有较大的灵活性，其内容随时随地在发生变化。政策依靠应对性和灵活性来维持其对社会生活、社会关系调整的有效性。政策指导法律的制定和实施，也需要法律保障它贯彻实施。由此出发，政策也势必会影响到法律职业者的道德倾向。比如，长期以来，我国的刑事政策倾向于打击犯罪，维护社会秩序。在这种政策背景下，“命案必破”的硬性命令也就是顺理成章的事了。这就会带来侦查人员为了破案而忽视对犯罪嫌疑人的人权保障，为了提高办案效率而忽视办案质量。随之而来的是，“保障人权”“宪法为尊”等道德要求受到严峻的挑战。

（二）经济环境

经济环境大体包括经济制度、经济体制、经济成分、经济布局、经济结构、经济关系等要素。首先应当说明的是，这些要素综合起来会产生一个合力，对我们所讲的职业道德养成产生影响。我们取出两个影响最大的因素——经济体制和经济关系来进行分析。

1. 经济体制对法律职业道德与职业伦理的影响

经济体制是指整个国民经济的管理制度、管理形式、管理方法的总称。经济体制是经济制度的表现形式，是一定经济制度所采取的具体组织形式和管理制度，也是生产关系的具体实现形式。同一经济制度可以采取不同的经济体制，不同的经济制度也可以采取相同的经济体制。经济体制就其本身的规定性来看，其实质就是对资源配置方式的择定。事实上，人类在与自然界不断进行的物质交换过程中，始终在不断进行着资源配置方式的成本比较、效益比较，并进行着经济体制的选择与改革。党的十四大确立的经济体制改革的目标，是要逐步建立和完善社会主义市场经济体制；21 世纪起始 10 年我国的阶段性目标，就是建立比较完善的社会主义市场经济体制。

市场经济体制对法律职业道德与职业伦理有直接的影响。在市场经济条件下，经济主体进行经济活动的目的，是为了追求自身利益的最大化，这与法律职业伦理要求的“为民服务”“清正廉洁”存在一定程度的张力。在交易过程中，市场经济注重的平等、自由、信用、效率、秩序等价值理念，与法律职业伦理所追求的公平、正义、诚实信用、法律至上又是一致的。在经济体制转型的重要时期，法律人应当扮演什么样的角色，法律人的职业道德会受到什么样的冲击，这确实是摆在法律职业者面前的一个新课题。比如，律师制度改革后，律师从国家公职人员变成了为当事人服务的法律工作者。律师的收入源于当事人交纳的律师费。律师如何设定自己的工作目标？是为了实现公平正义而办案，是为了保护当事人合法权益而办案，还是为了多挣律师费而办案，成了拷问律师职业道德的现实问题。又如，市场经济追求效率，市场主体往往希望经济纠纷的迅速解决，而近年来我们不少法官利用了这样的心理强制调解结案，这也可以说是市场经济对法官职业道德的冲击。

经济体制的变革势必会扩散到社会的方方面面，也必然会对法律职业者的职业道德提出许多新的挑战，也更需要法律人在经济大潮中明确方向、确立正确的道德标准。

2. 经济关系对法律职业道德与职业伦理的影响

所谓经济关系，通常也叫生产关系，是在生产、分配、交换、消费过程中，人与人之间发生的财产等物质利益关系。市场经济中的经济行为以利益为导向，市场经济中的人与人之间的关系，也与经济利益密不可分。

法律职业者也是生活在各种利益关系中的凡人，也必然要面对各种各样的利益关系，其职业道德必然会受到经济关系的影响，尤其体现在分配领域。法律职业应当是一种精英化的职业，严格的法律职业准入制度，使进入这一行业的人都是拥有缜密的法律逻辑思维、科学的法律语言、深奥而丰富的法律知识、精湛而复杂的法律技术的社会精英分子。法律职业者应当享有有保障的收入、为社会所尊重的身份，这样才能从物质上保证其超然于世的形象，才能建立和维持其职业荣誉感，也才能保证实现公正的司法。正因如此，西方国家一般都给予法律职业者以较高的收入和完善的职业保障。

（三）文化环境

文化环境是指由风土人情、传统习俗、宗教信仰、生活方式、价值观念、审美情趣等因素构成的人类生存和发展的空间。文化环境的因素很多，其中文化传统、人生观和价值观对法律职业道德与职业伦理的影响最大。

1. 文化传统的影响

中国是有着五千年文明史的大国，历史给我们留下了无数宝贵的物质财富和精神财富，也给我们留下了难以磨灭的文化传统。中国人讲究“礼治”，讲究“无讼”，在传统的中国人心中，“打官司”是一件很丢面子的事情。而与此相对应，我们的国人更看重的是“人情关系”，更看重“面子”。正如费孝通先生在其著作《乡土中国生育制度》中所说的那样：“在西洋社会里争的是权利，而在我们却是攀关系、讲交情。以‘己’为中心，像石子一般投入水中，和别人所联系成的社会关系，不像团体中的分子一般大家立在一个平面上的，而是像水的波纹一般，一圈圈推出去，愈推愈远，也愈推愈薄。”〔14〕“官司才进门，两边都托人”，其实源自我们上文提到的传统，这种情况又往往给司法人员带来了极大的压力，各种各样的关系网会使他们陷入两难的境地：照顾亲属、朋友、师长的“脸面”和人情，必然导致司法不公，甚至徇私枉法；不照顾则会造成各种关系的紧张，甚至被街坊邻居、亲戚朋友指责为六亲不认，而得不到丝毫同情。

律师也是一样，熟知中国人情冷暖的律师们，很多人都出身于法院或者检察院（法官、检察官的待遇及职业保障问题导致了法官、检察官向律师队伍的反向流动），他们

---

〔14〕　费孝通：《乡土中国生育制度》，北京大学出版社 1998 年版，第 27 页。

毕业于政法院校，很多同学、朋友、老师、以前的同事都在公、检、法等部门工作。他们有“关系”，而经验已经证明他们也很会利用“关系”。司法实践中，律师与司法人员的密切联系已经不是什么秘密。这些已经不是简单的对法律职业道德与职业伦理的挑战问题，而是赤裸裸的漠视。

传统中国，司法与行政不分，有学者称这种衙门为“全能型衙门”，这种诉讼为“父母型诉讼”。不管怎么称呼，传统的“法官”高高在上，在大堂上说一不二。堂下的诉讼双方自称“草民”，而称堂上的法官为“大老爷”。在诉讼程序上，完全是“大老爷”一个人说了算。在刑事诉讼中，更是侦查、起诉、审判数种职能集于一身。这是封建“纠问式”诉讼的特点之一。在这样的司法体制下，老百姓有了冤屈只能寄希望于“包青天”那样铁面无私的清官。辛亥革命到今天也已一百余年了，很多人还是习惯于有事找组织，而不找法院，见了好法官总是会叫“青天”。为什么？因为在很多普通群众心中，政府跟法院是一码事，因为几千年的传统使他们忘不了“大老爷”的高高在上。同时，几千年的传统也使我们的一些司法人员产生了很优越的“特权意识”。例如，一些法官在庭上无端训斥当事人、律师，甚至检察官，这都是法官的“大老爷”心理在作怪。

2. 人生观、价值观对法律职业道德与职业伦理的影响

人生观是人们对人生问题的根本看法和态度，其核心就是人生目的、人生理想、人生追求，即人为什么而活着，宝贵的生命年华应该怎样度过。马克思主义的人生观要求我们确立共产主义的人生理想，确立高尚的人生目的，确立有益于集体、有益于国家、有益于人民的人生目标。价值观就是关于价值的观念，是指人们关于基本价值的信念、信仰、理想系统，是人生价值判断的标准与价值取向。何为真善美、何为假恶丑？何为人的个人价值？人生的价值怎样去实现？这些都要用正确的价值尺度去衡量，要循着正确的价值取向和途径去实践并得以实现。而道德是与价值判断紧密相连的思想和行为规范。社会主义道德的价值规范、行为规范的本质特征是集体主义和全心全意为人民服务的精神。社会主义道德、社会主义法律职业道德与职业伦理与马克思主义的人生观、价值观应当完全一致。

改革开放以来，我国经济与社会发展取得了举世瞩目的成就，社会主义精神文明建设取得了丰硕成果，中国特色社会主义道路、理论和制度深入人心。但是，我们也应看到，改革开放和社会主义市场经济的发展是一场深刻的革命，它必然给人们的思想观念、价值取向、行为规范等方面带来很大的影响，使人们的心智、观念、思维方式和行为模式乃至精神状态发生很大的变化。这种影响和变化，从积极方面看，有利于冲破封建宗法观念、小农经济的习惯势力和保守思想，激发人们的积极性和开拓进取意识；有利于解放思想，破除迷信，锐意创新。但是，我们也不能不看到，随着改革开放，西方庸俗的价值观念和腐朽的生活方式，纵欲主义、拜金主义、享乐主义进入国内并对一些人产生影响。市场经济诱发了一些人自私自利的心理，使一些意志薄弱者，把对金钱的占有

作为生活的目标。少数司法人员经不起权钱的诱惑,丧失了人生的理想和信念,忘记了自己应尽的义务和责任,丧失了自己所应有的职业道德观。这导致一些人生活目标的混乱和思想、行为上的堕落。

法律人肩负着实现公平和正义的重担,只有树立科学的人生观和价值观,才能在历史大变革中保持清醒的头脑,经受住各种考验,自觉抵制腐朽思想文化的侵蚀和影响。

二、法律职业道德与职业伦理修养

依据伦理学,所谓修养,是指人们在政治、道德、学术、技艺等方面所进行的勤奋学习和涵养锻炼,以及经过长期努力所具有的一种能力和思想品质。而所谓道德修养,则主要是指人们在道德品质、道德情操、道德意志、道德习惯等方面进行的自觉的自我改造、自我陶冶、自我锻炼和自我培养。如果说道德教育和道德约束都是从外部对道德主体施加影响的话,那么道德修养则主要是道德主体的内部修炼。道德修养是道德从他律到自律的嬗变,法律职业道德与职业伦理能否真正为法律人所拥有,主要在于它是否能够最终转化为法律职业者自觉的道德修养。

(一)法律职业道德与职业伦理修养的哲学基础

道德修养是一种道德素质方面的自我改造和自我完善,是主体道德人格形成的内部因素。而在高尚的职业道德形成过程中,外在的道德教育和内在的道德修养是辩证的两大因素,二者缺一不可。道德教育的重要性我们前面讨论过。人生初始,如同白纸一张,只有通过外在的道德教育,才能形成一定的道德人格。道德教育的好坏对于道德人格的形成具有重要的意义,但道德修养的作用也不可忽视。人是有着高度自觉性的动物,有着其他所有动物所没有的主观能动性。这种本性,决定了道德主体对于施加其身的道德教育不可能全盘接受,而是有所选择、有所取舍的。唯物辩证法认为,内因是事物变化发展的根据,外因是事物变化发展的条件,外因通过内因而起作用。法律职业道德与职业伦理教育以及道德约束是外部条件,法律职业者进行自我修养的自觉性是内部的根据,只有两者共同起作用,相互配合,才能造就崇高的法律职业道德与职业伦理品质。在法律职业道德与职业伦理品质的形成过程中,自我修养具有决定性的意义。没有高度的自我修养的自觉性,外部条件再优越也是没有意义的。

因此,我们在对法律人进行职业道德教育的同时,必须重视启发、诱导和扩充法律人的善良意愿,培养他们进行自我教育、自我改造的自觉性和主动性,从而实现法律职业道德与职业伦理教育和自我修养的良好结合。

(二)法律职业道德与职业伦理修养的途径和方法

1. 法律职业道德与职业伦理修养的途径

法律职业道德与职业伦理修养的途径有两个,即学习和实践。理论是行动的先导,没有理论的实践是盲目的、没有价值的实践。实践必须用理论来指导,才能取得预期的效果。早在三千多年前,孔子就提出"笃信好学,守死善道"。不爱学习、缺少应有的知识,即使主观上爱好仁德,也不会有完善的道德品质。法律职业人员或者将要从事法律职业的人,应该学习的并不仅仅是法学理论知识和法律技能,更要学习和掌握法律职业的基本伦理要求。从理论上明确什么是法律职业道德与职业伦理行为、什么是不道德的行为,明确法律职业道德与职业伦理修养的目标,把握法律职业道德与职业伦理修养的标准,从而提高法律职业道德与职业伦理修养的自觉性。

法律职业道德与职业伦理修养的另一个途径就是参加社会实践,做到知行统一。实践是认识的来源,是检验真理的唯一标准。积极参加法律职业实践活动,是法律职业道德与职业伦理修养的根本途径。只有在实践中,在处理法律职业人员与当事人、法律职业人员之间、法律职业人员与职业管理者之间的种种关系时,才能认识到自己行为的是与非,才能辨别善与恶,才能培养自己良好的职业道德品质。离开了社会实践,也就意味着离开了人类的道德活动,人们的善恶观念就无从产生、无法改变,也不能克服自己不正确的思想和不道德的行为,更不能培养自己崇高的思想和道德品质。

2. 法律职业道德与职业伦理修养的方法

培养法律职业道德与职业伦理修养,既要找到良好的途径,也要注意正确的方法。就法律职业道德与职业伦理修养而言,主要有以下几种方法。

(1)注意法律职业道德与职业伦理的日常积累。这种方法,着眼于一种善的积累,正所谓"积善成德"。高尚的道德人格和优秀的法律职业道德与职业伦理品质,不是一夜之间养成的,它需要一个长期的积累过程。这就要求法律职业者平时从点滴小事做起,严格要求自己,"不以恶小而为之,不以善小而不为"。日积月累,就能够养成良好的行为习惯,形成崇高的道德品质和高尚的道德人格。

(2)注意学习道德楷模,时常鞭策自己。先进人物,尤其是本行业内的先进人物,往往不同程度地体现了一定的职业道德理想,为法律职业人员的道德修养提供了可资借鉴的先进经验,树立了光辉的道德榜样。孔子说:"见贤思齐焉,见不贤而内自省也。"就是这个意思。道德楷模的优良品质和榜样示范作用具有巨大的精神感召力和感染力,起着其他教育形式无法比拟的作用。法律职业人员应当从他们身上汲取前进的动力,长期磨炼自己,不懈改造自己。

(3)批评与自我批评。人非圣贤,孰能无过。法律职业者在道德修养过程中,出现些许错误和缺点是在所难免的,法律职业道德与职业伦理品质的培养离不开批评与自我批评。批评就是对别人的缺点或错误提出意见,自我批评则是对自己的缺点或错误进行自我揭露和剖析。一方面,对错误的言行要敢于进行批评;另一方面,也要能够接受别人的批评。无论是批评还是自我批评,最后的落脚点都应当是改正缺点、错误。正如毛泽东同志所说的那样:"房子是应该经常打扫的,不打扫就会积满了灰尘;脸是应该经常洗的,不洗也就会灰尘满面。我们同志的思想,我们党的工作,也会沾染灰尘的,也应该打扫和洗涤。”[15]

(4)“慎独”。“慎独”是中国传统伦理道德修养的重要方法,也是我国特有的一种修养方法。《礼记·中庸》中讲道:“道也者,不可须臾离也,可离非道也。是故君子戒慎乎其所不睹,恐惧乎其所不闻。莫见乎隐,莫显乎微,故君子慎其独也。”意思是说,君子在任何时候都不能和道德分离,否则就不是真正有道德的人,即使在别人看不见、听不见的时候和地方,也应该小心谨慎,严格要求自己,不使自己的言行超越道德规范。“慎”就是小心谨慎,随时戒备不良的思想和念头;“独”就是独处、独自行事。所谓“慎独”,就是在他人和社会监督不到、法律和道德舆论管不到的情况下,也要按照道德规范行事。这是衡量一个人道德境界的标准。这就要求法律职业者充分发挥自觉性在道德修养中的作用,随时随地都以法律职业道德与职业伦理原则和规范来指导、调节自己的职业活动,尤其是在独立工作、无人监督的环境下,在处理最隐蔽、最细微的事情时,也能严格遵循法律职业道德与职业伦理,使自己成为“一个高尚的人,一个纯粹的人,一个有道德的人,一个脱离了低级趣味的人,一个有益于人民的人”。[16]

三、法律职业道德与职业伦理养成的制度保障

(一)法律职业道德与职业伦理课程

法律职业道德与职业伦理作为一门专门的课程,在我国大学的法学教育中,有很长一段时间没有得到应有的重视。我国以前的法学教育,更侧重于法学基础知识、理论的讲授,法学专业也倾向于按照部门法学的分类来进行课程设置。法律职业道德与职业伦理既没有列入教育部法学专业课程目录,也没有相应的统编教材,在法学教育中处于一种被漠视的境地。

党的十八大以来,我国的法治建设进入新时代。法律职业者不仅仅需要拥有良好的法律知识和技能,更要具有合格的法律职业道德与职业伦理素质。《中共中央关于全面推进依法治国若干重大问题的决定》指出,“全面推进依法治国,必须大力提高法治工作队伍思想政治素质、业务工作能力、职业道德水准,着力建设一支忠于党、忠于国家、忠于人民、忠于法律的社会主义法治工作队伍,为加快建设社会主义法治国家提供强有力的组织和人才保障”。法律职业者所面临的复杂的工作环境,决定了职业道德教育的艰巨性和重要性。法学院校中的法律职业道德与职业伦理教育,对于法律人法律职业道德与职业伦理的养成作用巨大。大学生还未走向社会,正处于价值观的形成时期,学校开展的法律职业道德与职业伦理教育,相对于他们以后走上工作岗位的职业教育更容易收到成效。所以,我们应当抓住学生在校学习的时机,对其进行全面而系统的法律职业道德与职业伦理教育,在学生的价值观形成的阶段介入,效果会更好。

---

〔15〕《毛泽东选集》(第3卷),人民出版社1991年版,第1096页。
〔16〕《毛泽东选集》(第2卷),人民出版社1991年版,第660页。

2018 年,教育部把法律职业伦理课程规定为法学专业核心课程。此后,教育部法学类专业教学指导委员会举行全国法律职业伦理课程教师培训班,各高校法学专业纷纷开设法律职业伦理课程,这对于培养我国法律人的职业道德和职业伦理有重要的现实意义。

(二)法律职业准入制度与职业保障体系

法律职业准入制度是法律职业伦理建设的基础,法律职业保障体系是法律职业伦理可持续发展的保障。

1. 法律职业准入制度对法律职业伦理建设的基础作用

法律职业关系到国家的治理,这要求法律职业应该是一个精英荟萃的群体。现代法治国家普遍认识到了这个道理,所以,一般都建立严格的法律职业准入制度,以保证每一个法律人都是法律职业的优秀分子。在当今西方各国,从事法律职业都要以正规的大学法律教育为前提。那里的大学教育跟我们这里所谓的四年制大学不同,在英国、德国、法国、日本这些国家,大学法律系毕业之后尚不能直接从事法律职业,通常必须再经过考试(类似于我国的统一法律职业资格考试),考试的成功者还要继续参加 2 ~ 3 年的学徒式教育。在美国,过程是倒过来的,只有大学本科毕业者才可以考法学院,法学院的学制是 3 年。在这些国家里,一个人要开始其法律职业,从进入大学起算,要经过 6 ~ 7 年的大学和大学以上的教育和培训。也就是说,大部分人开始其法律职业的年龄应当在 30 岁左右。而在英国和美国,如果要成为法官还需要更长的时间。所有法律职业的入门者都必须先从事一种行业,即律师(包括检察官,检察官在这些国家被认为是国家雇用的律师)。大约 10 年之后,律师行业之中的佼佼者才可能被选任为法官。在英美国家,法官与其说与律师是不同的行业,不如说是律师职业生涯的顶峰。把这样的法官称为“人中之龙”一点都不为过。这样一个优秀群体所能获得的社会支持也必然是广泛的、有力的。

法律职业道德与职业伦理的养成,需要建立在一个优秀的法律职业者群体存在的基础之上。如果这个群体良莠不齐、素质不高,那么就很难在法律职业共同体中形成一个良好的道德氛围,法律职业道德与职业伦理的养成就会变得遥不可及。寡廉鲜耻常常是导致一个人对道德戒律无所顾忌的直接原因,而荣誉感是自重与自律的基础。精英分子的职业荣誉感是职业伦理建立的重要因素。法律职业准入制度可以提高进入法律职业的“门槛”,使只有少数的社会精英分子才能进入这个行业。严格的法律职业准入制度,可以造就法律职业的精英化群体,推动法律职业者的职业信念及职业荣誉感的形成,这对于职业伦理建设,防止司法腐败具有重要的意义。

我国的法律职业准入制度主要是 2018 年建立的国家统一法律职业资格考试制度。该制度是由律师资格考试制度(1988 年)、统一司法考试制度(2002 年)发展而来。根据司法部 2018 年 4 月 28 日发布的《国家统一法律职业资格考试实施办法》,初任法官、初任检察官，申请律师执业、公证员执业和初次担任法律类仲裁员，以及行政机关中初次从事行政处罚决定审核、行政复议、行政裁决、法律顾问的公务员，应当通过国家统一法律职业资格考试，取得法律职业资格。只有具备全日制普通高等学校法学类本科学历并获得学士及以上学位；全日制普通高等学校非法学类本科及以上学历，并获得法律硕士、法学硕士及以上学位；全日制普通高等学校非法学类本科及以上学历并获得相应学位且从事法律工作满三年，才有资格报考国家统一法律职业资格考试。这个“高门槛”“低通过率”的考试被戏称为“天下第一考”。国家统一法律职业资格考试制度对促进我国法律职业共同体的形成，提高法律职业伦理水平，将发挥重要的作用。

2. 法律职业保障体系对法律职业伦理可持续发展的保障

法律职业伦理的可持续发展，有赖于完善的法律职业保障体系。波斯纳（Richard Allen Posner）说过：“伦理是一种自我约束力，对主体之任意性起到一种约束作用；伦理是一种内在的感召力；伦理是一种人际的亲和力。”法律职业道德与职业伦理可以塑造称职的、令人信任的法律职业者。我们都知道，廉洁、中立、超然等品质对司法权威的重要性。古人说得好，“唯公则生明，唯廉则生威”。法官、检察官只有清廉才能换取民众的信赖和认同。司法公正很大程度上依赖于司法人员的廉洁无私。司法人员的超然性直接给当事人和社会公众留下独立与否、公正与否的印象。司法人员的超然性表示法官应当与社会保持一定的距离，正如有学者所说的：“法官的超然性容易带来魅力化。因为距离产生美，‘月朦胧，鸟朦胧，水朦胧，人朦胧’，这就是美。”〔17〕然而，这种廉洁的、有距离的美的塑造并不是建立在空中楼阁上的。法律职业者也是人，也食人间烟火，也必然要面对婚姻、家庭、住房、子女入学等诸多实际问题。而同时法律职业者由于其职业的特殊性，受到的物质诱惑又数倍于常人。要想他们保持廉洁、中立、超然于世的品质，必须给他们相应的物质生活保障，并设立相应的激励机制和职业保障机制。

在法治建设得比较好的国家，一般都建立了完善的职业保障体系，使法律职业者具有较高的社会地位。西方国家的通行做法，具体体现在对法官的身份保障、经济保障上，主要有以下几个制度。

第一，法官终身制。法官终身制即法官一经任命，除因弹劾事由或健康原因外，将终身任职。美国联邦宪法规定，在“良好行为”的前提下，法官除因违法犯罪受弹劾或自动辞职，其职务是终身的，工作也是终身的。英国依据1701年《王位继承法》和1925年《最高法院审判法》的规定，除大法官外，法官是终身制，除两院弹劾外，不得被罢免。德国基本法规定法官是独立的，只服从法律。终身任职的法官不得违反其意愿，在其任期届满前将其撤职，或停职，或调职，或命令其退休，除非根据法律并按法律规定的程序作出司法裁决。法国宪法规定，法官实行终身制。法律还规定，法官在任职期间非因可

〔17〕郝铁川：《法官的个性：孤独化、魅力化、贵族化》。转引自孙笑侠：《法律人之治——法律职业的中国思考》，中国政法大学出版社2005年版，第113页。

弹劾之罪并经法定弹劾程序,不得被免职、撤换或者强令退休。

第二,罢免原因和罢免程序的法定化。国家有关法律对罢免的原因和罢免的程序作出明确、严格的规定,非经法定程序认定有法定的罢免事由,法官不受罢免。美国联邦宪法规定,联邦法院法官只能因诉讼原因,而且必须经过弹劾程序,才能被撤销职务。美国建国二百多年来,只有十几名法官受到弹劾。其他西方国家也大抵如此。

第三,在职经济保障和退休经济保障制度。在英美法系国家,法官的待遇远比职业文官丰厚。美国联邦最高法院的首席大法官的年薪与副总统相同,联邦法院法官与国会议员、政府内阁官员的年薪大体相当。英国高级法官的工资高于政府大臣。1983 年《英国经济学周刊》公布的资料显示,英国大法官的年薪达 59300 英镑,比首相的年薪高 10300 英镑。在美国,联邦法官服务达一定年限的,可自愿退休,但不得强迫其退休,法官退休后享受全薪待遇。还有国家规定了法官任职期间薪俸不得减少,如日本法律规定,对法官的处分,不得给予减薪;因紧缩政策或通货收缩,对公务员的工资采取减额方针时,对现任法官的报酬也不得减少。

我国法律职业保障制度已经起步,但任重道远。目前,我国基本上建立了法官身份保障制度。《法官法》第 11 条第 2 项规定,法官"非因法定事由,非经法定程序,不被调离、免职、降职、辞退或者处分"。该法第 20 条、第 46 条和第 47 条分别对法官的免职、处分和暂时停止履行职务事由作了具体规定。《法官法》还有法官专职制即法官身份保障的制度安排,这反映了我国司法制度的逐步健全,但总体来说还不够成熟和完备。在很长一段时间里,我国法官的选拔任用标准还混同于公务员,法院在人事、经费等方面不独立于行政,法院内部管理的行政化,法官待遇混同于普通公务员。十八届四中全会后,司法体制改革进入了"快车道",《中共中央关于全面推进依法治国若干重大问题的决定》规定,"完善职业保障体系,建立法官、检察官、人民警察专业职务序列及工资制度"。中央同时启动了法官、检察官的省级统管、员额制试点和推广,这些举措旨在克服前述弊端,加强法律职业者尤其是法官、检察官的职业保障。

(三)法律职业道德与职业伦理规范法律化

根据伦理学原理,道德规范属于社会道德现象。社会道德现象就是人们在人与人之间各种现实的社会关系中,可以感知到的道德的表象形态。社会道德规范现象是在一定的历史条件下指导和评估社会成员行为价值取向的善恶准则。社会道德规范现象反映了一个时期内,在相当范围的各种关系中实际流行的道德意识、道德准则和道德活动。

一般认为,道德规范是一种非制度化的规范。道德规范应当不是被颁布、制定或规定出来的,而是处于同一社会或同一生活环境的人们,在长期的共同生活过程中逐渐积累形成的要求、秩序和理想,它表现在人们的言行上,深藏于品格、习性、意向之中。道德规范的实施不靠强制手段,主要借助于传统习惯、社会舆论和内心信念来实现。既然如此,又怎么解释法律职业道德与职业伦理规范以法律的形式出现呢?

1. 道德是一个从他律向自律转化的过程。职业道德的形成和发展,一般要经过三个时期,即职业道德的他律时期、职业道德的自律时期和职业道德的价值目标形成时期。他律时期的职业道德是以职业义务为核心的道德。一般而言,责任就是义务。职业义务就是职业者对社会、对公众所承担的职业责任。职业道德的他律灌输,是职业道德形成所不可逾越的首要阶段。在职业道德没有完成向自律的转变时,以法律、行规等形式出现的职业道德规范是必需的、不可或缺的。还有一个问题必须明确的是,道德从他律向自律的转化是不可以分割的,他律与自律总是交叉混同在一起的。从整个社会的角度看,人们总是不断地在经历着从他律到自律的过程。

2. 一个社会的道德状况包括三种类型的道德,即过时道德、应世道德和趋前道德。法律职业道德与职业伦理规范应当属于应世道德准则和部分趋前道德准则。职业道德规范,尤其是法律职业道德与职业伦理规范不同于大众道德,而应该高于大众道德。那么,这种高于一般大众道德的道德规范自然就应当以法律等形式公之于众,这样才能彰显于世,利于推行。

3. 法律职业化的要求。职业化(Professionalization)是一个颇具争议的概念。美国学者哈罗德·威伦斯基(Harold L. Wilensky)把职业的演化过程划分为五个阶段:其一,要拥有一定数量全日制的从业人员;其二,需建立旨在培训从业人员的专门学校;其三,再成立职业组织;其四,应寻求诸如皇家特许或其他形式的法律保护;其五,须制定职业道德。因此,是否制定有完备的法律职业道德与职业伦理规范,被认为是能否实现法律职业化的重要因素。职业化是社会分工的必然结果,法律职业化所带来的最大利益在于可以形成一个一致的职业群体,在这个群体中,可以深入讨论立法、司法和行政执法问题,推动法治的完善和法律理论研究的深入。同时,一个统一的法律职业群体是一个与外界交涉的强大力量,可以向社会推行法律的思想,促进社会的法治化进程,因为群体的交涉力量的强大带来的必然是话语权的增强。

4. 法律职业道德与职业伦理规范的制度化也是法治的要求。法治的一个重要目的在于实现形式正义,即同等情形同等对待。这就要求所有法律职业者在涉及一个具体的法律问题时,有共同的法律思维、共同的法律语言以及共同的处事风格。只有统一的书面化、法律化的法律职业道德与职业伦理规范才能实现这样的统一。但是,法律职业者生活在不同的地区、不同的环境,也面临不同的境遇,这会形成不同的道德观。如果没有法律的统一规定,职业道德观念也难以统一。

法律职业道德与职业伦理规范法律化也是法治发达国家的通行做法。加拿大司法委员会1998年11月制定了《司法职业道德基本准则》,不仅规定了司法尊严、勤勉敬业、平等、公正等基本道德要求,而且规定了相关行为准则。美国律师协会1972年制定了《模范司法行为准则》,并为多数州和联邦的司法会议采用,在大部分司法区实际具有了效力,是全美评价法官的行为是否合乎规范的主要依据,也是惩戒法官的基础性依据。模范司法行为准则共有五项基本准则，在职业行为方面，规定了法官不得为党派利益、社会舆论所左右，所有言行都不得表露出偏见，不得与当事人、律师单方接触等；在非职业行为方面，规定法官所有职务外行为都必须避免招致对其公正行事能力的怀疑等。

改革开放以来，我国也相继颁行了不少法律职业道德与职业伦理规范。例如，2001年10月18日最高人民法院发布了《法官职业道德基本准则》；2002年2月26日最高人民检察院发布了《检察官职业道德规范》；2004年3月20日中华全国律师协会发布了《律师执业行为规范（试行）》；2004年3月19日最高人民法院、司法部联合发布了《关于规范法官和律师相互关系维护司法公正的若干规定》。这些职业道德与职业伦理规范发布后，发布机关也根据形势的变化和职业伦理建设的要求，不断进行修改，使它们不断臻于完善，为法律职业者提供了职业行为的标准，为完善我国的法律职业约束机制做出了重大贡献。

四、建立完善的法律职业道德与职业伦理评价机制

（一）法律职业道德与职业伦理评价的任务和作用

法律职业道德与职业伦理评价是根据法律职业道德与职业伦理准则规范，对法律职业行为所作的善恶判断和评论。职业道德评价的基本任务，是判断人们职业行为的善恶性质，衡量职业行为的道德价值和道德责任。职业道德评价同时也是一个扬善惩恶的过程。职业道德评价可以具体地告诉人们，哪些行为是道德的，因而是正当的、高尚的、美好的；哪些行为是不道德的，因而是不正当的、卑鄙的、丑恶的。因此，从这个意义上说，法律职业道德与职业伦理评价具有教育的功能和作用。而这种对人们职业行为进行褒贬的判断，不仅使人们分清善恶界限，而且还能使人们产生对道德行为的热爱和推崇，以及对不道德行为的憎恶，从而激发人们的道德责任心和荣誉感，提高人们的职业道德觉悟。在此基础上，就可以形成一种带有一定善恶标准的社会舆论。这就使良好的职业道德行为受到肯定和赞扬，从而发挥其示范作用；使不道德的职业行为受到鞭挞和抵制，从而抑制其发生。从这个意义上讲，职业道德评价就表现为维护和执行职业道德原则和规范的现实力量，对职业活动和社会活动起促进作用。

（二）法律职业道德与职业伦理评价的标准和形式

法律职业道德与职业伦理评价应当以法律职业道德与职业伦理规范为基本标准，而评价的根据则不应该仅仅看该行为的效果，也要看行为的动机如何。对行为动机的判断，是衡量行为道德性质的主要方法，而对行为效果的判断则是衡量行为社会价值的重要方法。所以，我们必须坚持用动机与效果相统一的观点来进行法律职业道德与职业伦理评价。法律职业道德与职业伦理评价有自我评价、内部评价、外部评价三种

形式。

1. 自我评价

职业良心是职业道德自我评价的基础。职业道德的自我评价通常体现在职业良心上的谴责或者自我满足。职业良心是法律职业人员内心的道德法庭,在职业道德的自我评价过程中起着关键的作用。卢梭曾经说过:“我们天赋的良心是万无一失的善恶评判者。”而职业良心总是与职业责任感、职业荣誉感紧密地结合在一起,使道德主体符合职业道德原则、规范,对他人、对社会有益的行为感到光荣、高尚,从而得到良心的满足和精神上的愉悦。反之则会感到不安,甚至羞愧、内疚,受到良心的谴责。

2. 内部评价

法律职业道德与职业伦理的内部评价,通常是指法律职业群体内部对职业行为作出的善或者恶的判断。法律职业道德与职业伦理的内部评价通常伴随一定的奖励或者惩罚措施。内部评价一般由若干职业人员组成专门的评价组织来进行,在程序上力图客观、公正。法律职业责任的追究机制就是法律职业道德与职业伦理内部评价的一种重要形式,我们在下一章会有专门的介绍。

3. 外部评价

法律职业道德与职业伦理的外部评价,最主要的是指舆论对职业行为的评价。社会舆论是公众的议论和看法,它用语言或文字表示人们对社会生活中所共同关心的事件或现象的某种倾向性意见。舆论对人们的行为具有巨大的赞扬或贬斥作用,它能够形成一种善恶分明的社会氛围,使不道德的行为受到强大的精神压力和心理压力;使那些高尚的行为受到赞赏和尊敬。社会舆论可以分为两种:一种是自觉的社会舆论,也就是由特定的机构和组织有目的地实施的舆论宣传;另一种是社会自发的舆论,是人们遵循实际生活的经验和已有的传统习惯而形成的。当自觉的舆论与自发的舆论方向完全一致时,舆论的力量就会十分强大,会对职业风气和社会风气产生强烈影响;当两种舆论方向不太一致时,舆论的作用就会降低,并且有可能会给行业秩序和社会秩序带来混乱。因此,我们应当坚持正确的舆论导向,尽量减少和消除错误的舆论在职业道德评价中的消极影响和错误导向,以保证社会评价对于法律职业道德与职业伦理的积极影响。

本章案例

海南省东方市天安乡派出所原所长吴春忠不徇私情,亲手将涉嫌违法犯罪的多年好友抓捕归案,并告诉他:“你是我最好的朋友,但人情大不过法律。公安机关如果不能秉公执法,还怎么取信于民?”他对前来说情的领导干部说:“我要是放过他,就是说假话、办假案。你身为领导,怎么能提出这样的要求?”

| 案例解析 |

习近平同志提道,“坚持公正司法,要求司法工作者必须坚守职业良知,强化职业道德，增强坚守法治的定力。‘法不阿贵，绳不挠曲。’这是法治精神的真谛。如果没有坚守法治的定力，没有秉公执法的职业道德，面对权势、金钱、人情、关系是抵不住诱惑、抗不住干扰的”。可见，法律职业道德与职业伦理建设是法治建设的重要保障。

法律职业资格考试例题

（多项选择）法学院同学就我国法律职业道德规范进行讨论。

甲认为：①法律职业道德一般包括职业道德意识、职业道德行为和职业道德规范三个层次；②法官职业道德的核心是公正、廉洁、为民。

乙认为：①如果缺乏无私奉献、敬业献身的精神，法律职业人员很容易进行“权力寻租”；②加强公证员职业道德建设是维护和增强公证公信力的保障。

丙认为：①法律职业人员的社会义务和道德要求不应高于一般社会成员；②直接影响律师职业形象的执业外行为受到律师职业道德的约束。

对此，下列哪些选项是不能成立的？（2011 年司法考试第一卷第 85 题）

A. 甲①和乙②的说法均正确

B. 甲②和丙②的说法均错误

C. 甲①、乙①和丙①的说法均正确

D. 甲②、乙①和丙①的说法均错误

| 试题解析 | BCD

关于甲的说法：法律职业道德一般包括职业道德意识、职业道德行为和职业道德规则三个层次。甲①说法正确。法官职业道德的核心是公正、廉洁、为民。甲②说法正确。关于乙的说法：如果缺乏无私奉献、敬业献身的精神，缺乏职业道德，法律职业人员很容易进行“权力寻租”。乙①说法正确。加强公证员职业道德建设是维护和增强公证公信力的保障，乙②说法正确。关于丙的说法：由于法律职业与公正相关，法律职业人员的社会义务和道德要求应高于一般社会成员。丙①说法错误。律师的执业外行为如果直接影响律师职业形象，也要受到律师职业道德的约束。丙②说法正确。综上所述，甲①甲②、乙①乙②和丙②说法正确。

第四章　法律职业责任

由于有法律才能保障良好的举止，所以也要有良好的举止才能维护法律。

——[意]马基雅·维利

章引语

法律职业责任的含义丰富，包括积极责任和消极责任两种。本章讲述的法律职业责任与本书第二章第三节讲述的法律职业责任，既有联系也有区别。第二章第三节的讲述侧重于法律职业责任的积极责任，是对法律职业积极责任的高度抽象和概括。本章侧重于讲述法律职业的消极责任，是对法律职业消极责任的具体化分析。

法律职业责任　法律职业责任构成　法律职业责任追究

第一节　法律职业伦理与法律职业责任的关系

一、法律职业责任的界定

（一）法律职业责任的含义

1. 责任的含义

"法律职业责任"一词是由"法律职业"与"责任"两个词构成的。"法律职业"我们在前几章已经探讨得非常清楚了，那么，"责任"的含义是什么？如同所有最简单的概念一样，"责任"也是一个定义很费周折的概念。在古代汉语中，"责"通"责任"，语义丰富。"责"包含六种意义：(1)求，索取；(2)要求，督促；(3)谴责，诘问，责备；(4)处罚；(5)责任，负责；(6)同"债"。张文显教授认为以上语义中，(1)(2)(3)最接近法学中所讲的"责任"。我们认为，今天我们所提到的"责任"其实蕴含了以上六种意义。"求，索取；要求，督促；责任，负责；债"这四个意义侧重于"责任"的义务性，而"谴责，诘问,责备;处罚”则侧重于“责任”的强制性。这种意味用语言表达有相当的难度,限于本书意旨我们也不欲作深入讨论,但我们还是能够品出其独特的韵味。

在现代汉语中,关于“责任”的含义也是一个争议颇大的问题。周永坤教授认为“责任”有两种基本含义:一是分内应做的事;二是没有做好应做的事而应承担的过失。[1] 冯军教授认为“责任一词是在三种意义上被使用的,即‘义务’、‘过错·谴责’、‘处罚·后果’”。[2] 张文显教授则认为,“责任”一词有以下三个相互联系的基本语义:(1)分内应做的事;(2)特定的人对特定的事项的发生、发展、变化及其成果负有积极的助长义务;(3)因没有做好分内的事(没有履行角色义务)或没有履行助长义务而应承担的不利后果或强制性义务。进而,将前两者称为“积极责任”,后一种称为“消极责任”。在消极责任中,有违反政治义务的政治责任,违反道德义务的道德责任,不遵守或破坏纪律的违纪责任,也有违反法律要求的法律责任。[3] 我们赞同张文显教授的观点。

如果对“责任”的这三种基本语义做进一步的探讨,就会发现,“责任”与“义务”是密不可分的。翻开现代汉语词典查询“义务”一词,我们会发现这样的概念,义务是指:一是公民或法人按法律规定应尽的责任;二是道德上应尽的责任;三是不要报酬的,如义务劳动。[4] 因此,“责任”与“义务”在现代汉语中,是互相定义的,只是存在极其细微的差异。在实际运用中,这两个概念也常常是模糊不清,并且经常混同使用。我们认为,“责任”与“义务”的区别运用要看其是在何种语境下。“责任”一词可以做广义和狭义的理解。广义责任包括“积极责任”和“消极责任”;而狭义责任,或者说我们最常用的“责任”一词通常是指“消极责任”,即因没有履行相应的“积极责任”而需承担的不利后果。在这里,“积极责任”更具有“义务”的味道。“义务”概念中所涉及的“责任”,我们认为更偏向于“积极责任”,即出于法律或道德的原因,做分内应做的事情。总之,不管是用“责任”定义“义务”,还是用“义务”定义“责任”,所涉及的两个词的含义都不是完全意义上的“责任”或“义务”,而只是取其中“狭义”的理解。

2. 法律职业责任的含义

既然“责任”可分为“狭义责任”与“广义责任”,那么我们也应该在广义和狭义两个层次上来定义“职业责任”。我们通常会在两种意义上提到“职业责任”,一种意义可以称为“职责”,就是某种职业所内涵的社会劳动分工的具体要求,根据这种具体要求而必须完成的任务和使命;另一种意义即是狭义的职业责任,也就是职业者违反法律和道德规范的义务或者侵犯某种法定权利所应当承担的不利后果。广义的职业责任包含了以上两种意义,也就是某种职业所内涵的社会劳动分工的具体要求,根据这种具体要

---

[1] 参见周永坤:《法律责任论》,载《法学研究》1991 年第 3 期。

[2] 参见冯军:《刑事责任论》,法律出版社 1996 年版,第 12 页。

[3] 参见张文显:《法哲学范畴研究》,中国政法大学出版社 2001 年修订版,第 118 页。

[4] 参见《现代汉语词典》,商务印书馆 1985 年版,第 1370 页。

求而必须完成的任务和使命,以及违反相应的义务所应当承担的不利后果。法律职业责任作为职业责任的一个具体化概念,也自然有广义和狭义之分。狭义的法律职业责任就是指法律职业者违反法律和道德义务所应承受的不利后果,广义的法律职业责任还包括法律职业者的职责。我们通常所说的职业责任以及本章我们论述的主要着眼点是狭义的法律职业责任。

(二)法律职业责任的特点

法律职业责任显然是根据社会活动领域对责任所作的分类,这样的分类有利于我们根据法律职业活动的特点和规律,揭示法律职业责任的生成基础、认定标准、归责原则、责任主体、责任形式等;有利于法律职业者明确职责,严格自律;有利于案件当事人和全社会对国家司法活动的有效监督;最终也必将有利于保证国家司法的公正与效率,从而促进法治社会的实现。法律职业责任由于其独特的领域和对象,具有以下几个特点。

1. 法律职业责任的复合性

法律职业责任并不是一种特定的、具体的责任形式,而是法律职业领域里各种责任的统称。就责任的形式而言,它包括法律责任、纪律责任、道德责任等。法律责任包括刑事责任、民事赔偿责任、纪律责任、道德责任等。法律职业责任的主体也具有复合性,既包括法律职业者个人,也包括法律职业机构。比如,根据《律师法》第49、23、50条的规定,承担责任的主体就包括律师本人和律师事务所。

2. 法律职业责任主体的有限性

法律职业责任的主体只限于立法机关、司法机关、行政执法机关、公证部门等参与法律工作的职业机构以及法律从业人员。其他主体如企业及其从业人员等不受法律职业责任的规范。

3. 法律职业责任内容的特定性

一般而言,职业责任只是针对职业者的职务行为而言的,是在从业者履行职务活动的过程中所产生的职责、责任,而并不针对非职务行为。但法律职业与其他职业不同,法律职业因其与实现公平正义直接相关,法律职业者的一言一行都可能影响周围人乃至全社会对法律、法治的尊重,都可能影响整个社会的法律意识和信仰,因此对法律职业者的职业责任有着超越职业行为本身的更高要求。法律职业者在职业行为之外的言行,如果对法律的公平正义造成不良影响,也应当承担相应的责任后果。

(三)法律职业责任的形式

如果我们把“责任”一词继续细分的话,就会发现很多形式,主要有法律责任、行政责任、纪律责任、道德责任等。每一种具体的责任形式都是根据责任主体、责任规范、责任方式、责任后果等的不同来进行区分的。而每一种责任类型又可以继续细分下去,比如法律责任可以分为民事责任、刑事责任等。因此，我们就不得不探讨一下，法律职业责任的属性是什么？它属于哪种责任类型？

辩证唯物论认为，事物的属性只能在事物的相互作用中显示出来。整个世界都处于普遍联系和无限发展之中，事物是在相互作用中变化、运动和发展的。每一具体事物，总是处在多种多样的关系中，从而显示出多种多样的属性。法律职业责任当然也是在法律职业者从业活动中所涉及的各种各样的复杂的社会关系中产生的概念。社会关系的多样化和复杂化，也给出了法律职业责任多种属性的合理解释。

1. 法律职业者的职责

社会分工催生了职业化，产生了各种各样的职业。各种职业之间的外观差别之一在于每个职业都有其独特的任务和使命。这是一种层次上的职业责任，即我们前面所称的"职责"。用通俗的语言表述，职责就是特定职业的从业者所应当做的事情。就总体而言，法律职业者的共同职责应该是通过法律的实施来维护和实现社会正义。具体而言，法官的职责是通过行使审判权实现司法公正；检察官的职责是使每一起违法犯罪行为都得到追究或者纠正；律师的职责是维护当事人的合法权益，维护法律的正确实施。

2. 法律责任

法律责任传统上是整个法律制度的核心。相应地，法律责任的概念也自然是整个理论法学的核心。关于法律责任的概念，历来众说纷纭，大致有以下四种学说：第一，处罚论。这种学说将法律责任定义为"处罚""惩罚""制裁"。第二，后果论。将法律责任定义为某种对责任者的不利后果。第三，责任论。把法律责任界定为特殊的责任。第四，义务论。用义务作为法律责任的指称范畴，把法律责任解释为某种义务。上述法律责任的释义从不同角度揭示了违法行为与法律责任之间的因果联系，即违法行为是产生法律责任的原因和依据，法律责任是违法行为引起的后果。没有违法行为的出现，就不会有法律责任的产生。另外，这四种学说也在一定程度上揭示了法律责任的国家强制性。法律责任的设立和认定是国家权力运行的具体体现，是国家运用法律手段对承担责任者的财产或人身自由的强行限制或剥夺。可以说，这四种学说都有其科学合理的地方，但也都有不足。比如，处罚论只说明了法律责任的必然性，而没有说明其应然性；后果论没有说明不利后果或否定性后果不完全属于法律责任的范畴；责任论违背了"定义项不能直接或间接包括被定义项"的逻辑规则；义务论否定了法律责任的积极意义。张文显教授在总结了上述四种学术观点的基础上，提出了"第二性义务论"学说，认为"法律责任是由于侵犯法定权利或违反法定义务而引起的、由专门国家机关认定并归结于法律关系的有责主体的、带有直接强制性的义务，即由于违反第一性法定义务而招致的第二性义务"〔5〕。我们赞同这种说法。

〔5〕 张文显：《法哲学范畴研究》，中国政法大学出版社2001年修订版，第122页。

狭义的法律职业责任是指法律职业者违反法律和道德义务所应承受的不利后果。可见法律职业责任具有法律责任的属性。违反法定义务或侵犯法定权利是法律职业者法律责任产生的前提，不同性质的权利与义务规定在不同的部门法之中，同时也决定了责任性质的不同。由此，产生了以下几种法律责任形式：

(1)刑事责任。如果法律职业者的职务行为严重侵犯了公民合法权益，或者破坏了有关法律秩序，构成了犯罪，那么他将承担最为严重的惩罚性后果，即刑事责任。这种刑事责任通常为个人责任，但也不排除单位犯罪并承担责任的可能。依照我国《刑法》，法律职业者可能涉及的与法律职务活动有关的犯罪及处罚，主要规定在以下条款中：第238、245、247、248、254条(侵犯公民人身权利罪)，第294条(扰乱公共秩序罪)，第305、306、307条(妨害司法罪)，第385、386条(受贿罪)，第399、400、401、417条(渎职罪)。

(2)民事责任。承担民事责任的前提是法律职业者的职务行为属于侵权行为、违约行为或者是不履行法定义务的行为。按照国际惯例，法官、检察官、警察的职务行为享受民事责任豁免。也就是说，他们在执行职务的过程中给公民、法人造成财产损失或其他损害的，不承担民事赔偿责任。但是，如果他们的致害行为是他们故意违反法律规定给公民、法人造成损害的，则要根据不同的情况由其承担相应的民事赔偿责任。在我国，依照《国家赔偿法》第31条的规定，对于因刑事、民事、行政诉讼引起的国家赔偿，赔偿义务机关在赔偿损失后，应当向有关工作人员追偿部分或者全部赔偿费用。负赔偿责任的人员有三类：第一，刑讯逼供或者以殴打、虐待等行为或者唆使、放纵他人以殴打、虐待等行为造成公民身体伤害或者死亡的；第二，违法使用武器、警械造成公民身体伤害或者死亡的；第三，在处理案件中有贪污受贿、徇私舞弊、枉法裁判行为的。我国《律师法》第54条规定："律师违法执业或者因过错给当事人造成损失的，由其所在的律师事务所承担赔偿责任。律师事务所赔偿后，可以向有故意或者重大过失行为的律师追偿。"公证人员因违法公证或者因过错导致公证不实，影响对案件事实的认定，给公民、法人或其他组织造成损失的，同样不能免除赔偿责任。

(3)行政责任。行政责任是法律职业者由于违反国家关于法律职业管理的法律规范而应当承担的责任。有学者将行政责任等同于纪律责任，我们认为两者尽管有所重合，但还是有着根本的不同。行政责任是一种法律责任，其前提是违法。而纪律责任则不属于法律责任的范畴，它是特定的组织对其成员行为的约束。在某些情况下，纪律责任有可能上升为行政责任，那是建立在纪律规范上升为法律规范的前提下。比如，我国的法官、检察官职业纪律就部分规定在《法官法》《检察官法》等法律规范之中，律师的职业纪律也部分被纳入《律师法》等法律规范中。但我们仍可以看到很多未上升为法律的纪律责任规范，如中华全国律师协会2004年通过的《律师执业行为规范(试行)》(2009年修订，2017年试行)；深圳市中级人民法院和市司法局联合颁布的《法官和律师关系六不准》；黑龙江省高级人民法院出台的《关于全省法院处级以上领导干部的配偶、子女从事有偿法律服务和商务活动的补充规定》;上海市高级人民法院的“八不准”;四川省高级人民法院的“十不准”等。因此,我们将行政责任作为法律责任的一种,而将纪律责任单列。

3. 纪律责任

所谓纪律责任,是指法律职业者违反有关纪律所要承担的不利后果。纪律就是政党、部队、团体、企业等单位,为了维护集体利益并保证工作的正常进行而制定的要求每个成员遵守的规章、条文。道德、纪律、法律是规范人们行为的三个主要的规范。三者的关系,尤其是道德与法律的关系,是19世纪法学家讨论的三个主要论题之一。耶林把“法律与道德的关系”称为“法理学的合恩角”(the Cape Horn of jurisprudence),那些想要征服这一“险地”的法理学航海家所面临的,在相当的程度上讲,乃是一种船毁人亡的危险。

从广义的角度讲,道德、纪律、法律三者并不存在任何包含与被包含的关系,三者的范围应当是相交的,但又互不包含。就强制力而言,道德要弱于法律和纪律,但法律并不一定比纪律要强。因此,纪律是一个很具有独立性的行为规范。

如果单就法律职业这个特定语境下的道德、纪律、法律而言,我们是可以得出这样的结论的,即规范法律职业行为的法律是最低层次或者说是最低要求的行为标准,法律职业道德是最高层次的要求,而法律职业纪律是介于二者之间的行为标准。

制定法律职业纪律的主体可以是团体组织,如律师协会,也可以是司法机关、行政执法机关;可以是中央法律机关,也可以是地方法律机关。就我们国家的具体情况而言,主要有以下几种纪律:(1)中央和地方各级司法机关颁布的纪律条例。如中央政法委对政法干警的“四条禁令”(2003年)、最高人民法院“八不准”(1995年)、最高人民法院“五个严禁”(2009年)、最高人民检察院“八要八不准”(2008年)、最高人民检察院“廉洁从检十项纪律”(2008年)、最高人民检察院“严肃纪律作风15条禁令”(2015年)等。(2)全国及地方律师协会制定的各项纪律规范。这类纪律规范最主要的有《中华全国律师协会律师执业行为规范》(2004年通过试行,2009年修订)、《律师协会会员违规行为处分规则(试行)》(1999年全国律师协会常务理事会通过,2004年修订)。地方律师协会制定的纪律规范如《北京市律师执业规范》(试行,2001年)、《北京市律师协会会员纪律处分规则》(2002年通过,2006年修订)等。(3)中国公证员协会制定的纪律规则。这类纪律规范主要有《公证员惩戒规则(试行)》(2004年中国公证员常务理事会制定)、《公证员职业道德基本准则》(中国公证协会2002年通过、2010年修订)。(4)各仲裁委员会制定的纪律规则。如中国国际经济贸易仲裁委员会、中国海事仲裁委员会《仲裁员守则》(1993年制定、1994年修订)、《北京仲裁委员会仲裁员守则》(2003年制定)、《上海仲裁委员会仲裁员守则》(1999年制定)等。

纪律责任一般由制定纪律的机关、团体、组织来追究,也可以由其授权的某机构追究。这种责任的形式一般有警告、严重警告、记过、开除等。

4.道德的责任

首先必须点明的是,我们在这里使用的是“道德的责任”而不是“道德责任”。“道德责任”是伦理学中一个非常重要的范畴,马克思主义伦理学认为,道德责任是与道德义务相近而又有一定区别的概念。义务具有他律性,但也并不否定义务的自律性,义务的自律就是道德责任。道德责任与道德义务的唯一区别就在于义务偏重于强调外在的道德理性,而责任偏重于强调把这种外在的道德理性内化为主体的主观道德自觉意识或内在道德理性。因此,道德责任可以界定为道德主体自觉意识到的义务。我们这里所说的“道德的责任”或者称为“道德上的责任”不同于“道德责任”,它是人们违反一定的道德规范所承担的道德上的不利评价。所以,归根结底“道德的责任”是一个道德评价的问题。

人们的某一特定行为,有可能并不违反法律,也不违反纪律,但是却与社会或特定群体公认的“善”的标准相背离。这样,尽管他不必因此承担法律责任和纪律责任,但他仍然逃脱不了“恶”的道德评价。还有一种情况是更为普遍的情形,即某一行为违反了法律或者纪律,同时也不合乎道德上的“善”,那么他除了需要承担法律责任或者纪律责任外,还会受到道德上的“谴责”或者说不利的评价。这两种情形,我们认为是“道德的责任”的具体形式。对于法律职业者而言也是如此,尽管对法律职业道德规范的背离,是否会承担法律责任和纪律责任是或然的,但承担道德上的责任却是必然的。这种责任的表现可能是人们的否定性评价,也可能仅仅是内心的不安。

二、法律职业道德、伦理与法律职业责任的关系

法律职业道德是法律职业者在其职业活动中所应当遵循的伦理道德规范,属于道德的范畴。法律职业伦理是建立在法律职业道德基础上的一种职业伦理关系。法律职业责任就是指法律职业者违反法律和道德义务所应承受的不利后果。我们这里仅取狭义的法律职业责任概念,也仅就此进行与法律职业道德与伦理的比较。

单从概念上看,法律职业责任所针对的可能是两方面的义务,即法律义务和道德义务。那么,它规范的行为似乎应当比法律职业道德义务更宽泛。如果仅从责任、道德、法律三者的关系上看的确如此,但如果将讨论的范围界定在中国的法律职业领域,那么情况就并非如此了。“法律是最低限度的道德”这种说法在我们限定的这个领域还是正确的。在我国,规范法律职业行为的法律并未超越法律职业道德所规范的行为范围。或者换个说法,法律职业道德的部分内容上升为法律,成为法律职业者法律责任的一个重要组成部分。这种说法对法律职业纪律也同样适用。法律责任、纪律责任、道德责任是法律职业责任的主要组成部分,而它们所规范的行为以及规范标准都来自法律职业道德。法律职业道德、伦理与法律职业责任是既相互联系,又有所区别的概念。

(一)法律职业道德与法律职业责任的关系

1. 法律职业道德与法律职业责任的联系

(1)两者在内容上有许多相似之处,体现共同要求。法律职业道德是一种道德规范,而道德反映的既是一种“善”“恶”标准,也是一种非制度化的规范,并不使用强制手段强迫人们执行。但道德也是一个从他律到自律的过程,他律阶段是道德规范人们行为所不可或缺的必经之路。尤其在法律职业领域,法律职业所承担的使命的特殊性要求法律职业者应当遵循非同常人的道德标准,那么,对法律职业者的他律就显得尤其必要了。法律职业责任正是这种他律的具体体现。法律职业道德的部分内容上升为法律、纪律,约束法律职业者的行为,形成特定的法律职业义务,而法律职业者对这些义务的违反必将导致职业责任的产生。因此,法律职业道德与法律职业责任都是法律职业者的行为规范,它们的要求是一致的。法律职业责任是一种违反特定义务的不利后果承担,它对法律职业者行为的要求并未脱离法律职业道德的标准。比如“公平与正义”“勤勉与谨慎”“抑恶扬善、扶弱济困”“忠于职守、为民服务”“诚实信用、爱憎分明”“严明”“清廉、正直”“法律至上、宪法为尊”等法律职业道德要素,也同时是设立职业责任的要求。

法律职业责任与法律职业道德的某些内容,是一体两面的关系,这就决定了法律职业道德与法律职业责任在内容上必然有着相似或者相同之处。这里的内容指的是它们所规范的法律职业者的行为内容。比如,《法官职业道德基本准则》第 13 条规定:“自觉遵守司法回避制度,审理案件保持中立公正的立场,平等对待当事人和其他诉讼参与人,不偏袒或歧视任何一方当事人,不私自单独会见当事人及其代理人、辩护人。”《法官法》第 46 条规定,法官“接受当事人及其代理人利益输送,或者违反有关规定会见当事人及其代理人的”,“应当给予处分;构成犯罪的,依法追究刑事责任”。又如,《律师执业行为规范(试行)》第 46 条规定:“律师和律师事务所不得利用提供法律服务的便利,牟取当事人争议的权益。”《律师法》第 48 条规定,律师“利用提供法律服务的便利牟取当事人争议的权益的”,“由设区的市级或者直辖市的区人民政府司法行政部门给予警告,可以处一万元以下的罚款;有违法所得的,没收违法所得;情节严重的,给予停止执业三个月以上六个月以下的处罚”。

(2)两者互相依存,共同规范法律职业者的行为。法律职业责任与法律职业道德虽然属于不同范畴,但它们绝不是互相隔离、毫不相干的,而是互相渗透、互相融合、相互转化的。两者存在内在的统一性,具有共同的基础和目的,它们都以权利和义务为调整内容,存在相互渗透、互相转化、相辅相成的关系。

法律职业道德为法律职业责任奠定了基础,起着十分重要的先导作用。法律职业责任是以强制的方式,有力地表达着道德的语言。林肯(Abraham Lincoln)说过这样的话:“法律是显露的道德,道德是隐蔽的法律。”职业纪律的责任之一就是为了维护特定职业的道德追求和价值标准。法律职业责任以职业道德为其心理基础和伦理依托。“一种实在法体系要想成为实在,就只有在道德已然是人们实际关注的东西的地方,即在这样一个社会共同体中,这里的绝大多数社会成员承认他们具有道德义务,而且大部分成员能够也愿意履行这些义务。假如没有服从法律的道德义务,那就不会有什么堪称法律义务的东西。所能有的只是以暴力为依托的法律要求。”〔6〕法律职业责任规范必须具备崇高的社会价值和品行,必须得到道德的有力支持,否则法律就很难为人们所信仰。

法律职业责任规范要想得以实施和普遍遵守,必须依赖于道德义务的支持,作为维护法律职业尊严、确保法治之路畅通的法律职业责任规范,必须也必然反映法律职业基本的道德准则。法律职业责任规范必须首先在人们心目中具有最高威望,才可能在现实中有力量,如果其违背了法律职业所应有的最基本的道德准则,不仅得不到法律人的承认,而且会破坏道德的信仰,毁掉整个道德防线。

法律职业责任是促进法律职业道德形成和遵守的坚强后盾和保障。法律职业责任规范为法律人的行为设置外在防线,法律职业道德为他们的行为设置内在防线,道德与法律共同构筑了规制法律人行为的双重防线。法律职业道德与法律职业责任在根本精神和价值取向上是一致的,道德观念与责任观念互相支持。在理想层面上,法律职业责任规范所要求的精神与价值渗透到法律人的内心深处,升华为一种自觉奉行的道德要求,这个过程就是所谓的“法律职业责任的道德化”。当法律职业行为更多地表现为“自愿行为”时,反省与社会谴责就成为法律职业道德得以遵循的经常的保证途径。

目前我国正处在社会转型时期,社会主义市场经济体制正在确立,社会关系复杂,法律人尤其要面对错综复杂的关系网络,面对各种各样的物欲诱惑。在这样的社会环境里,仅靠道德已经无法适应时代发展的需要,大力推进法治化的进程,才能最终保障法律职业道德体系的确立。当代世界各国出现了道德法律化的趋势,大部分公众道德被纳入法律框架之中,但要真正得以实施,还必须把外在的他律变为人们的自律,而心灵的净化仍然是道德教育的领域。法律职业责任和道德的相互联系、相互作用是历史和时代发展之必然。法律职业道德理想是法治的崇高价值追求,但是理想实现的途径之一,是其具体化。把理想的一些内容转化为法律职业责任规范,是这种具体化的一个步骤。

2. 法律职业道德与法律职业责任的区别

法律职业作为一个独立的职业,应当存在两种基本的职业行为调整方式:一是职业道德规范,二是职业责任规范。尽管两者在根本精神和价值取向上基本一致,但也存在三点不同。

第一,内容的差异:法律职业道德是法律职业者的最高要求,法律职业责任是法律

〔6〕 [英]A. J. M. 米尔恩:《人的权利与人的多样性》,夏勇等译,中国大百科全书出版社1995年版,第35页。

职业者执业的最低标准。职业道德与职业责任，应当保持适当的距离。并非所有违反道德规范的行为，都需要承担法律、纪律或其他类型的职业责任。换句话说，只有某些最基本的、关系到法律职业秩序的维系和关乎法治实现的重要社会价值的基础性职业道德才能进入法律职业责任（尤其是法律责任）的规范领域。比如，规范法官与当事人、律师关系的法律责任要求，正是为了维护司法的公正，从更深层意义上说，也是为了构建良好的法治秩序。并且，从某种程度上来说，进入法律职业责任规范领域的道德，往往是一些背后隐藏着多元利益较量的行为规范。比如，就律师而言，追求经济利益是其从业的重要动力，那么如何规范律师与委托人关系就显得尤其重要了。这种规范如果不上升到法律责任的高度，则律师很容易成为角逐金钱的"斗士"，律师与委托人的信任关系根本就无从建立，这种情况的普遍出现则意味着律师行业的消亡。因此，完全可以这样说，法律职业道德是法律职业者的最高要求，法律职业责任是法律职业者执业的最低标准。

第二，手段的差异：强制与引导。无论是法律责任还是纪律责任，体现的都是一种不利后果。法律职业责任的推行主要依靠强制力量。法律责任规范依靠强制性的国家机器来保证法律职业者在职业领域严格按照法律规范的要求来约束自己的行为，用强制措施来保证法律职业规范的推行与实施。纪律责任则表现的是一种团体的纪律要求，人们加入某个团体就意味着对团体责任的认同。那么，一旦违反也就会受到纪律的惩戒。与法律职业责任规范不同，法律职业道德规范尽管也是上层建筑的重要组成部分，但它只是调整法律从业人员与其服务对象、法律职业单位与其成员、法律职业内不同行业之间的一般关系，违反道德规范的后果一般也不会像违反责任规范的后果那样严重，除非这个道德规范已经上升为法律或纪律。道德规范的推行与实施主要是通过教育和引导手段，通过潜移默化的工作来改变人们的性情和气质，改善社会风气，进而影响和提高法律职业者的思想觉悟，使之能够自觉遵守这些道德规范，达到规范人们行为的目的。

第三，功能的差异：事后处罚与事前预防。在规范的功能上，法律职业责任规范体现的是一种事后处罚。责任规范一般是通过强制力来推行的，法律职业人员一旦违反了相关法律规范或者纪律规范的规定，有关组织或团体就会依据法律或纪律追究其相应的责任。正因如此，法律规范、纪律规范中的"责任"部分一般都会放在该规范的最后。法律职业道德规范则不同，道德规范的贯彻实施主要是通过事前的说服教育进行的。这种事前的预防教育是保证人们自觉遵守道德规范、形成良好道德行为，进而遵纪守法的最重要的基础和前提。道德规范中一般只是明确某一方面的道德标准和要求，而不会有对违反道德行为的责任追究和处罚方面的内容。

（二）法律职业伦理与法律职业责任的关系

如前所述，法律职业道德与法律职业伦理几乎是同一个概念，两者之间只存在细微的差别。法律职业道德侧重于法律职业者个人的品德,法律职业伦理侧重于法律职业共同体的群体道德以及建立在此基础上的职业道德规范。所以,从本质上讲法律职业伦理是建立在法律职业道德基础上的法律职业群体的道德规范和关系法则,它关乎法律的公平正义,关乎整个社会的法治信仰。良好的法律职业伦理是法治社会致力构建的,而道德混沌甚至道德沦丧的法律职业伦理关系,则是我们走向法治所必须摒弃的。因此,如果说法律职业道德还大多是停留在道德层面的话,那么法律职业伦理则可以并且应该上升为规范层面。这种规范也不应仅仅停留在道德宣示层面,更要进入法律规范层面,即违反法律职业道德的责任可以是道德责任的层次,但违反法律职业伦理则一般是法律层面的责任。

党的十八大以来,随着对良性法律职业伦理关系的关注,相应的规范越来越多,越来越细。除了《法官法》《检察官法》在修订的时候增加了对法官、检察官的职业伦理关系的约束之外,各地也单独出台了关于规范法律职业伦理关系的规定。如上海市高级人民法院在2019年即发布了《关于进一步规范法官与律师关系维护司法公正的实施办法(试行)》,明确了法官在与律师接触交往中,应严格遵守从业的相关规定和要求。最高人民法院、最高人民检察院也相继发布了关于司法机关内部人员过问案件的记录和责任追究规定。在这些关于法律职业伦理的规范性文件中,一般都有法律职业责任的规定。法律职业责任有助于良性法律职业伦理的形成,违反法律职业伦理规范,可能导致被追究法律职业责任。

第二节 法律职业责任的构成

一、法律职业责任构成的概念

法律职业责任的构成是一个全新的概念,我们对之进行讨论的参照系是刑法学中的犯罪构成理论。法律职业责任与刑事责任有某种程度的相似,甚至有少部分重合。两者都是由于对某种强制规范的违反而需要承担相关责任,只不过责任的轻重不同而已。既然如此,我们参考犯罪构成理论应该是有一定的价值的。套用犯罪构成的概念逻辑,法律职业责任的构成是指依照相关法律职业责任规范,决定某一行为应当承担相应责任所必需的一切主观要件和客观要件的有机统一。

一般而言,法律职业责任的构成包括四个要件,即主体要件、客体要件、主观要件、客观要件。所谓的法律职业责任的构成要件,是指从同类违反法律职业责任规范的事实中抽象、概括出来的、带有共性的、对于行为定性和承担责任的程度具有决定意义的事实。

具体的法律职业者违反责任规范的行为包含诸多事实,但并非每一事实都是法律职业责任的构成要件。只有对行为定性具有决定意义的和承担特定责任所必需的那些事实才是法律职业责任的构成要件。因此,必须将构成要件的事实与其他事实相区别。比如,律师作伪证需要承担法律责任的构成要件:客体要件是国家司法机关的正常诉讼活动。客观要件表现为行为人实施了伪造证据,帮助当事人伪造证据,威胁、引诱证人改变证言或者作伪证的行为。主体要件为特殊主体,即律师才能成为承担这项法律责任的主体。主观要件表现为故意或过失。其他事实,如伪造证据的方法等,都不属于该责任的构成要件,不影响其责任的成立。

法律职业责任的构成要件的特定性主要表现在,责任成立所需的构成要件必须由相关法律规范、纪律规范加以规定。也就是说,只有经过相应规范选择的事实特征才能成为法律职业责任的构成要件。

二、法律职业责任构成的意义

法律职业责任构成从根本上讲,是一个判断法律职业者的相关行为是否应当承担一定责任的标准,因此,对法律职业责任构成的研究意义非凡。法律职业责任可能是纪律惩戒,也可能严重到成为法律责任(刑事责任、民事赔偿责任或其他)。责任的承担可能涉及行为人的执业资格、人身自由或者财产。既然是一种不利益的处分,那么健全的法治社会理所应当对此有一个明确而客观的标准。这样的标准一方面便于形式正义与实质正义的实现;另一方面也便于法律职业者对自己的行为后果有一个明确的预期,从而实现预防和教育的作用。

法治社会要求人人平等,所有的法律职业者在职业法律规范和纪律规范面前应当是平等的。这就产生了对形式正义和实质正义的要求,形式正义要求相同的情况相同对待,实质正义要求裁判的结果符合客观事实,这就不能不涉及判断的标准问题。这个标准我们认为应当从法律职业责任的构成出发来界定。另外,无论是法律责任还是纪律责任,尽管都是从事后的惩罚出发,但目的却着眼于教育和预防,即规范法律人的行为,使其避免违反相应的责任规范,从而符合法治社会对法律人的要求,符合特定时期的旨趣。这也要求惩罚的标准明确,使法律人可以预测自己的行为后果,控制自己行为的度。这是法律职业责任构成的另一层意义。

三、法律职业责任的主体要件

法律职业责任的主体是由于其不当职业行为应当承担法律职业责任的自然人或单位。法律职业责任的主体,具有特定性,即只有从事法律职业的自然人或单位才有可能承担法律职业责任,而其他自然人或单位则排除在外。也就是说,法律职业责任的对象只针对法律职业人或单位。

（一）法律职业者

讨论法律职业者职业责任的主体要件，必须细化到具体的责任类型中去。如果其承担的是刑事责任，那么行为人必须符合刑法所规定的犯罪主体的相关要件，首先，他必须是自然人；其次，他必须具备刑事责任能力。如果其承担的是民事责任，那么行为人也必须符合民法典所规定的相关主体要件，他必须是民事责任主体并且具备民事责任能力。如果其承担的是纪律责任，那么行为人必须是相关组织或团体的成员。

（二）法律职业机构

在某些情况下，承担责任的并不仅仅是法律职业者个人，其所在的职业机构也可能承担相应的责任。原因在于：第一，法律职业者的行为对所在单位来说是一种职务行为，而不单纯是一种个人行为；第二，法律职业机构负有管理、监督法律职业者的义务，依法对其所管理、监督的职业者的行为承担连带责任。

四、法律职业责任的客体要件

责任的客体，说到底是一种社会关系。某种行为需要承担某种责任，是因为其破坏或侵犯了某种特定的社会关系，而这种社会关系又由于某些更深层次的原因受某种强制规范的保护。法律职业责任的客体要件也是一些特定的社会关系。

刑事责任是最严重的责任类型。刑事责任的客体也就是刑法所保护的社会关系，是社会生活中最重要的部分。就法律职业的刑事责任而言，主要涉及公民人身权利、社会管理秩序以及职业的纯洁性等。比如，司法工作人员利用职权非法拘禁他人或以其他方法非法剥夺他人人身自由的行为，其责任客体即公民的人身权利。刑事诉讼中，法律职业者以暴力、威胁、贿买等方法阻止证人作证或者指使他人作伪证的行为，其责任客体为社会管理秩序的司法秩序。

民事责任是指民事主体违反民事义务而依法应承担的民事法律后果。我国《民法典》将民事责任分为两类基本的责任，即违反合同的民事责任和侵权的民事责任。前者又称违约责任、合同责任，是指民事主体因违反合同而应依法承担的法律后果；后者是指民事主体因侵害他人的财产、人身权利依法应承担的法律后果。[7] 法律职业行为所涉及的民事责任也不外乎这两种。违约责任的客体是作为市场经济基础的合同关系或称契约关系，律师与委托人的关系大多属于这种类型。侵权责任的客体则是特定的财产权利、人身权利。法律职业者在其职务活动中给相关主体造成财产、人身损害的，大多需要承担相应的侵权责任。

行政责任的客体是国家行政法规所保护的各种社会关系，而纪律责任的客体则是

---

〔7〕 参见佟柔主编：《中国民法》，法律出版社 1990 年版，第 45 页。

特定纪律规范所保护的社会关系。

五、法律职业责任的主观要件

法律职业责任的主观要件，是指行为人对自己的责任行为及结果所持的心理态度，也就是故意或过失的问题。故意是指明知自己的行为会发生破坏特定社会关系的后果，并且希望或者放任这种结果的发生；过失是指行为人主观疏忽大意或者过于自信，而导致了一定的不利益的后果的出现。我们认为法律职业责任是一种过错责任，也就是要求行为人主观上有过错，即故意或过失。但是否所有的过失行为都应当承担相应的责任，存在一定的问题，需要具体案件具体分析。比如，律师的取证疏忽，就必须判断其是否尽到了基本的审慎义务，那么怎样判断是否足够审慎，恐怕还需要责任认定部门通过证据来认定了。

六、法律职业责任的客观要件

法律职业责任的客观要件是指行为达到什么样的客观外在表现需要承担相关责任的问题，主要有行为、结果以及行为与结果之间的因果关系。这里的行为是指违反相关责任规范的活动。主要包括三个方面：第一，违反法律职业准则的行为，主要规定在《法官法》《检察官法》《律师法》《公证法》《仲裁法》等法律规范中，以及《律师执业行为规范（试行）》《公证员职业道德基本准则》《法官职业道德基本准则》等纪律规范中。第二，违反程序法律规范的行为，主要规定在《刑事诉讼法》《民事诉讼法》《行政诉讼法》等程序法律中。第三，违反实体法律规范的行为，主要规定在《民法典》等民商事法律规范，以及《刑法》等其他实体法律中。就行为结果而言，主要是看行为是否破坏了某种社会关系，包括刑事责任中的危害结果、民事责任中的侵权或者违约结果、行政纪律责任中的违法、违纪结果。就因果关系而言，则主要考虑的是直接因果关系。

第三节　法律职业责任的追究

法律职业责任，无论是民事责任、刑事责任、行政责任还是纪律责任，客观上都是针对法律职业者人身、人格、财产等的不利益处分行为。如果这种处分行为是一种法律责任的承担，那么自然会有相应的法律程序如刑事诉讼法、民事诉讼法以及行政诉讼法来解决。我们在本节重点关注的问题是法律程序之外的责任追究问题，即未纳入三大诉讼程序的责任追究，主要是纪律责任追究，也包括部分行政责任、民事责任追究。

一、法律职业责任认定标准

法律职业责任认定标准,即对什么样的职业行为应当追究职业责任。如果仅仅从理论上来看,这似乎是一个再简单不过的问题,前面我们阐述了相关的责任构成,只要将职业行为与那些构成要件比对不就清楚了吗?事实并非如此简单,我们的责任构成与其说是一个操作方法,不如说是一个研究方法。责任构成高度概括,而实践中的情况却千差万别。更为重要的原因是,法律职业责任实际上是对违反职业道德与伦理行为的一种惩戒。而道德蕴含两个对立面:“对”与“错”。在道德层面上,没有介于对错之间的第三种状态。也是从道德层面看,法律职业责任似乎遵循这样的逻辑:对的褒扬,错的惩戒。然而,法律职业活动中的诸多情形,并不能简单地以“对”或“错”来进行分类。进入21世纪,人民法院、人民检察院、公安机关不约而同地推行了“错案责任追究制”。其本意是好的,出于加强对司法、执法人员的监督,确保办案质量的目的,也在事实上起到了相当大的督促作用。但随着“错案责任追究”的大范围铺开,问题也充分暴露了出来。

实务界和理论界所面临的一个难题就是:什么是错案?错案是认定事实有误,还是适用法律有误?被有权部门依法纠正的案件是否属于错案?违纪意义上的错案又是什么呢?办案人员由于故意或过失违反法律规定造成一定后果的案件是不是错案呢?这些问题的深入展开又带来一系列的问题:案件的事实认定与法律适用是否具有确定性,即所谓“正确的判决”是否具有唯一性?案件的事实应该坚持法律真实还是客观真实?案件的原貌是否可以还原,在多大程度上能够被还原?既而,更为深层的东西被挖掘了出来,即实行“错案责任追究制”的后果问题。学界尖锐地指出,以实体意义上的“错案”观为基础的错案追究制是以牺牲裁判的稳定性、法官的权威性和程序的正当性为代价的,很难保证不挫伤司法、执法人员的积极性和主动性,也很难保证不削弱法院依法审判的独立性。对于这一系列问题的研究和讨论成为自20世纪末以来乃至今后仍要继续的一大学术热点。出于篇幅限制,我们也无法对之进行完整的介绍,仅摘取其中与本节最密切的“责任追究标准问题”来进行探究,以找出我们所要的法律职业责任认定标准。

(一)对“事实与法律”的实体标准的扬弃

传统观点认为,法律职业人员主要是围绕两大问题进行工作:一是事实问题,二是法律问题。无论是警察、法官、检察官、律师,还是法律学者,无论他们的具体工作多么千差万别,最终的落脚点大多是这两个问题。检控方与辩护方围绕这两个问题进行“争斗”,法官居中裁判,学者研究其中的规律。“形式主义法学”确立了法律思维的一般规律,即将既定的法律规范(大前提)适用于特定的案件事实(小前提),从而得出判决结果(结论)。也许正是在这样的逻辑程式观念影响下,很多学者和实务界认为,决定判决正确或错误的是法律和事实两个因素，即法律标准和事实标准（我们可以将其称为实体标准）。《人民检察院错案责任追究条例（试行）》第2条明确规定："本条例所称错案是指检察官在行使职权、办理案件中故意或者重大过失造成认定事实或者适用法律确有错误的案件，或者在办理案件中违反法定诉讼程序而造成处理错误的案件。"《人民法院审判人员违法审判责任追究办法（试行）》也多处见到"裁判错误"这样的字眼。可见我们的实务部门也确实是在实践中应用了这种实体标准。这种标准表面看似真理，实则不然。实体标准的前提是，法律和事实都具有确定性，因而从这两个前提得出的"正确判决"就应当具有唯一性。那么只要结论与之不符，就被认为是错误的，相关人员也就得承担相应的责任，这种责任由于"错案追究制"甚至可以一直倒追至最初的侦查人员。实际上，这种推理的大前提就是错误的，即法律与事实并非在每一个案件中都是唯一确定的，法律与事实都同时具有确定性和不确定性两个方面的属性。任何非此即彼的极端主张都有失偏颇。

1. 事实的相对确定性

首先让我们来明确一组概念：案件事实分为"客观事实"与"法律事实"。"客观事实"是指诉讼涉及的案件事实的曾经发生或者实际存在的状态，是该事实的真实状态或者实然状态，是"历史"的真实，确有其事又确不可重演。"法律事实"则是司法人员依据掌握的证据和证据规则所确认的事实。

案件的事实是过去发生的已成为历史的事实，理想中的司法活动的状态就是通过各种主体的不同方式的活动能够探知历史真相，从而在此基础之上适用法律。我国司法实务部门正是从这种美好的理想出发，制定各项司法制度，乃至追究相应的职业责任。这种认识的出发点是辩证唯物主义认识论。辩证唯物主义认识论认为，存在是第一性的，认识是第二性的，认识是客观存在的反映，世界上的任何事物都是可知的。证据是客观存在的事实，是在案件事实发生之前、之中或之后产生的，与案件事实存在某种联系，而这种联系也是客观存在的，不以人的意志为转移。正是基于此，只要办案人员发挥主观能动性，全面正确地收集和审查判断证据，案件的事实真相就是可以被发现的。也就是说，客观事实是应该可以确定的，当法律事实与客观事实相吻合了，便实现了这种理想状态。

与上述观点相对应，当前学术界越来越倾向于另外一种认识，即法律事实可能与客观事实相近似，但并不总是相等，法官认定的事实只具有较高概率的真实性。案件的事实是过去发生的已成为历史的事实，警察、检察官、律师、法官都没有亲自感知过。法官只能依据各方所提出的证据及其他相关因素来判定"事实"，并据此作出判决。[8] "司法实践依据的仅仅是法律所确认的一些事实，这些事实往往只是案件事实的一部分甚

---

[8] 参见[德]K. 茨威格特、[德]H. 克茨：《比较法总论》，潘汉典等译，贵州人民出版社1992年版，第478~484页。

至是一小部分,尽管可能是最重要的一部分。”[9] 正因如此,尽管法律事实以客观事实为基本的追求目标,但由于种种原因,两者不一致的情况在所难免。这种不一致,可能是由于认识能力上的局限性、审判程序的时限性造成的,也可能是由于法官的错误认识造成的,还有可能是出于追求特定的价值或者实现特定的政策目标而造成的。可见,尽管从人类的认识能力上来说,不存在不可被认识的事物,但基于种种因素,案件的法律事实与客观事实常常会发生偏差,即事实往往是具有相对确定性的。

2. 法律的相对确定性

对于法律的确定性问题,争论由来已久。早在古希腊时期,亚里士多德就提出法律具有稳定性、明确性以及最高的理性权威性。但自从美国大法官霍姆斯(Holmes)提出“法律的生命历来不是逻辑而是经验”的观点之后,法律的确定性就受到了挑战和质疑。现实主义法学认为事实和法律都是极不确定的,因而法律的判决有可能是“法官一顿不愉快的早餐”的结果。博登海默(E. Bodenheimer)更形象地指出:“法是一间有着许多大厅、房间、凹角和脊角的大厦,一盏灯要同时照亮每个地方是极为困难的。当照明系统由于技术知识和经验的限制而不充分或至少是不完全时,这点就更明显。”[10]

从法的运行规律来看,立法者虽然从主观上努力地考虑社会上的各种实际以及各种可能性,但社会生活的纷繁复杂是不可能穷尽所有可能性的。也就是说,从立法上来说,立法者的认识能力是有限的,他必然受到多种主观与客观条件的限制。从法律语言看,由于社会现象的复杂多样,日常语言的概念是无法完全加以涵盖的。即使赋予某一技术概念以特有的含义,也无法覆盖具体生活的方方面面。[11] 反映到法律规范上,就是法律规范总是抽象和概括性的,从而造成法律规则语言也多有意思上的模糊之处。这种模糊往往表现为法律上的一般条款和不确定概念,如民法上的合理、公平、善意、恶意、诚实信用、公序良俗等,几乎没有确定的定义。此外,社会生活的变化、法律职业者自身的差异(家庭背景、法律知识、法学观点、道德倾向等因素)、社会其他非法律因素(如政策、意识形态、利益冲突、公共秩序等)的影响也加剧了法律的不确定性。“人们只能极为有限地获得法律的确定性。对法律的准确性和可预测性的要求总是不能获得满足,因为,这类对法律最终性的追求,超越了实际可欲可得的现实……认为法律是或可以是稳定的确定的这一观念并非理性的观念,而是应该归入虚幻或神话范畴的观念。”[12]

事实和法律的相对确定性,就决定了法律职业者对案件的判断也具有相对确定性。这应该排除相关人员故意违反逻辑推理规则的情形。这就意味着,以“事实认定”或者“法律适用”上的“对”与“错”这种实体标准作为裁量法律职业者是否应当承担相关职

---

〔9〕 苏力:《法治及其本土资源》,中国政法大学出版社 1996 年版,第 158 页。

〔10〕 [美]博登海默:《法理学——法律哲学与法律方法》,邓正来译,中国政法大学出版社 1999 年版,第 198 页。

〔11〕 参见[日]川岛武宜:《现代化与法》,申政斌、王志安译,中国政法大学出版社 1994 年版,第 245 页。

〔12〕 刘星:《法律是什么》,广东旅游出版社 1997 年版,第 62 ~ 63 页。

业责任的标准，是形而上学的、不客观的。

(二)法律职业责任认定应坚持的标准

通过上文的简述，我们可以清楚地认识到，法律职业责任的认定应当逃离实体标准的藩篱。以事实认定或者法律适用的正确与否作为责任标准，事实上是一种结果标准，也就是以法律事务的最终处理结果来判断相关法律职业人员是否应当承担责任。而由于法律和事实的不确定，往往结果也不是唯一正确的。或者在另一种情况下，由于诉讼的局限，法律事实与客观事实发生了一定的偏差从而导致了错误的出现。在这两种情况下，相关的法律职业人员都不应当为此承担职业责任。因为他们并没有违反任何职责[13]要求，而且这些错误从职业责任构成上来说，也不具有过错的主观要件。司法实践中，有关部门也将这些情形排除在职业责任之外。如我国最高人民法院《人民法院审判人员违法审判责任追究办法(试行)》第22条规定："有下列情形之一的，审判人员不承担责任：(一)因对法律、法规理解和认识上的偏差而导致裁判错误的；(二)因对案件事实和证据认识上的偏差而导致裁判错误的；(三)因出现新的证据而改变裁判的；(四)因国家法律的修订或者政策调整而改变裁判的；(五)其他不应当承担责任的情形。"同样，最高人民检察院《检察人员执法过错责任追究条例》第13条规定："执法办案活动中虽有错误发生，但具有下列情形之一的，不追究检察人员的执法过错责任：(一)检察人员没有故意或者过失的；(二)有关法律、纪律规定免予追究或者不予追究的。"那么法律职业责任认定的标准究竟怎样呢？我们认为主要有下面三条标准。

1. 程序违法

毋庸讳言，司法实践中真正的错案的确是存在的，尤其是法律事实与客观事实不一致的情况。如杜培武案、佘祥林案、聂树斌案……当我们反思这些错案的时候，会发现这样的事实，即绝大多数错案的产生并不是由于客观的原因认识不能或者法律的不确定性造成的，而是由于诸如刑讯逼供这样的违反程序法律的行为。大量的案例告诉我们，对于程序违法的法律职业人员必须严格追究其职业责任，如此，法治社会的实现才不显得遥遥无期。理由如下：

(1)程序正义是现代法治的最基本要求。在法律制度中，正义以三种面孔出现，即实体正义、形式正义、程序正义。实体正义是人们在对实体上的权利、义务和责任进行确定时所要遵循的价值标准，实体正义的判断标准是看它能否使每个人所应得的利益得到保障。形式正义是对实体法所确立的规则的公平适用，形式正义要求"对相同的情况予以相同的对待"。程序正义是指法律程序在具体运作过程中所要实现的价值目标，程序正义的标准是看它是否使那些受程序结果影响的人得到了应得的待遇，而不是

---

[13] 这里所讲的职责不同于职业责任，这个职责是指特定职业的从业者所应当做的事情而不是违反职业义务所应当承担的不利后果。

看它能否产生好的结果。相对于程序正义,实体正义和形式正义主要体现的是一种“结果价值”,是评价程序结果的两项价值标准。而程序正义则是一种“过程价值”,是评价程序本身正义性的价值标准。〔14〕 在现代人类社会,程序正义被认为是现代法治文明的一个重要标志。正如英国名谚所言:“正义不仅要得到实现,而且必须以人们能看得见的方式得到实现。”这种看得见的方式即是对程序正义的要求。正义的实现,既包括结果正义的实现也包括过程正义的实现,结果的公正并不意味着过程的公正。程序正义要求不能为了结果公正的实现而牺牲过程公正,通过非公正的过程来实现结果公正其实仍然为非公正。过程正当性向当事人提供了结果合理性的间接证据,它给予结果以间接的支持,因而使当事人能够接受这一(可能对他不利的)结果。人们之所以都接受了这个结果,是因为程序赋予了结果以合理性。〔15〕

原因还不仅如此,程序公正也在相当大的程度上起到了阻隔人治的作用。程序公正有一些最低限度的标准,如“程序参与”“程序中立”“程序对等”“程序理性”“程序自治”“程序及时和终结”等。这些原则性的要求在司法实践中的贯彻会很好地制约法律职业人员的随意性,保障了法治所要求的“一切人要按照既定的规则办事”,而不是人治的那种“凭借个人的主观看法行事”。

程序正义使司法判决更具可接受性与权威性,而对程序的违反则会破坏这种权威。英国哲学家培根(Francis Bacon)说过:“一次不公正的判决,其恶果要胜过十次犯罪,因为犯罪只污染水流,而不公正的判决则污染水源。”法律职业人员对程序正义的公然破坏,必然会破坏司法的稳定性与权威性,进而动摇人们对法治的信仰。

(2)程序公正的理念是法律职业者所必须拥有的一种“程序伦理”。法律职业者之所以区别于其他职业者,之所以应当享有崇高的职业荣誉与社会地位,原因之一在于他们具有一种常人所不具备的技能与伦理。他们应当运用法律术语进行观察、思考和判断;应当通过程序进行思考,遵循“向过去看”的习惯,表现得较为稳妥,甚至保守;注重缜密的逻辑,谨慎地对待情感、情理等因素;只追求程序中的“真”,不同于科学中的求“真”;判断结论总是非此即彼,不同于政治思维的“权衡”特点。〔16〕 对程序的信仰,或者极端地可以说是崇拜,应该是一个合格的法律职业人员所具备的最起码的伦理要素。从某种意义上说,对程序的信仰就等于对法治的信仰,因为程序公正正是法治的起码要求。我们一直坚持这样的观点,即法律职业者如果不信仰程序,那么他不具备从事法律职业的资格。

其实,关于程序的重要性远远不止以上两点,我们仅仅选取了与本节关系最密切的两点进行阐述。实体上的错误,可能是客观上的原因造成的,但程序上的错误则一定是

---

〔14〕 参见陈瑞华:《刑事审判原理论》,北京大学出版社 1997 年版,第 52 ~ 54 页。

〔15〕 参见孙笑侠:《程序的法理》,商务印书馆 2005 年版,第 94 页。

〔16〕 参见孙笑侠:《程序的法理》,商务印书馆 2005 年版,第 153 ~ 163 页。

主观原因造成的，并且一定会影响到实体结果。正是在这个意义上，我们认为法律职业人员对程序违法行为应当承担相应的责任。

2. 实体违法

法律职业人员的职业行为，如果违反了程序法律规定，我们将之纳入上文所说的程序违法。而如果他们的行为违反了实体法律规范，那么就是一种实体违法行为。对这种行为因其本身的违法性，自然应当承担相应的法律责任及其他责任。典型的法律职业人员实体违法行为如违反刑事实体法，如《刑法》所规定的贪污贿赂犯罪、渎职犯罪、法律职业人员利用职权实施的侵犯公民人身权利、财产权利的犯罪等。"法律面前人人平等"，这是一个基本的法治理念，法律职业者作为法律方面的专家理所当然应当模范遵守，一旦出现了违法行为，自然不会逃脱相应的责任后果。

3. 违反法律职业伦理规范与执业纪律

一个走向法治的国家，一定会将最重要的法律职业伦理关系上升为法律规范，从而将法律职业责任上升为法律责任，我国也不例外。如前所述，无论在三大诉讼法还是在单行法律文件中，法律职业伦理关系都得到了明确的确认和规范。除此之外，还有法律职业的执业纪律。所谓执业纪律，就是特定的职业群体为了维护集体利益并保证工作的正常进行而制定的要求每个成员遵守的规章、条文。执业纪律也是一种强制性的规范，相关职业群体的成员必须受其制约，职业行为如果违反了相关纪律要求也会因此而承担相应的责任。关于约束法律职业者的纪律，我们在前面已经介绍过，这里不再赘述。

或许大家通过篇幅就可以了解到，在法律职业责任的认定标准上，我们强调了程序标准。那是因为违法和违纪已经为司法界和理论界乃至广大社会公众所普遍认同，而针对程序违法的责任承担长期以来都是被忽视的。正是出于这样的考虑，我们将重墨给了程序标准。

二、法律职业责任追究的原则

法律职业责任的追究，从本质上讲是对相关法律职业人员的一种不利益处分。这种处分所涉及的利益既可能严重到对生命、人身自由的剥夺，也可能仅仅是批评等思想教育。但无论如何，它们对法律职业者都是一种不利的结果。我们在前面也提到过，本节所探讨的法律职业责任主要是诉讼程序之外的责任追究，诉讼内追究自然有程序法规来进行规范。但需要注意的是，无论诉讼内还是诉讼外追究，由于两者都涉及了不利益的结果，因此很多原则也是它们共有的。事实上，下面我们将要提到的这些原则也正是在很大程度上借鉴了诉讼程序的原则来进行归纳的。

（一）依法（依规）追究原则

依法（依规）追究原则，是指法律职业责任的追究只能由特定的机关按照特定的程序,依据法律、纪律及其他责任规范所规定的具体责任构成要件追究相应的职业责任。这项原则具体包含以下三个方面的含义:第一,只有特定的机关才有权追究法律职业责任。这里所提的“特定”指法律及其他责任追究办法的规定,本节所出现的“特定”均是此含义。第二,特定机关追究法律职业责任必须按照特定的程序进行。法律职业责任的追究是一种程序性很强的活动,必须遵循一定的程序,这一点我们后文会专门涉及。第三,特定机关追究的法律职业责任必须符合相关责任规范的要求,也就是必须在责任规范的范围内进行。不同性质的法律职业责任,适用范围也不相同;相同性质不同种类的职业责任,适用范围也不同。任何机关都无权要求法律职业者承担相关责任规范没有规定的责任。

(二)责任自负原则

责任自负原则是指特定的法律职业责任,只能由作出该职业行为的法律职业人员所在的单位以及有过错的法律职业人员本人承担,而不能连带追究其他单位和个人的责任。这项原则包含两方面的含义:首先,法律职业单位的错误决定以及职业人员的违法职务行为,侵犯公民、法人和其他组织的合法权益造成损害的,该单位或法律职业人员为赔偿义务主体,应当由其向受害人承担相应的赔偿责任。其次,法律职业人员在职务活动中有过错的,只能追究有过错的人员本人的职业责任,而不能株连他人。

(三)行为责任相适应原则

行为责任相适应原则是指对于特定的行为应当根据其行为的严重程度、主观认识、客观结果、补救措施等来确定其应承担的责任轻重,既不能轻责重究,也不能重责轻究。相关的责任规范对责任的承担幅度都有一定的规定,如《人民法院工作人员处分条例》第6条规定:“处分的种类为:警告、记过、记大过、降级、撤职、开除。”该条例对某一具体行为规定了若干种类的处分,也区分情节轻重给予不同的处分。如第29条规定:“违反规定,擅自对应当受理的案件不予受理,或者对不应当受理的案件违法受理的,给予警告、记过或者记大过处分;情节较重的,给予降级或者撤职处分;情节严重的,给予开除处分。”当然,这些规定还是有些笼统,例如,什么情况下警告、什么情况下记过、什么情况下记大过,应该再规定一些更具体的情形。

(四)程序公正原则

程序公正原则是指法律职业责任追究的过程本身必须符合公正性的要求。这既是法律职业责任追究结果公正的有力保障,也是法律职业责任追究程序自身的要求。程序公正的理念可以广泛应用于各种程序性事物中,并不仅仅限于司法程序。自古罗马时期“自然正义”理论出现以来,古今中外诸多学者给程序公正设立了许多标准。这些标准反映了一定时期、一定区域内人们对程序的价值要求和理解程度。我们借鉴了这些标准，并从中抽取部分适用于法律职业责任追究机制。这些具体的准则主要有：

1. 程序中立。程序中立是指法律职业责任的追究主体应当对被追究者保持一种超然和无偏见、无偏袒的态度和地位。这就要求责任追究主体与被追究者以及相关案件没有任何关联，既不能同被追究主体以及相关案件有利益上的或其他方面[17]的任何牵连，也不能对被追究者存在偏见和歧视。程序中立旨在确保裁判者通过抑止自己的偏见从而给被追究者以公正的待遇，同时也确保相应责任规范的严格执行。如果追究主体不能保持超然中立的地位，就可能在认定事实和评定证据方面产生预断，形成偏执，以致作出错误的判断。

2. 程序参与。程序参与是指作为权益可能会受到职业责任追究程序直接影响的主体（主要是指被追究者），应当有充分的机会富有意义地参与职业责任的追究程序，并对责任的追究发挥有效的影响和作用。被追究者充分而富有意义地参与责任追究过程，对于确保处理结果的客观公正是有利的。不仅如此，程序参与更有着其独立的内在价值。一旦他能够有效地参与决定自己权益的程序，那他就更可能接受处理结果。这就要求在责任追究程序中，应当确保被追究者能够有效地发表自己的辩解，享有充分的陈述、申辩、提出有利于己的证据的机会，而且责任追究的决定应当建立在对被追究主体的主张予以充分尊重的基础之上。

3. 程序理性。程序理性是指法律职业责任的追究主体的处理决定必须建立在理性的基础之上，而不能是任意和随意的。这就要求追究主体必须将事实认定和处理决定建立在可靠的事实证明的基础之上，在作出决定之前必须经过冷静、详细和适当的评议，并且在处理决定中明确陈述其理由和根据。

4. 程序及时。程序及时是指法律职业责任追究程序应当及时产生处理结果。这项准则包含两方面的要求，即追究程序既不能过急、过快，也不能过于缓慢。出于“严肃、快速查处”的目的造成的程序急速进行，很难确保追究者与被追究者双方的冷静准备和细致的陈述、申辩、证明、评议，可能导致作出错误的认定和决定。而过于缓慢的程序会使被追究者长期处于利益悬而未决的状态，难以实现程序正义。正如那句古老的英国谚语所言：“迟来的正义为非正义。”可见，责任追究程序既不能过急也不能过缓，而应当控制在一个合理的限度之内，这个限度应该以被追究者能够充分申辩、举证为最低限度。

5. 程序救济。程序救济是指对于被决定承担相应责任的法律职业人员而言，应当在程序上给予其一定的救济途径。这是因为责任追究也可能犯错误。被追究者对追究决定不服或者认为追究程序违法的，可以向原追究机关或其上级机关申请复议、上诉、申诉。原追究机关、其上级机关发现追究决定错误或者程序违法的，也应当主动予以纠正。

---

[17] 此处的其他方面主要指追究者与被追究者存在亲属、朋友、师生等可能影响责任追究的关系。

三、法律职业责任追究的程序

(一)法律职业责任追究的主体

法律职业责任追究的主体,也就是调查、认定事实,作出处理决定的主体。责任追究主体一般由相应的责任规范予以明确规定。司法机关和司法行政机构的赔偿责任只能由法院最终确定;法律职业人员的民事责任只有其所在的单位有权追究;[18]纪律责任只有主管机关或行政监察机关有权追究;刑事责任只有司法机关有权追究。下面我们重点介绍一下纪律责任的追究主体。

西方国家对法律职业人员的惩戒,通常会由一个全部由该职业群体成员组成的组织来进行调查、审理。在美国,弹劾法官由最高法院首席法官主持,下议院提出弹劾案,上议院审理,还有一些州成立专门的司法法院,由高级法院或者各级法院法官组成,依照诉讼程序来进行审理。日本则专门设立了弹劾法院,弹劾法院的法官由参众两院各出7名议员组成,起诉则由参众两院各出10名议员组成法官追诉委员会来启动,但最高法院和任何国民都享有追诉请求权。德国则由联邦议会请求,联邦宪法法院审理。检察官的惩戒组织也与法官惩戒组织相差不大。如法国设立专门的检察官纪律委员会、日本有检察官合格审查会。对律师的惩戒,西方各国大多有一个类似法庭的组织来进行审理,这个组织有的国家称为律师惩戒委员会(日本),有的称为名誉法庭(德国),有的称为纪律惩戒法庭(英国)。西方国家惩戒组织的组成具有以下特点:第一,惩戒组织通常由与惩戒对象具有相同职业身份的人员组成,这样惩戒组织的成员会更容易理解案件的具体情形及应该考量的因素;第二,惩戒组织一般由两方面组成,即调查起诉组织与审理组织,以此来凸显程序公正。

在我国,根据《法官法》《检察官法》的规定,对法官和检察官的考核与惩戒都是由法院、检察院内部设立的考评委员会来实施的。考评委员会由本院的院长、检察长担任主任,对包括工作实绩、专业水平、职业道德等指标内容进行考核。考评委员会的考核包括平时考核与年度考核,其结果主要用于调整法官和检察官的等级、工资及奖惩、免职、降职、辞退。对考核结果有异议的可以申请复核。除了常规性的年度考核之外,在最高人民法院、最高人民检察院和各高级人民法院、省级人民检察院设置有法官(检察官)惩戒委员会,负责审查是否存在法官、检察官违背职责的行为。考评委员会与惩戒委员会之间,实际呈现出一种行政化考核与诉讼化惩戒的分工。考评委员会的考核是一种常规的内部“称职性”考核,虽然规定了“复核”这种异议程序,但这种“复核”是一种“再次审核”的意思,没有程序上的后果,也不具有诉讼化的构造。惩戒委员会的程序更趋近于诉讼,在审议惩戒事项时,当事法官或检察官有权申请回避,有权进行陈述、

---

〔18〕 需要说明的是,根据我国《国家赔偿法》的规定,司法职务民事责任的赔偿,相关司法机关、机构为赔偿义务机关,在赔偿有关损失后,应当责令有故意或重大过失的工作人员承担部分或全部赔偿费用。

举证、辩解。依据法律、法规、纪律的规定，我国律师惩戒组织是按照行政区划设立的各级律师惩戒委员会，这些惩戒委员会设立于各级司法行政机关中，接受同级司法行政机关的领导。惩戒委员会由三部分人——专职律师、律师协会和司法行政管理机关的人员组成，人数按照司法部、省(自治区、直辖市)司法厅(局)、市(地、州)司法局的级别顺序分别为9人、7人、5人的奇数。目前，我国的法律职业惩戒组织都存在中立性不够、“控审不分”的问题，今后的改革需要在这两个问题上着力。

(二)法律职业责任追究程序的启动

法律职业责任追究程序的启动大致可以分为两种类型：一是追究主体主动启动调查追究程序；二是被动启动。主动启动主要包括法律职业机关、机构在进行考核、审计、案件监督或者办理案件过程中，发现相关法律职业人员有违法、违纪行为，从而主动启动的调查程序。被动启动则主要是因为投诉、检举、举报、申诉等行为而启动的调查程序。

各国的情况基本上都符合这样的分类，只不过有关部门不同而已。美国的法官弹劾案由下议院提出；日本则由专门的法官追诉委员会提出弹劾案。追诉请求主要来自两个方面：一是上级法院在行使司法行政监督权时发现；二是公民自己提出。德国由联邦议会提出，英国由议会两院提出。由于大部分国家将检察机关视为行政机关，因此对检察官的审查大多类同于一般公务员。虽然不及法官惩戒程序的启动那样审慎，但一般也都设立相应的机构接受投诉意见，由该机构作出是否启动惩戒程序的决定。对律师的惩戒，在西方国家更类似于审判程序。一般而言，任何人都可以提出对某一律师的具体惩戒请求，从而启动惩戒程序。

我国法律职业责任追究程序的启动也符合上述分类。对于法官、检察官，由设立在法院、检察院的纪律监察部门接受群众的检举、控告以及各类组织和人员提供的线索、材料，或者监察部门主动发现线索，对这些材料、线索进行审查后，决定是否立案。对律师的惩戒，则任何公民和组织都有权向司法行政机关或律师协会投诉，司法行政机关和律师协会应责成律师惩戒委员会负责受理。可见在我国，律师的惩戒程序，行政色彩偏浓，律师惩戒委员会并不直接受理投诉，而受制于司法行政机关和律师协会，这也是应予改革之处。

(三)法律职业责任的调查、审理程序

法律职业责任的审理程序应当是一种准司法程序。按照程序公正原则的要求，法律职业责任的审理程序应当满足以下几个最低限度的要求：首先，审理组织及其组成人员应该独立于调查组织和被审查人。这就要求，审理组织成员不能同时兼任调查组织的成员，另外应该赋予被审查人回避申请权。其次，在调查、审理过程中，应该赋予被审查人员充分的陈述、辩解、提出对自己有利的证据的机会，这是程序参与原则的基本要

求。被审查人员提交的意见、证据应当能够有效地影响对自己的处分，这就要求审理人员在处分决定中必须对被审查人员的意见、证据给予有说服力的回复。再次，无论是调查程序还是审理程序，都应当遵循理性而及时的原则，也就是作为事实认定的证据必须经过严格的证明，处理决定必须建立在严密的逻辑基础之上。最后，对于处分决定，应当赋予被审查人以充分的申诉、申请复查的机会。《人民法院工作人员处分条例》《人民法院监察工作条例》《检察人员纪律处分条例》《人民检察院检务督察工作条例》《律师协会会员违规行为处分规则(试行)》等若干法律、法规、纪律，都分别规定了详尽的调查、审理、处理程序，并且都规定了在调查过程中，应询问被监察人，听取其对错误情节的陈述或者无错的辩解。一般通过审阅案件材料，进行不公开的书面审理。在处分决定作出后，也赋予受处分人员申诉、申请复查的权利。但是，在调查、审理组织的组成上，还存在一定的问题，即没有任何法律、法规、纪律条例对调查组织和审理组织应当分立进行规定，而且在回避问题上，尽管大多规定了调查、审理组成成员应该回避的情形，但都没有明确赋予被审查人员以回避申请权。在审理方式上，尽管就世界各国的通行做法，并不一定要公开审理，但我们认为应当赋予被审查人员公开审理请求权，即审理方式以不公开的书面审理为主，除非被审查人要求。此外，在处分决定文书中，我国也缺乏对被审查人意见、证据的合理回复的要求。这些都是调查审理程序需要完善的地方。

本章案例

2011 年 9 月 16 日凌晨 6 时许，陕县境内发生一起车祸，导致 3 人死亡、2 人受伤。经三门峡市交警支队现场勘验，认定肇事司机杨新华承担事故全部责任。法官水涛审理此案时，在被害人家属未得到赔偿的情况下，认定“被告人积极赔偿被害人家属经济损失 90 余万元”，对杨新华从轻处罚，一审以交通肇事罪判处其有期徒刑 2 年。此案经媒体报道后，面对质疑，水涛的解释竟然是：轻判是因为负责民事审判的三门峡市湖滨区法官翟二民“出具了一份表述含糊的赔偿证明”，自己当时“眼睛花”没看清，才将案件“判错了”。

| 案例解析 |

“眼花判错案”是媒体的戏谑，也反映了这个荒唐案件对司法公信力、对司法尊严的损害。个别法官责任意识淡薄、职业道德沦丧，是造成冤假错案的重要原因。该案被曝光后，河南省高级人民法院、三门峡市政法委迅速依法、依纪启动法官责任追究程序，相关责任人受到党纪处理，主审法官水涛涉嫌受贿被移交司法机关。

法律职业资格考试例题

(多项选择)关于不同法律职业责任，下列哪些表述是正确的？

A. 法官职业责任包括执行职务中违纪行为的纪律责任、执行职务中犯罪的刑事责任

B. 检察官职业责任包括执行职务中违纪行为的纪律责任、赔偿责任和执行职务中犯罪的刑事责任

C. 律师职业责任包括执业活动中违反有关律师法律、法规及执业纪律的民事、行政、刑事责任和纪律处分

D. 公证职业责任包括公证活动中违反有关公证法律、法规及职业道德规范的民事、行政、刑事责任和惩戒处分

| 试题解析 | ACD

法律职业责任是法律职业人员违反有关法律职业人员的法律和道德所应承担的责任。它包括刑事责任、民事责任、行政责任和纪律处分。《法官法》和《检察官法》只规定了执业的纪律责任和刑事责任。

第五章　法官职业伦理

除了法官的人格以外,没有其他东西可以保证实现公正。

——[美]本杰明·卡多佐

章引语

在一个法治国家,法院乃纠纷之最终解决场所,法官肩负实现社会公平与正义的重要使命。法官职业伦理关乎法官群体形象,关乎司法之公正权威,关乎社会正义之底线。法官必须忠诚司法事业、保证司法公正、确保司法廉洁、坚持司法为民、维护司法形象,如此,法治方有希望。

法官职业伦理　职业责任　培育

第一节　法官职业伦理概述

一、法官职业化与职业法官的特征

(一)法官职业的出现与职业法官的产生

人类社会早期就出现了审判制度,但在相当漫长的历史时期里,并没有产生现代意义上的职业法官。行使审判权的主体是非职业化的社会成员,如我国古代社会,地方行政长官兼理诉讼,司法行政不分;西方古罗马时期实行公民审判,由全体公民组成法庭,以投票方式审理案件。

现代意义上的职业法官最早起源于英、法两国。大约在12世纪后期,法官职业化开始萌芽。到14世纪上半叶,英国已形成一条不成文的习惯法原则,即法官必须从精通法律的专门人才中任命。资产阶级革命胜利后,西方资本主义国家确立了以“三权分立”学说为基础的国家政权组织模式,国家权力分为司法权、立法权和行政权。司法权取得独立于立法权和行政权的地位，专职司法的法官在国家政治生活中的地位得以确立，并获得制度性保障。随着资本主义在世界范围内取得对封建制度的胜利，法官职业化逐步扩展到世界范围，职业法官在各国政治社会生活中发挥越来越大的作用，成为现代民主与法治的重要保障。

法官职业化有着深刻的社会历史原因，它是社会结构变化及国家职能与职权分化的结果，同时也是历史传统和文化积淀的产物。从社会结构来说，基于社会分工的发展，法律活动逐渐专门化，从事法律活动的社会成员组成特殊的职业群体，形成独立的职业阶层，职业法官属于这一阶层的一员；从政治制度上来说，由于国家职权不断分化，司法从其他政府职能中分离出来，由专门的审判机关负责，职业法官成为司法机关中专门行使审判权的主体；从历史和文化传统来说，西方社会中世纪后期，法律与宗教、习惯开始分离，成为调节社会关系最重要的规范体系。作为一种规范体系，法律在其演化过程中日渐理性化、系统化，成为一门独立的学科。司法成为高度专业化的职业活动，只有经过专业训练才能胜任。基于上述原因，职业法官逐渐取代了非职业法官。

（二）职业法官的特征

与非职业法官相比，职业法官具有以下特征：

第一，职业法官拥有共同的知识背景。职业法官以专门的知识服务社会。要成为一名职业法官，必须接受系统的法学教育和专业技能训练，掌握法律的基本理论，能够运用法律原则和原理熟练地处理各种冲突和纠纷，将各种客观事实纳入法律框架，化为法律事实，以专业思维方式推理判断，解决社会矛盾。长期的教育和实践，使职业法官作为一个群体具备了相同的知识结构和思维方式，而这种同质化的知识结构和思维方式反过来又强化了法官这一职业群体的稳定性。

第二，职业法官具有较高的从业门槛。为了保证法官能够在各种复杂的社会纠纷和冲突中寻求具有法律意义的事实，准确理顺各种法律关系，作出正确判断，在挑选职业法官时，各国一般都规定了相当严格的选拔条件，其中既包括学习经历、专业知识考核，更包括从业经历、伦理水平等诸多方面的内容。在法治发达的国家，一个人要成为一名职业法官，往往要经过多年历练，以至于人们把成为一名职业法官看成是其人生“姗姗来迟的辉煌成就”。

第三，职业法官有着特殊的职业保障。法官是一种特殊的社会职业，它要求法官必须把自己的职业作为一项事业，奉献自己的智慧和精力。作为一名裁判者，法官必须公正司法，维护社会公平正义。为此，现代各国均通过立法给法官提供充分的职业保障，帮助法官排除干扰，公正独立地行使审判权。如规定法官职务终身制，未经本人同意不得转职调任；为法官提供相对丰厚的薪俸；法官享有司法豁免权等。这些保障制度有利于法官保持超然中立的地位，实现公正裁判。

第四，法官有着共同的职业伦理。职业法官基于共同的知识背景、从业经历、思维方式以及相似的社会地位，产生了共同的职业伦理规则。法官职业伦理既是法官职业化的产物，同时又是维系法官职业群体存在和发展的重要因素，是职业法官重要的精神支柱。

二、法官职业伦理的演变及其特征

（一）法官职业伦理的演变

法官职业伦理是维系法官职业群体的内在因素，是法官从事审判活动及其个人生活中必须遵守的伦理规则。在法官职业化历史进程中，法官职业伦理历经了一个从自然伦理、宗教伦理到规范伦理的演化过程。

法官职业化早期，由于社会结构和社会关系相对简单，法官的职业伦理并没引起人们的关注。受法律传统、文化和宗教等因素影响，职业伦理呈现出自然伦理和宗教伦理的特点。如传统观念认为，法官职业伦理的要求包含于自然正义原则或者宗教伦理要求之中。《圣经》中许多对法官的伦理训诫，构成法官的职业行为准则，法官只要遵循自然正义原则或宗教伦理就符合职业伦理的要求，并无必要另外制定一个专门的伦理法典。

随着社会的不断发展，社会结构的日趋复杂，尤其是在现代社会，法官处于复杂的社会关系之中，自然正义和宗教训诫已无法完全替代法官职业伦理的要求，法官职业伦理逐渐被关注并得以建立和完善，职业伦理从自然伦理和宗教伦理过渡到规范伦理。1924 年，美国法官会议第 47 次年会专门通过了一个司法伦理规范，希望以此为法官职业群体提供统一的职业伦理标准，提高法官的职业伦理意识，由此开创了法官职业伦理法典化的先河。

第二次世界大战以后，各国政治经济社会发生了深刻变化，司法在国家政治社会生活中的作用越来越大，各种社会问题和政治问题纷纷以法律问题的形式提交司法裁决，社会现实对法官职业伦理提出了挑战。人们不仅对裁判本身，而且也对做出裁判的法官的伦理提出要求。自 20 世纪 60 年代以后，西方国家开始普遍出现法官职业伦理法典化倾向，相继出台法官职业道德规范。如美国 1972 年对 1924 年的司法伦理准则进行了修订，使其成为一部有约束力的职业伦理法典；德国 1962 年制定的法官法对法官的角色和行为规范作了详细规定；澳大利亚、加拿大也分别在 20 世纪 80、90 年代制定并公布了本国司法职业伦理基本准则，将法官职业伦理纳入统一的规范准则之中。

（二）法官职业伦理的特征

与一般的伦理规范相比，法官职业伦理具有以下特征：

1. 法官职业伦理的主体是职业法官。基于分工不同，法院内部除职业法官外，还设有书记员、司法警察、行政后勤人员等，这些人员的职责是协助法官行使审判权。根据职业要求，他们有着各自的行为规范和职业操守，法官职业与上述人员的职业虽然有着密切的联系，但是他们的职业特性和任务有着本质区别，因而在职业伦理上也有不同要求。如法院司法行政人员奉行“上命下从”的行为准则，服从领导是其基本的职业要求。而法官基于公正裁判的需要，必须在审判活动中保持独立性，按照自己对证据、事实和法律的真诚理解作出判断，法官除了法律不存在任何上级。法官职业伦理的主体是法院里面行使审判权的职业法官，不包括法院其他组成人员。

至于法官职业伦理的主体是否包括陪审员应分情况而定。目前世界各国存在两种陪审制度：一种是普通法系国家实行的陪审团制度，另一种是大陆法系国家实行的陪审员制度（参审制）。在陪审团制度中，陪审团负责认定案件事实，法官负责适用法律。实行陪审团陪审的目的是依靠普通民众的良心和理智判断案件事实，对法官审判形成制约。因此，在实行陪审团制度的国家，一般要求陪审员必须是普通公民。从这一角度来看，法官职业伦理的主体不应该包括陪审团成员。在采取陪审员制度的国家，陪审员与法官共同审理案件，行使与法官相同的权力，而且一般要求陪审员尽可能熟悉法律或专业知识，以弥补法官知识的欠缺。在这种制度下，陪审员实际上是对法官的补充。因此，陪审员在履行陪审职责时，也应当遵守法官职业伦理的要求。

2. 法官职业伦理规范的对象是法官职业行为及其各种社会活动。职业伦理是社会从业人员在职业活动中应当遵循的行为准则，它是适应社会分工、职业分工的需要，在职业活动实践的基础上产生的，是与人的职业角色和职业行为相联系的一种高度社会化的伦理类型。法官职业伦理与法官职业密切相连，它产生于法官的职业活动，是其职业活动的行为规范和伦理要求。因此，法官职业伦理所调整的对象首先表现为法官的职业行为。如公正的伦理义务要求法官在诉讼中自觉遵守回避制度，在有可能影响案件公正审理的情况时应当主动回避。中立的伦理义务要求法官在诉讼中平等对待双方当事人。但是，由于在社会公众的眼里，法官被认为是法律的代言人，是公平正义的符号和象征，法官的一言一行都应当体现法的精神，对人们的思想、行为具有指导作用，对社会伦理也具有引导意义。因此与一般公民伦理甚至其他不同行业的职业伦理相比，法官职业伦理具有更高的伦理色彩。法官职业伦理不仅体现于法官职业活动中，也渗透于法官的日常生活当中。法官不仅要在职业活动中严格遵守职业伦理规范，而且要在社会生活的各个方面成为社会的楷模。

3. 法官职业伦理的核心内容是公正司法。法官职业伦理涉及各个方面的内容，其核心是公正司法，各种具体的伦理规范都是围绕公正司法这一核心内容而设立的。之所以称法官职业伦理的核心是公正司法，根本原因在于法官职业的特殊性质。作为一种专门的职业，法官的任务是通过司法裁决，服务社会，解决争端。要使法官能够很好地服务社会，必须保证法官作出的裁判能为案件当事人和社会公众所接受。而实现这一目的，不能仅凭司法的强制力，只有在当事人和社会公众认为能够通过裁判获得公平正义的时候，才能真正接受法官裁判。在此意义上，公正司法具有了双重的目标价值：

在形而下的意义上,它是整个司法制度赖以建立和维护的根本目的和价值尺度;在形而上的层面上,它是法官、当事人及社会公众共同信奉的精神支柱。而法官职业伦理为法官确立行为准则的主要目的,是确保法院在审理案件时做到公正审判,确立诉讼当事人及社会公众对法院司法公正的信心。正因如此,公正司法就成为法官职业行为所追求的最高目的,构成法官职业伦理的核心内容。

三、我国法官职业伦理的作用

我国《宪法》和《人民法院组织法》规定人民法院是国家的审判机关,其任务是依照宪法、法律规定独立行使审判权,审判刑事案件、民事案件、行政案件以及法律规定的其他案件。根据《法官法》的规定,法官是各级人民法院内部依法行使国家审判权的审判人员,职责是依法参加案件审判和履行法律规定的其他职责。在履行职责时,法官必须忠实执行宪法和法律,维护社会公平正义,全心全意为人民服务;应当勤勉尽责清正廉明,恪守职业道德。为打造一支高素质的法官队伍,最高人民法院在总结以往队伍建设的经验教训的基础上,2001 年 10 月 18 日颁布并于 2010 年 12 月 6 日修订了《法官职业道德基本准则》,2010 年 12 月印发了《法官行为规范》,对法官的职业行为和社会活动明确了基本的行为准则。加强法官职业伦理建设,提高法官队伍思想道德水平,既是法官职业健康发展的内在需要,也是消除我国当前法官队伍中存在的种种不良现象的重要举措,对我国法官队伍建设有着十分重大的现实意义。

第一,法官职业伦理是法官正确行使审判权,维护人民民主专政国家制度的重要保证。法官职业伦理来源于法官职业活动,同时又服务于法官职业活动。我国法官的职责是依法行使审判权。通过审判活动,保护个人和组织的合法权益,监督行政机关依法行使职权,维护国家安全和社会秩序,维护社会公平正义,维护国家法制统一、尊严和权威,保障中国特色社会主义建设的顺利进行。法官职业伦理通过规范法官职业行为,保证审判权的正确行使,为维护我国人民民主专政的国家制度提供重要的保障。

第二,法官职业伦理是保证公正司法、提高办案质量的必要条件。我国法官的根本任务是认真办理各类案件。法官在审理各类案件时,只有具备崇高的道德情操,严格依法,秉公办案,客观公正,才能保证案件质量,防止冤、假、错案的发生。当前,我国法治建设已有较大发展,中国特色社会主义法律体系基本建立,无法可依的局面已不存在。但是,司法活动中仍不时发生司法不公现象,社会公众对司法满意度不高,司法腐败是社会关注的重点问题之一。究其原因,除司法体制不顺、法官业务能力和工作方法欠缺等原因以外,少数法官职业道德欠缺也是一个重要原因。一些地方"案件一进门,两边都托人",打官司就是"打关系"。法官在具体案件中不能自觉坚守职业伦理规范,审理案件时偏袒一方当事人,故意规避法律甚至公然违法判案,严重损害当事人的合法权益,破坏国家形象,导致冤、假、错案发生。因此,法官具有高尚的职业道德,自觉维护法律尊严是公正司法、提高法官办案质量的重要保证。

第三,法官职业伦理是法官提高自身修养和素质的重要保证。法官作为一个职业化的社会群体,被誉为公正的代名词、维护社会公正的最后防线。法官要承担起维护社会公正的功能作用,必须不断保持和提高自身修养和素质。一名合格的法官,是珍惜自己职业声誉和社会地位、自觉维护职业荣誉的人。维护自身的职业声誉和社会地位,必须不断提高自身的道德情操、法律知识水平。当今各国职业法官都十分爱惜自身的职业名声,自觉提高自身素质。一些国家基于法官独立的要求,并没有完整的法官教育培训制度,法官提高自身素质,不断学习法律知识是法官个人的事。在这种体制下,学习法律知识更多地是靠职业伦理的要求来约束和促进。只有具有良好的职业伦理的法官,才能真正认真学习各种法律知识,不断提高自身专业素质和业务能力。

第四,法官职业伦理对促进社会主义法治建设、提高公民法律意识和树立现代法治观念有着十分积极的意义。党的十八大提出"全面推进依法治国,加快建设社会主义法治国家",这有赖于全体社会成员树立法律至上、依法办事的法律观念。由于我国历史上人治历史悠久,社会公众存在浓厚的青天思想、人治意识。而程序正义、规则意识则较为淡薄,功利主义、工具主义法律观、特权思想在公民的思想、行动中时有表现,这些都在一定程度上影响了法治建设的步伐。建设社会主义法治社会,必须在全社会营造规则意识、程序意识,需要将尊法、重法、守法、自觉维护法律尊严的要求内化为每一位社会成员的内在信念。在社会主义法治建设过程中,法官职业伦理水平对促进全社会法治建设有着十分重要的示范和引导作用,对维护社会主义法律秩序有着积极的保障作用。法官拥有较高的法律职业伦理,具有良好的职业形象,在审判活动中敢于秉公执法,严格依法办案,通过自己的全部活动实现法律,贯彻立法宗旨,有利于教育公民自觉遵守法律,促进全社会法律意识的培养。

第二节　法官职业伦理要素

法官职业伦理要素是对法官具体行为规范的抽象和概括,涵盖了职业伦理规范的各个方面,构成法官职业伦理规范的主要内容。不同国家在制定本国法官职业伦理规范时,对法官行为的具体要求可能存在不同规定,但基本上是围绕职业伦理基本要素展开的。我国最高人民法院颁布的《法官职业道德基本准则》,在参考、吸收各国法官管理的主要方式和经验的基础上,从法官职业的特点和我国法官队伍建设的实际情况出发,全面系统地制定了我国法官职业伦理基本规范。根据该准则的规定,我国法官职业伦理基本要素包括以下五个方面内容,即忠诚司法事业、保证司法公正、确保司法廉洁、坚持司法为民、维护司法形象。根据《法官行为规范》,职业伦理贯穿案件受理、庭审、诉讼调解、文书制作、执行、涉诉信访处理、业外活动等各个环节。

一、忠诚司法事业

忠诚，就是对人或事矢志不渝、尽心竭力的思想觉悟和伦理品质。自古以来，忠诚是一项崇高的伦理原则，中外相关论述颇多，比如“人无忠信不可立于世”“不信不立，不诚不行”等。现代社会中，忠诚是许多职业倡导的重要伦理原则之一，甚至被奉为首要的原则。作为法官职业伦理的忠诚，不仅要求具有政治上的坚定性，即对中国特色社会主义制度、道路、理论和中国特色社会主义司法制度矢志不渝的认同，还要求具有事业上的坚定性，即对中国特色社会主义司法事业忠贞不二的坚持。具体要求如下：

第一，牢固树立社会主义法治理念。要求法官牢固树立依法治国、执法为民、公平正义、服务大局、党的领导等社会主义法治理念，始终坚持党的事业至上、人民利益至上、宪法法律至上；始终做到党在心中、人民在心中、法在心中、正义在心中。永葆忠于党、忠于国家、忠于人民、忠于法律的政治本色，做中国特色社会主义事业的建设者和捍卫者。

第二，坚持和维护中国特色社会主义司法制度。要求法官认同中国特色社会主义法治的价值目标，在司法审判工作中认真贯彻落实依法治国基本方略，尊崇和信仰法律，模范遵守法律，严格执行法律，自觉维护法律的权威和尊严，为党和国家的路线方针政策的执行提供司法保障。

第三，热爱司法事业，珍惜法官荣誉。要求法官增强职业认同感、责任感和荣誉感，坚持职业操守，恪守法官良知，牢固树立司法核心价值观，以维护社会公平正义为己任，爱岗敬业，认真履行法官职责。

第四，维护国家利益，遵守政治纪律。要求法官增强政治责任感和敏锐性，保持高度的政治警觉，坚持以国家利益为重，严守政治纪律和政治规矩，保守国家秘密和审判工作秘密，不从事或参与有损国家利益和司法权威的活动，不发表有损国家利益和司法权威的言论。

二、保证司法公正

“公正”一词包含公平、正义的含义，它是人类社会共同尊崇的价值追求，也是司法活动重要的价值目标。司法作为一种社会控制手段，担负着定分止争、解决矛盾、消弭冲突、维护社会秩序，最终实现公平与正义的社会功能。要发挥司法的社会功能，司法本身必须是公正的。法官只有本着公正的精神，运用法律专业知识和技能，公正裁判案件，正确履行司法职责，才能实现司法的目的。正因如此，保障司法公正不但是法官的法律义务，同时也是法官职业伦理上的要求，它构成法官职业伦理中一项最主要、最基本的内容。

司法公正包括实体公正和程序公正两个方面。实体公正又称结果公正，指法院裁判认定的案件事实符合客观事实，案件处理结果符合实体法的规定和正义的要求。程序公正是诉讼过程的公正，它要求在诉讼过程中，当事人诉讼地位平等，法官中立，程序公开等。实体公正是司法活动追求的重要目标，程序公正是司法活动必备的基本要素。保障司法公正，要求法官坚持以事实为根据，以法律为准绳，严格遵守法律程序，根据案件客观事实和具体的法律规范，正确分配当事人的实体权利义务，在实现实体公正的同时实现程序公正。具体来说，应做到以下几个方面的要求：

第一，坚持依法独立行使审判权。依法独立行使审判权是法官排除各种干扰，公正履行职责，正确适用法律的必要条件。我国宪法和法律规定人民法院独立行使审判权，不受任何行政机关、社会团体和个人的干涉。法官在履行职责时，应当忠于宪法和法律，坚持和维护独立行使审判权的原则。在审判活动中坚持以事实为根据，以法律为准绳，根据自己对案件事实、证据的认识和对法律的理解独立思考、自主判断；敢于坚持正确意见，自觉抵制和排除各种案外因素对审判活动的干扰。独立行使审判权也要求法官在审判活动中，在抵制各种外来非法干扰的同时排除自身好恶和个人利益的影响，不得因为自身原因损害公正裁判。法官在坚持独立行使审判权原则的同时，也应当尊重其他法官对审判职权的依法行使，除履行工作职责或者通过正当程序外，不过问、不干预、不评论其他法官正在审理的案件。

第二，保持中立的裁判角色。法官在审判活动中应当保持中立，不偏不倚，维护司法公正的形象和要求。现代诉讼制度是以控、辩、审三方构建起来的纠纷解决机制。其中，审判中立是诉讼结构得以存续和推进的基础。无论是刑事诉讼、行政诉讼还是民事诉讼，其程序法都把审判者的中立作为一项基本要求加以详尽规定。保持中立的审判角色，要求法官必须牢固树立程序意识，坚持实体公正与程序公正并重，严格按照法定程序执法办案，充分保障当事人和其他诉讼参与人的诉讼权利，避免执法办案中的随意行为。坚持以事实为根据，以法律为准绳，努力查明案件事实，准确把握法律精神，正确适用法律，合理行使裁量权，避免主观臆断、超越职权、滥用职权，确保案件裁判结果公平公正。自觉遵守司法回避制度，审理案件保持中立公正的立场，平等对待当事人和其他诉讼参与人，不偏袒或歧视任何一方当事人，不私自单独会见当事人及其代理人、辩护人。

第三，恪守公开原则。阳光是最好的防腐剂，公正的前提是公开。司法活动不仅要实现公正，而且要在人们能够看见的情况下实现公正。公开原则要求法官在履行职责时，除了法律规定不应公开或者可以不公开的情况之外，其他司法活动应当以公开的方式进行。为此，法官在审判活动中应认真贯彻司法公开原则，尊重人民群众的知情权，自觉接受法律监督和社会监督，同时避免司法审判受到外界的不当影响。严格遵守法律确定的公开内容和范围，如审判公开的案件应向当事人和社会公开，允许公民旁听，允许新闻记者采访。公开原则不仅体现在诉讼活动过程中，也体现在司法裁判的说理中。司法裁判内容不仅确定了当事人的权利义务关系，其本身还是一种法律推理活动，并蕴含着一定的价值观念的评判与选择。科学合理的裁判有利于当事人和社会公众对司法的理解和接受,增强司法权威。因此,法官应增强裁判文书的说理性,将法官裁判理由公之于众,接受逻辑法则和经验法则的检验,接受社会公众的评判,力争以理服人。

第四,提高司法效率。迟来的正义为非正义,离开效率,司法公正就会失去其存在的基础,成为空谈。职业伦理层面上的效率是从伦理角度为法官设定一些义务,从法官内心深处、良知层面上,对法官提出提高司法效率的职业伦理义务,发挥法官在提高司法效率方面的主观能动性。它要求法官严格遵守法定办案时限,提高审判执行效率,及时化解纠纷,注重节约司法资源,杜绝玩忽职守、拖延办案等行为。为此,法官应合理安排各项审判事务,监督当事人遵守诉讼程序和各种时限的规定,确保在诉讼期限内审结案件,对生效法律文书应当依法采取有效措施,尽快予以执结,遇有特别情况不能在法定审限内结案的,也应当按照法定程序办理延长审限的手续。

三、确保司法廉洁

确保司法廉洁的伦理义务是指法官应保持在物质利益和精神生活方面的纯洁与清廉,合理地处理公职与私利之间的关系,正确对待外部的不当利益,维护司法尊严和公信力。法官职业是神圣的,但法官在履行职责的过程中,不可避免地要涉及各种社会关系和人际关系,触犯某些人的私人利益。当前,我国"重人情轻法治"的封建思想还有广泛的残留,诉讼中为当事人讲话、说情、拉关系的现象大量存在。这就要求法官在办案过程中,要秉公执法,依法办事,不徇私情、不谋私利。明朝海瑞曾有句名言:"吏不畏吾严而畏吾廉,廉生威。"法官做到清正廉明,有利于超脱各种利益干扰,公正司法,保持法官的良好形象,提高公众对司法的信任,树立司法权威。正因如此,我国《法官职业道德基本准则》将保持清正廉洁作为法官在职业方面的一项重要义务加以规定。一名职业法官能够坚守清正廉洁的伦理要求,不但能为法官增添人格魅力,更易为当事人所信任,其裁判也更容易被接受。

第一,树立正确的权力观、地位观、利益观。坚持自重、自省、自警、自励,坚守廉洁底线,依法正确行使审判权、执行权,杜绝以权谋私、贪赃枉法的行为。法官应牢固树立起司法权力来自人民、服务人民的意识,正确对待个人的名利地位,正确认识岗位和职责的关系,正确处理好个人利益与整体利益、局部利益与全局利益、眼前利益和长远利益的关系,正确运用手中的司法权力、通过依法履行职责全心全意为人民服务,为实现最广大人民的根本利益而努力工作。

第二,严格遵守廉洁司法规定。在履行职责时,不得直接或者间接地利用职务和地位谋取任何不当利益。不接受案件当事人及相关人员的请客送礼,不利用职务便利或者法官身份谋取不正当利益,不违反规定与当事人或者其他诉讼参与人进行不正当交往,不在执法办案中徇私舞弊。身处市场经济社会,除国家薪俸外,法官也可以获得法律许可的其他收入,如继承、稿酬等,但应依法履行纳税等义务,而且不得获得可能影响司法公正与廉洁的任何收入。

第三,不从事或者参与营利性的经营活动。法官不得参与可能导致对其公正廉洁形象产生不信任感的商业活动或者其他经济活动,不得在企业及其他营利性组织中兼任法律顾问等职务,不得就未决案件或者再审案件给当事人及其他诉讼参与人提供咨询意见。

法官不得兼任律师是各国法律或司法职业伦理之通例。与之相关的几种情况需要特别注意:一是法官为律师介绍案件并从中收取提成。这种行为严重违反职业伦理,已经为法律、纪律所禁止。二是法官离职后从事律师职业的问题。法官因故不再担任法官职务后,从事律师职业的,在我国也受到一定限制。虽然这些规定实际上限制了离职法官的工作权利,但是由于目前各种制约机制不健全,离职法官可能会利用自己原有的法官职位的影响,谋取不当利益,所以,这种限制在当前特定的时期是必要的,也符合我国司法职业伦理现状。

第四,妥善处理个人和家庭事务。一方面,法官不得利用法官身份寻求特殊利益,包括不得为了获得特殊照顾而有意披露自己的法官身份,不得利用法官的声誉和影响为自己、亲属或者他人谋取私人利益,应按规定如实报告个人有关事项。我国现行立法中有公职人员申报个人有关事项的规定,就法官所承担的社会责任和历史使命而言,更应当从伦理层面理解并支持有关申报制度,如实申报个人财产,主动接受监督,以维护法官整体清廉的形象。另一方面,法官必须向其家庭成员告知法官行为守则和职业伦理的要求,教育、督促家庭成员不利用法官的职权、地位谋取不正当利益,并督促其家庭成员不得违反有关规定。

四、坚持司法为民

人民性是人民司法的根本属性。司法为民就是要努力实现司法工作依靠人民、服务人民、造福人民和保护人民的宗旨。人民群众是审判、执行工作质量、效率、效果的直接受益者和最终评判者,司法公信力及其尊严权威归根结底是人民群众的口碑。法官只有充分认识到这些,才能按照"人民群众对美好生活的向往就是我们的奋斗目标"的要求,积极回应人民群众对公正司法的关切和期待,在法律和政策的范围内把司法的便民、利民、亲民体现到审判执行工作的每一个环节中去,公正高效地审理执行好各类案件。

第一,牢固树立以人为本、司法为民的理念,强化一心为民的群众观念,切实落实司法为民的各项规定和要求,听民声、察民情、知民意,重视群众诉求,关注群众感受,依法保障好人民群众的合法权益。

第二,注重发挥司法的"能动"作用,积极寻求有利于"案结事了"的纠纷解决办法,努力实现法律效果与社会效果的统一。比如树立调解理念,增强调解意识,坚持"调解优先、调判结合",充分发挥调解在解决纠纷中的作用;切实遵循合法、自愿原则,防止不当调解、片面追求调解率；讲究方式方法，提高调解能力，最大限度地化解各类社会矛盾。

第三，认真执行司法便民规定，树立服务意识，畅通人民群众依法维权的渠道。做好诉讼指导、风险提示、法律释明等便民服务，让司法便利群众、接近群众，让群众走进司法，努力为当事人和其他诉讼参与人提供必要的诉讼便利，尽可能降低诉讼成本。

第四，尊重当事人和其他诉讼参与人的人格尊严，避免盛气凌人、“冷硬横推”等不良作风；尊重律师，依法保障律师参与诉讼活动的权利。

五、维护司法形象

任何一种职业活动都有其应当具有的形象。这个形象反映着职业活动的本质特征，同时可强化职业群体的荣誉感和归属感，加深人们对该职业的认同。司法形象在司法活动中有着特殊意义，体现出法官的职业素养和法官职业的文明程度，有助于提高司法公信力，有利于维护司法权威和尊严。把司法形象作为职业伦理规范，就是要从职业伦理的高度规范法官行为，增强法官维护自身形象和司法尊严的自觉性。

第一，忠于法官职守，坚持公平正义。秉公办案、惩恶扬善、弘扬正义，是法官的职业操守。法官应当致力于履行各项法定职责，把主要精力投入司法审判业务之中，以高度的责任心从事审判工作；法官应当遵循司法规律，但也要开拓创新，积极进取，不能因循守旧、抱残守缺；法官应当以克制的态度对待手中的权力，绝不能滥用；法官必须坚持学习，勤研法理，钻研业务，精益求精，掌握履行司法职责所必需的法律知识和法律技能，使自己的审判能力臻于完善。

第二，坚持文明司法，遵守司法礼仪。法官在履行职责过程中应该行为规范、着装得体、语言文明、态度平和，保持良好的职业修养和司法作风。无论在法庭上还是在其他工作中，法官都应当保持与身份、职责相符的良好形象，举止大方得体。遵守法庭礼仪，按照规定着法官袍或者法官制服、佩戴徽章，并保持整洁；准时出庭，不缺席、迟到、早退，不随意出入；庭审过程中集中精力，专注庭审，不做与审判活动无关的事，监督法庭内所有人员遵守法庭规则，保持法庭的庄严。尊重当事人和其他诉讼参与人以及旁听人员，语言规范、文明，不得使用侮辱、挖苦的语言，严禁粗鲁谩骂当事人。努力为当事人和其他人员正常地参与诉讼活动、旁听人员行使了解审判活动的权利提供良好的条件。

第三，加强自身修养。法官应该培育高尚的道德情操和健康的生活情趣，杜绝与职业形象不相称、与职业伦理相违背的不良嗜好和行为，遵守社会公德和家庭美德，维护良好的个人声誉。随着社会对法官职业特殊性的认识逐渐一致，社会公众对法官的期望值不断提高，对法官职业操守的要求也越来越多，对法官的评价扩展到法官的一切行为甚至表露出的思想。法官应当着重培养有利于提高法官形象、提高工作能力和水平的爱好和习惯，摒弃那些与社会公共道德、公共秩序和善良风俗相违背的，以及可能影响法官形象和公正履行司法职责的爱好和习惯。在日常生活中,法官应当加强职业意识培养,注重职业荣誉,不做有损法官身份的事情,培养崇高的道德操守,严格自律,行为检点,谨慎参与社会活动。参加社交活动要自觉维护法官形象,做遵守社会公德和家庭美德的楷模。

第四,法官离任后应当遵守国家相关规定。法官退休后,其行为仍需继续谨慎、适度、守法,不得利用自己的原有身份和便利条件过问、干预执法办案,避免因个人不当言行对法官职业形象造成不良影响。根据《法官法》的规定,法官从人民法院离任后两年内,不得以律师身份担任诉讼代理人或者辩护人;法官从人民法院离任后,不得担任原任职法院办理案件的诉讼代理人或者辩护人,但是作为当事人的监护人或者近亲属代理诉讼或者进行辩护的除外;法官被开除后,不得担任诉讼代理人或者辩护人,但是作为当事人的监护人或者近亲属代理诉讼或者进行辩护的除外。

从职业伦理层面上讲,法官离任后,虽不再具有法官的身份,但其行为在一定程度上仍对法官职业的信誉和司法机关的形象有所影响。比如,有的法官退休后试图利用其原有的法官身份和影响,从事营利性的活动,为自己或其亲属谋取不正当的利益,这不仅容易滋生腐败,而且容易造成"权力寻租",从而影响司法公信力。

第三节　法官职业责任

社会伦理的维系和发展主要依靠伦理主体的自律和社会评价机制的他律。伦理主体的自律是指伦理主体基于自身的伦理意识、信念、良心而自觉履行伦理义务。社会评价机制的他律是指通过社会舆论、传统、风俗的引导、监督和评价,惩恶扬善,督促、鼓励相关主体遵守伦理义务,维护良好的伦理风尚。一般来说,伦理与纪律、法律等强制性规范有着明显的区别,伦理问题应当通过伦理手段解决,而不应上升到纪律惩戒或法律制裁。

与一般社会伦理不同,职业伦理基于职业分工而形成,反映特定职业的本质和要求,是维系职业群体及职业发展的需要。违反职业伦理直接危及该职业的健康发展,损害职业群体的整体利益,因此有必要采取有效措施约束违反职业伦理的行为。

法官职业伦理与法官的审判业务紧密相连,目的是维护法官形象、增进司法公信力、保障公正司法。法官职业伦理规范具有多重性质,不仅构成法官的伦理义务,同时也构成法官职业纪律和法律义务的具体内容。法官违反职业伦理的行为往往同时违反职业纪律或法律义务,其所承担的责任除伦理谴责外,还有可能遭受纪律惩戒或法律制裁。法官违反职业伦理义务所承受的上述不利后果统称为法官职业责任。

一、我国法官职业责任的基本内容

《法官法》第46～51条规定了法官惩戒制度，这是我国法官职业责任的法律依据。在《法官法》第46条规定的应受惩戒的10种行为中，多数属于违反职业伦理的行为。最高人民法院先后颁布了《关于对配偶子女从事律师职业的法院领导干部和审判执行岗位法官实行任职回避的规定（试行）》《关于人民法院落实廉政准则防止利益冲突的若干规定》等规范性文件，对法官职业责任作了具体细化的要求。《中共中央关于全面推进依法治国若干重大问题的决定》强调依法规范司法人员与当事人、律师、特殊关系人、中介组织的接触、交往行为。严禁司法人员私下接触当事人及律师、泄露或者为其打探案情、接受吃请或者收受其财物、为律师介绍代理和辩护业务等违法违纪行为，坚决惩治司法掮客行为，防止利益输送。

2009年，最高人民法院颁布了《人民法院工作人员处分条例》，同时废止了此前颁布的《关于人民法院工作人员纪律处分的若干规定（试行）》《人民法院审判纪律处分办法（试行）》《人民法院执行工作纪律处分办法（试行）》《关于严格执行〈中华人民共和国法官法〉有关惩戒制度若干规定》等规定。该条例从政治纪律、办案纪律、廉政纪律、组织人事纪律、财经纪律、失职行为、违反管理秩序和社会伦理的行为等方面，对人民法院工作人员的职务行为和日常生活行为进行了全面规范。2015年8月，最高人民法院颁布的《人民法院落实〈司法机关内部人员过问案件的记录和责任追究规定〉的实施办法》《人民法院落实〈领导干部干预司法活动、插手具体案件处理的记录、通报和责任追究规定〉的实施办法》，对司法实践中比较突出的打听、说情、干预办案等行为进行规范。这些规定建立起了我国法官职业责任的基本内容。

（一）需追究职业责任的行为

《法官法》第46条规定，法官有下列行为之一的，应当给予处分；构成犯罪的，依法追究刑事责任：（1）贪污受贿、徇私舞弊、枉法裁判的；（2）隐瞒、伪造、变造、故意损毁证据、案件材料的；（3）泄露国家秘密、审判工作秘密、商业秘密或者个人隐私的；（4）故意违反法律法规办理案件的；（5）因重大过失导致裁判结果错误并造成严重后果的；（6）拖延办案，贻误工作的；（7）利用职权为自己或者他人谋取私利的；（8）接受当事人及其代理人利益输送，或者违反有关规定会见当事人及其代理人的；（9）违反有关规定从事或者参与营利性活动，在企业或者其他营利性组织中兼任职务的；（10）有其他违纪违法行为的。根据这条规定和《人民法院工作人员处分条例》，我们可以把需追究法官职业责任的行为分为以下7种。

1. 违反政治纪律的行为

包括：（1）散布有损国家声誉的言论，参加旨在反对国家的集会、游行、示威等活动的。（2）参加非法组织或者参加罢工的。（3）违反国家的民族宗教政策，造成不良后果的。(4)在对外交往中损害国家荣誉和利益的。(5)非法出境,或者违反规定滞留境外不归的。(6)未经批准获取境外永久居留资格,或者取得外国国籍的。(7)有其他违反政治纪律行为的。

2. 违反办案纪律的行为

包括:(1)违反规定,擅自对应当受理的案件不予受理,或者对不应当受理的案件违法受理的。(2)违反规定应当回避而不回避,造成不良后果的;明知诉讼代理人、辩护人不符合担任代理人、辩护人的规定,仍准许其担任代理人、辩护人,造成不良后果的。(3)违反规定会见案件当事人及其辩护人、代理人、请托人的。(4)违反规定为案件当事人推荐、介绍律师或者代理人,或者为律师或者其他人员介绍案件的。(5)违反规定插手、干预、过问案件,或者为案件当事人通风报信、说情打招呼的。(6)依照规定应当调查收集相关证据而故意不予收集,造成不良后果的。(7)依照规定应当采取鉴定、勘验、证据保全等措施而故意不采取,造成不良后果的。(8)依照规定应当采取财产保全措施或者执行措施而故意不采取,或者依法应当委托有关机构审计、鉴定、评估、拍卖而故意不委托,造成不良后果的。(9)违反规定采取或者解除财产保全措施,造成不良后果的。(10)故意违反规定选定审计、鉴定、评估、拍卖等中介机构,或者串通、指使相关中介机构在审计、鉴定、评估、拍卖等活动中徇私舞弊、弄虚作假的。(11)故意违反规定采取强制措施的。(12)故意毁弃、篡改、隐匿、伪造、偷换证据或者其他诉讼材料的;指使、帮助他人作伪证或者阻止他人作证的。(13)故意向合议庭、审判委员会隐瞒主要证据、重要情节或者提供虚假情况的。(14)故意泄露合议庭、审判委员会评议、讨论案件的具体情况或者其他审判、执行工作秘密的。(15)故意违背事实和法律枉法裁判的。(16)因徇私而违反规定迫使当事人违背真实意愿撤诉、接受调解、达成执行和解协议并损害其利益的。(17)故意违反规定采取执行措施,造成案件当事人、案外人或者第三人财产损失的。(18)故意违反规定对具备执行条件的案件暂缓执行、中止执行、终结执行或者不依法恢复执行,造成不良后果的。(19)故意违反规定拖延办案的。(20)故意拖延或者拒不执行合议庭决议、审判委员会决定以及上级人民法院判决、裁定、决定、命令的。(21)私放被羁押人员的。(22)违反规定私自办理案件的;内外勾结制造假案的。(23)伪造诉讼、执行文书,或者故意违背合议庭决议、审判委员会决定制作诉讼、执行文书的;送达诉讼、执行文书故意不依照规定,造成不良后果的。(24)违反规定将案卷或者其他诉讼材料借给他人的。(25)对外地人民法院依法委托的事项拒不办理或者故意拖延办理,造成不良后果的;阻挠、干扰外地人民法院依法在本地调查取证或者采取相关财产保全措施、执行措施、强制措施的。(26)有其他违反办案纪律行为的。

3. 违反廉政纪律的行为

包括:(1)利用职务便利,采取侵吞、窃取、骗取等手段非法占有诉讼费、执行款物、罚没款物、案件暂存款、赃款赃物及其孳息等涉案财物或者其他公共财物的。(2)利用司法职权或者其他职务便利,索取他人财物及其他财产性利益的,或者非法收受他人财物及其他财产性利益,为他人谋取利益的;利用司法职权或者其他职务便利为他人谋取利益,以低价购买、高价出售、收受干股、合作投资、委托理财、赌博等形式非法收受他人财物,或者以特定关系人"挂名"领取薪酬或者收受财物等形式,非法收受他人财物,或者违反规定收受各种名义的回扣、手续费归个人所有的。(3)行贿或者介绍贿赂的;向审判、执行人员行贿或者介绍贿赂的。(4)挪用诉讼费、执行款物、罚没款物、案件暂存款、赃款赃物及其孳息等涉案财物或者其他公共财物的。(5)接受案件当事人、相关中介机构及其委托人的财物、宴请或者其他利益的;违反规定向案件当事人、相关中介机构及其委托人借钱、借物的。(6)以单位名义集体截留、使用、私分诉讼费、执行款物、罚没款物、案件暂存款、赃款赃物及其孳息等涉案财物或者其他公共财物的。(7)利用司法职权,以单位名义向公民、法人或者其他组织索要赞助或者摊派、收取财物的。(8)故意违反规定设置收费项目、扩大收费范围、提高收费标准的。(9)违反规定从事或者参与营利性活动,在企业或者其他营利性组织中兼职的。(10)利用司法职权或者其他职务便利,为特定关系人谋取不正当利益,或者放任其特定关系人、身边工作人员利用本人职权谋取不正当利益的。(11)有其他违反廉政纪律行为的。

4. 违反组织人事纪律的行为

包括:(1)违反议事规则,个人或者少数人决定重大事项,或者改变集体作出的重大决定,造成决策错误的。(2)故意拖延或者拒不执行上级依法作出的决定、决议的。(3)对职责范围内发生的重大事故、事件不按规定报告、处理的。(4)对职责范围内发生的违纪违法问题隐瞒不报、压案不查、包庇袒护的,或者对上级交办的违纪违法案件故意拖延或者拒不办理的。(5)压制批评,打击报复,扣压、销毁举报信件,或者向被举报人透露举报情况的。(6)在人员录用、招聘、考核、晋升职务、晋升级别、职称评定以及岗位调整等工作中徇私舞弊、弄虚作假的。(7)弄虚作假,骗取荣誉,或者谎报学历、学位、职称的。(8)拒不执行机关的交流决定,或者在离任、辞职、被辞退时,拒不办理公务交接手续或者拒不接受审计的。(9)旷工或者因公外出、请假期满无正当理由逾期不归,造成不良后果的。(10)以不正当方式谋求本人或者特定关系人用公款出国,或者擅自延长在国外、境外期限,或者擅自变更路线,造成不良后果的。(11)有其他违反组织人事纪律行为的。

5. 违反财经纪律的行为

包括:(1)违反规定进行物资采购或者工程项目招投标,造成不良后果的。(2)违反规定擅自开设银行账户或者私设"小金库"的。(3)伪造、变造、隐匿、毁弃财务账册、会计凭证、财务会计报告的。(4)违反规定挥霍浪费国家资财的。(5)有其他违反财经纪律行为的。

6. 失职行为

包括:(1)因过失导致依法应当受理的案件未予受理,或者不应当受理的案件被违法受理,造成不良后果的。(2)因过失导致错误裁判、错误采取财产保全措施、强制措施、执行措施,或者应当采取财产保全措施、强制措施、执行措施而未采取,造成不良后果的。(3)因过失导致所办案件严重超出规定办理期限,造成严重后果的。(4)因过失导致被羁押人员脱逃、自伤、自杀或者行凶伤人的。(5)因过失导致诉讼、执行文书内容错误,造成严重后果的。(6)因过失导致国家秘密、审判执行工作秘密及其他工作秘密、履行职务掌握的商业秘密或者个人隐私被泄露,造成不良后果的。(7)因过失导致案卷或者证据材料损毁、丢失的。(8)因过失导致职责范围内发生刑事案件、重大治安案件、重大社会群体性事件或者重大人员伤亡事故的,使公共财产、国家和人民利益遭受重大损失的。(9)有其他失职行为造成不良后果的。

7. 违反管理秩序和社会道德的行为

包括:(1)因工作作风懈怠、工作态度恶劣,造成不良后果的。(2)故意泄露国家秘密、工作秘密,或者故意泄露因履行职责掌握的商业秘密、个人隐私的。(3)弄虚作假,误导、欺骗领导和公众,造成不良后果的。(4)因酗酒影响正常工作或者造成其他不良后果的。(5)违反规定保管、使用枪支、弹药、警械等特殊物品,造成不良后果的。(6)违反公务车管理使用规定,发生严重交通事故或者造成其他不良后果的。(7)妨碍执行公务或者违反规定干预执行公务的。(8)以殴打、辱骂、体罚、非法拘禁或者诽谤、诬告等方式侵犯他人人身权利的;体罚、虐待被羁押人员,或者殴打、辱骂诉讼参与人、涉诉上访人的。(9)与他人通奸,造成不良影响的;与所承办案件的当事人或者当事人亲属发生不正当两性关系的。(10)重婚或者包养情人的。(11)拒不承担赡养、抚养、扶养义务,或者虐待、遗弃家庭成员的。(12)吸食、注射毒品或者参与嫖娼、卖淫、色情淫乱活动的。(13)参与赌博的;为赌博活动提供场所或者其他便利条件的。(14)参与迷信活动,造成不良影响的;组织迷信活动的。(15)有其他违反管理秩序和社会道德行为的。

(二)责任形式

《法官法》第 46 条规定:“法官有下列行为之一的,应当给予处分;构成犯罪的,依法追究刑事责任……”根据本条规定,我国法官职业责任分为纪律责任和刑事责任两种形式:

1. 纪律责任

法官违反职业伦理,其行为尚未构成犯罪的,应当给予处分。根据《人民法院工作人员处分条例》第 6 ~ 11 条规定,处分包括(1)警告,期间为 6 个月;(2)记过,期间为 12 个月;(3)记大过,期间为 18 个月;(4)降级,期间为 24 个月;(5)撤职,期间为 24 个月;(6)开除。开除是法官纪律处分中最严重的处分。受开除处分的,自处分决定生效之日起,解除与人民法院的人事关系,不得再担任法官(公务员)职务。受处分期间不得晋升职务、级别,其中,受记过、记大过、降级、撤职处分的,不得晋升工资档次;受撤职处分的,应当按照规定降低级别。对违纪违法取得的财物和用于违纪违法的财物,应当没收、追缴或者责令退赔。没收、追缴的财物,一律上缴国库。对违纪违法获得的职务、职称、学历、学位、奖励、资格等,应当建议有关单位、部门按规定予以纠正或者撤销。

2. 刑事责任

法官有《法官法》第46条规定的行为,构成犯罪的,应当追究法官刑事责任。法官违反职业伦理构成的犯罪可分为两大类:一类是属于我国《刑法》第八章和第九章规定的职务犯罪,具体包括贪污罪,受贿罪,挪用公款罪,巨额财产来源不明罪,隐瞒境外存款罪,滥用职权罪,玩忽职守罪,泄露国家秘密罪,徇私枉法罪,枉法裁判罪,徇私舞弊减刑、假释、暂予监外执行罪。这类犯罪以法官身份为前提,是法官在履行职务过程中,或者法官利用职务便利实施的犯罪。另一类是属于一般主体所构成的犯罪。无论法官的行为构成何种犯罪,都应追究其刑事责任。

(三)责任适用

法官因违反法律、法规、有关条例规定,应当承担纪律责任。纪律处分应当坚持实事求是、客观公正、纪律面前人人平等、处分与违纪行为相适应、惩处与教育相结合的原则。人民法院应当根据法官执行职务中违纪行为的事实、性质、主观过错、后果等情况分别作出处理。违纪违法行为情节轻微,经过批评教育后改正的,可以免予处分。法官退休之后违纪违法,或者在任职期间违纪违法、在处分决定作出前已经退休的,不再给予纪律处分;但是,应当给予降级、撤职、开除处分的,应当按照规定相应降低或者取消其享受的待遇。

1. 从重、加重处分的情况

有下列情形之一的,应当在《人民法院工作人员处分条例》分则规定的处分幅度以内从重处分:(1)在共同违纪违法行为中起主要作用的;(2)隐匿、伪造、销毁证据的;(3)串供或者阻止他人揭发检举、提供证据材料的;(4)包庇同案人员的;(5)法律、法规和本条例分则中规定的其他从重情节。

2. 从轻、减轻处分的情况

根据《人民法院工作人员处分条例》的规定,有下列情形之一的,应当在条例分则规定的处分幅度以内从轻处分:(1)主动交代违纪违法行为的;(2)主动采取措施,有效避免或者挽回损失的;(3)检举他人重大违纪违法行为,情况属实的;(4)法律、法规和本条例分则中规定的其他从轻情节。主动交代违纪违法行为,并主动采取措施有效避免或者挽回损失的,应当在本条例分则规定的处分幅度以外降低一个档次给予减轻处分。

3. 处分的解除、变更和撤销

《人民法院工作人员处分条例》规定,受开除以外处分的,在受处分期间有悔改表现,并且没有再发生违纪违法行为的,处分期满后应当解除处分。解除处分后,晋升工资档次、级别、职务不再受原处分的影响。但是,解除降级、撤职处分的,不视为恢复原级别、原职务。按照《人民法院工作人员处分条例》,有下列情形之一的,应当变更或者撤销处分决定:(1)适用法律、法规或者本条例规定错误的;(2)对违纪违法行为的事实、情节认定有误的;(3)处分所依据的违纪违法事实证据不足的;(4)调查处理违反法定程序,影响案件公正处理的;(5)作出处分决定超越职权或者滥用职权的;(6)有其他处分不当情形的。

(四)责任追究程序

我国法律没有设立法官弹劾制度,法官行为构成犯罪的应按照《刑事诉讼法》的规定,通过一般的刑事诉讼程序解决。同时,根据《法官法》第46条的规定,法官有违反该条所列10种行为之一,应给予处分的,按照相关处分的权限和程序规定办理。

根据有关规定,我国各级人民法院内设监察部门作为追究法官职业责任的职能部门。监察部门追究法官职业责任的程序分为受理、立案、调查、审理、处理和申诉等阶段。

监察部门对群众检举、控告法官违法违纪的问题应当受理并进行初步调查。初步调查时,应向检举、控告人了解情况,要求其提供证据。经初步调查后,认为构成违法违纪应当给予纪律处分的,立案进行正式调查;对不构成违法违纪或反映问题失实的,不予立案,并视具体情况将不予立案的原因告知检举、控告人。监察部门对立案的案件要组织专人负责调查,一般应在3个月内结束。调查中应当全面收集证据,询问被调查人,听取被调查人的陈述和辩解。调查结束后应将调查认定的事实材料与被调查人核对,同时提交调查报告,说明案件来源、立案依据、问题性质以及处理意见等内容。对反映、检举、控告失实的案件,还应写出销案报告,连同调查报告一起报批准立案机关及领导批准销案。案件查清后,需要作出审查结论和处理决定的,监察部门应提交案件审理小组或审理委员会审理。

审理小组或审理委员会是法院内部负责对法院工作人员违法违纪案件进行审理的机构,中级人民法院监察室设案件审理小组,高级人民法院和最高人民法院监察室设案件审理委员会。审理委员会或审理小组由监察室主任、副主任和监察员组成。审理委员会和审理小组按少数服从多数原则进行评议,有权作出记大过以下的处分。根据审理结果,对违法违纪的被调查人按以下方式处理:需给予记大过以下处分的,监察部门直接作出处分决定;需要给予降级以上处分的,监察部门提出处分意见,报请院长批准后,按相关权限和程序办理。处分决定应当向本人宣布并与受处分法官见面。

受处分人员不服处分决定的,可向作出决定的人民法院监察部门或上一级人民法院监察部门申诉,申诉期间不停止原处分决定的执行。对受处分人的申诉一般由作出处分决定的人民法院监察部门另行组成调查组全面复查,复查后视情况分别作出驳回申诉、维持原决定、改变原决定,或者撤销原决定、重新作出决定的处理结论。

二、我国法官职业责任的完善

值得注意的是，为贯彻中央关于深化司法体制改革的总体部署，优化审判资源配置，明确审判组织权限，完善人民法院的司法责任制，建立健全符合司法规律的审判权力运行机制，增强法官审理案件的亲历性，确保法官依法独立公正履行审判职责，最高人民法院于2015年9月制定了《关于完善人民法院司法责任制的若干意见》。该意见指出完善人民法院的司法责任制，必须以严格的审判责任制为核心，以科学的审判权力运行机制为前提，以明晰的审判组织权限和审判人员职责为基础，以有效的审判管理和监督制度为保障，让审理者裁判、由裁判者负责，确保人民法院依法独立公正行使审判权。这为我国未来完善法官职业责任提供了方向。按照该意见，审判责任的认定和追究，应当首先界定审判责任范围，然后明确审判责任承担，严格依照程序进行追究。

（一）界定审判责任范围

法官应当对其履行审判职责的行为承担责任，在职责范围内对办案质量终身负责。法官在审判工作中，故意违反法律法规的，或者因重大过失导致裁判错误并造成严重后果的，依法应当承担违法审判责任。法官有违反职业伦理规范，接受案件当事人及相关人员的请客送礼、与律师进行不正当交往等违纪违法行为，依照法律及有关纪律规定另行处理。

（二）明确审判责任承担

独任制审理的案件，由独任法官对案件的事实认定和法律适用承担全部责任。合议庭审理的案件，合议庭成员对案件的事实认定和法律适用共同承担责任。进行违法审判责任追究时，根据合议庭成员是否存在违法审判行为、情节、合议庭成员发表意见的情况和过错程度合理确定各自责任。审判委员会讨论案件时，合议庭对其汇报的事实负责，审判委员会委员对其本人发表的意见及最终表决负责。案件经审判委员会讨论的，构成违法审判责任追究情形时，根据审判委员会委员是否故意曲解法律发表意见的情况，合理确定委员责任。审判委员会改变合议庭意见导致裁判错误的，由持多数意见的委员共同承担责任，合议庭不承担责任。审判委员会维持合议庭意见导致裁判错误的，由合议庭和持多数意见的委员共同承担责任。合议庭汇报案件时，故意隐瞒主要证据或者重要情节，或者故意提供虚假情况，导致审判委员会作出错误决定的，由合议庭成员承担责任，审判委员会委员根据具体情况承担部分责任或者不承担责任。审判委员会讨论案件违反民主集中制原则，导致审判委员会决定错误的，主持人应当承担主要责任，审判辅助人员根据职责权限和分工承担与其职责相对应的责任。法官负有审核把关职责的，法官也应当承担相应责任。法官受领导干部干预导致裁判错误的，且法官不记录或者不如实记录，应当排除干预而没有排除的，承担违法审判责任。

(三)严格依照程序追究审判责任

需要追究违法审判责任的,一般由院长、审判监督部门或者审判管理部门提出初步意见,由院长委托审判监督部门审查或者提请审判委员会进行讨论,经审查初步认定有关人员具有《关于完善人民法院司法责任制的若干意见》所列违法审判责任追究情形的,人民法院监察部门应当启动违法审判责任追究程序。各级人民法院应当依法自觉接受人大、政协、媒体和社会监督,依法受理对法官违法审判行为的举报、投诉,并认真进行调查核实。人民法院监察部门应当对法官是否存在违法审判行为进行调查,并采取必要、合理的保护措施。在调查过程中,当事法官享有知情、辩解和举证的权利,监察部门应当对当事法官的意见、辩解和举证如实记录,并在调查报告中对是否采纳作出说明。人民法院监察部门经调查后,认为应当追究法官违法审判责任的,应当报请院长决定,并报送省(区、市)法官惩戒委员会审议。高级人民法院监察部门应当派员向法官惩戒委员会通报当事法官的违法审判事实及拟处理建议、依据,并就其违法审判行为和主观过错进行举证。当事法官有权进行陈述、举证、辩解、申请复议和申诉。法官惩戒委员会根据查明的事实和法律规定作出无责、免责或者给予惩戒处分的建议。

第四节　法官职业伦理的培育

法官职业伦理是系统化、理论化的规范性体系。法官这一职业群体要形成高尚的职业道德,必须系统学习、全面掌握职业伦理的基本原则和各种具体的伦理规范。与此同时,法官作为特定的职业群体,行使国家审判权,担负着维护社会公平正义和社会正常秩序、保护公民和法人合法权利的重要任务。其职责与权力的性质,要求法官必须严格遵守职业伦理,正确履行审判职责。为此,必须有意识地对法官进行职业伦理的培育。通过职业伦理的培育,实现法官主观上的伦理认知和客观上的伦理行为相统一。

一、法官职业伦理的教育

法官职业伦理的教育是指为使法官接受和遵循其职业伦理规范体系的要求,有目的、有计划、有组织地对法官施加系统的职业伦理影响,把职业伦理要求转化为法官个体的思想意识和伦理品质的活动。在法官队伍中进行职业伦理教育,能够使法官自觉地履行职业伦理义务,是培养理想的法官人格、造就法官内在的伦理品质、形成良好的司法活动氛围和公正司法行为的重要手段。因此,持久地开展法官职业伦理教育是法官职业伦理建设的重要形式之一。

(一)法官职业伦理教育的过程

法官职业伦理教育的过程,是同法官职业伦理形成和完善的过程相一致的。职业伦理的教育过程,一般都要经历认识职业伦理—产生情感—形成意志—树立信念—变为习惯的过程。法官职业伦理教育,应帮助法官群体提高对职业伦理的认识,培养法官对职业伦理的情感,树立职业伦理的信念,坚定职业伦理意志,形成良好的职业伦理习惯,最终养成良好的职业伦理品质。

首先,法官的职业伦理教育是加强和提高法官对职业伦理认识的过程。对法官职业伦理的认识是培养法官职业伦理的先导,没有一定的伦理认识,就不可能有相应的伦理行为。当前,加强和提高法官对职业伦理的认识,要以马克思主义的伦理观为指导,向法官系统地传授、灌输社会主义法官职业伦理观念,使之充分认识和领会法官职业伦理的原则、规范、基本要求及意义。

其次,法官的职业伦理教育是陶冶职业伦理情感的过程。提高和加强对法官职业伦理的认识固然可以作为法官职业伦理品质培养的基础,但并不等于良好的职业伦理品质的养成。没有一定的职业伦理情感,就不可能产生自觉的伦理行为。作为一种内在的精神力量,职业伦理情感在一定程度上支配着法官的职业伦理行为。陶冶职业伦理情感,实际上就是把抽象的、外在的职业伦理知识,变成法官个人内在的自觉要求的过程。法官职业伦理教育的核心环节是确立和坚定法官职业伦理信念。法官职业伦理信念是法官忠实于宪法和法律,严格履行司法工作职责的精神支柱,也是法官在一定的职业伦理认识的基础上,经过不断的理论训练和司法实践,使已有的职业伦理知识得以深化,固化为个人内在伦理品质的一种自觉的伦理要求。

最后,法官职业伦理教育的终极目的是使每一个法官都形成良好的职业伦理习惯,培养出优秀的职业伦理品质。伦理习惯是一个人内在的伦理品质自然、无意识的流露和表现,是衡量一个人的伦理水准、伦理品质和伦理修养程度的客观标志。良好的职业伦理习惯是一个优秀的法官在长期的职业伦理实践中形成的。它从有意识开始,在监督的情况下进行,到自觉转化并完善为“随心所欲而不逾矩”的良好的职业伦理行为。

(二)法官职业伦理教育的方式方法

开展职业伦理教育时,应从实际出发,采取灵活多样且行之有效的方法。耐心劝说、榜样引导、个人示范和集体影响以及奖励和惩罚等方式是经常采取的手段。同时,法官的职业伦理教育还要结合政治形势教育、理想教育、职业纪律教育等思想政治教育的内容,保证法官职业伦理教育落到实处。自 2000 年以来,法院系统在队伍建设中及时发现并推出了一批杰出的法官代表,如北京市法官宋鱼水忠实履行审判职责,廉洁自律,审理了数千件案件,取得了良好的法律效果和社会效果,当事人和人民群众称赞她是辨法析理、胜败皆服、公正司法、倾心为民的好法官。贵州省蒋庆在法官生涯当中始终恪守“法不可偏、钱不可贪、官不可讨”的人生准则,办案两千多件,无一错案,公正廉明、清白一生。榜样的力量是无穷的,通过对照学习先进,可以使法官了解自身的不足,从而及时予以纠正。在进行职业伦理教育时,既要注意正面教育,也要注意利用反面典型进行教育,通过正反两方面的典型,开展职业伦理的评价,起到抑恶扬善、扶正祛邪的作用,促进良好职业伦理观念的形成和行为的发展。

二、法官职业伦理的自我修养

法官职业伦理的自我修养,是指法官以积极的态度进行自我锻炼、自我改造、自我陶冶、自我教育,使自己形成高尚职业道德品质的活动及其所达到的境界。它包括两个方面的内容:一是法官依据职业伦理原则、规范进行自我改造、自我锻炼和自我完善的伦理行为;二是法官通过职业道德品质、情操的培养,达到较高的伦理境界。

法官职业伦理的自我修养与伦理教育是职业伦理培养中不可分割的两个方面。伦理教育是客观的、外在的,而自我修养则是主观的和内在的。自我修养的目的是通过法官个人主观的努力,加深对伦理规范的认识和体验,使伦理规范内化为主体的信念,并将这种信念转化为职业伦理行为。在司法活动中依据内心信念自觉地遵守职业伦理规范,抵制错误观念的侵蚀,以符合职业伦理的要求。法官职业伦理的自我修养必须注意采取正确的方法和途径,具体来说,应当从以下几个方面进行:

第一,努力学习,不断提高领悟职业伦理要求和辨别是非善恶的能力。要正确领会和把握职业伦理的意义和要求,就必须努力学习,不断提高自身理论素养,提高观察问题、分析问题和解决问题的能力。列宁在《共青团的任务》中指出,只有用人类创造的全部知识财富来丰富自己的头脑,才能成为共产主义者。法官在职业伦理自我修养的过程中,需要广泛学习各种理论知识。首先,应当加强对马克思列宁主义、毛泽东思想、邓小平理论、“三个代表”重要思想、科学发展观、习近平新时代中国特色社会主义思想等政治理论的学习。政治理论的学习能够为法官的自我修养提供思想武器和理论基础,使其把握正确的方向。其次,法官应当认真学习职业伦理理论。学习职业伦理理论可以提高法官职业伦理评价的能力,增强法官职业伦理修养的自觉性,使其树立正确的善恶观念,直接提高法官的职业伦理修养。与此同时,法官还应当努力学习各种科学文化知识,广泛涉猎各学科、各领域知识,包括阅读各种优秀的文艺作品。通过学习可以启迪思想,净化灵魂,加深对社会的理解,增强司法活动中的人文关怀。学习对法官优秀的职业伦理品质和精神面貌的形成具有不可忽视的作用。

第二,在司法实践中磨炼,不断改进并提高职业伦理修养水平。伦理强调知行统一,言行不一本身就是不符合伦理要求的。这一特点要求法官在进行职业伦理自我修养的过程中,必须积极投身司法实践,认真履行审判职责,在司法活动中践行伦理规范,体验伦理准则的意义,将其转化为自己的职业伦理意识,铸就优秀的职业伦理品质。强调法官自我修养的实践意义,必须纠正将自我修养仅仅理解为伦理主体书斋式的内心领悟的观念。刘少奇同志在《论共产党员的修养》一书中指出："古代许多人的所谓修养，大都是唯心的、形式的、抽象的、脱离社会实践的东西。他们片面夸大主观的作用，以为只要保持他们抽象的'善良之心'，就可以改变现实，改变社会和改变自己。这当然是虚妄的。我们不能这样去修养。我们是革命的唯物主义者，我们的修养不能脱离人民群众的革命实践。"[1]当前，仍有一些同志认为，既然以一己之力无法消除腐败和不公的社会现象，不如独善其身，修身养性，优哉游哉。这种观点是消极遁世的错误思想。作为一名职业法官，肩负着维护公平正义的神圣使命，其职业伦理的修养必须同审判工作的实践有机地结合起来，躬行实践，正确行使审判权，切切实实地维护人民群众的合法权益，把自我修养融入为人民服务的过程之中。只有这样，才能逐步培养出真正优秀的伦理品质和崇高的伦理境界，以自己的实际行动影响和带动其他人员，最终形成具有高尚伦理品质的法官群体，为不断净化社会风气作出贡献。

第三，认真开展批评与自我批评。有无认真的批评与自我批评，是衡量人们的政治觉悟和伦理水平高低的重要标志之一，也是理论联系实际进行职业伦理修养的重要方法之一。开展批评与自我批评，既是自我教育、自我检查，又是诚恳接受同志的监督和帮助。通过批评与自我批评，不仅可以洗刷自己思想中的灰尘，也可以提高自己辨别是非、荣辱、美丑的能力，是形成良好职业伦理习惯的一个重要条件。开展批评和自我批评时，一方面，要勇于和善于批评。对于那些违背人民利益、违背法官职业伦理的言行，要采取严肃认真和与人为善、治病救人的态度进行批评斗争，在方法上要实事求是、以理服人。另一方面，要特别提倡自我批评，严于自我解剖。事实证明，个人自我批评的自觉性高，对自己要求严格，进步就快，职业伦理修养效果就好，就能够防微杜渐，抵御各种错误思想的污染；缺乏诚恳的自我批评，无自知之明，就会停步不前，甚至走上邪路。

第四，努力做到"慎独"。"慎独"一词出自《礼记·中庸》："莫见乎隐，莫显乎微。故君子慎其独也。"也就是说，不要以为无人看见或事情微小，就可以放松对自己的要求，在独处、无人监督、有做坏事的可能而不会被发现的时候，也要坚守职业伦理原则。"慎独"作为我国伦理思想史上特有的范畴，它既是一种伦理修养方法，也是在修养中达到的一种崇高境界，历来为人们所推崇。

刘少奇同志指出，一个具有高尚思想品德和职业伦理修养的共产党人，他"可能最诚恳、坦白和愉快。因为他无私心，在党内没有要隐藏的事情，事无不可对人言，除关心党和革命的利益外，没有个人的得失和忧愁。即使在他个人独立工作、无人监督、有做各种坏事的可能的时候，他能够'慎独'，不做坏事"。法官的伦理修养也应当吸取传统文化中的精华，将"慎独"作为每一名法官应该具有的美德，作为在审判实践中所要坚持的方法和所要达到的境界。无论是在公开场合还是独立工作无人监督的场合，都能

[1] 《刘少奇选集》(上卷)，人民出版社1981年版，第109页。

使自己的行为合乎法官职业伦理规范的要求;无论在什么情况下,都能顶住社会上各种歪风邪气,能够坚定不移地为人民服务。

当前一些地方的社会风气不正,诉讼中的人情案、关系案偶有发生,甚至出现案件当事人“围猎法官”的现象,把“慎独”作为法官修养的方法和追求的目标更具现实意义。当然,“慎独”作为一种崇高的伦理境界,非一朝一夕所能达到,需要经过长期艰苦的学习锻炼过程。每一位法官必须把职业伦理的修养建立在高度自觉的基础上,不断地进行自我反省、自我解剖、自我锻炼,从实际出发,循序渐进,力行“慎独”,无论在什么条件和环境中,都要按照法官职业伦理规范要求自己,严守心中伦理信念,公正司法。

本章案例

某法院邱法官在参加会议方组织的联欢活动时,发现会务组为她安排的座位,紧邻自己正在审理的案件的被告代理律师。此时,会议代表已全部就座,场中别无空位。为不给会务组找麻烦,邱法官只得按号就座。在整个联欢活动中,邱法官仅与该律师寒暄了几句,自始至终未交谈任何案件情况。请问:邱法官的行为是否符合法官职业伦理规范?

| 案例解析 |

《法官职业道德基本准则》第 25 条规定,法官应杜绝与法官职业形象不相称、与法官职业道德相违背的行为。邱法官参加会议方组织的联欢活动前,应先予核实活动的主题、参加人员、费用出资方等,并谨慎出入此种场合。根据《法官职业道德基本准则》第 13 条的规定,法官应自觉遵守司法回避制度,不私自单独会见当事人及其代理人、辩护人。此种情况下,邱法官应当主动找会议的主办方说明理由,更换座位。这看似不近人情,但能避免因近距离接触而使公众对法官的公正司法和清正廉洁产生合理怀疑。

法律职业资格考试例题

1.(单项选择)下列哪一选项属于违反法官职业道德规范的情形?

A. 甲市中级法院陈法官的妹妹接到乙县法院开庭传票,晚上到哥哥家咨询开庭注意事项。陈法官只叮嘱其妹庭上发言要有针对性,不要滔滔不绝

B. 乙市某法学院针对甲市中级法院在审案件组织模拟法庭,乙市中级法院钱法官应邀担任审判长。庭审后,钱法官就该案件审理和判决向同学们谈了看法

C. 林法官担任某法学院兼职博士生导师,每年招收法学博士研究生 1 名

D. 某省高级法院朱院长担任法学会法律文书学研究会副会长

| 试题解析 | B

A 项为提供形式性、技术性的看法,非为就未决案件或者再审案件给当事人及其他诉讼参与人提供咨询意见,不违反法官职业道德的规定。B 项违反《法官职业道德基本准

则》第 14 条规定，法官应当尊重其他法官对审判职权的依法行使，除履行工作职责或者通过正当程序外，不过问、不干预、不评论其他法官正在审理的案件。C 项、D 项属于学术兼职，非以营利为目的，且有助于提升法官的学术形象，不违反职业道德规范。

2.（不定项选择）银行为孙法官提供了利率优惠的房屋抵押贷款，银行王经理告知孙法官，是感谢其在一年前的合同纠纷中作出的公正判决而进行的特殊安排，孙法官接受该笔贷款。关于法院对孙法官行为的处理，下列说法正确的是：

A. 法院认为孙法官的行为系违反廉政纪律的行为

B. 如孙法官主动交代，并主动采取措施有效避免损失的，法院应从轻给予处分

C. 由于孙法官行为情节轻微，如经过批评教育后改正，法院可免予处分

D. 确认属于违法所得的部分，法院可根据情况作出责令退赔的决定

| 试题解析 | ACD

A 项中，孙法官接受了利率优惠的房屋抵押贷款的特殊安排，属于《人民法院工作人员处分条例》第二章第三节规定的"违反廉政纪律的行为"。根据《人民法院工作人员处分条例》第 14 条，B 项中孙法官主动交代，并主动采取措施有效避免损失的，法院应当给予减轻处分，而不是从轻处分。C 项中，孙法官行为情节轻微，如经过批评教育后改正，法院免予处分，符合《人民法院工作人员处分条例》第 15 条的规定。D 项中，确认属于违法所得的部分，法院可根据情况作出责令退赔的决定，符合《人民法院工作人员处分条例》第 18 条第 1 款的规定。

第六章 检察官职业伦理

官不私亲，法不遗爱，上下无事，唯法所在。

——慎到

| 章引语 |

在我国，检察官不仅是国家公诉人，而且是法律监督责任的承担者，在司法活动中代表的是国家利益、人民利益、全社会的利益。检察官必须坚守忠诚、公正、清廉、文明的伦理要求，方能不负国家重托，不负人民希望。

检察官　职业伦理　职业责任　培育

第一节 检察官职业伦理概述

一、检察官制度的发展与检察官职业特点

（一）检察官职业和检察官制度的产生

检察官职业随检察制度的产生而产生，并随检察制度的发展而发展。一般认为，现代检察制度有两大起源。

1. 以法国为代表的大陆法系检察制度。法国自14世纪开始设立国王“代理人”，专门维护王室利益，此为现代检察官的雏形。“代理人”最初只是代表国王参加民事诉讼，以后其职权逐渐扩大，开始参与刑事诉讼，维护公共秩序，保卫国家利益。到16世纪，法国在成文法上正式设立公诉人。1789年资产阶级革命胜利后，法国曾一度取消检察官，转而仿效英国陪审制，设大陪审团起诉、小陪审团审判，但终因不符合传统习惯，于1790年恢复由检察官起诉的做法。1808年通过的刑事诉讼法典，正式建立起现代意义上的检察官制度。此后，随着大革命的影响，法国的检察制度传播到德国、比利

时、意大利和日本等国家。

2. 以英国为代表的英美法系检察制度。英国自13世纪开始设立国王代理人，担任国王的法律顾问。14世纪，国王代理人成为正式的国家官员，并于15世纪通过特许状任命为英格兰总检察长。此后，又专门设立副总检察长一职。总检察长和副总检察长只负责处理涉及王室的案件，不介入王室以外的诉讼。1879年，英国颁布《犯罪起诉法》，设立公诉处，专门办理破坏王室之外利益的案件。由于英国传统上实行私诉制度，绝大多数案件由警察起诉或者由被害人在警察的指导下提出指控。因此，检察官在刑事诉讼中的权限和作用极为有限。1985年，英国通过的《犯罪起诉法》改革了检察体制，建立起以检察总长为首长、全国一体化的检察制度，并被美国所仿效。随后，加拿大、澳大利亚、印度等英联邦国家和一些原属美国殖民地的国家和地区，也纷纷仿效建立起英美式的检察制度。

（二）检察官职业和检察官制度产生的背景

伴随检察制度产生的是检察官职业和检察官制度的产生。检察官职业和检察官制度的出现与发展有着深刻的社会政治经济原因，同时也是诉讼制度发展演变的结果。

从政治上看，检察官职业萌芽于欧洲民族国家形成时期。当时，诸侯争霸的封建割据正逐渐向统一的君主专制国家过渡，检察官作为“君主的耳目”，是统治者加强对国家控制、监督地方官员的工具。资本主义国家政权建立后，检察官作为法律的守护人被赋予客观义务，承担起保障民权的职责。在刑事诉讼中起着控制警察活动的合法性、防止片面追求打击犯罪的作用，是实现由“警察国”向“法治国”转变的重要保障。

从经济上看，检察官职业的出现始于资本主义商品经济得到发展的历史时期。商品经济的天性要求打破封建割据，建立统一市场。经济的因素除了导致政治上建立君主专制的国家政体外，也要求建立统一的司法制度。通过建立检察制度，设立检察官，有利于国家法制政令统一，保护资本主义商品经济的发展。

从诉讼制度看，检察官职业的出现及最终确立，与刑事诉讼模式的历史变迁有着密切联系。中世纪之前的欧洲，曾长期实行弹劾式诉讼模式，该模式以自诉为原则，审判中大量采用神明裁判的证明方式。随着人们认识水平的提高和社会政治经济的变化，弹劾式诉讼模式逐步为纠问式诉讼模式所取代，刑事诉讼中废除自诉，决斗退出审判，检察官开始参与诉讼。不过，在检察官萌芽阶段，检察官参与诉讼主要是监督刑罚执行是否正当、确实，并不是取代原告承担公诉职能。至资产阶级革命胜利，刑事诉讼废除纠问式诉讼模式而改采控诉式诉讼模式，控审分离成为基本的诉讼原则，检察官作为公诉人专司刑事控诉职能，避免法官自诉自裁，使法官和检察官彼此监督节制，保障了刑事司法权行使的客观性与正确性。

（三）检察官职业的特点

基于历史传统和社会结构的差异，各国检察官制度也有很大不同。一般来说，大陆法系检察官比英美法系检察官的职权范围要宽泛一些。前者除作为刑事诉讼的公诉人代表国家调查案件并向法院提起公诉外，还有权对各种一般认为是私事的行为以及仅涉及当事人之间相互利益的行为进行干预，代表公共利益参加私人之间的诉讼活动。但是，无论是大陆法系国家还是英美法系国家，检察官作为一种职业，都是随着法律制度的精细化、法律运作中的职业分工和法律职业角色的分化而形成的。检察官与法官、律师一样，具有法律职业共性，即受过系统的法律职业教育和训练，有着共同的知识背景和独特的推理方法，有以维护社会正义和自由、维护法律权威为价值追求的职业意识。与此同时，检察官因其角色特点又具有不同于法官、律师的职业特性。

第一，检察官是法律秩序的积极守护者。法官、检察官和律师都承担着对法秩序的维护职能。法治对法官的裁判角色定位，使法官对法律秩序的维护表现为被动的。基于"不告不理"原则，没有当事人的诉讼请求行为，法官不能主动纠正对法律秩序的破坏行为。法治对律师的辩护角色定位，要求其基于当事人的请求，通过为当事人提供必要的法律帮助，维护其合法权益，来实现对法秩序的维护。法治对检察官的角色定位要求检察官代表国家而非基于当事人请求，主动对违反法秩序的犯罪行为进行追诉并对诉讼中的其他违法行为进行纠正。从检察官独具的主动追诉的职能看，检察官是法秩序的积极守护者。

第二，检察官在职务活动中应遵循客观义务。法官、检察官、律师都是通过适用法律来实现维护法治的义务。但是，职业角色不同，法律对其有不同的要求。裁判角色要求法官在争议的各方当事人中保持中立的地位，平等、无差别地对待各方当事人。辩护、代理角色要求律师最大限度地实现委托人的合法利益，委托人的合法利益是否得到法律的保护，是衡量律师是否忠于法律的标准之一。检察官则不仅代表国家对犯罪进行追诉，维护法律秩序，而且还负有保护当事人人权之责。这种角色要求检察官在诉讼中必须遵循客观性义务，即检察官在刑事诉讼中代表国家行使追诉犯罪职能的同时，还承担着维护法律的正确实施，维护犯罪嫌疑人、被告人合法权益，保障无罪人不受刑事追究和有罪人受到公正追究的法律义务。客观义务是刑事公诉制度得以建立和存在的重要原因，它有利于刑事追诉摒弃被害人和一般民众的报复心态及私人感情，在全国范围内统一标准，公正行使追诉权。

第三，检察官实行一体化原则。法官、检察官和律师由于职业性质和诉讼角色不同，在职业活动中采取了不同的职权行使和管理原则。法官基于裁判角色的要求，在诉讼中应保持中立公正，其职权行使奉行独立原则，并在管理体制上通过各项制度保障审判独立的实现。律师作为自由职业，本身具有较大的独立性。但是，律师在提供法律服务时，应根据委托人的意思表示，在委托授权范围内从事业务活动，其独立性受到当事人的约束。与法官、律师不同,检察官实行一体化原则。全体检察官在法律上被看作同一个主体,检察官的活动在全国作为一个整体活动,检察机关具有不可分的性质。

检察官一体化原则主要表现在三个方面:一是指挥监督权,即上下级检察官之间是"上命下从"的关系,上级检察官有权指挥、监督下级检察官;二是职务移转权,即检察官之间的职务行为具有承继性和可移转性,诉讼中更换检察官并不导致程序更新;三是检察官对外代表检察机关,检察官在诉讼中作的生效处分决定,全体检察官应当确认并维护该决定的地位和效力。实行检察官一体化原则,有利于检察机关作为一个整体打击犯罪,增强打击犯罪的力度。同时,有利于在全国范围统一追诉适用标准,维护法制统一。

二、检察官职业伦理的概念和特征

检察官职业伦理,是指检察官在行使检察权、履行检察职能的过程中,或者从事各种社会活动时应该遵循的行为规范和应该具备的道德品质。检察官职业伦理是检察官职业操守、职业态度、职业纪律和职业作风的集中体现,是法律职业伦理的有机组成部分。树立职业伦理,培养规范的职业行为,是检察官公正执法、正确履行检察职能的必备条件,也是维护检察机关形象和国家法制统一和尊严的重要保证。

检察官职业伦理的主体是职业检察官,调整对象是检察官的职业行为及相关行为。由于检察官制度产生的历史时期相对较晚,不同国家检察官制度差异较大。因此,与法官职业伦理相比,各国检察官职业伦理的内容和性质具有更大的差异性。在考察检察官职业伦理时应当看到,一方面,检察官作为一种特定的社会职业,是社会分工长期发展的产物,其职业伦理由检察官的职业特性和职业发展需要所决定,不同性质国家的检察官职业伦理规范具有相通性;另一方面,职业伦理作为国家上层建筑的组成部分,其性质由自身经济基础所决定,不同国家的检察官职业伦理存在一定的差异性。

我国检察官职业伦理建立在社会主义公有制经济基础上,以马克思主义理论为指导,借鉴和吸收我国古代司法伦理和现代西方司法职业伦理中的一些积极因素,总结和继承了我国革命和建设时期司法职业伦理的优良传统,以集体主义为基本原则,以全心全意为人民服务、忠实执行国家法律为根本宗旨,其内容和性质具有以下特征:

第一,我国检察官职业伦理具有显著的先进性。首先,我国检察官职业伦理同社会主义国家的政治、法律、文化、教育等上层建筑一样,是社会主义公有制经济基础的反映。其性质和内容由公有制经济基础所决定,适应生产力发展的根本要求,同时又为解放和发展生产力服务。这是我国检察官职业伦理先进性的根本原因。其次,我国检察官职业伦理是在政治理论的正确指导下,通过不断提高检察官的觉悟而逐步形成和发展起来的。广大检察官在司法实践中以马列主义、毛泽东思想、邓小平理论、"三个代表"重要思想、科学发展观和习近平新时代中国特色社会主义思想为指导,在改造客观世界的同时不断改造自己的主观世界,逐步形成和发展社会主义的检察官职业伦理和工作作风。它以全心全意为人民服务为宗旨,以维护社会主义法治尊严和国家法律统一、实现社会公平正义为目标,是广大检察官最重要的精神支柱。最后,我国检察官职业伦理是共产主义道德原则和规范的重要组成部分。社会主义检察官职业伦理是以共产主义道德为指导原则的,是共产主义道德原则和规范在检察工作上的具体化。因此,检察官在其执行职务活动中,通过行使法律赋予的检察职权,实现保卫祖国、保卫人民、保卫社会主义建设、保卫人民民主专政的神圣职责。

第二,我国检察官职业伦理具有广泛的人民性。我国是人民民主专政的社会主义国家,国家的性质体现出人民至上的特点。反映在检察官职业伦理中,要求其具有广泛的人民性。检察官必须忠于党、忠于国家、忠于人民、忠于人民的检察事业,严格忠实地执行法律,通过履行检察职责打击犯罪,保护人民,维护社会秩序稳定,确保国家法制统一和法律的正确实施。违反这一规范要求,将直接破坏法律的正确实施,损害国家的声誉和形象。我国检察官职业伦理的人民性主要体现在以下方面:首先,检察官职业伦理要求每一名检察官必须始终坚持全心全意为人民服务的根本宗旨,以人为本,切实维护广大人民群众的根本利益。检察官要通过履行法定职责打击犯罪,强化法律监督,与各种违法犯罪行为作坚决的斗争,维护人民群众的根本利益。其次,检察官职业伦理要求检察官在履行职责时,必须遵守客观义务,遵守法定程序,保证办案质量。检察官的职业活动直接关系到当事人的人身权利、财产权利和其他权利能否得到合法保护。因此,办案过程中必须坚持法定程序,既不放纵罪犯,也不冤枉好人。再次,检察官职业伦理要求检察官在履行职责的过程中坚持走群众路线,依靠和信任广大人民群众。检察官在诉讼过程中应坚持专门机关与群众相结合的原则,在各项检察工作中应坚持人民司法原则,把自己的活动置于广大人民群众的监督之下,通过检务公开、人民监督员等制度确保检察权行使的正确方向。最后,检察官在职业活动中,要正确妥善地处理人民内部矛盾,对业务工作中出现的有关纠纷,要积极热情地帮助协调解决,有效化解各种矛盾,促进社会和谐。

第三,我国检察官职业伦理具有突出的重要性。任何一种职业伦理都要服务于产生这一规范要求的特定行业,并通过这一行业的职业行为,发挥促进社会发展的作用。由于不同行业服务社会的范围及影响程度各不相同,不同行业的职业伦理在社会职业伦理体系中的地位及维护社会秩序的作用也是不同的。检察官队伍是社会主义民主与法治建设的重要力量,其职业行为既是一种司法活动,又是法律监督活动,一举一动都关系到国家的长治久安和社会稳定,关系到对公民人身权利、财产权利及其他合法权益的保护。因此,在社会主义职业伦理建设中,检察官职业伦理相对于其他行业的职业伦理来说,具有更加突出的重要地位。检察官职业伦理的重要性表现在两个方面:一是确保检察权的正确行使,积极发挥检察职能作用。检察官具有较高的职业伦理,严格依法办事,有利于确保检察权廉洁高效地运行,遏制司法腐败,维护人民群众的切身利益,实现社会公平正义,保障社会主义建设事业顺利进行,最终实现依法治国的目标。二是检察官职业伦理对其他社会职业伦理具有示范作用。检察官具有良好的职业伦理有利于维护党和国家的声誉及检察机关的尊严,维护检察官公正廉明的形象,从而对全社会公民道德建设和树立良好的社会风气发挥积极的示范作用。

第四,我国检察官职业伦理具有明显的强制性。伦理的遵守与实现,一般是依靠社会舆论、内在信念、社会风俗和传统习惯。但是,与一般社会伦理相比,检察官职业伦理在很大程度上是依靠强制性实现的。这种强制性表现在:一是通过法律对检察官职业伦理作出规定,把伦理、规范、准则上升为法律,使之具有与法律同等的效力与作用,具有伦理和法律规定的双重属性。二是把职业伦理规范与职业纪律挂钩,对违反检察官职业伦理规范的行为不仅要进行道德谴责,而且应给予相应的纪律处分。检察官职业伦理的强制性是建立在检察活动的重要性以及检察职业活动与检察职业伦理紧密联系的基础之上的。换句话说,检察官的执法办案过程就是其职业伦理遵守与实现的过程。检察官能够严格依法办事,维护法律的尊严,保障法律的正确实施,其行为就是符合检察职业伦理要求的。如果检察官滥用职权,以权谋私,贪赃枉法,故意放纵犯罪或者使无罪的人受到刑事追诉,这不仅是一种违法违纪的行为,同时也是违反检察职业伦理的行为。对其责任的追究不但要靠社会舆论、内在信念、社会风俗和传统习惯,而且必须结合法律的强制性,来保证它的实现。职业伦理与法律实施的紧密结合,构成了检察官职业伦理更具强制性的鲜明特点。检察官在职业活动中,无论其内心是否认可、接受职业道德伦理,都必须自觉遵守检察官职业伦理规范。

三、加强我国检察官职业伦理建设的意义

我国检察制度滥觞于革命根据地时期,历经工农民主政权、抗日民主政权和解放区民主政权等发展阶段。新中国成立后,根据列宁法律监督思想和我国政权建设的实际需要,建立起具有中国特色的社会主义检察制度。因受政治运动的冲击,我国检察制度在20世纪60年代中期遭到否定,检察机关被取消长达10年之久,直到20世纪70年代末才得以重建。我国1995年颁布并于2001年、2017年和2019年三次修订了《检察官法》,检察官制度得以完善。根据该法规定,检察官是依法行使国家检察权的检察人员,检察官的职责是依法进行法律监督工作,对刑事案件进行审查逮捕、审查起诉,代表国家进行公诉,对法律规定由人民检察院直接受理的犯罪案件进行侦查,开展公益诉讼工作,以及履行法律规定的其他职责。随着依法治国和以德治国作为党的战略方针提出并付诸实施,建立一支高素质专业化检察队伍,发挥检察机关在法治建设中的职能作用,成为我国检察机关面临的一项重要任务。加强检察官职业伦理建设成为新时期检察官队伍建设的重要内容,具有十分深远的意义。

第一,加强检察官职业伦理建设是促进我国法治建设的重要保障。建设社会主义法治国家是党和国家的治国方略,也是我国面临的长期战略任务。检察机关作为国家

法律监督机关，担负着维护国家法制统一和法律尊严的职责，在促进法治建设中有着重要的职能作用。加强检察官职业伦理建设，使检察人员牢固树立忠于法律的信念，培养检察官的职业责任感和荣誉感，以形成高度的思想觉悟和精神境界，并把它变成一种精神力量和支柱，能有力地促进检察官在职业活动中切实做到有法必依、执法必严、违法必究，正确履行法律监督职责，提高法律在人民群众中的威信，保障法律的正确实施。如果检察官没有良好的、高尚的职业伦理，不能秉公执法，甚至执法犯法、贪赃枉法，就会直接损害法律尊严，影响党和国家在群众心目中的形象和声誉，甚至影响社会政治稳定，阻碍社会主义法治建设的进程。

第二，加强检察官职业伦理建设是社会主义精神文明建设的需要。伦理建设是社会主义精神文明建设的一个重要内容，伦理水平的高低是体现精神文明建设程度的一个重要标志。社会主义的职业活动场所，既是人们接受职业伦理教育的地方，也是开展社会主义精神文明建设的重要场所。职业伦理建设是社会主义精神文明建设的重要途径。检察官职业活动是代表国家进行的，涉及社会生活各个领域，具有广泛性和权威性。检察官应该是社会主义精神文明的提倡者、维护者，是群众的道德榜样。加强检察官职业伦理建设，使每一名检察官树立高尚的职业伦理，并将其展现于群众面前，推广到工作以外的社会生活中去，可以教育群众、影响群众，带动广大群众增强伦理意识，促进整个社会道德水平和社会风尚的提高。

第三，加强检察官职业伦理建设是惩治腐败、纠正行业不正之风的重要举措。当前存在的行业不正之风及各种腐败现象，主要是凭借行业特有的职权或工作条件谋取个人或小团体的私利。简单地说，就是以权谋私，脱离群众，违背社会主义的伦理原则，损害人民的利益，影响社会安定团结。通过检察官职业伦理建设，帮助检察官树立正确的道德观念，甘当人民的公仆，明确自己的职责，坚决抵制各种不正之风的影响和腐败现象的侵蚀，同时在职业活动中依法大胆行使检察权，与腐败犯罪现象作坚决的斗争，发挥检察机关在反腐倡廉工作中的重要作用。

第四，加强检察官职业伦理建设是检察官自我完善的必要条件。良好的道德品质是人们追求自我完善的重要标准。道德品质作为道德认识、情感、意志、信念的综合表现，它的形成不是自发的，而是要经过学习和实践过程才能完成的。加强检察官职业伦理建设，通过对检察官进行职业伦理教育，规范检察官职业伦理实践，是提高广大检察官职业伦理水准，养成高尚道德品质的根本途径。实践证明，一个人只有对本职工作树立起荣誉感和责任感，热爱自己从事的职业，把自己所担负的职业当作神圣的事业，忠诚地为人民服务，才有可能具有崇高的思想品德。加强职业伦理建设，可以指导检察人员在工作岗位上确立崇高的生活目标，选择正确的职业伦理行为，培养良好的职业伦理习惯，增强拒腐防变的能力，正确履行法律监督职责，正气浩然，大公无私，做一名堂堂正正的检察官。

第二节 检察官职业伦理要素

随着新中国检察事业的发展，经过一代又一代检察人员的努力，我国检察官职业伦理建设日趋系统和完善。1988 年提出了“严格依法办案，秉公执法，掌握政策，实事求是，联系群众，精通业务”作为检察官队伍建设目标。1995 年 2 月，第八届全国人大常委会第十二次会议通过了《检察官法》，随后全国检察机关开展了以“秉公执法、清正廉明”为基本内容的检察官职业伦理建设活动。2001 年 6 月，第九届全国人大常委会第二十二次会议通过《关于修改〈中华人民共和国检察官法〉的决定》，增设了检察官恪守职业道德的义务。2002 年 2 月，最高人民检察院颁布了《检察官职业道德规范》，明确将“忠诚、公正、清廉、严明”作为检察官职业伦理规范。2009 年 9 月、2010 年 10 月和 2016 年 12 月，最高人民检察院先后颁布的《检察官职业道德基本准则（试行）》《检察官职业行为基本规范（试行）》《检察官职业道德基本准则》，确定了“坚持忠诚品格，永葆政治本色”“坚持为民宗旨，保障人民权益”“坚持担当精神，强化法律监督”“坚持公正理念，维护法制统一”“坚持廉洁操守，自觉接受监督”五项基本准则，这是检察官职业伦理的基本要素。

一、坚持忠诚品格，永葆政治本色

检察机关是国家的法律监督机关，检察官是依法行使国家检察权的检察人员，“坚持忠诚品格，永葆政治本色”是检察官职业伦理的首要要求。“坚持忠诚品格，永葆政治本色”要求检察官要忠于党、忠于国家、忠于人民、忠于宪法和法律、忠于检察事业，牢固树立依法治国、执法为民、公平正义、服务大局、党的领导的社会主义法治理念，做中国特色社会主义事业的建设者、捍卫者和社会公平正义的守护者。

“坚持忠诚品格，永葆政治本色”是由我国人民检察机关的性质和本质特征决定的，是我国社会主义制度下检察官职业伦理的基石，也是检察官的职业本色。每一名检察官只有首先做到坚持忠诚品格、永葆政治本色，才能不辜负党和国家的重托，才能取信于人民。

忠于党，是检察官忠诚品格的核心要义，体现了检察官的政治立场和政治态度。中国共产党是中国特色社会主义事业的领导核心，坚持党对检察工作的绝对领导是检察工作不断取得新成就、赢得新发展的首要条件和根本保证。所以，“坚持忠诚品格，永葆政治本色”首先要求检察官要忠于党。忠于党作为检察官的政治义务，要求检察官必须坚定共产主义信念，不断用党的理论武装头脑，接受和服从党的领导，保持高度的政治警觉，严守政治纪律，始终与党中央保持高度一致。拥护党的路线，自觉贯彻党的方针，坚决执行党的政策，坚持检察工作的正确政治方向。党员检察官还要充分发挥共产党员的先锋模范作用，自觉把履行检察官职责与巩固党的执政地位统一起来，维护党的尊严和权威。

忠于国家，是公民的基本义务，也是检察官作为国家公职人员的一种基本责任。忠于国家，就是要求检察官对社会主义祖国无限忠诚，对国家的前途、民族的命运无比关心。具有强烈的爱国主义精神，对有损于国家利益的言行进行旗帜鲜明的斗争。在工作中，严守国家秘密，依法履行法律监督职责，对背叛、出卖或者损害国家利益的犯罪依法进行追诉，维护国家安全、荣誉和利益，维护国家统一和民族团结，维护社会稳定，促进经济社会和谐发展。

忠于人民，是社会主义国家的性质所决定的，也是检察工作政治性、人民性和法律性统一的必然要求。忠于人民，就是要求每一名检察官要始终牢记全心全意为人民的宗旨，在思想上牢固树立人民利益高于一切和立检为公、执法为民的观念，以人民满意不满意作为做好检察工作、从事一切职业活动的最高工作标准和行为准则。在行动上，始终把人民利益作为检察工作的出发点和落脚点，维护最广大人民的根本利益，保障民生，服务群众，亲民、为民、利民、便民，切实做到权为民所用、法为民所执、情为民所系、利为民所谋。在执法方式上充分依靠人民群众，实行专门机关和群众路线相结合，尊重和保障人民当家作主的主体地位。

忠于宪法和法律，既是检察官的职业伦理，也是法定义务。检察官忠于宪法和法律，就是要尊崇宪法和法律，严格执行宪法和法律的规定，自觉维护宪法和法律的统一、尊严和权威。一方面，要确立对宪法和法律的职业信仰。检察官作为国家法律的执行者，承担着维护宪法和法律统一正确实施的重要职责，必须树立起尊崇宪法和法律的意识，强化法治思维，培养依法办事、遇到问题找法、解决问题用法的职业习惯。无论在工作中还是在生活中，不说有损宪法和法律的话，不做有损宪法和法律的事。另一方面，在业务活动中必须严格执法，坚持依法独立行使检察权，不受行政机关、社会团体和个人的干涉。严格遵守实体法和程序法的规定，在查明事实真相的基础上，准确理解和执行法律，处理案件做到程序合法，适用法律无误。

忠于检察事业，关键是要做到恪尽职守，乐于奉献。这不仅表现为检察官在行使检察权时忠于职守、严肃认真、积极勇敢的工作态度和公正无私、尽心尽责的工作责任心，而且还应该表现为检察官在日常工作中具有爱岗敬业、乐于奉献的敬业精神。一是热爱人民检察事业，珍惜检察官荣誉，认同检察职业的价值目标，自觉接受监督制约，严守检察工作秘密，主动维护检察机关、检察官的形象和检察权的公信力。二是坚持“强化法律监督，维护公平正义”的检察工作主题，忠实履行法律监督职责，努力实现执法办案法律效果、社会效果和政治效果的有机统一。三是热爱本职工作，对工作岗位不挑肥拣瘦、推诿逃避，勤勉敬业，尽心竭力，不因个人事务及其他非公事由而影响职责的正常履行。

二、坚持为民宗旨，保障人民权益

坚持为民宗旨、保障人民权益作为检察官职业伦理，是指检察官必须忠实执行宪法和法律，维护社会公平正义，全心全意为人民服务。中华人民共和国的一切权力属于人民，一切国家机关和国家工作人员必须努力为人民服务。检察机关作为国家机关的组成部分，检察官作为国家工作人员之一，坚持为民宗旨、保障人民权益自然也是检察官职业伦理的重要内容。

要牢记为民宗旨和服务意识，认真解决群众最关心、最直接、最现实的利益问题。要自觉以马克思列宁主义、毛泽东思想、邓小平理论、“三个代表”重要思想、科学发展观和习近平新时代中国特色社会主义思想为指导，坚持以人民为中心，坚持中国特色社会主义法治道路。实现好、维护好、发展好最广大人民的根本利益，始终保持党同人民群众的血肉联系。坚持热情服务，防止和纠正漠视群众利益，对群众求助视而不见、麻木不仁、推诿搪塞的现象。杜绝“门难进、脸难看、话难听、事难办”的工作作风。要摒弃特权思想和霸道作风，不要特权、逞威风、蛮横无理。本人或者亲属与他人发生矛盾、冲突时，应当通过正当合法的途径解决，不应以检察官身份寻求特殊照顾，不要恶化事态酿成事端，让人民群众切实感受到检察机关以人为本、执法为民的良好作风。

要弘扬人文精神，体现人文关怀，以人为本，尊重和保障人权。要积极回应人民群众新要求新期待，解决法治领域人民群众反映强烈的突出问题，不断增强人民群众获得感、幸福感、安全感，用法治保障人民安居乐业。要自觉端正执法思想，更新执法观念，坚持理性、平和、文明、规范的执法理念，坚决摒弃那些重打击轻保护、重实体轻程序、重惩罚轻教育等不合时宜的错误观念和做法，从源头上防止和减少执法不文明现象的发生。重视对犯罪嫌疑人、被告人合法权益的保障，尤其是杜绝办案过程中的刑讯逼供、暴力取证以及其他不文明现象，在执法方式、执法细节上注重人性化和人文关怀，用广大人民群众乐于接受的方式执法办案，使人民群众通过检察机关的执法办案不仅能感受到法律的尊严和权威，还能感受到检察队伍高度的文明素养和职业素质。这就要求检察官要注重学习，精研法律，精通检察业务，培养良好的政治素质、业务素质和文化素养，增强法律监督能力和做群众工作的本领。

三、坚持担当精神，强化法律监督

敢于担当是中华民族的传统美德，是实现中华民族伟大复兴、建设中国特色社会主义法治社会的使命要求。检察机关作为国家法律监督机关，通过行使检察权，实现追诉犯罪、维护国家安全和社会秩序、维护个人和组织的合法权益、维护国家利益和社会公共利益、保障法律正确实施、维护社会公平正义，维护国家法制统一、尊严和权威以及保障中国特色社会主义建设顺利进行的目的。检察官应当坚持担当精神，并将自己融入检察机关法律监督工作中，为建设中国特色社会主义法治社会而努力。

坚持担当精神，要求检察官要坚持原则、认真负责，面对大是大非敢于“亮剑”，面对矛盾敢于迎难而上，面对危机敢于挺身而出，面对失误敢于承担责任，面对歪风邪气敢于坚决斗争。坚持担当精神，要求检察官要有法治信仰，必须忠实执行宪法和法律，维护社会公平正义，全心全意为人民服务。

强化法律监督，维护公平正义，即在办案过程中切实履行监督职责，依法审查相关机关及其工作人员的职权行为是否符合法律规定。被监督者无论违反了实体法的规定，还是违反了程序法的规定，检察官都要敢于和善于依法及时予以纠正。

坚持有错必究。有错必究对检察官来说是一项法律上的义务，也是检察官提高自身伦理修养的重要内容。它要求检察机关严格执行检察人员执法过错责任追究制度。对于执法过错行为，要实事求是，敢于及时纠正，勇于承担责任。对检察官而言，一是要具有追求真理，求真务实的伦理品质，把追求真理化作办案的动力，工作中坚持以事实为根据、以法律为准绳，力求对案件的认识和处理决定符合客观实际。二是要有大公无私的高尚情操。出现错误，尤其是办案中出现错误往往会给检察官甚至其所在的检察机关带来种种不利影响，如小到取消评先评优资格，大到追究法律责任。检察官纠正错误时，要始终坚持以人民利益、社会公共利益为重，坚持以法律规定作为判断利益归属的标准，在利益冲突面前真正做到大公无私，有错必纠。三是要有不屈不挠的精神气节。检察官在纠正错误时可能会遇到各方面的阻力。实践中，一些同志往往会因此而退缩，采取事不关己高高挂起的态度。一名具有良好道德品质的检察官必须在职业活动中养成刚毅坚韧的性格，在纠正错误尤其是纠正冤假错案时，要有不屈不挠的精神气节。检察官只有真正树立起勇于纠错的职业伦理品质，才能成为称职的法律监督工作者，以自己的行动捍卫宪法和法律的尊严。

四、坚持公正理念，维护法制统一

公正是司法工作的灵魂和最高价值追求，维护法制统一是检察机关作为国家法律监督机关的核心任务之一，故“坚持公正理念，维护法制统一”也是检察官职业伦理的核心内容。检察官只有切实做到公正执法，才能确保国家法律统一正确的实施，才能有效地遏制直至消除人民群众所深恶痛绝的司法腐败。因此，坚持公正理念、维护法制统一既是检察机关履行检察职能的根本要求，又是每一名检察官在职业活动中必须严格遵守的最重要的行为准则。

坚持秉公执法。秉公执法是检察官的天职。检察官必须树立忠于职守、秉公办案的观念，坚守惩恶扬善、伸张正义的良知，保持客观、公正、维护人权的立场，养成正直善良、谦抑平和的品格，培育刚正不阿、严谨细致的作风，在执法办案中始终坚持以事实为依据、以法律为准绳，通过扎实细致的工作，把每个案件都办成经得起历史检验的“铁案”。坚持秉公执法要求检察官既要在保护基本权利上一视同仁，也要在追诉犯罪上一视同仁,反对特权、禁止歧视。特别是在行使检察裁量权时,不偏不倚,不滥用职权和漠视法律,切实做到法律面前人人平等。秉公执法是检察官的基本形象,是检察工作获得人民群众信任和支持的基本前提。在人们心中,检察官是代表国家执行法律、维护公正的国家公职人员。检察官在履行每一项职责、办理每一起案件时,务必做到严格公正司法,切实使人民群众在每一起案件中都感受到公平正义。

坚持依法独立行使检察权。独立是公正的前提,它要求检察机关依法履行检察职责,不受行政机关、社会团体和个人的干涉。任何党政机关和领导干部都不得让检察机关做违反法定职责、有碍司法公正的事情,任何检察机关都不得执行党政机关和领导干部违法干预司法活动的要求。对干预检察机关办案的,依法依规给予党纪政纪处分;造成冤假错案或者其他严重后果的,依法追究刑事责任。检察机关实行司法责任制,突出检察官的办案主体地位。检察官要敢于监督,善于监督,不为金钱所诱惑,不为人情所动摇,不为权势所屈服,自觉维护检察机关行使检察权的独立性。在办理案件时依据自己对证据、案件事实的认识和对法律的理解独立判断,敢于坚持正确的意见。严格遵守检察纪律,不违反规定过问、干预其他检察官、其他人民检察院或者其他司法机关正在办理的案件,不私自探询其他检察官、其他人民检察院或者其他司法机关正在办理的案件情况和有关信息,不泄露案件的办理情况及案件承办人的有关信息,不违反规定会见案件当事人、诉讼代理人、辩护人及其他与案件有利害关系的人员。值得注意的是,检察机关独立行使检察权是在党的领导下实现的,坚持党的领导是正确行使检察权的政治保证,是检察官必须遵守的一项政治纪律。同时,坚持党的领导有利于获得各级党组织的支持,有效地排除和抵制各种干扰,维护检察权的独立地位。

坚持实体公正和程序公正并重。实体公正和程序公正同属司法公正不可偏废的两个方面,是衡量司法机关及其工作人员是否公正执法所不可或缺的两个标准。检察官既肩负着公正司法的职责,也担负着监督其他有关机关公正执法的使命,自觉维护实体公正和程序公正是他们义不容辞的责任。因此,既要坚持客观真实的诉讼目的,追求实体公正,又要摒弃重实体、轻程序的片面的程序工具价值观,树立实体公正与程序公正并重的观念。具体来说就是要做到:其一,努力实现实体公正。树立证据意识,依法客观全面地收集、审查证据,不伪造、隐瞒、毁损证据,不先入为主、主观臆断,严格把好事实关、证据关,保证作出的诉讼处理决定的实质内容客观、准确。其二,要坚持程序公正。即要求检察官在诉讼中树立人权保护意识,充分尊重和保障所有诉讼参与人的诉讼权利,尤其是尊重律师的职业尊严,支持律师履行法定职责;尊重庭审法官,遵守法庭规则;依据法律规定实行回避,坚持检务公开;遵守法律规定的诉讼期限等。

提高工作效率。迟来的正义非正义,提高工作效率是实现司法公正的必然要求。检察官应当增强效率意识,努力提高案件质量和办案水平,提高工作效率,增强节约司法资源意识,最大限度地发挥司法资源的整体效益,减轻当事人诉讼负担,降低司法成本。严格遵守法律规定的办案期限,克服拖延、推诿,防止案件堆积和超期羁押。同时,防止片面追求效率、执法办案过快的偏向,保证当事人充分有效地参与诉讼,保证及时准确查明案件事实真相,使案件得到公正办理。

五、坚持廉洁操守,自觉接受监督

清廉是指一个人品行正派,清正廉洁,克己奉公,不贪污腐化、奢侈浪费,也不以权谋私、贪赃枉法。清廉是中华民族传统的优秀品质之一,在我国传统文化中,它所要处理的实际上是一个义利关系。大力弘扬清廉的价值观念,倡导清廉的行为准则,是密切党同人民群众联系的内在要求,是党始终得到广大人民群众拥护和支持的根本原因,是从严治党、端正党风的重要前提,是贯彻落实党的路线、方针、政策,促进改革开放和经济建设,维护政治社会稳定、构建和谐社会的重要保证。检察官作为干部队伍中的一员,同样应当坚持廉洁操守,并自觉接受监督。

筑牢拒腐防变的思想防线。无数案例表明,腐化总是从思想上放松警惕、放松对世界观的改造和对自己的要求开始的。面对各种利益诱惑,检察官能否保持清廉美德,杜绝不清廉行为,最根本的是要筑牢思想上的防线。这需要个人强化意识,通过自觉学习反思、对照检查、组织教育等,时刻警惕不良的思想倾向,提高思想道德素质。要以社会主义核心价值观为根本的职业价值取向,常修为检之德、常思贪欲之害、常怀律己之心,提高自我约束能力。坚决反对拜金主义、享乐主义和奢靡之风,坚持高尚的精神追求,时刻自重、自省、自警、自励。不该去的地方不去,不该交的朋友不交,受得了清贫,耐得住寂寞,经得起诱惑,遵纪守法,严格自律,并教育近亲属或者其他关系密切的人员模范执行有关廉政规定,秉持清正廉洁的情操。

模范遵守法纪。检察官模范守法,率先遵纪,是其有效监督、保障法律正确实施和捍卫法律尊严的客观要求。作为清廉的职业伦理要求,这里的模范遵守法纪主要是指检察官应当遵守廉洁自律方面的法律法规以及职业纪律,以保持清正廉洁。首先,检察官应当遵守国家法律有关廉洁自律的相关内容,如《检察官法》《公务员法》《刑法》等法律对检察官等公职人员保持职务行为廉洁性的规定。其次,检察官应当遵守系统内各项廉洁自律的职业纪律。最后,检察官应当模范遵守各级党组织制定的廉洁从政的各项制度。

自觉接受监督。有效的监督是检察官保持清廉所不可或缺的前提。对检察官的监督既有检察机关内部的监督,也有来自检察机关外部的监督。为防止检察权的滥用,杜绝以权谋私、以案谋私现象的出现,最高人民检察院专门制定了一系列规范性文件,通过规范办案程序,建立了一整套内部监督制约机制。这些规定既有利于保证案件的正确办理,也有利于保证检察官的清廉,检察官对这些规定应当不折不扣地执行。此外,检察机关在队伍建设方面也制定了详细的廉政建设工作制度,如规定检察官个人重大事项申报制度等。当检察官有上述事项时,应当主动及时地向组织申报,接受组织监督。除检察机关系统内部的监督外,检察官也应当主动接受当事人、新闻媒体和人民群众的监督。在公共场合及新闻媒体上,不发表有损法律严肃性、权威性,有损检察机关形象的言论。未经批准,不对正在办理的案件发表个人意见或者进行评论,避免使公众对检察官公正执法和清正廉洁产生合理怀疑,避免对履行职责产生负面作用,避免对检察机关的公信力产生不良影响。当前,检察机关建立的检务公开制度和人民监督员制度,目的在于依靠广大群众对检察工作进行有效监督,使人民群众监督制度化。检察官在履行职责时,应自觉接受群众监督,对人民监督员的监督意见和建议应当虚心听取。

第三节 检察官职业责任

一、检察官职业责任的概念

检察官职业责任是指检察官违反法律、职业伦理规范和检察工作纪律所应当承担的后果。我国《检察官法》第六章规定了检察官惩戒制度,这是我国检察官职业责任的法律依据。

《检察官法》第47条规定,检察官有贪赃枉法等违纪违法行为的,应当给予处分;构成犯罪的,依法追究刑事责任。根据上述规定,我国检察官职业责任可分为纪律责任和刑事责任两大类。其中,检察官行为构成犯罪的,应当根据《刑法》和《刑事诉讼法》追究其刑事责任;对行为尚未构成犯罪,而只是违反检察官职业伦理和职业纪律的,应当根据相关规定和程序进行处理。

为规范检察人员行为,严肃检察纪律,保证检察人员依法履行职责,最高人民检察院于2004年6月制定并于2007年3月和2016年12月修订了《检察人员纪律处分条例》。2007年7月制定了《检察人员执法过错责任追究条例》。2011年制定了《关于规范检察人员与律师交往行为的暂行规定》。2015年5月、9月和12月,分别制定了《关于检察机关贯彻执行〈领导干部干预司法活动、插手具体案件处理的记录、通报和责任追究规定〉和〈司法机关内部人员过问案件的记录和责任追究规定〉的实施办法(试行)》《关于完善人民检察院司法责任制的若干意见》《关于对检察机关办案部门和办案人员违法行使职权行为纠正、记录、通报及责任追究的规定》。这些规定的适用对象并不限于检察官,而是包括检察机关除工勤人员以外的所有工作人员。但是,由于其吸收了检察官法和检察官职业伦理规范的相关内容,因而成为追究检察官纪律责任的主要依据。

二、检察官的纪律责任

检察官的纪律责任,是指检察官因违反法律、职业伦理规范和检察工作纪律应当承受的纪律处分。

(一)检察官的违纪行为

最高人民检察院制定的《检察人员纪律处分条例》对检察人员违反职业纪律的具体行为和处分方式方法作了详细规定。结合《检察官法》第47条及《检察官职业道德基本准则》的规定,检察官的违纪行为包括以下几类。

1. 检察官违反“坚持忠诚品格,永葆政治本色”职业伦理要求的违纪行为。检察官有下列行为之一的,应受纪律处分:(1)公开发表坚持资产阶级自由化立场、反对四项基本原则,反对党的改革开放决策或者其他有严重政治问题的文章、演说、宣言、声明等,或为上述行为提供方便;(2)妄议中央大政方针,破坏党的集中统一;(3)丑化党和国家形象,或者诋毁、诬蔑党和国家领导人,或者歪曲党史、军史,或为上述行为提供方便的;(4)制作、贩卖上述非法书刊、音像制品、电子读物、网络音视频资料等的,或私自携带、寄送上述材料入境的;(5)组织、参加反对党的基本理论、基本路线、基本纲领、基本经验、基本要求或者重大方针政策的集会、游行、示威等活动,或参加未经组织批准的其他集会、游行、示威等活动;(6)组织、参加旨在反对党的领导、反对社会主义制度或者敌视政府等组织;(7)组织、参加会道门或者邪教组织;(8)搞团团伙伙、结党营私、拉帮结派、培植私人势力或者通过搞利益交换、为自己营造声势等活动捞取政治资本的;(9)拒不执行党和国家的方针政策以及决策部署的,或故意作出与党和国家的方针政策以及决策部署相违背的决定的,或擅自对应当由中央决定的重大政策问题作出决定和对外发表主张的;(10)违反党和国家民族和宗教政策;(11)对抗组织调查;(12)组织、参加迷信活动;(13)涉外活动中,其行为在政治上造成恶劣影响,损害党和国家尊严、利益;(14)有其他违反政治纪律和政治规矩行为的。

2. 检察官违反“坚持为民宗旨,保障人民权益”职业伦理要求的违纪行为。检察官在工作中应当坚持为民宗旨,保障人民群众的合法权益。检察官有下列行为之一的,应当追究其纪律责任:(1)在检察工作中违反有关规定向群众收取、摊派费用的;(2)在从事涉及群众事务的工作中,刁难群众、吃拿卡要的;(3)对群众合法诉求消极应付、推诿扯皮,损害检察机关形象,情节较重的;(4)对待群众态度恶劣、简单粗暴,造成不良影响,情节较重的;(5)遇到国家财产和人民群众生命财产受到严重威胁时,能救而不救,情节较重的;(6)不按照规定公开检察事务,侵犯群众知情权,情节较重的;(7)有其他违反群众纪律规定行为的。

3. 检察官违反“坚持担当精神,强化法律监督”职业伦理要求的违纪行为。检察官在工作中应当坚持担当精神,强化法律监督。检察官有下列行为之一的,应当追究其纪律责任:(1)严重不负责任超期羁押犯罪嫌疑人;(2)体罚、侮辱犯罪嫌疑人、被告人及其他人员;(3)违法使用警械、警具或者将枪支、弹药借给他人使用的;(4)违法办案或者严重不负责任,造成犯罪嫌疑人、被告人脱逃、自杀、伤残或者证人、被害人自杀、伤残;(5)违反法定诉讼程序,造成错案或者给当事人造成严重损失;(6)不正确履行职责或者严重不负责任,致使发生重大责任事故,给国家、集体财产和人民群众生命财产造成较大损失;(7)不正确履行职责,拖延办案,贻误工作;(8)泄露国家秘密、检察工作秘密;(9)丢失案卷、案件材料、档案或者机密文件;(10)在执法办案或者管理工作中失职、渎职,造成严重后果或者恶劣影响等。

4.检察官违反"坚持公正理念,维护法制统一"职业伦理要求的违纪行为。检察官在办案工作中应当秉承公平正义的伦理要求履行职责。有下列行为时,应当追究检察官的纪律责任:(1)徇私枉法;(2)伪造、隐瞒、涂改、调换、故意损毁证据材料、诉讼文书;(3)故意作出违背案件事实的勘验、检查、鉴定意见;(4)私自会见案件当事人或其辩护人、代理人、申诉人、亲友,或者接受上述人员提供的宴请、财物、娱乐活动;(5)在执法活动中,具有法定回避情形故意不依法回避,或者拒不服从回避决定,或者对符合回避条件的申请故意不作出回避决定;(6)违反规定,不履行有关告知义务而影响当事人行使诉讼权利;(7)隐匿、销毁举报、控告、申诉材料,包庇被举报人、被控告人,或者滥用职权,对举报人、控告人、申诉人、批评人报复陷害;(8)为案件当事人及其代理人和亲友打探案情、通风报信;(9)非法拘禁他人或者以其他方法非法剥夺他人人身自由;(10)非法讯问犯罪嫌疑人、被告人或者非法传讯他人;(11)非法搜查他人身体、住宅或者非法侵入他人住宅;(12)刑讯逼供;(13)私放犯罪嫌疑人、被告人;(14)非法扣押、冻结公私财产;(15)作为主要责任者和其他直接责任人员,不依法返还扣押、冻结款物,或者侵吞、挪用、私分、私存、调换、外借、压价收购或者擅自处理扣押、冻结款物及其孳息的;(16)私自办理案件或者违反有关规定干预司法办案活动;(17)违反规定插手经济纠纷的主要责任者和其他直接责任人员;(18)违反监管法规、体罚虐待被监管人员,私自带人会见被监管人员,或者让被监管人员给自己干私活;(19)检察官实施的其他违反公正规范的行为。

5.检察官违反"坚持廉洁操守,自觉接受监督"职业伦理要求的行违纪为。检察官应当努力保持职务的廉洁性,自觉接受监督。检察官有下列行为之一的,给予纪律处分:(1)贪污;(2)私分国有资产;(3)索贿受贿;(4)行贿或者介绍贿赂;(5)挪用公款;(6)利用职务上的便利,非法占有国家、集体和他人财物,或者以购买物品时象征性地支付钱款等方式非法占有国家、集体和他人财物,或者无偿、象征性地支付报酬接受服务、使用劳务,或者利用职务上的便利,将本人或者亲属应当由个人支付的费用,由下属单位或者其他单位支付、报销的,将配偶、子女及其配偶应当由个人支付的出国(境)留学费用,由他人支付、报销;(7)违反规定,接受可能影响公正执法的礼品馈赠,不登记交公;(8)违反规定经商办企业,或者违反规定从事营利活动,或者利用职务上的便利为其亲友的经营活动谋取利益,或者违反规定兼职或者兼职取酬;(9)挥霍浪费公共财产,用公款旅游,或者违反规定参与用公款支付的高消费娱乐、健身活动,或者购买、更换超过规定标准的小轿车以及对所乘坐的小轿车进行豪华装修;(10)利用工作上的便利,私自向发案单位或者案件当事人及其亲友借用住房、财物或者交通、通讯工具;(11)私设"小金库",乱收费,乱罚款,拉赞助的;(12)利用职务上的便利操办婚丧喜庆事宜,在社会上造成不良影响;(13)与他人通奸、与案件当事人及其亲属发生两性关系、重婚或者包养情妇(夫),或者进行色情活动;(14)拒不承担抚养教育义务或者赡养义务,虐待或者遗弃家庭成员,情节较重的;(15)诬告陷害侮辱、诽谤他人的;(16)以营利为目的聚众赌博、参与赌博或者为赌博提供场所或寻衅滋事,打架斗殴的;(17)有其他违反廉洁从检规定以及严重违反社会主义伦理规范、妨碍社会管理秩序或在执法活动中违纪违法行为的。

(二)检察官纪律责任的追究

检察人员依法履行职责和其他合法权益受法律保护,非因法定事由、非经法定程序,不受纪律处分。检察机关的纪律处分工作,应当坚持全面从严治检、实事求是、纪律面前人人平等、处分与违纪行为相适应、惩戒与教育相结合的原则。对违反职业纪律的检察官,应根据其违纪行为的事实、性质和情节,依照《检察人员纪律处分条例》的规定,给予纪律处分;情节轻微,经批评教育确已认识错误的,可以免予处分。情节显著轻微,不构成违纪的,不予处分。

1. 检察纪律处分的种类

纪律处分按从轻到重分为警告、记过、记大过、降级、撤职、开除六种。其中,警告即对犯错误者提出告诫,是最轻的一种纪律处分。记过即记载过失,这是较警告严厉的一种纪律处分。记大过就是记载大的过失。降级是指降低工资级别和职务等级。撤职是撤销现任职务,这种处分适用于因违法违纪而无法担任现任职务的情形。受撤职处分的,应同时降低工资和等级。开除是把不适合担任检察官职务而且不适合在检察机关继续任职的人清除出检察官队伍,这是纪律处分中最严重的处分。

2. 纪律处分的适用

检察机关在适用纪律处分追究检察官纪律责任时,应当根据检察官违纪行为的事实、性质、情节及检察官主观上对违纪行为认识的情况,选择具体适用的处分措施。其中,警告、记过和记大过一般适用于性质不太严重的行为,或者虽然行为性质比较严重,但情节较轻的行为。降级、撤职和开除处分适用于性质严重的违纪违法行为,或者虽然行为本身性质并不严重,但情节较重或严重、造成严重后果或者恶劣影响的行为。此外,对检察官违纪违法行为有以下特殊情形的,应按照相关规定处理:

(1)从轻或减轻处分。检察官有下列情形之一的,可以依照规定从轻或者减轻处分:一是主动交代本人应当受到纪律处分的问题的;二是检举他人应当受到纪律处分或者法律追究的问题,经查证属实的;三是主动挽回损失、消除不良影响或者有效阻止危害结果发生的;四是主动上交违纪所得的;五是有其他立功表现的。

(2)从重或加重处分。检察官有下列情形之一的,可以依照规定从重或者加重处分:一是二人以上共同故意违纪,起主要作用的;二是在集中整治过程中,不收敛、不收手的;三是强迫他人违纪的;四是故意违纪处分后又故意违纪应受纪律处分的;五是《检察人员纪律处分条例》另有规定的。

以上所说的从轻、从重处分,是指在《检察人员纪律处分条例》中规定的违纪行为应当受到的处分幅度以内,给予较轻或者较重的处分;减轻、加重处分,是指在《检察人员纪律处分条例》中规定的违纪行为应当受到的处分幅度以外,减轻或者加重一档给予处分。根据《检察人员纪律处分条例》规定的只有开除处分一个档次的违纪行为,不适用减轻处分的规定。

(3)其他几种情形的适用。一是一人有《检察人员纪律处分条例》规定的两种以上应当受到处分的违纪行为,应当分别确定其处分种类。应当给予的处分种类不同的,执行其中最重的处分;应当给予撤职以下多个相同种类处分的,执行该处分,并在最高处分期间以上、多个处分期间之和以下,决定应当执行的处分期间。处分期间最长不超过48个月。二是一个违纪行为同时触犯《检察人员纪律处分条例》两个以上条款的,依照处分较重的条款定性处理。一个条款规定的违纪构成要件全部包含在另一个条款规定的违纪构成要件中,特别规定与一般规定不一致的,适用特别规定。三是二人以上共同故意违纪的,对起主要作用的,除《检察人员纪律处分条例》另有规定的外,从重处分;对其他成员,按照其在共同违纪中所起的作用和应负的责任,分别给予处分。对于经济方面共同违纪的,按照个人所得数额及其所起作用,分别给予处分。对起主要作用、情节严重的,按照共同违纪的总数额给予处分。教唆他人违纪的,应当按照其在共同违纪中所起的作用追究纪律责任。四是检察官受到刑罚处罚、行政处罚后的纪律责任。根据《检察人员纪律处分条例》的规定,检察人员有贪污贿赂、渎职侵权等刑法规定的行为涉嫌犯罪的,应当给予撤职或者开除处分;检察人员有刑法规定的行为,虽不构成犯罪或者不以犯罪论处,但须追究纪律责任的,应当视具体情节给予警告直至开除处分;检察人员有其他违法行为,须追究纪律责任的,应当视具体情节给予警告直至开除处分。

纪律处分决定作出后,应当在1个月内向受处分人所在单位及其本人宣布,并由干部人事管理部门按照干部管理权限将处分决定材料归入受处分人档案;对于受到降级以上处分的,还应当在1个月内办理职务、工资等相应变更手续。

3. 纪律处分的期间与后果

纪律处分期间是指依《检察人员纪律处分条例》作出的纪律处分决定的有效期。根据《检察人员纪律处分条例》的规定,不同纪律处分的期间是不同的。其中,警告的处分期间为6个月;记过为12个月;记大过为18个月;降级、撤职为24个月。合并执行多个纪律处分时,处分期间最长不超过48个月。在纪律处分期间内,受纪律处分者应承担相应后果:

(1)受纪律处分者,不得晋升职务、级别。

(2)受记过、记大过、降级、撤职处分的,在处分期间内不得晋升工资档次。其中,受降级处分的,自处分的下个月起降低一个级别。如果受处分人为最低级别的,按降低一个工资档次处理;如果受处分人为最低级别最低档次的,给予记大过处分。受撤职处分的,撤销其所有行政职务。在处分期间不得担任领导职务,自处分的下个月起按降低一个以上的职务层次,另行确定非领导职务。办事员应当给予撤职处分的,给予降级处分。

(3)受到开除处分的,自处分决定生效之日起解除其人事关系,其职务、级别自然撤销,不得再被录用为检察人员。

(4)受处分人具有法律职务的,按照有关规定重新确定或者依法罢免、免除法律职务。受开除处分的,依法罢免或者免除法律职务。

受纪律处分者除承受上述不利后果外,对其因违纪行为所获得的经济利益,应当收缴或者责令退赔。对于违纪行为所获得的职务、职称、学历、学位、奖励等其他利益,应当建议有关组织、部门、单位按规定予以纠正。

(三)检察官纪律处分的变更和解除

纪律处分的变更是指受纪律处分者在纪律处分期间内出现《检察人员纪律处分条例》规定的特定情形,从而改变原纪律处分期间或重新作出处分决定,具体包括两种情况:一是缩短处分期间。受处分人在处分期间内获得三等功以上奖励的,可以缩短处分期间,但缩短后的期间不得少于原处分期间的1/2。二是延长处分期间或重新作出处分决定。在处分决定作出后,如果发现受处分人另有应当受到纪律处分的违纪行为,或者受处分人在处分期间内又犯应当受到纪律处分的违纪行为,应当根据发现或新犯的违纪行为的事实、情节和已经作出的处分,重新作出处分决定。

纪律处分的解除是指处分期间届满,经所在单位或部门提出意见,由处分决定的机关作出解除处分的决定。解除处分决定应当在1个月内书面通知受处分人,并在一定范围内宣布。解除处分决定应当在作出后的1个月内,由干部人事管理部门归入受处分人档案。解除降级、撤职处分,不得恢复原职务、级别和工资档次,但以后晋升职务、级别和工资档次不受原处分的影响。

三、检察官的刑事责任

《检察官法》第47条规定,检察官有本条规定行为之一的,应当给予处分;构成犯罪的,应当追究刑事责任。根据该条规定,检察官行为构成犯罪应当承担的职业责任分为两种情况。第一种情况是检察官在履行职务的过程中触犯刑律而构成的犯罪。这类犯罪的罪名多分布在《刑法》分则第四章“侵犯公民人身权利、民主权利罪”、第八章“贪污贿赂罪”和第九章“渎职罪”中。具体包括:(1)刑讯逼供罪、暴力取证罪;(2)贪污罪;(3)受贿罪;(4)挪用公款罪;(5)巨额财产来源不明罪;(6)隐瞒境外存款罪;(7)滥用职权罪、玩忽职守罪;(8)泄露国家秘密罪;(9)徇私枉法罪;(10)私放在押人员罪、失职致使在押人员脱逃罪；(11)帮助犯罪分子逃避处罚罪。第二种情况是检察官除上述职务行为以外，因触犯刑律而构成的犯罪。根据《刑法》的规定，凡是属于一般自然人实施的犯罪，检察官都有可能实施，从而构成犯罪。

检察官法和检察官职业伦理规范均要求检察官必须严格遵守宪法和法律，不得有违法乱纪行为，检察官行为无论构成何种犯罪，都已经违反职业伦理和职业纪律，按照《检察人员纪律处分条例》的规定，都应当同时给予纪律处分。因此，只要检察官的行为构成犯罪，即必须承担职业责任，并不因是否属于职务行为而有所区别。

第四节　检察官职业伦理的培育

伦理属于社会意识形态的范畴，是对社会经济基础理论化、系统化的反映。作为社会意识形态，伦理与社会经济基础是相互影响、相互制约的关系。经济基础的性质决定伦理的性质，伦理反作用于经济基础，推动或者阻碍经济基础的发展。伦理一经形成，即具有相对独立性，有其自身的发展规律，有可能超前或者落后于经济基础的发展变化。伦理与经济基础的关系，决定了特定社会总是鼓励、促进适应自身经济关系的伦理规范形成和发展，阻碍、限制与经济关系不相适应的伦理存在。我国改革开放以来，社会经济成分、组织形式、就业方式、利益关系和分配方式日趋多样化，人们的思想和价值观念日趋多元化。受其影响，公民伦理出现不少问题。一些领域和地方伦理失范，是非、善恶、美丑界限混淆，拜金主义、享乐主义、极端个人主义滋长，见利忘义、损公肥私行为时有发生，不讲信用、欺骗欺诈成为社会公害，以权谋私、腐化堕落现象严重存在。这些问题如果得不到及时有效的解决，必然会损害正常的经济和社会秩序，损害改革发展稳定的大局。为保护和巩固改革开放成果，党和国家明确提出“依法治国”与“以德治国”相结合的基本方略，提出要在加强社会主义法治建设、依法治国的同时，切实加强社会主义伦理建设。通过公民伦理建设的不断深化和拓展，逐步形成与发展社会主义市场经济相适应的社会主义伦理体系，以提高民族素质，弘扬民族精神和时代精神，促进物质文明与精神文明协调发展。检察官是国家机关干部的一部分，由于特殊的职业要求，首先要带头加强职业伦理建设。要通过职业伦理教育，加强检察官道德修养，使广大检察官明辨是非、善恶、美丑，不断提高自身伦理认识水平和选择能力，增强为人民服务的思想感情，养成良好的职业伦理品质，成为廉洁奉公的人民检察官。

一、检察官职业伦理教育

检察官职业伦理教育是指为使检察官接受和遵循其职业伦理规范的要求，有目的、有计划、有组织地对检察官施加系统的职业伦理影响，把职业伦理要求转化为检察官个体的思想意识和道德品质的活动。职业伦理教育是检察官职业伦理建设的重要形式，是检察官职业伦理原则和规范转化为检察官内在品质的重要环节。加强检察官的职业伦理教育，有利于切实提高检察官伦理评价水平和伦理选择能力，形成良好的伦理观念和伦理意识，增强检察官道德修养的自觉性。

（一）职业伦理教育的内容

检察官职业伦理教育过程是职业伦理品质和基本要素的灌输、内化、形成和完善的过程。具体包括提高职业伦理认识、培养职业伦理情感、树立职业伦理信念、坚定职业伦理意志、养成职业伦理习惯五个方面。认识是伦理教育的前提和基础，培养情感是伦理教育的必要环节，树立信念和坚定意志是伦理教育的核心，养成习惯是伦理教育的归宿。职业伦理教育的五个方面彼此联系，相辅相成，共同构成检察官职业伦理教育的全过程，铸造检察官的职业道德品质。

（二）结合检察工作主题开展伦理教育

检察官职业伦理教育应始终结合检察机关职能，突出“强化法律监督、维护公平正义”的主题。法律监督是宪法赋予检察机关的神圣职责，是检察机关全部工作的目标和宗旨。履行法律监督是检察机关服务党和国家的工作大局的根本要求。检察机关通过强化法律监督，打击犯罪、维护社会稳定，依法对诉讼活动实施监督，维护司法公正，对保证国家法律统一实施，实现全社会公平正义具有十分重要的意义。法律监督必然要落实到检察机关各项业务工作中，具体而言也就是要落实到每一名检察官的职业活动中。检察官在各自岗位上从事的公诉、诉讼监督工作就是履行法律监督职能的具体表现。在职业伦理教育中突出强化法律监督、维护公平正义的主题，就是将职业伦理教育与检察官的职业活动紧密联系在一起，理论联系实际，加强教育的针对性，提高教育的实效，防止伦理教育成为无源之水、无本之木，成为空洞的说教。

一是要在检察官队伍中加大现代司法理念的教育。通过教育，帮助检察官牢固树立司法公正、人权保障、程序正义等现代法治观念，正确理解和把握立法精神，顺应法治社会的要求，用全新的司法理念驾驭检察工作，保证检察权的正确行使，为职业伦理的培养提供良好的基础和伦理环境。

二是要在检察官队伍中加大职业责任感和职业荣誉感的教育。帮助检察官充分认识自己手中的检察权对国家法治建设的重要性，使他们对自己的职业产生自豪感，热爱检察事业，自觉维护检察官的形象和荣誉，珍惜自身职业。

三是要强化办案质量的意识。办案质量是检察机关执法水平的综合反映，是公平和正义的承载者，是衡量和检验检察职能作用发挥好坏的标准和尺度，关系到检察机关的地位与形象。因此，在加强检察官职业伦理教育时应突出办案质量意识的教育，帮助干警牢固树立质量意识，使所办的每一起案件都经得起法律和历史的检验，经得起伦理和良心的检验。

四是确立科学的职业伦理评估体系，大力倡导评估式教育方式。评估式教育有利于及时反映职业伦理教育的实际效果，不断改进教育方法。开展评估式教育时，应根据职业伦理基本要求和检察官职业特点、工作内容建立科学合理的伦理评估体系，全面客观地评价检察官职业伦理状况和水准，既不片面夸大检察官职业伦理存在的问题，也不盲目乐观，忽视检察官职业伦理中存在的问题，为职业伦理教育提供科学合理的依据，正确选择职业伦理教育的方向和重点。

（三）塑造教育和转化教育

塑造教育是按照职业伦理的原则和规范，结合检察官的职业特点，从正面教育检察官，使每个检察官个体具备检察官职业所需要的伦理素质。转化教育是对检察官中存在的一些不良思想品德和违背伦理的行为，进行疏导、转化，使之变成符合检察官职业伦理的原则和规范。在开展职业伦理教育的过程中，无论是塑造教育还是转化教育，都应创新职业伦理建设方法，采取灵活多样的教育形式，如理论引导、典型示范、知识灌输、寓教于乐、文化熏陶、思想交锋等方法，使伦理教育丰富多彩，具有凝聚力、向心力和吸引力，易为广大检察官所接受。

一是要注意防止伦理教育形式化、脸谱化。在我国各级检察机关中，职业伦理教育是检察队伍建设的重要工作，属于检察政治工作之一。在实际教育中，要充分注意防止教育工作中的“两张皮”现象。防止“以会议落实会议，以文件贯彻文件”现象的发生。

二是要注重伦理教育的参与性。检察官不仅是伦理教育的对象，也是教育活动的积极参与者。在开展职业伦理教育时，要采取各种形式，增强教育者与被教育者的交流、沟通、互动。不少地区检察机关业务部门的检察官普遍年轻，思维活跃，受过系统的高等教育，在教育过程中通过交流、沟通，使各种意见充分表达出来，发现问题，解决问题，更有利于提高职业伦理教育的实效。

三是增加职业伦理教育的刚性。检察职业伦理是检察官必须遵守的行为准则，带有显著的法典化特征，职业伦理的内容与检察官职业纪律乃至法定义务相重合。违反职业伦理将承担相应的职业责任。在开展职业伦理教育时，要结合各种措施，加大职业伦理评估、考察，增加伦理教育的刚性，防止检察业务与伦理教育“一手硬一手软”的现象。

二、检察官职业伦理修养

检察官职业伦理的自我修养，是指检察官在职业活动中以积极的态度，不断地自我锻炼、自我改造、自我陶冶、自我教育，使自己形成高尚职业伦理习惯，形成职业伦理信仰。检察官职业伦理的自我修养与伦理教育是职业伦理培养中不可分割的两个方面，伦理教育是客观的、外在的伦理活动，自我修养是个人的、主观的伦理活动，外在的教育只有通过内在修养才能真正发挥作用。因此，职业伦理修养在检察官职业伦理的形成中具有至关重要的地位，检察官职业伦理素质的高低，主要是由其伦理修养决定的。检察官职业伦理的自我修养应针对个人实际情况，采取切实有效的方法和途径，具体来说，可从以下几个方面进行：

第一，注重个人伦理修养，促进职业伦理的培育。检察官既是特定职业成员，也是社会成员的一分子。作为职业人员，他应当在职业活动中遵守检察官职业伦理，作为一名社会成员，他还应当遵守一般社会成员共同遵循的伦理规范，即在社会公共生活和家庭生活中自觉遵守社会公德和家庭美德。社会公德和家庭美德是个人伦理修养的重要表现，与一个人的职业伦理修养具有一定的共通性。一个注重社会公德、受过良好家庭伦理熏陶的人，往往容易接受并养成良好的职业伦理习惯。因此，提高检察官社会公德和家庭伦理水平对其职业伦理的养成具有积极的促进作用。从我国检察官队伍中存在的职业伦理失范现象来看，大多数违反职业伦理的行为都能在其社会公共生活和家庭生活中找到原形。如在社会生活中粗暴无礼、恃强凌弱的人往往在检察职业活动中会违反文明执法的要求；在家庭生活中毫无责任心的人很少会珍惜和维护检察官的荣誉和形象；违反清廉职业伦理规范的人往往在生活中攀奢比阔、追求腐朽享乐的生活方式。检察官在职业伦理修养中注重社会公德和家庭伦理的修养，就是要在公共生活领域自觉维护公众利益和公共秩序，文明礼貌、助人为乐、爱护公物、保护环境、遵纪守法，在社会上做一个好公民；在家庭生活中尊老爱幼、和睦相处、勤俭持家、邻里团结，成为家庭的好成员。把这种良好的伦理引入检察官职业活动，可以增强对职业伦理的认同感，自觉加强职业伦理修养，培养良好的职业伦理。

第二，加强人文修养，提高伦理反思能力。伦理反思是伦理主体通过理性思考，独立地作出伦理判断和伦理选择，自主、能动地调节自己的伦理行为，使个体行为符合社会上约定俗成的伦理规范或内心的伦理信念，并在此过程中逐渐发展自我评价的能力。伦理反思能促使主体的伦理行为从自发的直觉走向理性的自觉，达到伦理上的自我完善。因此，伦理反思能力成为评价个人伦理的重要标准，提高伦理反思能力是伦理修养的重要内容。检察官在职业伦理修养中要提高自身的伦理反思能力，必须不断加强自身人文素质修养。

伦理本质上是调整人与人、人与社会、人与自然之间关系的行为准则。任何一种伦理修养的提高，都必须深刻认识人的本质、价值和意义，正确把握人与人、人与社会、人与自然之间的应然关系。解决检察官职业活动中的伦理冲突，需要具备较高的人文素质。检察官在执法活动中往往会遇到伦理上的两难选择，出现良心上的冲突。如疑案处理究竟应坚持从无还是从有；上级指令明显违法时是坚持依法办事还是服从领导等。这不仅仅是个法律问题，往往还涉及对检察官价值观和良心的拷问，涉及检察官的反思能力。提高检察官的人文修养，增强其伦理反思能力，要求检察官加大对相关知识的学习，通过广泛涉猎哲学、历史、文学、艺术等社会科学和自然科学领域的知识，提高自身综合素质。

法律作为生活经验的反映,其实现过程并非是社会生活适应法律,而是法律必须符合社会生活的要求。换句话说,执法活动必须达到法律效果和社会效果的统一。检察官应关注社会,熟悉国情,了解民意,正确把握时代精神,增强人文关怀,同情弱势群体,坚持以人为本,维护群众利益。

第三,积极投身检察实践,提高职业伦理修养。检察实践是一种司法实践活动,在伦理意义上来说,也是一种伦理实践活动。之所以称之为伦理实践,是因为检察官在履行职责的过程中,同时也在有目的地用是非善恶等伦理观念和准则对其行为进行评价和判断。积极投身检察实践对检察官职业伦理修养有着十分重要的意义。

检察官在实践活动中履行伦理规范与要求的同时,也会产生遵守伦理规范,并以此评价和调节人际关系及个人行为的需要,从而使职业伦理规范需求转化为个人的职业伦理品质,发展出一定的伦理能力。

伦理实践是检察官职业伦理品质形成过程中必不可少的环节。检察官伦理品质的形成建立在一定的伦理认识基础上。经过伦理情感、信念和意志等环节,最后落实到检察官具体的伦理行为上。只有这样,才能实现知、情、意、行的统一,伦理认识、情感、信念和意志才能得到巩固,凝结为伦理品质,在行为中表现出稳定的特征和一贯的倾向,使检察官真正成为一名具有较高道德修养的人。

检察官投身实践,重点要解决伦理修养中知行不一的问题。实践中,一些检察人员对职业伦理规范有着清楚的认识和了解,但是在具体的职业行为中却屡屡违反职业伦理规范的要求,表现出知行不一的现象。如有的检察官清楚地认识到诉讼过程中不能也不应该接受当事人及其委托的人的吃请送礼,不得单独会见当事人及其委托的人,但实务活动中却做不到上述规范的要求;有的检察官明知应当文明执法,但在执法活动中行为常常简单粗暴。解决这类问题不能单纯依靠职业伦理教育和检察官的学习,只有通过实践锻炼,使检察官依据伦理规范要求,有意识地检验改进自己的行为,增强伦理信念和意志,最终养成良好的行为习惯,提高自身伦理修养。

本章案例

甲检察官业余时间担任某中学法制辅导员,在推辞无效的情况下收下学校付给的每年1000元的酬金。甲检察官的行为是否违背检察官职业伦理规范要求?

| 案例解析 |

《检察官法》第38条规定:"检察官因工作需要,经单位选派或者批准,可以在高等学校、科研院所协助开展实践性教学、研究工作,并遵守国家有关规定。"《检察官职业行为基本规范(试行)》第45条规定,从事教学、写作、科研或参加座谈、联谊等活动,不违反法律规定、不妨碍司法公正、不影响正常工作。《公务员法》第44条规定:"公务员因工作需要在机关外兼职，应当经有关机关批准，并不得领取兼职报酬。”甲检察官业余时间担任某中学法制辅导员符合检察官职业伦理规范，但是在推辞无效的情况下“收下学校付给的每年1000元的酬金”不符合检察官职业伦理规范，以检察官的身份兼职取酬的行为可能影响职权行使的纯洁性、独立性和公正性。

法律职业资格考试例题

1.（单项选择）关于检察官的行为，下列哪一观点是正确的？

A. 房检察官在同乡聚会时向许法官打听其在办案件审理情况，并让其估计判处结果。根据我国国情，房检察官的行为可以被理解

B. 关检察长以暂停工作要挟江检察官放弃个人意见，按照陈科长的判断处理某案。关检察长的行为与依法独立行使检察权的要求相一致

C. 容检察官在本地香蕉滞销，蕉农面临重大损失时，多方奔走将10万斤香蕉销往外地，为蕉农挽回了损失，本人获辛苦费5000元。容检察官没有违反有关经商办企业、违法违规营利活动的规定

D. 成检察官从检察院离任5年后，以律师身份担任各类案件的诉讼代理人或者辩护人，受到当事人及其家属的一致肯定。成检察官的行为符合《检察官法》的有关规定

| 试题解析 | D

根据《检察人员纪律处分条例》，A项违背第77条规定。泄露案件秘密，或者为案件当事人及其近亲属、辩护人、诉讼代理人、利害关系人等打探案情、通风报信的，给予相关纪律处分。B项的行为与依法独立行使检察权的要求不一致。C项违反有关经商办企业、违法违规营利活动的规定。D项符合《检察官法》第37条第1款检察官2年执业禁止的规定。

2.（单项选择）关于检察官职业道德和纪律，下列哪一做法是正确的？

A. 甲检察官出于个人对某类案件研究的需要，私下要求邻县检察官为其提供正在办理的某案情况

B. 乙检察官与其承办案件的被害人系来往密切的邻居，因此提出回避申请

C. 丙检察官发现所办案件存在应当排除的证据而未排除，仍将其作为起诉意见的依据

D. 丁检察官为提高效率，在家里会见本人所承办案件的被告方律师

| 试题解析 | B

《司法机关内部人员过问案件的记录和责任追究规定》第3条规定，对于司法机关内部人员的干预、说情或者打探案情，应当予以拒绝；对于不依正当程序转递涉案材料或者提出其他要求的，应当告知其依照程序办理。故A项错误。B项符合《刑事诉讼法》第29条规定的回避制度，故B项正确。C项违背《刑事诉讼法》第56条关于非法证据排除的规定，故错误。D项违背《检察人员纪律处分条例》第89条规定的会见，检察人员私下会见当事人及其代理人的，应给予相关纪律处分。

第七章　律师职业伦理

律师在行使其职能时，必须尽到五个方面的责任：他必须对他的当事人负责；他必须对对方的律师负责；他必须对自己负责；他必须对法律负责；他必须对国家负责。在诉讼中这五个方面往往是相互矛盾、相互冲突着的。因此，律师要想在这五个方面保持完美的平衡，就绝不是一件轻而易举的事。

——[英]麦克米伦

章引语

律师对维护当事人合法权益、维护法律的正确实施、推进国家法治建设、维护社会公平和正义具有十分重要的意义。律师职业伦理包括律师职业道德基本准则和律师执业行为规范。《律师法》《律师执业管理办法》《律师和律师事务所违法行为处罚办法》《律师执业行为规范》对律师的职业道德基本准则及各种律师执业行为规范进行了全面规定。违背律师职业伦理的行为，会受到道德谴责、舆论监督，甚至受到法律和纪律的追究。

律师职业伦理　律师职业道德基本准则　律师执业行为规范

第一节　律师职业伦理概述

一、律师职业伦理的概念和特征

律师是依法取得律师执业证书，接受委托或者指定，为当事人提供法律服务的执业人员。律师的使命是维护当事人合法权益，维护法律正确实施，维护社会公平和正义。律师执业必须遵守宪法和法律，恪守律师职业道德和执业纪律。律师执业必须以事实为根据，以法律为准绳。

律师职业伦理是指律师在执业过程中应该遵守的人际关系规范以及应当遵守的职业道德准则。律师与法官、检察官虽同属法律职业共同体的主要成员，但律师与法官、检察官相比，也存在诸多差别：其一，担负的法律职能不同。法官担负的是审判职能，检察官担负的是法律监督（在西方主要是公诉职能），而律师担负的是法律服务职能。其二，工作领域不同。法官、检察官工作的领域主要是诉讼领域，而律师工作领域除了诉讼领域外，还包括非诉讼领域。因此，律师执业过程中形成的人际关系，比法官、检察官要复杂的多。其三，法官、检察官是公职人员，享受国家提供的各种薪酬和福利待遇，而律师不是公职人员，他们通过为当事人提供法律服务的方式获取一定的劳务报酬，以满足自身生存和事业发展的需要。因此，律师的"自由度"远远高于法官和检察官，以至于西方把律师称为"自由职业者"。

律师的这些职业特点决定了律师的职业伦理既有法律职业共同体的共同属性，也有自身的特征。

律师职业伦理的特征之一是法律职业伦理的服务性。律师是一种重要的法律服务职业。根据律师法的规定，律师的首要使命是维护当事人的合法权益，其次才是维护法律正确实施，维护社会公平和正义。换句话说，律师工作中，首先要考虑为当事人服务，而不是为国家服务。为了保障为当事人服务不与为国家服务发生冲突，我国律师法规定，律师为当事人服务时，必须要遵守国家的宪法和法律，必须要以事实为根据，以法律为准绳。律师通过为当事人提供优质的服务，维护好当事人的合法权益，来实现维护法律的正确实施，维护社会的公平正义。所以，律师的职业伦理应当以律师担负的这些使命展开。

律师职业伦理的特征之二，是律师职业伦理的复杂性。律师在职业过程中，几乎能与所有的国家机关、社会组织以及各行各业的人们发生人际关系。这就导致了律师职业伦理所包含的道德准则和人际关系规范涉及面广，内容繁多。就我国的情况而言，律师职业伦理规范除了体现在《律师法》中之外，还体现在种类繁多的司法解释、部门规章以及行业规范中，如《律师执业行为规范（试行）》《律师和律师事务所违法行为处罚办法》《关于规范法官和律师相互关系维护司法公正的若干规定》《律师服务收费管理办法》《律师协会章程》等众多规范性文件。

律师职业伦理的特征之三，是其职业伦理的"非公职性"。律师不是国家公职人员，在开展法律业务（办理法律援助的业务除外）时一般都要向当事人收取费用。这使律师成为一直以来颇受争议的职业，时常处于正义与功利、效益与道德、程序与实体等矛盾体的交织、冲突之中。为了保证律师职业群体能以良好形象屹立于社会，保证法人、公民获得高效优质的法律服务，律师必须要珍惜自己的荣誉如生命，必须要通过律师职业伦理来实现严格的自律。如果律师不遵守行业自律，缺乏公众认可的道德形象，不仅自己无法生存，还会导致国家的律师制度受到破坏，影响国家的法治建设。

二、律师职业伦理的基本构成

“道德与伦理，从词源上看，在西方虽为一词，都是指人们行为应该如何的规范；但在中国却是整体与部分的关系——伦理是整体，其含义有二：人们行为事实如何的规律及其应该如何的规范；道德是部分，其含义仅一：人们行为应该如何的规范。”〔1〕按照伦理学的这个原理，律师职业伦理的内容，包括律师职业道德的准则及律师执业行为规范。由于律师属于法律共同体的主要成员，律师的职业伦理规范和法官、检察官一样需要上升到法律的层面，违背律师执业规范的行为可能受到责任的追究，所以，律师职业伦理还应该包括律师职业责任。

律师职业伦理由律师职业道德准则、律师执业行为规范和律师职业责任三部分构成。

律师职业道德是指律师职业应该具有的品性、品德。律师职业应该具有什么样的品性、品德，一是取决于律师职业的属性，二是取决于国家、社会和人们对她的期望。律师是为社会大众提供法律服务的专业人员。法律乃治国理政之纲纪，管理社会之准绳，公民生命、财产、自由之保障。律师职业的特殊性和法律之神圣性相结合，使律师职业不仅具有了神圣的光环、崇高的地位，也具有了沉重的责任。所以，律师的职业道德也应该是高尚的，不容许庸俗、低级和龌龊。因此，各个国家在对律师进行立法时，都在律师法中为律师明确了神圣的使命。这个使命就是国家、社会和公民对律师的期望。例如，我国律师法规定，律师的使命是维护当事人合法权益，维护法律正确实施，维护社会公平和正义。

道德往往以“箴言”“信条”“劝人向善的谚语”为表现形式，所以，律师职业道德与其他职业道德一样，也往往表现为行业章程、道德规则里规定的准则。这些准则鼓励和号召律师向善、向上，起到提升律师品性、品德的作用。律师职业的道德准则在律师职业伦理中，处在第一个层次，发挥劝诫、引导和提升品性的功能。

律师执业行为规范是律师执业活动方面的行为规则。它既是律师执业时与法官、检察官、当事人之间的关系准则，也是律师与律师事务所之间的关系准则。律师执业行为规范规定在司法解释、部门规章、行业协会规则里面。在律师职业伦理体系中，律师执业行为规范处在第二个层次，起着规范和约束律师各种执业行为，调整律师执业关系、管理关系的作用。同时，律师执业行为规范还是律师职业责任的前提。追究律师职业责任，一般以律师违背律师执业行为规范为前提。

律师职业责任包括律师的积极责任和消极责任。本章所讲的律师职业责任，是指律师的消极责任，指的是律师违反法律、律师执业行为规范所带来的法律后果。律师职业责任是律师职业伦理的第三个层次，它通过他律（制裁）的方式维护律师职业伦理，

---

〔1〕 王海明：《新伦理学原理》，商务印书馆2017年版，第117页。

是律师职业伦理的必不可少的组成部分。

三、律师职业伦理的意义

第一,律师恪守职业伦理是律师行业生存和发展的需要。律师业是一种立足于向社会提供法律服务的职业,它必须仰仗于执业群体的素质和声誉所充实的生命力,来自立、自强于社会。不言而喻,良好的职业素质和声誉不会从天而降,而必须以严格的职业道德和职业行为规范加以约束才能形成。从律师业的发展来看,恪守职业道德、职业行为规范与律师业的生存发展密切相关。自觉遵守律师职业伦理是素质优良、品格高尚的律师应具备的一个起码条件,是律师为社会提供高效优质法律服务的前提。律师职业从产生的那天起,就被当作高尚的职业而受到尊敬和推崇。究其原因,除人们认为律师学识渊博、能言善辩外,还认为律师应当一身正气、扶危济困,敢于仗义执言。

第二,律师恪守职业伦理是实现律师使命的重要保障。如上所述,根据我国律师法规定,律师职业担负着维护当事人合法权益、维护法律的正确实施、维护社会公平正义的重要使命。这说明了律师职业不同于工人、农民、商人、手工业者等其他职业,具有重要的"公益性"。因此,日本把律师称为"在野的法曹",意思是律师和法官、检察官一样,都是"国家的法律工作者"。所以,律师对推进国家法治建设具有十分重要的作用。要实现律师的重要使命,就要求律师执业人员必须具备远大的职业理想,坚定的法治信仰和良好的职业伦理。否则,无法承担起光荣伟大的历史使命。从另一个角度来讲,律师为社会当事人提供法律服务,具有自主性和分散性的特点,一般不受他人干预。律师执业的这种特殊性,说明律师自觉遵守职业伦理,严格依照职业伦理的要求约束自己的行为,对履行其应尽的义务,提高律师服务质量,维护自身良好形象,赢得社会的广泛信任,具有特别重要的意义。

第三,律师恪守职业伦理是纯洁律师队伍、维护律师职业声誉的需要。律师职业伦理是具有现实约束性的道德准则和伦理规范,它一方面要求律师恪尽职守,认真负责地为当事人服务,促进国家法治建设,另一方面也对严重违反职业伦理规范要求的律师给予严肃处分,甚至吊销其执业证书,从而在组织上纯洁律师队伍,有效地维护律师的职业声誉和良好社会形象。

改革开放以来,我国的律师制度得以迅速恢复和发展,律师从业人数迅速增加,社会对律师服务的需求也越来越多。由于受到市场经济的负面影响,发生过少数律师无视职业道德和职业行为规范,对当事人的委托的事务玩忽懈怠的现象;忘记律师担负的使命,忽略律师职业的公益性,片面追求经济效益,为谋求私利违法乱纪,以致触犯刑法的情况,严重影响了律师业的声誉。因此,恪守职业道德和执业行为规范,是我国律师职业面临的重要问题,它关系到律师业的生存与发展。所以,对违反职业伦理规范的律师给予处分,并不是律师职业伦理的目的。其目的在于通过处分,保护优秀律师,淘汰不合格律师,从整体上巩固律师职业的地位,促进律师职业的健康发展。

第二节　律师职业道德基本准则

改革开放以来，在党中央、国务院的领导下，我国律师事业发展迅速，律师工作和律师队伍建设取得可喜成绩，律师队伍的主流是好的。但是，当前律师队伍中仍然存在一些不容忽视的问题。司法部于2014年5月23日印发《关于进一步加强律师职业道德建设的意见》，对进一步加强律师职业道德做出全面部署。该意见规定，当前和今后一个时期加强律师队伍建设的主要任务，是大力加强以“忠诚、为民、法治、正义、诚信、敬业”为主要内容的律师职业道德建设，教育引导广大律师积极践行社会主义核心价值观，切实做到坚定信念、服务为民、忠于法律、维护正义、恪守诚信、爱岗敬业。该意见要求健全完善律师职业道德建设的长效机制，包括律师职业道德规范制度体系、律师职业道德教育培训机制、律师践行职业道德的监督管理机制、律师遵守职业道德的考核奖惩机制和律师职业道德建设扶持保障政策。为贯彻落实司法部工作部署，进一步加强律师职业道德建设，中华全国律师协会于2014年6月5日制定下发了《律师职业道德基本准则》。这是中华全国律师协会以行业规范性文件的方式，贯彻落实司法部意见的实际措施，为提高律师队伍整体素质和执业水平、建设高素质的律师队伍提供了重要依据。

根据上述规范性文件的精神，我国律师职业道德的基本准则大体包括以下基本内容。

一、坚定中国特色社会主义理想信念

我国是社会主义国家，律师是中国特色社会主义事业的建设者，律师坚定中国特色社会主义理想信念，是我国律师职业道德应当具有的政治属性。因此，我国的律师应当坚定中国特色社会主义理想信念，坚持中国特色社会主义律师制度的本质属性，拥护党的领导，拥护社会主义制度，自觉维护宪法和法律尊严。

坚定中国特色社会主义理想信念，就应当自觉抵制违反我国宪法原则、不符合我国国情的西方政治制度、法律制度和法治观念的不良影响，树立社会主义的法律意识、法治理念；坚定中国特色社会主义理想信念，就应当加强律师队伍思想政治建设，把拥护中国共产党领导、拥护社会主义法治作为律师从业的基本要求，增强广大律师走中国特色社会主义法治道路的自觉性和坚定性；坚定中国特色社会主义理想信念，就应当从我国的国情和实际情况出发，充分肯定我国法治建设的成就，实事求是地认识到我国法治建设的不足，不妄自菲薄，也不夜郎自大，不急躁也不气馁，以自己的行动，扎扎实实地

推进我国的法治建设。

二、牢记执业为民的宗旨

律师职业与医生、教师等职业相类似,最根本的价值是为公众服务、为人民服务。律师应当始终把执业为民作为根本宗旨,全心全意为人民群众服务。通过执业活动努力维护人民群众的根本利益,维护公民、法人和其他组织的合法权益。认真履行法律援助义务,积极参加社会公益活动,自觉承担社会责任。

律师执业为民的宗旨必须得到高度张扬,这是律师职业的合理性基础。在"法律商业主义"倾向下,律师对委托人的"尽职尽责"可能使律师获得高额经济收入。但是,如果律师只是为了收入而为当事人服务,忘记了为人民服务、为大众服务的根本宗旨,会使律师职业的社会形象受到伤害。因此,强调律师对委托人尽职尽责的同时,要认识到律师为大众服务、为人民服务的根本宗旨。律师个人必须坚守自己的价值信念,律师职业人格的一部分必须贡献给正义和公共利益。

律师践行执业为民的宗旨,一要在接受委托办理法律事务的过程中,依照法律维护好当事人的合法权益,不能迁就、支持于法无据的要求,更不能调词架讼,故意激化社会矛盾或妨碍社会秩序以从中渔利,为疏导和化解社会矛盾和群体性纠纷作出力所能及的贡献;二要认真履行法律援助义务,依法为社会的弱势群体、个人提供优质的法律服务,不能推诿应当承担的法律援助义务,也不能对承办的法律援助案件漫不经心、敷衍塞责;三要关注和积极参加社会公益事业,面向基层、面向社区、面向群众提供及时、便捷、优质、优惠的法律服务,促进人民群众最关心、最直接、最现实利益问题的有效解决,预防纠纷,减少诉讼,维护司法公正,维护国家、集体和公民的合法权益,维护社会的和谐稳定。

三、坚定法治信仰

律师是我国法治工作队伍的重要一员,律师的职业是为社会大众提供法律服务,没有法律就没有律师,法治不彰律师也没有用武之地。所以,律师要把法律、法治看作自己的生命线,坚定法治信仰,牢固树立法治意识,模范遵守宪法和法律,切实维护宪法和法律尊严。在执业中坚持以事实为根据,以法律为准绳,严格依法履责,尊重司法权威,遵守诉讼规则和法庭纪律,与司法人员建立良性互动关系,维护法律正确实施,促进司法公正。

首先,律师坚定法治信仰,要忠于宪法、法律。我国《宪法》第5条第5款规定:"任何组织或者个人都不得有超越宪法和法律的特权。"第33条第4款规定:"任何公民享有宪法和法律规定的权利,同时必须履行宪法和法律规定的义务。"我国《律师法》第3条第1款规定:"律师执业必须遵守宪法和法律,恪守律师职业道德和执业纪律。"第5条规定,我国公民申请领取律师执业证书,首先必须具备"拥护中华人民共和国宪法"

的条件。这是律师必须忠实于宪法、法律要求的相关法律依据。忠于宪法和法律,是律师作为中华人民共和国的普通公民所必须做到的,同时作为以法律为职业的“法律人”,律师更应是忠于宪法、法律的模范。因此,《律师执业行为规范》第5条也明确规定,律师应当忠于宪法、法律,恪守律师职业道德和执业纪律。

法律是律师职业的生命。没有法律就没有律师,只有在严格遵守宪法、法律的社会,律师才有尊严和地位。律师如果违反宪法、法律,不仅会破坏律师的形象,给国家法治建设带来严重的危害,而且会破坏自己生存的条件和基础。试想一下,如果“拉关系”“走后门”都能办成案件的话,社会就不需要律师了。

其次,律师坚定法治信仰,要坚守“以事实为根据,以法律为准绳”的原则。律师的执业活动充满各种矛盾、是非和诱惑,为使自己不偏离轨道,依法提供法律服务,必须坚持“以事实为根据,以法律为准绳”的基本原则。坚守了这个原则,一切矛盾、纠纷、困惑都能够迎刃而解,也会抵御各种偏见和诱惑。律师绝不能无原则地迎合、迁就当事人不合法的要求,更不能采取非法手段,或者以损害国家、集体及他人合法权益的手段去为当事人牟利。严格依法履行职务,坚持法律基本原则,是律师立于不败之地的关键所在。

最后,律师坚定法治信仰,要正确处理律师与司法、执法人员的关系。正确处理与司法、执法人员的关系,对于律师执业十分重要,对于维护当事人合法权益十分重要,对于国家法治建设也是至关重要的。随着司法改革的不断深入、依法行政的大力推进和诉讼制度的日益完善,律师在司法程序中的职能和作用不断强化,这在客观上必然要求律师与执法人员建立“彼此尊重、平等相待、相互支持、相互监督、正当交往、良性互动”的新型关系。

四、勤勉尽责,维护公平正义

律师承办的法律事务,无论是诉讼业务还是非讼业务,都关系到委托人的各种权利,如财产权、生命权、名誉权等,这对当事人来说都是至关重要的权利。律师工作的质量和效率,关系到当事人权利的予夺、得失。因此,律师必须为当事人勤奋工作,想当事人所想,急当事人所急,周密思考,谨慎从事,尽职尽责,及时、迅速地完成委托人委托的法律事务。

勤勉尽责体现了律师的为民情怀。律师是为当事人服务的,维护当事人的合法权益是律师的天职。律师在为委托人提供法律服务时,并不唯委托人的利益是从,而是要讲原则,即以事实为根据,以法律为准绳。律师要通过为委托人提供服务,来维护委托方当事人的合法权益,并在维护委托人合法权益的过程中,维护法律尊严,维护社会公平与正义。

我国提倡构建社会主义和谐社会,而公平正义正是社会和谐的基本条件,是律师工作的神圣使命和价值追求。律师工作要不断提升职业理想和精神追求,克服拜金主义思想的影响，树立正确的执业观。要在严格依法执业的同时，彰显热情服务、不畏艰险、伸张正义的精神特质，履行法定职责。广大律师要深刻认识社会矛盾的特点，强化大局意识，保持政治敏锐性，把维护个案正义与维护大局稳定、促进社会公平正义有机统一起来。

五、诚实守信

诚实守信是对律师基本的道德和法律要求，是律师执业活动的根本保证。律师与委托人的关系是以信任为基础建立起来的，律师开展业务活动的重要条件是信誉、形象和声望。律师应当牢固树立诚信意识，自觉遵守执业行为规范，在执业中恪尽职守、诚实守信、勤勉尽责、严格自律。积极履行合同约定义务和法定义务，维护委托人合法权益，保守在执业活动中知悉的国家机密、商业秘密和个人隐私。

《律师执业行为规范》第 6 条规定，律师应当诚实守信、勤勉尽责，依照事实和法律，维护当事人合法利益，维护法律正确实施，维护社会公平和正义。这是律师在执业活动过程中正确处理与当事人关系方面需要遵守的规范。因此，律师应当坚持诚信为本，本着公平、真诚、恪守信用的精神，尽职尽责地为当事人提供法律服务。诚实信用、勤勉尽责，既要求律师端正服务态度，尽最大努力为当事人的合法权益工作，不得敷衍马虎，也要求律师处理好自身利益与当事人利益的关系，还要求律师事务所建立健全律师执业中的利益冲突审查规范，严格约束律师的业务行为等。当律师的利益与当事人的利益相反或不一致时，如果律师不妥善处理，就会破坏其与当事人之间的信任关系，也会对整个律师行业产生不良影响。

相比其他社会行业，诚实守信对律师职业的发展更加重要。在当今市场经济社会中，诚信为本应是一条普遍的规则。面对我国当前一些律师诚信缺失、道德滑坡的现状，更让人感到规范律师执业行为的重要性。只有提高律师的社会公信力，才能使律师真正成为当事人信赖的人，受到广大人民的爱戴和尊敬，较好地完成维护法律正义和维护委托人利益这一双重任务，不断开拓法律服务市场，壮大律师职业队伍。

六、热爱律师职业，珍惜律师声誉

律师工作是一项伟大的事业，每一个律师都应关心它、爱护它，为这一事业兴旺发达贡献自己的力量。律师事业能否兴旺发达有很多制约因素，但律师的职业修养对它有重要的影响。因此，律师应当热爱律师职业，珍惜律师荣誉，树立正确的执业理念，不断提高专业素质和执业水平，注重陶冶个人品行和道德情操，忠于职守，爱岗敬业，尊重同行，维护律师的个人声誉和律师行业形象。

注重职业修养是由律师职业自身特点所决定的。律师职业修养与律师的外在形象密切相关，一个高层次的职业必须要求有极佳的形象。与律师的职业地位相称，律师职业修养的基本标志是文明、规范的言谈，端庄的举止和整洁的仪容，其具体要求就是语言文明、精确、规范，举止端庄，仪表整洁、质朴大方，显示出一流的气质和风貌。从另一个方面来说就是要求律师在日常生活中要摒弃一切不良习惯，注意树立社会形象。

为了我国的律师事业能够不断向前发展，每一个律师都应"从我做起"，努力钻研和掌握执业所应具备的法律知识和服务技能，不断陶冶情操，加强职业修养，为律师群体增光添彩。每个律师都应像爱护眼睛一样维护本人及律师群体的名誉，不能为它抹黑，不能诋毁和玷污。注重职业修养，维护律师名誉，是每个律师对律师事业、律师群体应尽的义务，每个律师都应牢记这条职业道德规范。

第三节　律师执业行为规范

律师执业行为规范是律师在执行职务、履行职责时必须遵守的行为准则，它是律师职业伦理的具体化。律师职业伦理规范比较概括、原则，相应的作用范围比较宽，不仅限于律师的职业活动，而且对律师的一般社会行为也提出了严格要求。而律师执业行为规范的作用范围严格限于律师执行职务、履行职责的过程，范围较窄，且明确具体，具有很强的操作性，其遵守除靠律师自觉自愿外，还在很大程度上需要借助于律师个人以外的监督，任何律师如有违反，不仅可能受到律师协会作出的律师惩戒，还可能被追究行政、民事或刑事责任。完整的律师职业伦理正是律师执业行为规范和律师职业道德规范的有机结合。

根据《律师执业行为规范》的规定，我国律师执业行为规范主要包括：律师业务推广行为规范、律师与委托人或当事人的关系规范、律师参与诉讼或仲裁的行为规范、律师与同行的关系规范、律师与执业机构的关系规范、律师与律师协会的关系规范。

一、律师业务推广规范

经历、经验、业务特长以及良好的职业道德是律师吸引潜在委托人的内在因素。除此之外，律师还可以以正当的方式推广业务，但律师和律师事务所的推广业务，必须遵守一定的推广规范。

（一）业务推广原则

律师和律师事务所推广律师业务，应当遵守平等、诚信原则，遵守律师职业道德和执业纪律，遵守律师行业公认的行业准则，公平竞争。律师和律师事务所应当通过提高自身综合素质、提高法律服务质量、加强自身业务竞争能力的途径，开展、推广律师业务。律师和律师事务所可以依法以广告方式宣传律师和律师事务所以及自己的业务领域和专业特长。律师和律师事务所可以通过发表学术论文、案例分析、专题解答、授课、普及法律等活动，宣传自己的专业领域。律师和律师事务所可以通过举办或者参加各种形式的专题、专业研讨会，宣传自己的专业特长。律师可以以自己或者其任职的律师事务所名义参加各种社会公益活动。律师和律师事务所在业务推广中不得为不正当竞争行为。

（二）律师业务推广广告规范

律师广告是指律师和律师事务所为使社会公众了解律师个人和律师事务所法律服务业务而发布的信息及其行为过程。

1. 律师广告的基本要求

律师广告应当遵守国家法律法规和《律师执业行为规范》的要求，坚持真实、严谨、适度原则。律师广告应当具有可识别性，应当能够使社会公众辨明是律师广告。律师和律师事务所不能以有悖于律师使命、有损律师形象的方式制作广告，不能采用一般商业广告的艺术夸张手段制作广告。律师在执业广告中不得出现违反所属律师协会有关律师广告管理规定的内容。

2. 律师广告主体

律师广告可以以律师的个人名义发布，也可以以律师事务所名义发布。以律师个人名义发布的，应当注明律师个人所任职的执业机构名称，应当载明律师执业证号，其内容应当限于律师的姓名、肖像、年龄、性别、学历、学位、专业、律师执业许可日期、所任职律师事务所名称、在所任职律师事务所的执业期限、收费标准、联系方法，以及依法能够向社会提供的法律服务业务范围、执业业绩等。律师事务所广告的内容应当限于律师事务所名称、住所、电话号码、传真号码、邮政编码、电子信箱、网址、所属律师协会、所内执业律师及依法能够向社会提供的法律服务业务范围简介、执业业绩。

根据《律师执业行为规范》的规定，在下列情况下，律师和律师事务所不得发布律师广告：没有通过年度考核的；处于停止执业或停业整顿处罚期间的；受到通报批评、公开谴责未满 1 年的。

（三）律师宣传规范

律师宣传是指通过公众传媒以消息、特写、专访等形式对律师和律师事务所进行报道、介绍的信息发布行为。根据《律师执业行为规范》的规定，律师的宣传规范包括：律师和律师事务所不得进行歪曲事实和法律，或者可能使公众对律师产生不合理期望的宣传；律师和律师事务所可以宣传所从事的某一专业法律服务领域，但不得自我声明或者暗示其被公认或者证明为某一专业领域的权威或专家；律师和律师事务所不得进行律师之间或者律师事务所之间的比较宣传。

二、律师与委托人的关系规范

(一)委托代理关系的建立

委托代理关系从形式上讲,是一种合同关系。因此,委托代理关系的建立,首先来自于当事人的委托,这一关系建立的过程其实就是委托人和律师两者协商的过程。律师应当谨慎、诚实、客观地告知委托人拟委托事项可能出现的法律风险。律师应当与委托人就委托事项范围、内容、权限、费用、期限等进行协商,经协商达成一致后,由律师事务所与委托人签署委托协议。

当然,除当事人的委托外,律师和当事人还可以基于有关机构的指定形成委托代理关系。我国《律师法》第 42 条规定:"律师、律师事务所应当按照国家规定履行法律援助义务,为受援人提供符合标准的法律服务,维护受援人的合法权益。"在律师承办所指定的法律援助案件的情况下,基于法律援助制度的行政管理和国家管理属性,当事人与委托人之间构成委托代理关系。

1. 委托代理的基本要求

根据《律师执业行为规范》的规定,委托代理关系建立后,律师应当履行以下委托代理的基本要求:(1)律师应当充分运用自己的专业知识,依据法律和委托协议完成委托事项,维护委托人或者当事人的合法权益。(2)律师与所任职律师事务所有权根据法律规定、公平正义及律师执业道德标准,选择实现委托人或者当事人目的的方案。(3)律师应当严格按照法律规定的期间、时效以及与委托人约定的时间办理委托事项。对委托人了解委托事项办理情况的要求,应当及时给予答复。(4)律师应当建立律师业务档案,保存完整的工作记录。(5)律师应谨慎保管委托人或当事人提供的证据原件、原物、音像资料底版以及其他材料。

2. 律师接受委托的权限

律师接受委托前,要与委托人明确委托权限,特别是代理民事诉讼时不应笼统地说"全权代理",而要将接受代理的权限逐项写清楚。当事人不明确的,律师应给予明确的解释,且解释要通俗易懂,必要时可举事例说明。律师接受委托后,应当在委托人的委托权限内开展执业活动,不得超越委托权限。代理权限包括程序法和实体法两个方面,律师在代理过程中,其以被代理人名义所表示的意见范围,不能超过委托人根据程序法、实体法所作的委托授权。

根据《律师执业行为规范》的规定,律师在委托人授予的权限内开展执业活动,就是要做到:(1)律师接受委托后,无正当理由不得拒绝辩护或者代理,或以其他方式终止委托。律师接受委托后,如果无故不履行协议约定的职责,拒绝辩护或者代理,对当事人来说,是一种严重的违约行为;对律师事务所来说是其放弃工作职责的行为。这种行为可能直接损害委托人的合法权益,产生律师玩忽职守、不诚实守信的不良影响。

(2)委托事项违法、委托人利用律师提供的服务从事违法活动或者委托人故意隐瞒与案件有关的重要事实的,律师有权告知委托人并要求其整改,有权拒绝辩护或者代理、或以其他方式终止委托,并有权就已经履行事务取得律师费。(3)律师在承办受托业务时,对已经出现的和可能出现的不可克服的困难、风险,应当及时通知委托人,并向律师事务所报告。

3. 虚假承诺的禁止

所谓虚假承诺,就是根据事实和法律都不可能实现的承诺。例如,现有证据不能否认对被告人的有罪指控,不能证明被告人犯罪情节较轻,在接受委托时,律师就不能轻易说做无罪辩护,也不能承诺“使被告人获得无罪或罪轻的判决”。接受委托后,律师也不能离开证据和法律规定随意许诺。在代理民事案件时,当律师见到的证据尚不足以证明委托人争议的权益属于其本人时,律师也不能承诺经诉讼代理必然能争取到某种权益等。

为此,《律师执业行为规范》规定:(1)律师根据委托人提供的事实和证据,依据法律规定进行分析,向委托人提出分析性意见;(2)律师的辩护、代理意见未被采纳,不属于虚假承诺。

4. 非法牟取委托人利益的禁止

律师代理委托人进行诉讼时,既有如何对待委托人的问题,也有如何对待委托人的利益的问题。因为律师在执业过程中,不仅有机会接触当事人争议的标的物,还有机会了解委托人对权益争议主张权利的缺陷。在这种情况下,律师和律师事务所不得利用提供法律服务的便利,非法牟取委托人的利益。为此,《律师执业行为规范》规定:(1)律师和律师事务所不得利用提供法律服务的便利,牟取当事人争议的权益;(2)律师和律师事务所不得违法与委托人就争议的权益产生经济上的联系,不得与委托人约定将争议标的物出售给自己;不得委托他人为自己或为自己的近亲属收购、租赁委托人与他人发生争议的标的物;(3)律师事务所可以依法与当事人或委托人签订以回收款项或标的物为前提按照一定比例收取货币或实物作为律师费用的协议。

5. 律师执业利益冲突审查

利益冲突是律师在执业活动中面临的一个具有普遍性的重大问题,调整利益冲突是律师执业行为规范的一个重要组成部分。所谓利益冲突是指同一律师事务所代理的委托事项与该所其他委托事项的委托人之间有利益上的对立,继续代理会直接影响相关委托人的利益的情形。对委托人的忠诚是律师处理与委托人关系的重要基础,任何影响委托人对律师信任力的行为都需要予以避免和合理处理,避免利益冲突也因此成为律师执业行为规范的重要内容。为此,《律师执业行为规范》规定:律师事务所应当建立利益冲突审查制度。律师事务所在接受委托之前,应当进行利益冲突审查并作出是否接受委托的决定。办理委托事务的律师与委托人之间存在利害关系或利益冲突的,不得承办该业务并应当主动提出回避。

根据《律师执业行为规范》的规定，有下列情形之一的，律师及律师事务所不得与当事人建立或维持委托关系：(1)律师在同一案件中为双方当事人担任代理人，或代理与本人或者其近亲属有利益冲突的法律事务的；(2)律师办理诉讼或者非诉讼业务，其近亲属是对方当事人的法定代表人或者代理人的；(3)曾经亲自处理或者审理过某一事项或者案件的行政机关工作人员、审判人员、检察人员、仲裁员，成为律师后又办理该事项或者案件的；(4)同一律师事务所的不同律师同时担任同一刑事案件的被害人的代理人和犯罪嫌疑人、被告人的辩护人，但在该县区域内只有一家律师事务所且事先征得当事人同意的除外；(5)在民事诉讼、行政诉讼、仲裁案件中，同一律师事务所的不同律师同时担任争议双方当事人的代理人，或者本所或其工作人员为一方当事人，本所其他律师担任对方当事人的代理人的；(6)在非诉讼业务中，除各方当事人共同委托外，同一律师事务所的律师同时担任彼此有利害关系的各方当事人的代理人的；(7)在委托关系终止后，同一律师事务所或同一律师在同一案件后续审理或者处理中又接受对方当事人委托的；(8)其他与第1项至第7项情形相似，且依据律师执业经验和行业常识能够判断为应当主动回避且不得办理的利益冲突情形。

根据《律师执业行为规范》的规定，有下列情形之一的，律师应当告知委托人并主动提出回避，但委托人同意其代理或者继续承办的除外：(1)接受民事诉讼、仲裁案件一方当事人的委托，而同所的其他律师是该案件中对方当事人的近亲属的；(2)担任刑事案件犯罪嫌疑人、被告人的辩护人，而同所的其他律师是该案件被害人的近亲属的；(3)同一律师事务所接受正在代理的诉讼案件或者非诉讼业务当事人的对方当事人所委托的其他法律业务的；(4)律师事务所与委托人存在法律服务关系，在某一诉讼或仲裁案件中该委托人未要求该律师事务所律师担任其代理人，而该律师事务所律师担任该委托人对方当事人的代理人的；(5)在委托关系终止后一年内，律师又就同一法律事务接受与原委托人有利害关系的对方当事人的委托的；(6)其他与第1项至第5项情况相似，且依据律师执业经验和行业常识能够判断的其他情形。律师和律师事务所发现存在上述情形的，应当告知委托人利益冲突的事实和可能产生的后果，由委托人决定是否建立或维持委托关系。委托人决定建立或维持委托关系的，应当签署知情同意书，表明当事人已经知悉存在利益冲突的基本事实和可能产生的法律后果，以及当事人明确同意与律师事务所及律师建立或维持委托关系。

委托人知情并签署知情同意书以示豁免的，承办律师在办理案件的过程中应对各自委托人的案件信息予以保密，不得将与案件有关的信息披露给相对人的承办律师。

6. 律师保管委托人财产的规定

律师应当妥善保管与委托事项有关的财物，不得挪用或者侵占。律师事务所可以与委托人签订书面保管协议，妥善保管委托人的财产，严格履行保管协议。律师事务所受委托保管委托人财产时，应当将委托人财产与律师事务所的财产、律师个人财产严格分离。

7. 律师执业的转委托

律师办理法律事务的委托代理关系是由其所在的律师事务所和委托人协商确立的。代理协议签订后,协议双方就应全面、认真地履行协议规定的义务。律师接受其所在律师事务所的委派,办理法律事务,不得擅自转委托他人办理。其理由在于:(1)依据委托代理的法律规定和委托协议,律师没有权利进行转委托;(2)律师提供法律服务的行为的内容由律师个人已掌握的专业知识、技能、社会阅历所构成,擅自转委托可能会影响服务的质量;(3)擅自转委托本身就违背了委托人的意志;(4)当事人的一些隐私和商业秘密不愿意让代理人之外的人知道,擅自转委托,就扩大了知情人的范围。

因此,《律师执业行为规范》规定,未经委托人同意,律师事务所不得将委托人委托的法律事务转委托其他律师事务所办理。但在紧急情况下,为维护委托人的利益可以转委托,但应当及时告知委托人。受委托律师遇有突患疾病、工作调动等紧急情况不能履行委托协议时,应当及时报告律师事务所,由律师事务所另行指定其他律师继续承办,并及时告知委托人。非经委托人的同意,不能因转委托而增加委托人的费用支出。

(二)律师收费规范

律师行业是向社会提供有偿法律服务的行业,有偿服务就有合理收费的问题。根据《律师服务收费管理办法》的有关规定,律师收费包括律师服务费、代委托人支付的费用和异地办案差旅费。代委托人支付的费用是指律师事务所在提供法律服务过程中代委托人支付的诉讼费、仲裁费、鉴定费、公证费和查档费,这些不属于律师服务费,应由委托人另行支付。异地办案差旅费是指律师事务所需要预收异地办案差旅费的,应当向委托人提供费用概算,经协商一致,由双方签字确认。确需变更费用概算的,律师事务所必须事先征得委托人的书面同意。结算代委托人支付的费用和异地办案差旅费时,律师事务所应当向委托人提供代其支付的费用和异地办案差旅费清单及有效凭证,不能提供有效凭证的部分,委托人可不予支付。律师服务费、代委托人支付的费用和异地办案差旅费由律师事务所统一收取。律师不得私自向委托人收取任何费用。除前款所列三项费用外,律师事务所及承办律师不得以任何名义向委托人收取其他费用。

律师执业必须遵守收费的规定,合法合理收费。根据《律师服务收费管理办法》的有关规定,律师收费规范主要包括以下内容。

1. 律师收费的基本要求

律师费用的收取应当合理。律师事务所和律师应当根据国家行政管理部门、律师协会制定的相关规定合理收费。律师服务收费遵循公开公平、自愿有偿、诚实信用的原则。律师事务所应当便民利民,加强内部管理,降低服务成本,为委托人提供方便优质的法律服务。

根据《律师服务收费管理办法》和 2014 年 12 月 17 日国家发展和改革委员会《关于放开部分服务价格意见的通知》的规定,律师服务收费实行政府指导价和市场调节价两种类型。

(1)律师事务所提供下列服务时的收费实行政府指导价:一是担任刑事案件犯罪嫌疑人、被告人的辩护人以及刑事案件自诉人、被害人的代理人;二是担任公民请求支付劳动报酬、工伤赔偿,请求给付赡养费、抚养费、扶养费,请求发给抚恤金、救济金,请求给予社会保险待遇或最低生活保障待遇的民事诉讼、行政诉讼的代理人,以及担任涉及安全事故、环境污染、征地拆迁赔偿(补偿)等公共利益的群体性诉讼案件代理人;三是担任公民请求国家赔偿案件的代理人。政府指导价的基准价和浮动幅度由各省、自治区、直辖市人民政府价格主管部门会同同级司法行政部门制定。政府制定律师服务收费时,应当广泛听取社会各方面意见,必要时可以实行听证。政府制定律师服务收费时,应当充分考虑当地经济发展水平、社会承受能力和律师业的长远发展,收费标准按照补偿律师服务社会平均成本,加合理利润与法定税金确定。

(2)律师事务所提供其他法律服务的收费实行市场调节价。实行市场调节的律师服务收费,由律师事务所与委托人协商确定。律师事务所与委托人协商律师服务收费时应当考虑以下主要因素:一是耗费的工作时间;二是法律事务的难易程度;三是委托人的承受能力;四是律师可能承担的风险和责任;五是律师的社会信誉和工作水平等。

2. 律师收费的方式和要求

律师服务收费可以根据不同的服务内容,采取计件收费、按标的额比例收费和计时收费等方式。计件收费一般适用于不涉及财产关系的法律事务;按标的额比例收费适用于涉及财产关系的法律事务;计时收费可适用于全部法律事务。律师采用计时收费的,应当根据委托人的要求提供工作记录清单。

《律师服务收费管理办法》规定,律师事务所应当严格执行价格主管部门会同同级司法行政部门制定的律师服务收费管理办法和收费标准。律师事务所应当公示律师服务收费管理办法和收费标准等信息,接受社会监督。律师事务所接受委托,应当与委托人签订律师服务收费合同或者在委托代理合同中载明收费条款。收费合同或收费条款应当包括:收费项目、收费标准、收费方式、收费数额、付款和结算方式、争议解决方式等内容。律师事务所与委托人签订合同后,不得单方变更收费项目或者提高收费数额。确需变更的,律师事务所必须事先征得委托人的书面同意。律师事务所向委托人收取律师服务费,应当向委托人出具合法票据。

3. 律师的附条件收费

以诉讼结果或其他法律服务结果作为律师收费依据的,该项收费的支付数额及支付方式应当以协议形式确定,应当明确计付收费的法律服务内容、计付费用的标准、方式,包括和解、调解或审判不同结果对计付费用的影响,以及诉讼中的必要开支是否已经包含于风险代理酬金中等。

《律师服务收费管理办法》规定,实行风险代理收费,律师事务所应当与委托人签订风险代理收费合同,约定双方应承担的风险责任、收费方式、收费数额或比例。实行风险代理收费，最高收费金额不得高于收费合同约定标的额的30%。办理涉及财产关系的民事案件时，委托人被告知政府指导价后仍要求实行风险代理的，律师事务所可以实行风险代理收费，但下列情形除外：一是婚姻、继承案件；二是请求给予社会保险待遇或者最低生活保障待遇的；三是请求给付赡养费、抚养费、扶养费、抚恤金、救济金、工伤赔偿的；四是请求支付劳动报酬的。禁止刑事诉讼案件、行政诉讼案件、国家赔偿案件以及群体性诉讼案件实行风险代理收费。

（三）委托代理关系的终止

律师与委托人委托代理关系的终止是律师在处理其与委托人关系时需要注意的另一重要问题。我国《律师法》第32条规定，委托人可以拒绝已委托的律师为其继续辩护或者代理，同时可以另行委托律师担任辩护人或者代理人。律师接受委托后，无正当理由的，不得拒绝辩护或者代理。但是，委托事项违法、委托人利用律师提供的服务从事违法活动或者委托人故意隐瞒与案件有关的重要事实的，律师有权拒绝辩护或者代理。对此，我国《律师执业行为规范》对上述规定进行了进一步的解释，对委托代理关系的终止从以下方面作了更为具体的规定。

1. 委托代理关系终止的情形

有下列情形之一的，律师事务所应当终止委托关系：(1)委托人提出终止委托协议的；(2)律师受到吊销执业证书或者停止执业处罚的，经过协商，委托人不同意更换律师的；(3)当发现有符合规定的利益冲突情形的；(4)受委托律师因健康状况不适合继续履行委托协议的，经过协商，委托人不同意更换律师的；(5)继续履行委托协议违反法律、法规、规章或者律师执业行为规范的。

有下列情形之一，经提示委托人不纠正的，律师事务所可以解除委托协议：(1)委托人利用律师提供的法律服务从事违法犯罪活动的；(2)委托人要求律师完成无法实现或者不合理的目标的；(3)委托人没有履行委托合同义务的；(4)在事先无法预见的前提下，律师向委托人提供法律服务将会给律师带来不合理的费用负担，或给律师造成难以承受的、不合理的困难的；(5)其他合法的理由的。

2. 终止委托代理关系的程序要求

终止委托代理关系要依照一定的程序进行。从我国的有关规定来看，主要有以下几点。

(1)履行劝诫义务。律师在接受委托后发生可以拒绝辩护或代理的情况时，应当向委托人说明理由，促使委托人接受律师的劝告，纠正导致律师拒绝辩护或代理的事由。

(2)履行通知义务。在律师代理民事诉讼中，委托人利用律师提供的服务从事违法活动或者隐瞒事实的，律师可以拒绝代理。经律师事务所收集证据，查明事实后，告知委托人解除委托关系，记录在案并整理案卷归档。终止代理时，律师应当尽可能提前向委托人发出通知，以便给委托人委托其他律师留出时间。律师事务所在征得委托人同意后，可另行指定律师继续承办委托事项，否则应终止委托代理协议。

（3）采取合理保护措施的义务。终止代理，律师事务所应当尽量不使委托人的合法权益受到影响。在解除委托关系前，律师必须采取合理可行的措施保护委托人的合法权益，如及时通知委托人，使其有充分的时间再委托其他律师。律师事务所因合理原因终止委托代理协议的，委托人与律师事务所协商解除协议的，委托人单方终止委托代理协议的，律师事务所有权收取已提供服务部分的费用。

（4）不得扣押当事人的诉讼材料的义务。在委托人拒绝律师辩护或者代理的情况下，律师应当退出对该委托人案件的办理。律师事务所与委托人解除委托关系后，应当退还当事人提供的资料原件、物证原物、视听资料底版等证据，并可以保留复印件存档。

三、律师参与诉讼或仲裁的行为规范

律师在诉讼和仲裁活动中，与国家司法人员、仲裁员一样，都应当忠实于宪法和法律，依法履行职责，共同维护法律的尊严和司法、仲裁活动的权威。为了加强对律师和司法人员、仲裁员在诉讼、仲裁活动中的职业纪律约束，规范律师和司法人员、仲裁员的相互关系，维护司法、仲裁活动的公正，根据《律师执业行为规范》和最高人民法院、司法部《关于规范法官和律师相互关系维护司法公正的若干规定》，律师在担任当事人的代理人或辩护人参加诉讼或仲裁活动的过程中，应当遵守以下行为规范。

（一）律师调查取证规范

诉讼中的证据是证明事实的依据，诉讼围绕着事实及法律适用进行，而事实要靠证据来证明，因此，证据是诉讼争议的主要问题。正是由于证据的特殊重要作用，我国的民事诉讼法、行政诉讼法、刑事诉讼法对证据问题都作了专门的规定。

根据《律师执业行为规范》的规定，律师在执业活动中应遵守以下调查取证规范：（1）律师应当依法调查取证；（2）律师不得向司法机关或者仲裁机构提交明知是虚假的证据；（3）律师作为证人出庭作证的，不得再接受委托担任该案的辩护人或者代理人出庭。

（二）律师应当尊重法庭并谨慎发表司法评论

1. 律师应当遵守法庭、仲裁庭纪律，遵守出庭时间、举证时限、提交法律文书期限及其他程序性规定。《关于规范法官和律师相互关系维护司法公正的若干规定》也要求，律师应当严格遵守法律规定的提交诉讼文书的期限及其他相关程序性规定，遵守开庭时间。律师不得借故延迟开庭，对于律师确有正当理由不能按期出庭的，人民法院应当在不影响案件审理期限的情况下，另行安排开庭时间，并及时通知当事人及其委托的律师。

2. 在开庭审理过程中，律师应当尊重法庭、仲裁庭。律师应当服从审判长、首席仲裁员指挥，不能当庭发表评论审判人员、仲裁人员的言论。对于庭审中存在的问题，可以在休庭后向法官、仲裁员个人或其主管部门口头或书面提出。最高人民法院、司法部《关于规范法官和律师相互关系维护司法公正的若干规定》同时要求，律师应当自觉遵守法庭规则，尊重法官权威，依法履行辩护、代理职责。对于法官违反规定行为的，律师可以自行或者通过司法行政部门、律师协会向有关人民法院反映情况或者署名举报，提出追究违纪法官党纪、政纪或者法律责任的意见。

3. 律师在办案过程中，为了向案件承办人提交证据材料，或需要与与案件承办人交换意见的，应当在司法机关内的指定场所进行，不得与所承办案件有关的司法、仲裁人员私下接触。

4. 律师不得贿赂司法机关和仲裁机构人员，不得以许诺回报或者提供其他利益（包括物质利益和非物质形态的利益）等方式，与承办案件的司法、仲裁人员进行交易。律师不得介绍贿赂或者指使、诱导当事人行贿。

（三）律师的庭审仪表和语态规范

根据《律师执业行为规范》的规定，律师在庭审过程中应遵守以下仪表和语态规范。

1. 律师担任辩护人、代理人参加法庭、仲裁庭审理的，应当按照规定穿着律师出庭服装，佩戴律师出庭徽章，注重律师职业形象。律师出庭服装应当保持洁净、平整、不破损。在出庭时，男律师不留披肩长发，女律师不施浓妆，面容清洁，头发齐整，不佩戴过分醒目的饰物。

2. 律师在法庭或仲裁庭发言时应当举止庄重、大方，用词文明、得体。律师庭审表达意见应当选用规范语言，尽可能使用普通话。不得使用黑话、脏话等不规范语言。律师庭审发言时可以辅以必要的手势，但应避免过于强烈的形体动作。

四、律师与同行的关系规范

律师之间的竞争应当是一种公平竞争、良性竞争。所谓的公平竞争，就是律师在开展业务时，遵守诚实守信原则，在服务效率、服务质量、服务态度和社会声誉等方面开展公开、平等竞争，而非采取拉案源、挖人才、片面降低价格、给回扣等手段进行不正当的竞争。为此，《律师执业行为规范》对律师处理与同行之间的关系的行为规范作出了如下规定。

（一）尊重与合作

在同业之间相互尊重与合作方面，律师应遵守以下行为规范：(1)律师之间应当相互帮助、相互尊重；(2)在庭审或者谈判过程中各方律师应当互相尊重，不得使用挖苦、讽刺或者侮辱性的语言;(3)律师或律师事务所不得在公众场合及媒体上发表恶意贬低、诋毁、损害同行声誉的言论;(4)律师变更执业机构时应当维护委托人及原律师事务所的利益;律师事务所在接受转入律师时,不得损害原律师事务所的利益。

(二)禁止律师间的不正当竞争

律师是提供有偿法律服务的行业,不同的律师事务所和律师在同一个地方执业,相互之间必然会有竞争,但律师之间的竞争应是公平竞争,是在遵守诚信原则的前提下进行的竞争,是在服务效率、服务质量、服务态度和服务信誉等方面的竞争,通过这种竞争可以促进律师业务水平和律师整体素质的提高。在律师业竞争日趋激烈的情况下,律师能否遵守公平竞争的道德规范,直接关系到整个行业的形象和声誉。要坚决反对和制止贬低别人、抬高自己、唯利是图、损人利己、弄虚作假、互相拆台的不正当竞争行为。为避免和防止不正当的竞争,《律师执业行为规范》对律师的执业行为提出如下要求。

1. 律师和律师事务所在与委托人及其他人员接触中,不得采用下列不正当手段与同行进行业务竞争:其一,诋毁、诽谤其他律师或者律师事务所信誉、声誉;其二,无正当理由,以低于同地区同行业收费标准为条件争揽业务,或者采用承诺给予客户、中介人、推荐人回扣、馈赠金钱、财物或者其他利益等方式争揽业务;其三,故意在委托人与其代理律师之间制造纠纷;其四,向委托人明示或者暗示自己或者其所属的律师事务所与司法机关、政府机关、社会团体及其工作人员具有特殊关系;其五,就法律服务结果或者诉讼结果作出虚假承诺;其六,明示或者暗示可以帮助委托人达到不正当目的,或者以不正当的方式、手段达到委托人的目的。

2. 律师或律师事务所在与行政机关或行业管理部门接触中,不得采用下列不正当手段与同行进行业务竞争:其一,通过与某机关、某部门、某行业对某一类的法律服务事务进行垄断的方式争揽业务;其二,限定委托人接受其指定的律师或者律师事务所提供法律服务,限制其他律师或律师事务所正当的业务竞争。这里讲的不正当竞争手段实质上就是"业务垄断"。这种业务垄断,就是企图利用与行政机关的特殊关系,排他性地包揽某一类法律业务,排挤其他的律师事务所开展此类业务。这种做法是十分有害的,因为律师事务所或律师为维持这种业务垄断的状态,有可能要进行某种不正当的"交易",违反有关的律师管理规定,并且由少数律师事务所对某类业务进行垄断,无法提高服务的质量和水平,不利于律师行业的健康发展。

3. 律师和律师事务所在与司法机关及司法人员的接触中,不得采用利用律师兼有的其他身份影响所承办业务正常处理和审理的手段进行业务竞争。

4. 依照有关规定,取得从事特定范围法律服务的执业律师和律师事务所不得采取下列不正当竞争的行为:其一,限制委托人接受经过法定机构认可的其他律师或律师事务所提供法律服务;其二,强制委托人接受其提供的或者由其指定的其他律师提供的法律服务;其三,对抵制上述行为的委托人拒绝、中断、拖延、削减必要的法律服务或者滥收费用。

5. 律师和律师事务所相互之间不得采用下列手段排挤竞争对手的公平竞争，损害委托人的利益或者社会公共利益：其一，串通抬高或者压低收费；其二，为争揽业务，不正当获取其他律师和律师事务所收费报价或者其他提供法律服务的条件；其三，泄露收费报价或者其他提供法律服务的条件等暂未公开的信息，损害相关律师事务所的合法权益。

6. 律师和律师事务所不得擅自或者非法使用社会专有名称或者知名度较高的名称以及代表其名称的标志、图形文字、代号以混淆误导委托人。这里所称的社会特有名称和知名度较高的名称是指：其一，有关政党、司法机关、行政机关、行业协会名称；其二，具有较高社会知名度的法学院校或者科研机构的名称；其三，为社会公众共知、具有较高知名度的非律师公众人物名称；其四，知名律师以及律师事务所名称。

7. 律师和律师事务所不得伪造或者冒用法律服务荣誉称号。使用已获得的律师或者律师事务所法律服务荣誉称号的，应当注明获得的时间和期限。律师和律师事务所不得变造已获得的荣誉称号用于广告宣传。律师事务所已撤销的，其原取得的荣誉称号不得继续使用。

五、律师与执业机构的关系规范

律师事务所是司法行政机关依法核准设立的律师执业机构，对本所执业律师负有教育、管理和监督的职责。

根据《律师法》《律师执业行为规范》的规定，律师在执业机构中应当遵守的行为规范有：第一，律师事务所应当建立健全执业管理、利益冲突审查、收费与财务管理、投诉查处、年度考核、档案管理、劳动合同管理等制度，对律师在执业活动中遵守职业道德、执业纪律的情况进行监督。第二，律师事务所应当依法保障律师及其他工作人员的合法权益，为律师执业提供必要的工作条件。律师承办业务，由律师事务所统一接受委托，与委托人签订书面委托合同，按照国家规定统一收取费用。第三，律师及律师事务所必须依法纳税。第四，律师事务所应当定期组织律师开展时事政治、业务学习，总结交流执业经验，提高律师执业水平。律师事务所应当认真指导申请律师执业实习人员实习，如实出具实习鉴定材料和相关证明材料。第五，律师事务所不得从事法律服务以外的经营活动。第六，律师和律师事务所应当按照国家规定履行法律援助义务，为受援人提供法律服务，维护受援人的合法权益。律师事务所不得指派没有取得律师执业证书的人员或者处于停止执业处罚期间的律师以律师名义提供法律服务。律师事务所对受其指派办理事务的律师辅助人员出现的错误，应当采取制止或者补救措施，并承担责任。第七，律师事务所有义务对律师、申请律师执业实习人员在业务及职业道德等方面进行管理。

六、律师与律师协会的关系规范

司法行政机关的行政管理和律师协会的行业管理相结合,是我国当前律师管理体制的主要特色。在这种体制中,律师既要接受律师协会的行业管理,也要接受司法行政机关的行政管理。根据《律师执业行为规范》的有关规定,律师在执业活动中,在处理其与律师行业管理组织的关系时,应遵守以下行为规范。

1. 律师执业应接受管理。律师和律师事务所应当遵守司法行政机关制定的有关律师管理的规定,遵守律师协会制定的律师行业规范和规则。律师和律师事务所享有法律和律师协会章程规定的权利,承担法律和律师协会章程规定的义务。律师和律师事务所应当办理入会登记手续和年度登记手续。律师和律师事务所应当参加、完成律师协会组织的律师业务学习及考核。律师和律师事务所应当按时缴纳会费。

2. 律师参与协会活动的义务。律师和律师事务所应当参加律师协会组织的业务研究活动,完成律师协会布置的业务研究任务,参加律师协会布置的公益活动。律师应当参加、完成律师协会组织的律师业务学习及考核。律师参加国际性律师组织并成为其会员的,以及以中国律师身份参加境外会议等活动的,应当报律师协会备案。

3. 律师执业的重大事项报告义务。律师和律师事务所参加国际性律师组织或者其他组织并成为其会员的,应当提前报律师协会批准。律师以中国律师身份参加境外国际性组织的,应当报律师协会备案。律师和律师事务所因执业成为民事被告或被确定为犯罪嫌疑人或受到行政机关调查、处罚的,应当向律师协会作出书面报告。

4. 律师应自觉接受调解处理的义务。律师应当妥善处理律师执业中发生的纠纷,履行经律师协会调解达成的协议。律师应当执行律师协会就律师执业纠纷作出的处理决定。律师应当接受律师协会依照法律、法规、规章及律师协会章程、规则作出的处分决定。

第四节　律师职业责任

一、律师职业责任概述

律师职业责任是指律师在执业活动中,因为违反有关的法律、法规、伦理和纪律规范所应承担的不利后果,包括纪律处分、民事责任、行政责任和刑事责任。

律师是一个特殊的职业,律师的活动是否规范,能不能依法进行,不仅关系当事人的合法权益能否得到保护,而且关系法律能否得到正确的实施,社会秩序能否得到维护。在保护律师权益的同时,也必须对律师的执业活动进行规范,对律师执业过程中出现的违法、违纪、违约行为进行制裁。律师职业责任也是实现执业目标的保障之一,对于督促律师在执业活动中勤勉负责、恪尽职守，最大限度地维护当事人的合法权益，增进律师的自律意识、风险意识，树立律师良好的社会形象，具有重要的意义。

二、律师的纪律责任

（一）律师的纪律责任概述

律师的纪律责任是律师协会对律师和律师事务所违反律师执业规范行为作出的行业处分。律师协会对会员的纪律处分，是“两结合”管理体制中律师协会管理职能的重要体现。律师协会通过制定执业行为规范来衡量律师执业行为是否符合行业的标准。当律师的执业行为违反了执业规范，律师协会将代表全体会员对违规律师、律师事务所进行纪律处分。律师的违法执业同时也违反了执业规范，因此违法律师、律师事务所在承担法律责任的同时，也要承担纪律责任。为维护律师执业秩序，保障律师依法执业的权利，律师协会对律师和律师事务所违规行为实施行业处分，是十分必要的。

律师协会实施行业处分时，应遵循客观、公正、公开的原则；以事实为根据，以法律为准绳，严格执行律师协会的有关规定；坚持教育与处分相结合的理念，坚持事实调查与惩戒决定程序相分离的制度。

追究律师纪律责任的主要依据，是全国律协常务理事会制定的《律师协会会员违规行为处分规则（试行）》。

（二）律师的纪律处分种类与适用

律师的纪律处分包括：训诫、警告、通报批评、公开谴责、中止会员权利1个月以上1年以下、取消会员资格等。律师协会认为会员的违规行为需由司法行政机关给予行政处罚的，应及时提请司法行政机关调查处理。

律师纪律的适用，针对的是律师、律师事务所的违规行为。根据《律师协会会员违规行为处分规则（试行）》第四章的规定，律师的违规行为主要有八类。

1. 利益冲突行为及其处分

《律师协会会员违规行为处分规则（试行）》第四章第一节规定的“利益冲突行为”，包括第20条规定的“绝对利益冲突行为”和第21条规定的“附条件利益冲突行为”。

“绝对利益冲突行为”是指那些不需要附带任何条件，只要有某种行为存在即构成“绝对利益冲突”的行为。它们包括以下11种：第一，律师在同一案件中为双方当事人担任代理人，或代理与本人或者其近亲属有利益冲突的法律事务的；第二，律师办理诉讼或者非诉讼业务，其近亲属是对方当事人的法定代表人或者代理人的；第三，曾经亲自处理或者审理过某一事项或者案件的行政机关工作人员、审判人员、检察人员、仲裁员，成为律师后又办理该事项或者案件的；第四，同一律师事务所的不同律师同时担任同一刑事案件的被害人的代理人和犯罪嫌疑人、被告人的辩护人,但在该县区域内只有一家律师事务所且事先征得当事人同意的除外;第五,在民事诉讼、行政诉讼、仲裁案件中,同一律师事务所的不同律师同时担任争议双方当事人的代理人,或者本所或其工作人员为一方当事人,本所其他律师担任对方当事人的代理人的;第六,在非诉讼业务中,除各方当事人共同委托外,同一律师事务所的律师同时担任彼此有利害关系的各方当事人的代理人的;第七,在委托关系终止后,同一律师事务所或同一律师在同一案件后续审理或者处理中又接受对方当事人委托的;第八,担任法律顾问期间,为顾问单位的对方当事人或者有利益冲突的当事人代理、辩护的;第九,曾经担任法官、检察官的律师从人民法院、人民检察院离任后,2 年内以律师身份担任诉讼代理人或者辩护人;第十,担任所在律师事务所其他律师任仲裁员的仲裁案件代理人的;第十一,其他依据律师执业经验和行业常识能够判断为应当主动回避且不得办理的利益冲突情形。根据《律师协会会员违规行为处分规则(试行)》第 20 条的规定,对上述 11 种行为,分别给予训诫、警告或者通报批评的纪律处分;情节严重的,给予公开谴责、中止会员权利 3 个月以下的纪律处分。

“附条件利益冲突行为”是指未征得各方委托人的同意而从事的代理行为。包括以下 6 种:第一,接受民事诉讼、仲裁案件一方当事人的委托,而同所的其他律师是该案件中对方当事人的近亲属的;第二,担任刑事案件犯罪嫌疑人、被告人的辩护人,而同所的其他律师是该案件被害人的近亲属的;第三,同一律师事务所接受正在代理的诉讼案件或者非诉讼业务当事人的对方当事人所委托的其他法律业务的;第四,律师事务所与委托人存在法律服务关系,在某一诉讼或仲裁案件中该委托人未要求该律师事务所律师担任其代理人,而该律师事务所律师担任该委托人对方当事人的代理人的;第五,在委托关系终止后 1 年内,律师又就同一法律事务接受与原委托人有利害关系的对方当事人的委托的;第六,其他与第一至第五情况相似,且依据律师执业经验和行业常识能够判断的其他情形。根据《律师协会会员违规行为处分规则(试行)》第 21 条的规定,对上述“附条件利益冲突行为”,分别给予训诫、警告或者通报批评的纪律处分。

2. 代理不尽责行为及其处分

根据《律师协会会员违规行为处分规则(试行)》第四章第二节的规定,“代理不尽责行为”包括“提供法律服务不尽责行为”和“利用提供法律服务的便利谋求不正当利益的行为”。

“代理不尽责行为”有以下 4 种:第一,超越委托权限,从事代理活动的;第二,接受委托后,无正当理由,不向委托人提供约定的法律服务的,拒绝辩护或者代理的,包括:不及时调查了解案情,不及时收集、申请保全证据材料,或者无故延误参与诉讼、申请执行,逾期行使撤销权、异议权等权利,或者逾期申请办理批准、登记、变更、披露、备案、公告等手续,给委托人造成损失的;第三,无正当理由拒绝接受律师事务所或者法律援助机构指派的法律援助案件的,或者接受指派后,拖延、懈怠履行或者擅自停止履行法律援助职责的,或者接受指派后,未经律师事务所或者法律援助机构同意,擅自将法律援助案件转交其他人员办理的;第四,因过错导致出具的法律意见书存在重大遗漏或者错误,给当事人或者第三人造成重大损失的,或者对社会公共利益造成危害的。根据《律师协会会员违规行为处分规则(试行)》第 22 条的规定,对上述违规行为,分别给予训诫、警告或者通报批评的纪律处分;情节严重的,给予公开谴责、中止会员权利 3 个月以上 1 年以下或者取消会员资格的纪律处分。

"利用提供法律服务的便利谋求不正当利益的行为"有以下 3 种:第一,利用提供法律服务的便利牟取当事人利益;接受委托后,故意损害委托人利益的;第二,接受对方当事人的财物及其他利益,与对方当事人、第三人恶意串通,向对方当事人、第三人提供不利于委托人的信息、证据材料,侵害委托人的权益;第三,为阻挠当事人解除委托关系,威胁、恐吓当事人或者扣留当事人提供的材料的。根据《律师协会会员违规行为处分规则(试行)》第 23 条的规定,对上述三种行为,分别给予训诫、警告或者通报批评的纪律处分;情节严重的,给予公开谴责、中止会员权利 3 个月以上 1 年以下或者取消会员资格的纪律处分。

3. 泄露秘密或者隐私的行为及其处分

根据《律师协会会员违规行为处分规则(试行)》第四章第三节的规定,泄露当事人的秘密或者隐私的行为,有以下 3 种:一是泄露当事人的商业秘密或者个人隐私的行为。对这种行为给予警告、通报批评或者公开谴责的纪律处分;情节严重的,给予中止会员权利 3 个月以上 6 个月以下的纪律处分。二是违反规定披露、散布不公开审理案件的信息、材料,或者本人、其他律师在办案过程中获悉的有关案件重要信息、证据材料的行为。对这种行为,给予通报批评、公开谴责或者中止会员权利 6 个月以上 1 年以下的纪律处分;情节严重的,给予取消会员资格的纪律处分。三是泄露国家秘密的行为。对这种行为给予公开谴责、中止会员权利 6 个月以上 1 年以下的纪律处分;情节严重的,给予取消会员资格的纪律处分。

4. 违规收案、收费的行为及其处分

根据《律师协会会员违规行为处分规则(试行)》第四章第四节的规定,违规收案、收费的行为包括"一般的违规收案、收费的行为"和"特殊的违规收案、收费的行为"。"一般的违规收案、收费的行为"有以下 6 种:第一,不按规定与委托人签订书面委托合同的;第二,不按规定统一接受委托、签订书面委托合同和收费合同,统一收取委托人支付的各项费用的,或者不按规定统一保管、使用律师服务专用文书、财务票据、业务档案的;第三,私自接受委托,私自向委托人收取费用,或者收取规定、约定之外的费用或者财物的;违反律师服务收费管理规定或者收费协议约定,擅自提高收费的;第四,执业期间以非律师身份从事有偿法律服务的;第五,不向委托人开具律师服务收费合法票据,或者不向委托人提交办案费用开支有效凭证的;第六,在实行政府指导价的业务领域违反规定标准收取费用,或者违反风险代理管理规定收取费用。根据《律师协会会员违规行为处分规则(试行)》第27条的规定,对上述行为,分别给予训诫、警告或者通报批评的纪律处分,情节严重的,给予公开谴责、中止会员权利1个月以上1年以下或者取消会员资格的纪律处分。

"特殊的违规收案、收费的行为",是指假借法官、检察官、仲裁员以及其他工作人员的名义或者以联络、酬谢法官、检察官、仲裁员以及其他工作人员为由,向当事人索取财物或者其他利益的行为。对这种行为,给予公开谴责或者中止会员权利3个月以上6个月以下的纪律处分。

5. 不正当竞争行为及其处分

根据《律师协会会员违规行为处分规则(试行)》第四章第五节的规定,不正当竞争行为包括"一般的不正当竞争行为"和"性质恶劣的不正当竞争行为"。

"一般的不正当竞争行为"是指以不正当手段争揽业务的行为。根据《律师协会会员违规行为处分规则(试行)》第29条的规定,包括以下6种:第一,为争揽业务,向委托人作虚假承诺的;第二,向当事人明示或者暗示与办案机关、政府部门及其工作人员有特殊关系的;第三,利用媒体、广告或者其他方式进行不真实或者不适当宣传的;第四,以支付介绍费等不正当手段争揽业务的;第五,在事前和事后为承办案件的法官、检察官、仲裁员牟取物质的或非物质的利益,为了争揽案件事前和事后给予有关人员物质的或非物质利益的;第六,在司法机关、监管场所周边违规设立办公场所、散发广告、举牌等不正当手段争揽业务的。对于具有这6种行为之一的,给予训诫、警告或者通报批评的纪律处分;情节严重的,给予公开谴责、中止会员权利1个月以上1年以下或者取消会员资格的纪律处分。

"性质恶劣的不正当竞争行为"是指以非法手段进行不正当竞争或者对法律秩序造成严重破坏的不正当竞争行为。根据《律师协会会员违规行为处分规则(试行)》第30条的规定,这类行为包括:第一,捏造、散布虚假事实,损害、诋毁其他律师、律师事务所声誉的;第二,哄骗、唆使当事人提起诉讼,制造、扩大矛盾,影响社会稳定的;第三,利用与司法机关、行政机关或其他具有社会管理职能组织的关系,进行不正当竞争的。具有这些不正当竞争行为之一的,给予通报批评、公开谴责或者中止会员权利1个月以上1年以下的纪律处分,情节严重的,给予取消会员资格的纪律处分。

6. 妨碍司法公正的行为及其处分

根据《律师协会会员违规行为处分规则(试行)》第四章第六节的规定,妨碍司法公正的行为有以下3种:第一,承办案件期间,为了不正当目的,在非工作期间、非工作场所,会见承办法官、检察官、仲裁员或者其他有关工作人员,或者违反规定单方面会见法官、检察官、仲裁员。对这种行为,给予中止会员权利6个月以上1年以下的纪律处分;情节严重的给予取消会员资格的纪律处分。第二,利用与法官、检察官、仲裁员以及其他有关工作人员的特殊关系,打探办案机关内部对案件的办理意见,承办其介绍的案件,影响依法办理案件。对这种行为,给予中止会员权利6个月以上1年以下的纪律处分;情节严重的给予取消会员资格的纪律处分。第三,向法官、检察官、仲裁员及其他有关工作人员行贿,许诺提供利益、介绍贿赂或者指使、诱导当事人行贿。对这种行为,给予中止会员权利 6 个月以上 1 年以下的纪律处分;情节严重的给予取消会员资格的纪律处分。

7. 以不正当方式影响依法办理案件的行为及其处分

根据《律师协会会员违规行为处分规则(试行)》第四章第七节的规定,以不正当方式影响依法办理案件的行为,包括"以非法方法影响司法机关依法办案的行为""不遵守法庭、仲裁庭纪律和监管场所规定、行政处理规则的行为""违反证据法规则的行为"。

"以非法方法影响司法机关依法办理案件的行为"包括以下 6 种:第一,未经当事人委托或者法律援助机构指派,以律师名义为当事人提供法律服务、介入案件,干扰依法办理案件的;第二,对本人或者其他律师正在办理的案件进行歪曲、有误导性的宣传和评论,恶意炒作案件的;第三,以串联组团、联署签名、发表公开信、组织网上聚集、声援等方式或者借个案研讨之名,制造舆论压力,攻击、诋毁司法机关和司法制度的;第四,煽动、教唆和组织当事人或者其他人员到司法机关或者其他国家机关静坐、举牌、打横幅、喊口号、声援、围观等扰乱公共秩序、危害公共安全的非法手段,聚众滋事,制造影响,向有关机关施加压力的;第五,发表、散布否定宪法确立的根本政治制度、基本原则和危害国家安全的言论,利用网络、媒体挑动对党和政府的不满,发起、参与危害国家安全的组织或者支持、参与、实施危害国家安全的活动的;第六,以歪曲事实真相、明显违背社会公序良俗等方式,发表恶意诽谤他人的言论,或者发表严重扰乱法庭秩序的言论的。根据《律师协会会员违规行为处分规则(试行)》第 34 条的规定,有上述 6 种情形之一的,给予中止会员权利 6 个月以上 1 年以下的纪律处分;情节严重的给予取消会员资格的纪律处分。

"不遵守法庭、仲裁庭纪律和监管场所规定、行政处理规则的行为"包括以下 3 种:第一,会见在押犯罪嫌疑人、被告人时,违反有关规定,携带犯罪嫌疑人、被告人的近亲属或者其他利害关系人会见,将通讯工具提供给在押犯罪嫌疑人、被告人使用,或者传递物品、文件;第二,无正当理由,拒不按照人民法院通知出庭参与诉讼,或者违反法庭规则,擅自退庭;第三,聚众哄闹、冲击法庭,侮辱、诽谤、威胁、殴打司法工作人员或者诉讼参与人,否定国家认定的邪教组织的性质,或者有其他严重扰乱法庭秩序的行为。根据《律师协会会员违规行为处分规则(试行)》第 35 条的规定,具有以上 3 种情形之一的,给予中止会员权利 6 个月以上 1 年以下的纪律处分;情节严重的给予取消会员资格的纪律处分。

"违反证据法规则的行为"包括:第一,故意向司法机关、仲裁机构或者行政机关提供虚假证据;第二,威胁、利诱他人提供虚假证据的行为;第三,妨碍对方当事人合法取得证据的行为。根据《律师协会会员违规行为处分规则(试行)》第 36 条的规定,对这些行为分别给予中止会员权利 6 个月以上 1 年以下的纪律处分;情节严重的给予取消会员资格的纪律处分。

8. 违反司法行政管理或者行业管理的行为及其处分。根据《律师协会会员违规行为处分规则(试行)》第四章第八节的规定,违反司法行政管理或者行业管理的行为包括以下 2 种:第一,同时在两个律师事务所以上执业的或同时在律师事务所和其他法律服务机构执业的。对这种行为,给予警告、通报批评或者公开谴责的纪律处分;情节严重的,给予中止会员权利 1 个月以上 3 个月以下的纪律处分。第二,不服从司法行政管理或者行业管理的行为。其包括:向司法行政机关或者律师协会提供虚假材料、隐瞒重要事实或者有其他弄虚作假行为的;在受到停止执业处罚期间,或者在律师事务所被停业整顿、注销后继续执业的;因违纪行为受到行业处分后在规定的期限内拒不改正的。对不服从司法行政管理或者行业管理的行为的,给予中止会员权利 6 个月以上 1 年以下的纪律处分;情节严重的给予取消会员资格的纪律处分。

律师事务所是律师协会的团体会员,律师事务所有违反律师法、律师协会章程的行为,也应按照《律师协会会员违规行为处分规则(试行)》的规定给予处分。根据《律师协会会员违规行为处分规则(试行)》的规定,律师事务所有以下 3 种行为的,应受到处分:一是《律师协会会员违规行为处分规则(试行)》第 39 条规定的 9 种情形,这些情形属于"律师事务所对本所律师疏于管理"的情形。对具有这些情形之一的,给予警告、通报批评或者公开谴责的纪律处分;情节严重的,给予中止会员权利 1 个月以上 6 个月以下的纪律处分。二是《律师协会会员违规行为处分规则(试行)》第 40 条规定的 7 种情形,这些情形基本上是属于违反律师法、律师事务所管理办法规定的情形。对律师事务所具有这些情形之一的,给予警告、通报批评或者公开谴责的纪律处分;情节严重的,给予中止会员权利 1 个月以上 6 个月以下的纪律处分;情节特别严重的,给予取消会员资格的纪律处分。三是《律师协会会员违规行为处分规则(试行)》第 42 条规定的"律师事务所放任、怂恿或者指使律师从事违法违规行为"。对有这 3 种行为的律师事务所,与违法违规律师一并予以相应的处分。

(三)律师纪律处分的实施机构

根据《律师协会会员违规行为处分规则(试行)》的有关规定,全国律师协会设立惩戒委员会,负责律师行业处分相关规则的制定及对地方律师协会处分工作的指导与监督。各省、自治区、直辖市律师协会及设区的市律师协会设立惩戒委员会,负责对违规会员进行处分。惩戒委员会日常工作机构是设在律师协会秘书处的投诉受理查处中心,其职责是:(1)参与起草投诉受理查处相关规则和制度;(2)接待投诉举报;(3)对投诉举报进行初审,对于符合规定的投诉提交惩戒委员会受理;(4)负责向惩戒委员会转交上一级律师协会交办、督办的案件;(5)负责向下一级律师协会转办、督办案件;(6)负责与相关办案机关、司法行政机关和律师协会间的组织协调有关工作,参与投诉案件调查、处置、反馈工作;(7)定期开展对投诉工作的汇总、归档、通报、信息披露和回访;(8)研究起草惩戒工作报告;(9)其他应当由投诉中心办理的工作。

惩戒委员会委员及惩戒委员会日常工作机构的工作人员有下列情形之一的,应当自行回避,投诉人、被调查会员也有权向律师协会申请其回避:(1)本人与本案投诉人或者被调查的会员有近亲属关系的;(2)与本案被调查会员在同一律师事务所执业的;(3)被调查会员为本人所在的律师事务所;(4)其他可能影响案件公正处理的情形。惩戒委员会主任的回避由所在律师协会会长或者主管惩戒工作的副会长决定;副主任的回避由惩戒委员会主任决定。惩戒委员会委员的回避,由惩戒委员会主任或者副主任决定。被调查会员提出回避申请的,应当说明理由,并在申辩期限内提出。对提出的回避申请,律师协会或者惩戒委员会应当在申请提出的3个工作日内,以口头或者书面形式作出决定,并记录在案,此决定为终局决定。

(四)律师纪律处分的程序规定

根据《律师协会会员违规行为处分规则(试行)》的规定,律师纪律处分程序由三部分组成。

1. 受理与立案程序

投诉人可以采用信函、邮件和直接来访等方式投诉,也可以委托他人代为投诉。律师协会受理投诉时,应当要求投诉人提供具体的事实和相关证据材料。对于没有投诉人投诉的会员涉嫌违规行为,律师协会有权主动调查并作出处分决定。

律师协会在接受投诉时,应当制作接待投诉记录,填写投诉登记表,妥善保管投诉材料,建立会员诚信档案。接待投诉的工作人员应当完成以下工作:(1)当面投诉的,应当认真作好笔录,必要时征得投诉人同意可以录音。投诉时,无关人员不得在场旁听和询问;对记录的主要内容须经投诉人确认无误后签字或者盖章。(2)信函投诉的,应当做好收发登记、转办和保管等工作。口头或者电话投诉的,要耐心接听,认真记录,并告知投诉人应当提交的书面材料。(3)对司法行政机关委托律师协会调查的投诉案件,应当办理移交手续。

惩戒委员会应当在接到投诉之日起10个工作日内对案件作出是否立案的决定。具有下列情形之一的不予立案:(1)不属于本协会受理范围的;(2)不能提供相关证据材料或者证据材料不足的;(3)证据材料与投诉事实没有直接或者必然联系的;(4)匿名投诉或者投诉人身份无法核实,导致相关事实无法查清的;(5)超过处分时效的;(6)投诉人就被投诉会员的违规行为已提起诉讼、仲裁等司法程序案件的;(7)对律师协会已经处理过的违规行为,没有新的事由和证据而重复投诉的;(8)其他不应立案的情形。对不予立案的,律师协会应当在惩戒委员会决定作出之日起7个工作日内向投诉人书面说明不予立案的理由,但匿名投诉的除外。需由司法行政机关或者其他律师协会处理的投诉案件,律师协会应当制作转移处理书,随投诉资料移送有管辖权的部门,并告知投诉人。

律师协会惩戒委员会应当自立案之日起 10 个工作日内向投诉人、被调查会员发出书面立案通知。立案通知中应当载明立案的主要内容。有投诉人的,应当列明投诉人名称、投诉内容等事项;投诉人递交了书面投诉文件的,可以将投诉文件的副本与通知一并送达被调查会员;该通知应当要求被调查会员在 20 个工作日内作出书面申辩,并有义务在同一期限内提交业务档案等书面材料。送达立案通知时,同时告知本案调查组组成人员和日常工作机构工作人员名单,告知被调查会员有申请回避的权利。

2. 调查程序

惩戒委员会对决定立案调查的案件应当委派 2 名以上委员组成调查组进行调查,并出具调查函。重大、疑难、复杂案件可以成立由惩戒委员会委员和律师协会邀请的相关部门人员组成联合调查组进行共同调查。调查人员应当全面、客观、公正的调查案情。调查范围不受投诉内容的限制。调查发现投诉以外的其他违纪违规行为的,应当一并调查,无须另行立案。发现其他会员涉嫌有与本案关联的涉嫌违规行为的,律师协会可以依职权进行调查。

调查人员可以询问被调查会员,出示相关材料,并制作笔录。被调查会员拒绝提交业务档案、拒绝回答询问或者拒绝申辩的,视为逃避、抵制和阻挠调查,应当从重处分。

调查人员可以通过电话、电子邮件或者直接与投诉人面对面调查等调查方式进行,要求投诉人提供相关证据材料。调查人员应当按照所在省、自治区、直辖市律师协会规定的期限完成调查工作,并在调查、收集、整理、归纳、分析全部案卷调查材料的基础上,形成本案的调查终结报告,报告应当载明会员行为是否构成违规,是否建议给予相应的纪律处分。

与案件有直接关联的事实或者争议进入诉讼、仲裁程序或者发生其他导致调查无法进行的情形的,经惩戒委员会主任及主管会长批准可以中止调查,待相关程序结束后或者相关情形消失后,再行决定是否恢复调查。中止期间不计入调查时限。

3. 决定程序

惩戒委员会在作出处分决定前,应当告知被调查会员有要求听证的权利。被调查会员要求听证的,应当在惩戒委员会告知后的 7 个工作日内提出书面听证申请;惩戒委员会认为有必要举行听证的,可以组成听证庭进行。

决定举行听证的案件,律师协会应当在召开听证庭 7 个工作日前向被调查的会员送达《听证通知书》,告知其听证庭的时间、地点、听证庭组成人员名单及可以申请回避等事项,并通知案件相关人员。《听证通知书》除直接送达外,可以委托被调查会员所在律师事务所送达,也可以邮寄送达。被调查会员应当按期参加听证,有正当理由要求延期的,经批准可以延一次,未申请延期并且未按期参加听证,视为放弃听证权利。被调查会员不陈述、不申辩,或者不参加听证的视为放弃,不影响惩戒委员会作出决定。

听证庭成员由惩戒委员会 3 ~5 名委员担任,调查人员不得担任听证庭成员。听证庭依照以下程序进行:(1)询问被调查会员是否申请听证庭组成人员回避。(2)投诉人陈述投诉的事实、理由和投诉请求。投诉人未到庭的,不影响听证程序进行,由调查人员宣读投诉书;被调查会员有权进行申辩;调查人员陈述调查的事实,被调查会员、投诉人对调查的事实发表意见。(3)听证庭组成人员可以就案件有关事实向各方进行询问。(4)听证应当制作笔录,笔录应当交被调查会员、投诉人审核无误后签字或者盖章。听证庭根据查明的事实,在充分考虑各方意见基础上,拟定评议报告交惩戒委员会集体作出决定。

惩戒委员会应当在听取或者审阅听证庭评议报告或者调查终结报告后集体作出决定。会议应当有2/3以上的委员出席,决定由出席会议委员的1/2以上多数通过,如评议出现三种以上意见,且均不过半数时,将最不利于被调查会员的意见票数依次计入次不利于被调查会员的票数,直至超过半数为止。调查人员和应回避人员不参加表决,不计入出席会议委员基数。惩戒委员会成员及其工作人员应当严格遵守工作纪律,对决定评议情况保密。

惩戒委员会会议作出决定后,应当制作书面决定书,决定书应当载明下列事项:(1)投诉人的基本信息;(2)被调查会员的基本信息、律师执业证书号码、所在律师事务所;(3)投诉的基本事实和诉求;(4)被调查会员的答辩意见;(5)惩戒委员会依据相关证据查明的事实;(6)惩戒委员会对本案作出的决定及其依据;(7)申请复查的权利、期限;(8)作出决定的律师协会名称;(9)作出决定的日期;(10)其他应当载明的事项。

决定书经惩戒委员会主任审核后,由律师协会会长或者主管副会长签发。处分决定书应当在签发后的15个工作日内,由律师协会送达被调查会员,同时将决定书报上一级律师协会备案。惩戒委员会作出撤销案件、不予处分的决定书应当在签发后10个工作日内由律师协会日常工作机构人员送达投诉人、被调查会员。达成和解或者投诉人撤销投诉,但是涉嫌违规的行为应当予以处分的,可以继续进行处分程序,必要时应当依照《律师协会会员违规行为处分规则(试行)》第44条的规定启动调查程序。

惩戒委员会认为被调查会员的违规行为依法应当给予行政处罚的,应当及时移送有管辖权的司法行政机关,并向其提出处罚建议。同一个违法行为已被行政处罚的不再建议行政处罚。投诉的案件涉及违反《律师法》《律师和律师事务所违法行为处罚办法》可能构成刑事犯罪的,或有重大社会影响的,惩戒委员会应及时报告同级司法行政机关和上一级律师协会。

在调查、听证、处分等各个阶段,惩戒委员会可以对投诉事项进行调解。调解应当坚持合法、自愿的原则。投诉人和被调查会员也可以和解。经济争议达成和解,或者违规行为受到投诉人谅解的,可以作为从轻、减轻或者免除处分的依据。调解、和解或者撤回投诉不必然构成纪律处分程序的终结,仍需予以纪律处分的,应当转为惩戒委员会的调查程序。

被处分会员对处分决定不服的,可以提出复查的申请。复查由各省、自治区、直辖市律师协会设立的会员处分复查委员会负责受理并作出复查决定。复查按照《律师协会会员违规行为处分规则(试行)》第六章规定的程序进行。

三、律师的行政法律责任

律师行政法律责任,是指律师或律师事务所对其违反有关律师管理的法律、法规和规章的行为所应当承担的行政法律后果。

在我国,律师及律师事务所的行政法律责任,是由律师工作的行政主管机关——司法行政机关代表国家来追究的。追究律师及律师事务所的行政法律责任,是司法行政机关对律师实行管理的一种有效手段。律师行政法律责任的主要法律依据是《律师法》和2010年司法部颁布的《律师和律师事务所违法行为处罚办法》、2006年国家发展和改革委员会和司法部联合发布的《律师服务收费管理办法》。由于律师违法的程度不同,给予处罚的方式不同,作出处罚决定的司法行政机关的级别也不同。

根据《律师法》的规定,律师有违法执业行为的,给予下列处罚:警告、罚款、没收违法所得、停止执业、吊销律师执业证书;律师事务所有违法执业行为的,给予下列处罚:警告、没收违法所得、罚款、停业整顿、吊销执业证书。《律师法》和《律师和律师事务所违法行为处罚办法》对律师、律师事务所违反律师法律、法规、规章的行为及其处罚作了明确规定。

(一)律师的行政责任

《律师法》第47条规定,律师有下列行为之一的,由设区的市级或者直辖市的区人民政府司法行政部门给予警告,可以处5000元以下的罚款;有违法所得的,没收违法所得;情节严重的,给予停止执业3个月以下的处罚:(1)同时在两个以上律师事务所执业的;(2)以不正当手段承揽业务的;(3)在同一案件中为双方当事人担任代理人,或者代理与本人及其近亲属有利益冲突的法律事务的;(4)从人民法院、人民检察院离任后2年内担任诉讼代理人或者辩护人的;(5)拒绝履行法律援助义务的。

《律师法》第48条规定,律师有下列行为之一的,由设区的市级或者直辖市的区人民政府司法行政部门给予警告,可以处1万元以下的罚款;有违法所得的,没收违法所得;情节严重的,给予停止执业3个月以上6个月以下的处罚:(1)私自接受委托、收取费用,接受委托人财物或者其他利益的;(2)接受委托后,无正当理由,拒绝辩护或者代理,不按时出庭参加诉讼或者仲裁的;(3)利用提供法律服务的便利牟取当事人争议的权益的;(4)泄露商业秘密或者个人隐私的。

《律师法》第49条规定,律师有下列行为之一的,由设区的市级或者直辖市的区人民政府司法行政部门给予停止执业6个月以上1年以下的处罚,可以处5万元以下的罚款;有违法所得的,没收违法所得;情节严重的,由省、自治区、直辖市人民政府司法行政部门吊销其律师执业证书;构成犯罪的,依法追究刑事责任:(1)违反规定会见法官、检察官、仲裁员以及其他有关工作人员，或者以其他不正当方式影响依法办理案件的；(2)向法官、检察官、仲裁员以及其他有关工作人员行贿，介绍贿赂或者指使、诱导当事人行贿的；(3)向司法行政部门提供虚假材料或者有其他弄虚作假行为的；(4)故意提供虚假证据或者威胁、利诱他人提供虚假证据，妨碍对方当事人合法取得证据的；(5)接受对方当事人财物或者其他利益，与对方当事人或者第三人恶意串通，侵害委托人权益的；(6)扰乱法庭、仲裁庭秩序，干扰诉讼、仲裁活动的正常进行的；(7)煽动、教唆当事人采取扰乱公共秩序、危害公共安全等非法手段解决争议的；(8)发表危害国家安全、恶意诽谤他人、严重扰乱法庭秩序的言论的；(9)泄露国家秘密的。律师因故意犯罪受到刑事处罚的，由省、自治区、直辖市人民政府司法行政部门吊销其律师执业证书。

《律师法》第51条第1款规定，律师因违反本法规定，在受到警告处罚后1年内又发生应当给予警告处罚情形的，由设区的市级或者直辖市的区人民政府司法行政部门给予停止执业3个月以上1年以下的处罚；在受到停止执业处罚期满后2年内又发生应当给予停止执业处罚情形的，由省、自治区、直辖市人民政府司法行政部门吊销其律师执业证书。

（二）律师事务所的行政责任

《律师法》第50条规定，律师事务所有下列行为之一的，由设区的市级或者直辖市的区人民政府司法行政部门视其情节给予警告、停业整顿1个月以上6个月以下的处罚，可以处10万元以下的罚款；有违法所得的，没收违法所得；情节特别严重的，由省、自治区、直辖市人民政府司法行政部门吊销律师事务所执业证书：(1)违反规定接受委托、收取费用的；(2)违反法定程序办理变更名称、负责人、章程、合伙协议、住所、合伙人等重大事项的；(3)从事法律服务以外的经营活动的；(4)以诋毁其他律师事务所、律师或者支付介绍费等不正当手段承揽业务的；(5)违反规定接受有利益冲突的案件的；(6)拒绝履行法律援助义务的；(7)向司法行政部门提供虚假材料或者有其他弄虚作假行为的；(8)对本所律师疏于管理，造成严重后果的。律师事务所因前款违法行为受到处罚的，对其负责人视情节轻重，给予警告或者处2万元以下的罚款。

《律师法》第51条第2款规定，律师事务所因违反本法规定，在受到停业整顿处罚期满后2年内又发生应当给予停业整顿处罚情形的，由省、自治区、直辖市人民政府司法行政部门吊销律师事务所执业证书。

律师、律师事务所执业中有违法行为的，由司法行政机关予以处罚。律师、律师事务所对司法行政机关给予的行政处罚享有陈述权、申辩权、要求听证权；对行政处罚决定不服的，可以自收到决定之日起15日内向上一级司法行政机关申请复议；对复议决定不服的，可以自收到复议决定之日起15日内向人民法院提起诉讼，也可以直接向人民法院提起诉讼。律师、律师事务所受到罚款处罚，不申请行政复议或者提起行政诉讼,又不履行处罚决定的,作出处罚决定的司法行政机关可以申请人民法院强制执行。

根据《律师服务收费管理办法》的规定,律师事务所、律师有下列价格违法行为之一的,由政府价格主管部门依照《价格法》和《价格违法行为行政处罚规定》实施行政处罚:(1)不按规定公示律师服务收费管理办法和收费标准的;(2)提前或者推迟执行政府指导价的;(3)超出政府指导价范围或幅度收费的;(4)采取分解收费项目、重复收费、扩大范围等方式变相提高收费标准的;(5)以明显低于成本的收费进行不正当竞争的;(6)其他价格违法行为。

根据《律师服务收费管理办法》的规定,律师事务所、律师有下列违法行为之一的,由司法行政部门依照《律师法》以及《律师和律师事务所违法行为处罚办法》实施行政处罚:(1)违反律师事务所统一接受委托、签订书面委托合同或者收费合同规定的;(2)违反律师事务所统一收取律师服务费、代委托人支付的费用和异地办案差旅费规定的;(3)不向委托人提供预收异地办案差旅费用概算,不开具律师服务收费合法票据,不向委托人提交代交费用、异地办案差旅费的有效凭证的;(4)违反律师事务所统一保管、使用律师服务专用文书、财务票据、业务档案规定的;(5)违反律师执业纪律和职业道德的其他行为。

四、律师的民事责任

(一)律师的民事责任概述

律师的民事责任,是指律师及律师事务所在执业过程中,因违法执业或者因过错给当事人的合法权益造成损害而应承担的民事赔偿责任。

我国《律师法》第54条规定,律师违法执业或者因过错给当事人造成损失的,由其所在的律师事务所承担赔偿责任。律师事务所赔偿后,可以向有故意或者重大过失行为的律师追偿。律师及律师事务所不得免除或者限制因违法执业或者因过错给当事人造成损失应当承担的民事责任。这就是律师及律师事务所承担民事责任的法律依据。

律师及律师事务所承担民事责任的理论依据在于:律师为当事人提供法律服务,办理有关法律事务,除了在刑事诉讼中接受人民法院指定担任辩护人之外,主要是基于当事人的委托和聘请。这种委托关系属于民法领域的代理关系。当作为代理人的律师不履行职责而给作为被代理人的当事人造成损失的,就应当承担民事责任。

建立律师的民事赔偿制度,对于促进律师自觉遵守执业行为规范,正确处理与当事人之间的民事权利义务关系,增强律师的工作责任心,提高律师服务质量,维护律师社会声誉都具有重要意义。此外,建立律师的民事赔偿制度,还有利于加强对律师的管理和监督,减少律师工作中的失误,拓展律师业务,巩固律师制度改革的成果,促进律师业的健康发展。

（二）律师民事责任的承担主体

律师出现违法执业或者因过错给当事人造成损失的，其赔偿的主体是律师事务所。为什么律师造成的损失由律师事务所赔偿呢？其原因是：第一，在律师依法执业的情况下，律师给当事人提供法律服务，是受其所在的律师事务所的委派，律师与当事人之间并没有合同关系。律师在执业过程中发生的违法执业和过错行为，都属于违反合同的行为，因而，作为合同一方“当事人”的律师事务所，当然要对另一方合同“当事人”承担违约责任。第二，法律规定由律师事务所而不是律师对当事人承担民事责任，可以加强律师事务所的责任感，促使律师事务所对律师的执业活动给予切实有效的监督，有助于减少律师执业的违法现象，提高律师执业的水平。第三，由律师事务所对当事人承担赔偿责任，可以使当事人得到及时有效的赔偿。律师个人的财力是有限的，法律如果规定律师对当事人的损失承担赔偿责任，很有可能使当事人得不到足额赔偿。因此，当发生造成损失的事实时，当事人只能去向律师事务所要求赔偿。律师事务所依据《律师法》的规定和委托协议向当事人承担赔偿责任。律师事务所赔偿后，可以向有故意或者重大过失的律师追偿，这是基于律师事务所与律师之间的权利义务关系，而与当事人不发生关联。

（三）律师承担民事责任的条件

从《律师法》第 54 条的规定来看，律师及律师事务所承担民事责任的条件有以下三项。

1. 律师在主观上必须存在过错。过错是违法或者违约时的一种心理态度，它包括故意和过失。故意和过失是承担法律责任的主观根据，如果律师在执业过程中没有过错，即使当事人造成损失，律师及律师事务所也不能承担民事责任。

例如，律师甲代理当事人乙公司对丙公司提起诉讼。在诉讼提起时，当事人乙公司便要求律师代理申请财产保全，律师甲及时向法院递交了财产保全申请书，但法院没有接受。在诉讼过程中，律师甲发现了丙公司有转移财产的行为，再次向法院申请财产保全，法院在接到财产保全申请书的当天，就作出了对丙公司采取财产保全措施的裁定。律师甲以为法院会按照《民事诉讼法》第 100 条的规定，及时采取保全措施，因此在接到财产保全裁定的当晚，出差到外地办理另一起案件。但令律师甲没有想到的是，法院拖了 7 日才采取保全措施，结果没有保全到任何财产。判决生效后，因丙公司“没有财产”而无法执行，给乙公司造成了经济损失。本案中，律师甲没有任何过错，按照常理，法院在裁定财产保全后应该及时采取保全措施，律师甲不可能预见到法院会不及时采取保全措施。造成乙公司经济损失的，是审理本案的法官的过错，因此，律师甲及其所在的律师事务所不对乙公司承担任何责任。

2. 当事人的损失是律师的违法执业或过错行为造成的。当事人的损失是律师的违法执业或过错行为造成的，是指当事人的损失与律师的违法执业或过错行为之间，存在必然的因果关系。如果当事人的损失不是律师的违法执业或过错行为造成的，而是自己的行为或者其他原因造成的，律师及律师事务所则不承担责任。

这里所说的“损失”，一般是指经济损失，因为《律师法》对这种损失规定的救济方法只有一个，即令律师及律师事务所赔偿。

造成当事人损失的行为，《律师法》限定在“违法执业和过错行为”上。违法执业和过错行为是指律师在为当事人提供法律服务时，实施了一些违反法律规定的行为，或者没有实施按照法律规定或律师工作规程要求应当实施的行为。例如，在同一诉讼案件中，担任了双方当事人的代理人、泄露了当事人的商业秘密、唆使当事人规避法律、唆使当事人实施违法行为等，这些都是律师实施的违反法律的行为，属于“违法执业”。而律师在执业过程中的“越权代理”、应当举证而没有举证、应当反诉而忘记提起反诉、代理上诉案件而错过了上诉期致使一审所做的对当事人不利的错误判决得以生效等，均属于律师的过错行为。在律师业务实践中，律师所实施的其他侵害当事人的行为，例如，律师实施的殴打、侮辱当事人，损坏当事人财物的侵权行为等，不属于“违法执业、过错行为”，尽管律师对这些行为也要承担法律责任，但它们不属于《律师法》规定的造成当事人损失的“行为”，在追究这些行为的法律责任时，不按照《律师法》的规定，而应按照其他法律的规定。

3. 律师给当事人造成损失的行为，必须发生在律师依法执业的过程中。在律师业务的实践中，有的律师私自接受当事人的委托，这违背了《律师法》的规定，因而不是依法执业。在这种情况下，因律师违法或过错给当事人造成损失的，不属于《律师法》第54条规定的“律师及律师事务所的民事责任”，而是违法执业律师的个人责任，该律师所在的律师事务所对此不承担责任。

（四）律师事务所承担民事责任的情况

根据《律师法》第14、15、16、20条的规定，律师事务所承担民事责任一般分为三种情况：国资律师事务所以该律师事务所的全部财产对其债务承担责任；合伙律师事务所的合伙人依据《合伙企业法》的规定对律师事务所的债务承担责任；个人律师事务所的设立人对律师事务所的债务承担无限责任。

（五）律师及律师事务所承担民事责任的方式

根据我国《民法典》的有关规定，确定律师承担民事责任应遵循以下三点要求：（1）律师民事责任主要是补偿性的，其方式以财产性经济补偿为主，非财产性的补偿措施为辅；（2）由于律师承担的民事赔偿责任是补偿性的，所以一般以损失填补或恢复原状为原则，经济赔偿的数额一般只能等于而不能高于受害人所受的实际损失；（3）律师事务所所承担的民事赔偿责任，除法律有明确规定的以外，一般允许当事人自由处分，也可以由双方自由协商。

计算律师因违法执业或过错行为给当事人造成损失的数额，是一个非常复杂的问题。例如，甲公司与乙公司发生合同纠纷，甲公司要求乙公司赔偿经济损失100万元，双方为此进行了谈判。在双方无法就赔偿额达成一致意见的情况下，甲公司起诉至法院，要求乙公司赔偿100万元。律师丙代理甲公司进行诉讼。在代理的过程中，因甲公司对律师丙有特别授权，故甲公司不另派他人参加诉讼。法庭两次开庭审理该案，律师丙两次均没有到庭，也没有向法庭提交有关的证据材料，只是向法庭递交了代理词。法院因原告没有履行举证责任，裁定驳回起诉。在这个案例中，律师及其所在的律师事务所应当赔偿当事人的损失。但是，应当赔偿多少？是不是要赔偿100万元呢？这要具体问题具体分析。首先假定甲公司要求乙公司赔偿100万元有事实根据和法律根据。在法院一审裁定驳回起诉的情况下，当事人如果在上诉期限内发现了上述情况，可以通过上诉继续要求乙公司赔偿100万元，那么律师给甲公司造成的损失就不是100万元，而是多支出的且不能向对方当事人要求的有关一审、二审的各项花费。如果律师丙在代甲公司签收判决书后，没有及时将判决书送交甲公司，甲公司是在上诉期满后发现了上述情况，无法通过正常程序向乙公司索赔，甲公司的损失就包括这100万元，律师所在的律师事务所就应当向甲公司赔偿这100万元。由此可见，律师赔偿给当事人的损失，是不可挽回的最终损失，它可能是当事人向对方当事人索赔的损失额，也可能是继续向对方当事人索赔所不得不支付的费用。

五、律师的刑事责任

（一）律师刑事责任概述

律师刑事责任是指律师在执业活动中，因为自己行为的故意或者过失，触犯了刑法的有关规定，而应当承担的刑事处罚责任。律师的刑事责任是一种职业责任，主要发生在律师的执业活动中，如果与律师的执业活动无关，则不能称为律师的刑事责任。

律师的刑事责任是律师职业责任中最严厉的一种，只有在其行为达到严重危害社会的程度，触犯了刑法，并且应当受到刑罚处罚时，律师才负刑事责任。

（二）律师刑事责任的种类

律师有违反我国《律师法》第49条规定的情形，构成犯罪的，依法追究刑事责任。我国《刑法》规定的犯罪，没有一个是专门为律师规定的。律师在实施了上述危害行为时，分别根据有关《刑法》条文追究其刑事责任。结合《律师法》的这条规定及《刑法》的有关条文，对执业过程中的律师追究刑事责任，主要通过《刑法》规定的以下犯罪来完成：泄露国家秘密罪；行贿罪；介绍贿赂罪；辩护人、诉讼代理人毁灭、伪造证据罪；妨害作证罪等。

第五节　律师职业伦理的培育

随着社会主义市场经济体制的建立和不断完善,社会生活秩序更加依赖于每一位社会成员勤勉、尽职地担当起自身的工作职责。可以说,社会成员的职业道德水平已成为衡量现代社会文明程度的一个重要尺度和标准,这是市场经济长期锤炼的结果。在我国,真正意义的市场经济还处于深化阶段,律师职业阶层形成时间不长,但律师行业却在职业伦理方面出现了许多引起社会广泛关注的问题。少部分律师把金钱放在了第一位,为了钱不惜在业务承揽中夸大其词;为了钱与一些司法机构的腐败分子勾结串通,丧失了法律职业人的基本道德,给我国的法治造成了恶劣的影响。因此,做好律师职业道德的培育,建立良好的律师职业伦理就成了摆在律师行业、社会和国家面前的一个迫切需要解决的问题。

律师职业伦理与道德规范只是为律师道德修养指明了方向,而良好、良性的律师职业伦理的形成,则有赖于律师对职业道德的深入理解和自觉遵守,有赖于抓好律师职业伦理教育,有赖于科学完备的律师职业伦理规范系统的构筑,有赖于对律师行为的同行肯定和公共舆论的影响,还有赖于启动律师执业惩戒程序这一外部保障机制。

一、律师道德自律

马克思说:"道德的基础是人类精神的自律。"律师职业伦理是律师从思想到行动都应遵守的规范。律师职业伦理规范应该成为律师的意识和信念,成为其自觉自愿恪守的"清规戒律"。

伦理规范与法律规范不同,它在很大程度上要以道德的自律来实现,其贯彻执行要依靠律师自觉性的行动。律师的工作属于高级脑力劳动,很难用一个客观标准检验其"质量"。律师提供的法律服务在某种意义上也可以定位为一种"商品",但这种"商品"本身不可预先展示,也无法像企业生产产品那样进行标准化生产,其"生产"过程也很难清晰地观察到。欲对律师的法律服务活动进行严格的外在控制、检查、审核和监督,无论是事前、事中还是事后,从技术上来讲都存在无法克服的困难,这进一步说明了强化律师职业道德自律的必要性。

律师的工作具有开放性。律师要处理纷繁复杂的各种案件,接触形形色色的人员,他们不仅会感受到社会中光明的一面,同时也会感受甚至是更多地感受到其中黑暗的一面,这时会出现丑恶的人性和职业良心的激烈冲突。律师要保持出污泥而不染的品格,就必须加强自身的道德修养,严于剖析自己,经常反思内省,进行自我批评、自我检查，勇于接受别人的监督，虚心听取别人的意见，用高标准、严要求来约束自己，强化自身的职业道德良心。

要树立律师的自律精神，首先，要求律师在职业意识、道德品质等方面进行自我教育和自我改造，不断克服自己的意志、行为习惯、心理素质等方面的弱点，提升自己道德素养，努力达到律师职业道德要求。其次，需要守好职业良心。良心是道德的卫士，是人们义务感和荣誉感的结合。“没有比问心无愧更舒服的枕头，幸福最牢固的根基还是心安理得”，律师的职业道德自律从讲良心开始。因此，律师要常问自己：“假如我是当事人，我会怎么样？”将心比心，推己及人，纠正自己不符合律师职业伦理规范的情感、欲念和冲动，自觉保持正直人格。

二、律师职业伦理教育

律师职业伦理教育是律师职业伦理培育的重要形式，是塑造律师理想人格，形成律师内在道德品质的重要手段。具体而言，律师职业伦理教育由三个环节组成：一是将律师职业伦理建设贯穿于法学教育的全过程，为律师队伍提供高素质的后备人才资源。法律院校的学生是律师的主要后备资源，他们的伦理修养直接关系到律师业的未来。因此，应当在法律院校中加大对学生的职业伦理教育，创新职业伦理教育模式，将职业伦理教育融入法律专业知识的学习与实践，使其掌握如何在将来的职业实践中保持职业操守与职业廉洁性，这将有助于从根本上提高律师的职业伦理素质。二是将道德评价作为进入律师行业的实质要件。对于通过国家统一法律职业资格考试，申请从事律师职业的人员，要加强职业道德和执业纪律的岗前培训，以对其日后的执业形成深刻影响，并向社会表明律师业的神圣和纯洁。三是将职业伦理教育作为律师继续教育的重要内容。通过继续教育培训，使广大律师不断巩固正确的人生观、价值观、世界观，全心全意为人民服务，反对拜金主义、享乐主义和极端个人主义，形成良好的职业风气。

三、健全律师职业伦理规范体系

律师职业伦理的培育要靠教育，更要靠法治。从现阶段律师队伍的实际情况看，迫切要求健全科学的律师职业伦理规范体系，以约束律师的执业行为。律师职业伦理规范体系包括纵向和横向两个方面。纵向上又可以分为三个层次：第一层次是国家法律、法规和部门规章颁布的有关律师职业伦理的规定；第二层次是全国律协和地方律协制定的行业自律规范；第三层次是各律师事务所内部自律性管理规范。横向上包括两个方面：一是约束律师自身执业行为的准则；二是律师在执业过程中与司法人员、行政执法人员、仲裁员等相互监督制约的规范。要从上述“三个层次、两个方面”入手，根据新形势、新问题，抓紧完善律师职业伦理规范建设，使其覆盖律师执业活动的各个层面，渗透各个环节。要建立健全律师职业伦理准则；建立健全律师责任赔偿和保险办法；建立健全律师与司法、执法人员、仲裁员的关系规范；强化律师行业的信用和信誉，保证律师队伍的纯洁性和公正性。

四、完善律师职业伦理评价系统

伦理道德是一种社会的评价标准或尺度。在社会群体中也确实存在人们对律师职业伦理的认同感。律师的道德存在于律师的内心深处,伦理体现于律师的职业活动。律师的良好形象和工作作风,既需要依靠律师的自律来维护,也需要规范的伦理评价系统来约束。

人非圣贤,仅靠道德自律是不够的。当破坏道德会给律师带来一定好处的时候,追求利益的巨大力量往往会冲破道德的底线,这时就需要来自外部力量的约束。这种力量之一就是来自社会特定群体的压力和律师职业伦理评价体系对其施加的影响。所谓律师职业伦理评价,是指委托人、司法机关、社会其他成员以及律师同行,根据律师职业伦理的要求,通过舆论或个人心理活动等方式,对律师在职业活动中的行为进行善恶判断,并表明褒贬态度,具体可包括对律师职业道德的自我评价、同行评价和社会评价三部分。构建完善的律师职业伦理评价系统,对于律师职业道德品质的形成和律师职业伦理风气的改善,对于维护律师职业伦理应有的功能,实现律师职业伦理从应然到实然的转化,增强律师工作的透明度,提高律师遵守职业伦理的自觉性都具有重要的意义。

五、完善律师职业奖惩体系

构建律师遵守职业伦理的外在保障机制,不仅要构建职业伦理评价系统这样的“软约束”,也需要通过完善律师职业奖惩体系来强化对律师遵守职业伦理的“硬约束”。“人们奋斗所争取的一切都同他们利益有关。”利益动机是人们行为背后的根本动因。经济学有一条“劣币驱逐良币”的原则,即如果严格遵守职业伦理行为同违背职业伦理行为获得同样的利益(后者常能获得更多的利益),那么,遵守职业伦理的行为将会变得越来越少。伦理道德评价、奖惩机制就是通过对主体利益的调控,直接肯定符合伦理规则的行为,并激励和推动此类伦理行为的再现。坚决追究不道德行为,使律师不得不慎重考虑自己的行为后果,引以为戒。奖惩结合,建立对不良律师的淘汰机制,对优秀律师的激励机制,使律师的行为更规范。

司法行政机关和律师协会作为律师工作的主管部门,在律师职业伦理建设上负有重大责任,必须始终不渝地坚持“两手抓,两手都要硬”的方针,把律师职业伦理建设放在更加突出的位置上,集中力量解决当前律师职业伦理方面存在的问题。要依法管理、从严管理,进一步改革和完善行政管理与行业管理相结合的管理体制,强化律师协会的行业管理职能,树立行业威信,真正实现行业管理与行业自律。一方面,国家和律师行业组织要从正面积极引导律师行业树立良好的职业伦理形象,表彰模范遵守律师职业道德和执业行为规范的典型,通过舆论引导,宣传正面的事例和个人,发挥榜样的作用,创造良好的社会氛围和执业环境。另一方面，国家和律师行业组织要切实加大对违法违纪律师的查处力度，建立违规律师谈话制度、警示制度，完善案件调查、听证程序，对各种违法违纪违规行为要坚决依法处理，绝不姑息手软，将害群之马坚决清除出律师队伍。

本章案例

田律师所在的律师事务所接受了刘某的委托，委派田律师等二人作为刘某与某房地产开发有限公司商品房预售合同纠纷一案的诉讼代理人，代理权限有代为承认、和解、变更诉讼请求等内容。为图方便，田律师在未经刘某同意、审阅的情况下，擅自在《起诉状》上签署刘某的名字，并递交给人民法院。刘某知道后，从法院撤回了起诉书，并将此情况告诉了田律师所在的律师事务所。该律师事务所在调查此事时发现，田律师拟定的起诉书所依据的证据与当事人刘某实际提供的证据有很大出入。律师事务所随即决定为刘某更换代理律师。请分析田律师在这个案件中的做法违反了哪些律师职业伦理规则。

| 案例解析 |

民事起诉行为是当事人的自主行为，起诉书是原告提起诉讼的意思表示，是诉讼主张和诉讼请求的载体。律师在接受当事人委托时，即使获得了处分当事人权利的特别授权，诉讼主张和诉讼请求也应当由原告亲自提出，或者由原告在与律师商量后提出。律师帮助原告起草起诉书，必须要有事实和法律依据，要尊重原告提供的证据。在这个案例中，田律师拟定的起诉书不交由原告审阅、认可、签字，起诉书中所述事实和引用证据与原告提供的证据有很大出入，违背民事诉讼法关于律师代理的有关规定，表明田律师缺乏基本的执业素养，违反了“勤勉尽责、诚实守信”等律师道德规范，侵害了委托人的合法权益。

法律职业资格考试例题

1.（单项选择）王某和李某斗殴，李某与其子李二将王某打伤。李某在王某提起刑事自诉后聘请省会城市某律师事务所赵律师担任辩护人。关于本案，下列哪一做法符合相关规定？

A. 赵律师同时担任李某和李二的辩护人，该所钱律师担任本案王某代理人

B. 该所与李某商定辩护事务按诉讼结果收取律师费

C. 该所要求李某另外预交办案费

D. 该所指派实习律师代赵律师出庭辩护

| 试题解析 | C

本题考查的是对律师制度的理解与具体运用，需要考生在理解掌握律师与委托人或当事人的关系规范、律师收费制度、执业前提等知识点后，对选项中列举的具体情形作出

判断。最高人民法院《关于适用〈中华人民共和国刑事诉讼法〉的解释》第38条第2项规定:“一名辩护人不得为两名以上的同案被告人,或者未同案处理但犯罪事实存在关联的被告人辩护。”赵律师同时担任李某和李二的辩护人的做法违反了法律规定。《律师执业行为规范》第50条规定:“有下列情形之一的,律师及律师事务所不得与当事人建立或者维持委托关系……(四)同一律师事务所的不同律师同时担任同一刑事案件的被害人的代理人和犯罪嫌疑人、被告人的辩护人,但在该县区域内只有一家律师事务所且事先征得当事人同意的除外……”省会城市不可能只有一家律师事务所,所以该所的赵律师与钱律师不能分别担任李某、李二的辩护人和王某的代理人。因此A项错误。《律师服务收费管理办法》第12条规定:“禁止刑事诉讼案件、行政诉讼案件、国家赔偿案件以及群体性诉讼案件实行风险代理收费。”本题是刑事自诉案件,当然不适用风险代理收费。因此,律师事务所与李某协商辩护事务按照诉讼结果收取律师费的做法违反了《律师服务收费管理办法》的规定,B项错误。《律师服务收费管理办法》第20条规定:“律师事务所需要预收异地办案差旅费的,应当向委托人提供费用概算,经协商一致,由双方签字确认……”据此律师事务所可以要求当事人预交差旅费等办案费用,当然律师事务所需要与委托人协商后签字确认。C项为正确答案。实习律师没有获得律师执业证,不符合律师执业的前提条件。该所指派实习律师代赵律师出庭辩护不符合规定,D项错误。

2.(单项选择)某律师事务所一审代理了原告张某的案件。一年后,该案再审。该所的下列哪一做法与律师执业规范相冲突?

A. 在代理原告案件时,拒绝与该案被告李某建立委托代理关系

B. 在拒绝与被告李某建立委托代理关系时,承诺可在其他案件中为其代理

C. 得知该案再审后,主动与原告张某联系

D. 张某表示再审不委托该所,该所遂与被告李某建立委托代理关系

|试题解析| D

本题考查的是律师和律师事务所在执业过程中的利益冲突及其处理问题。基于律师执业行为规范的基本要求,为保护当事人的利益和实现公平正义,办理委托事务的律师如果与委托人之间存在利害关系或利益冲突的,不得承办该项业务。《律师执业行为规范》第50条规定,有下列情形之一的,律师及律师事务所不得与当事人建立或维持委托关系:(1)律师在同一案件中为双方当事人担任代理人,或代理与本人或者其近亲属有利益冲突的法律事务的;(2)律师办理诉讼或者非诉讼业务,其近亲属是对方当事人的法定代表人或者代理人的;(3)曾经亲自处理或者审理过某一事项或者案件的行政机关工作人员、审判人员、检察人员、仲裁员,成为律师后又办理该事项或者案件的;(4)同一律师事务所的不同律师同时担任同一刑事案件的被害人的代理人和犯罪嫌疑人、被告人的辩护人,但在该县区域内只有一家律师事务所且事先征得当事人同意的除外;(5)在民事诉讼、行政诉讼、仲裁案件中,同一律师事务所的不同律师同时担任争议双方当事人的代理人,或者本所或其工作人员为一方当事人,本所其他律师担任对方当事人的代理人的;(6)在非诉

讼业务中,除各方当事人共同委托外,同一律师事务所的律师同时担任彼此有利害关系的各方当事人的代理人的;(7)在委托关系终止后,同一律师事务所或同一律师在同一案件后续审理或者处理中又接受对方当事人委托的;(8)其他与本条第(1)项至第(7)项情形相似,且依据律师执业经验和行业常识能够判断为应当主动回避且不得办理的利益冲突情形。本题A项符合上述第(4)项、第(5)项的规定,B项承诺的是在其他案件中为其代理,也不违反上述第(4)项、第(5)项的规定,C项只是与原委托人联系,但并未建立委托关系,不涉及利益冲突。D项在再审程序中接受了原审被告人的委托,违反了上述第(7)项的规定,存在律师执业利益冲突,因此本题应选D项。

第八章　仲裁员职业伦理

法官享有全部荣誉，是国家政权的上层人物，他们装备了所有的防护措施，也值得当然的敬仰；而仲裁员只是劳动者，其责任是将工作做到极致，除了当事人的授权，他们一无所有。但是在国际商事领域中，没有什么荣誉会高于你被专业同事们或商业伙伴们选择为仲裁员，去处理他们之间的争议，作出他们无法作出的决定。

——[英]哈特威尔(Geoffrey M. Hartwell)

|章引语|

仲裁员职业伦理建设是关系仲裁事业健康发展的重大问题。建立仲裁员职业伦理规范，有利于指引仲裁员的职业行为，有利于当事人对仲裁活动进行监督，有利于仲裁机构选聘合格的仲裁员，有利于对仲裁进行司法监督。仲裁员应当具有公正、勤勉的品格，严格遵守仲裁员行为准则。对于违反仲裁员职业伦理规范的行为，应当依据法律和有关仲裁规则的规定追究责任。仲裁员的职业伦理培育，应当多管齐下，既要求仲裁员自律，又要加强培训教育，还要由当事人进行监督。司法监督对促进仲裁员职业伦理建设也有重要作用。

仲裁员职业伦理规范　仲裁员与当事人的关系　除名

第一节　仲裁员职业伦理概述

一、仲裁员职业伦理

仲裁，是指发生争议的双方当事人，根据其在争议发生前或争议发生后所达成的协议，自愿将该争议提交给中立的第三方进行裁判的争议解决制度。作为一种解决财产权益纠纷的民间性裁判制度，仲裁既不同于解决同类争议的司法、行政途径，也不同于人民调解委员会的调解和当事人和解，而表现出明显的自愿性、专业性、灵活性、保密性、便捷性、经济性、独立性等特点，是一种未经司法诉讼途径而具有法律约束力的争议解决方式，更是一种最能体现当事人意思自治原则的争议解决机制。

更为重要的是，根据我国《仲裁法》的有关规定，仲裁以“根据事实，符合法律规定，公平合理地解决经济纠纷”为原则，区别于我国诉讼法中“以事实为根据，以法律为准绳”的表述，这使仲裁员在争议处理上拥有比法官更大的自由裁量空间。一个案件能否得到公平的处理、仲裁制度的优势能否得到充分的发挥，将更多地取决于仲裁员的能力和素质。仲裁和诉讼相比，其最大的一个优点就是当事人可以“自己选法官”。当事人可以选择自己信赖的，公道、正派且水平较高，足以给案件做一个公正裁决的仲裁员做仲裁庭的组成人员。无论是当事人选定仲裁员，还是仲裁委员会主任指定仲裁员，除了考虑仲裁员的专业知识和水平之外，还看重仲裁员的人品和职业伦理水平。仲裁员的职业伦理水平与业务水平在处理仲裁案件时能发挥同等重要的作用。因此，如何规范仲裁员的行为，明确仲裁员伦理规范，提高其职业操守就成了众多知名国际仲裁机构和有关国际组织所关注的问题。

二、仲裁员职业伦理规范的意义

仲裁员在仲裁制度中处于核心地位，是仲裁制度的生命力之所在，套用国际仲裁界的名言就是“The arbitration is only as good as its arbitrators”（仲裁的优劣全在于仲裁员的好坏）。仲裁员作为仲裁案件的实际裁判者，对保证仲裁的公正和裁决的质量具有决定性的作用。“好的仲裁员”可以用两个方面的客观标准进行衡量：一方面，他们应当具有处理仲裁案件相应的学识、能力和经验；另一方面，他们必须具备仲裁员应有的较高的操守，并且能够严格执行相应的行为规范。通常情况下，仲裁员都是从专家中产生，他们对于处理仲裁案件大多胜任有余，对于自己学识、能力和经验的不断提高孜孜以求。但是，并非所有仲裁员的职业伦理都无可挑剔，他们追求德行完美的努力程度也各不相同。因此，为了使仲裁更加受到社会的信任，加强仲裁员的操守和行为约束，制定并推广仲裁员职业伦理规范，提高仲裁员素质，是仲裁事业发展的必然要求。仲裁员职业伦理规范有以下重要意义。

1. 便于当事人对仲裁活动进行监督。仲裁员职业伦理规范有利于当事人了解仲裁员在仲裁程序中应当遵守的行为准则，为当事人评价仲裁员行为提供参考标准，增强当事人对仲裁和仲裁员的信任。当事人选择仲裁解决纠纷虽然是建立在一定理性思考基础上的，但当事人毕竟不是仲裁专家，对仲裁员在仲裁程序中的行为方式与内容可能并不十分了解。在这种情况下，仲裁员如果出现违背行为准则、职业操守的不当行为，当事人往往难以及时作出反应并采取相应的救济措施。这在很大程度上削弱了当事人对仲裁员的约束与监督，导致某些仲裁员行为过于随意甚至存在明显不当。仲裁员职业伦理规范的制定与宣传，能够有效消除这两个方面的负面效果。因为仲裁员职业伦理规范一旦对外公布，可以帮助当事人对仲裁员应当遵守的基本行为准则有一个清楚的了解，对仲裁员应当为哪些行为、不为哪些行为以及如何“为”与“不为”有全面的把握。在此基础上对仲裁员行为作出正确的判断与评价，并在仲裁员出现与职业伦理不符的行为时，及时决定是否采取以及采取何种救济措施。

2. 便于仲裁员加强自身修养。职业伦理规范是一种自律制度，以仲裁员自觉遵守和服从为前提，是加强仲裁员自身修养的需要。职业伦理规范意味着对仲裁员提出了职业素质的要求，它是仲裁员进行仲裁活动的行动指南，告诉仲裁员应当做什么、不应当做什么以及如何站在中立的立场上秉公办案，这有利于仲裁员自身素质的增强和提高。

3. 便于仲裁机构选聘合格的仲裁员。职业伦理规范是仲裁员的聘任标准、也是检验仲裁员是否合格的一个尺度。每个仲裁机构都会从维护生存发展的高度将仲裁员的聘用、推荐、培训、管理作为工作重点，以确保本机构聘用或推荐的仲裁员，无论在学识还是道德操守方面均不会让当事人失望。而这些工作的进行都需要有一个标准。仲裁员职业伦理规范可以为仲裁机构进行上述工作提供一个重要的参考标准与依据。例如，在对仲裁案件进行备案记录时可以附加该案仲裁员行为的一些情况，或者为仲裁员建立一套档案制度，以便给以后的当事人选择仲裁员提供参考等。

4. 有利于对仲裁进行司法监督。制定仲裁员职业伦理规范有利于对仲裁进行司法监督。我国现行法律授权人民法院对仲裁裁决进行监督。伦理规范虽然不能作为法院决定撤销或不予执行仲裁裁决的判断标准和理由，但它在一定程度上可以作为司法监督的一个参考。

在国际上，仲裁业发达的国家都十分重视对仲裁员行为规范的研究，也制定出了不少值得借鉴的仲裁员行为规则，这说明制定并推行仲裁员职业伦理规范，是国际潮流和惯例。

第二节　仲裁员职业伦理的基本内容

当前，有关仲裁员职业伦理和职业操守的规范，可在各国和相关国际组织的仲裁立法、仲裁规则和一些专门性的仲裁员伦理规范中找到相应的依据。由于仲裁员行为的民间性和独立性，法律上不可能对其职业伦理规范作出过多的规定。多数国家只是规定了仲裁员的资格，对仲裁员的行为规范提出一些原则性的要求。如要求仲裁员公正、独立地解决纠纷，规定仲裁员必须具备公道正派的个人品质等。对仲裁员职业伦理规范进行系统、全面规定的，主要由仲裁机构或仲裁员行业协会负责。

国际上比较推崇的专门性的仲裁员伦理规范，有美国仲裁协会和美国律师协会制定的《商事争议中仲裁员的伦理准则》、国际仲裁协会制定的《国际仲裁员行为准则》，英国皇家御准仲裁员协会制定的《仲裁员伦理规范》等。

我国至今还没有一套适用于全国仲裁系统的仲裁员伦理规范。1994 年颁布的《仲裁法》第 13 条，对仲裁员的道德方面提出了原则性的要求，“仲裁委员会应当从公道正派的人员中聘任仲裁员”。第 15 条第 3 款规定：“中国仲裁协会依照本法和民事诉讼法的有关规定制定仲裁规则。”自 1994 年《仲裁法》颁布以来，已有一些仲裁机构相继制定了类似性质的规则。如中国国际经济贸易仲裁委员会、中国海事仲裁委员会制定的《仲裁员守则》，北京、青岛、广州、天津等仲裁委员会通过的《仲裁员行为规范》《仲裁员守则》等。

由于受到政治、经济和文化的影响，不同国家的仲裁员职业伦理规范应该是不完全相同的。但总体而言，它们在以下几个方面大体相同，这些构成了仲裁员职业伦理的主要内容。

一、公正与独立

仲裁员的仲裁行为具有明显的独立性、民间性和公正性的特点。仲裁员的工作承载着当事人的委托和社会的信任，肩负着解决纠纷、促进交易、繁荣市场的社会责任。因此，人们当然期望仲裁员是崇尚正义、主持公道的理想人物的化身。仲裁员应当时刻铭记自己重大的社会责任，最大限度地追求仲裁的公正。

公正是一切法律制度的基本价值取向，更是仲裁的灵魂和生命线。离开公正，仲裁制度就失去了存在和发展的前提，仲裁员也不再有存在的价值和立足的余地。仲裁员应谨记自己的角色定位和神圣职责，做到程序公正、不偏不倚。仲裁员不应也不能偏向于任何一方当事人甚至是指定他的当事人，而是要在双方当事人之间保持中立，以一名中立的、超脱的公断人身份给当事人充分陈述意见的机会，使双方具有对等的程序选择权和陈述权，在仲裁活动中取得当事人的理解、信赖、配合与支持。在仲裁程序中，仲裁员还要言语谨慎、准确，避免出现以下问题：(1)直接与另一方当事人争论；(2)主观、武断，在重大问题上，不与其他仲裁员商讨，随意发表个人意见；(3)说话欠斟酌，前后矛盾，使自己陷于被动；(4)庭上发言有指导、诱导、暗示一方当事人、代理人的倾向，有违仲裁员客观、公正的立场；(5)简单要求当事人、代理人对对方出示的证据肯定或否定，禁止或限制其就证据的真实性、关联性进行辩论；(6)在证据、事实未查清前，对证据的认定、案件性质、是非责任发表结论性意见，引起不必要的矛盾和猜疑；(7)随意打断其他仲裁员或当事人、代理人发言，随意插话，影响庭审效率；(8)庭审发言偏离主题，夸夸其谈，不着边际，影响庭审进度；(9)直接反驳仲裁庭其他成员的讲话，暴露仲裁庭内部意见分歧；(10)不尊重他人，讽刺、挖苦、训斥当事人、代理人；(11)不善于控制情绪，急躁、冲动，为一些琐事与当事人、代理人争吵；(12)引用类似案件的结果暗示当事人。

此外，在仲裁程序中除非能保证已给缺席当事人适当通知，否则仲裁员不得过早作出缺席裁决。仲裁员应建议但不得逼迫当事人和解。

有关仲裁公正性的要求，在各国和有关国际组织的仲裁法或仲裁规则中，都能找到相应的规定。强调仲裁员公正、独立地处理仲裁案件，已成为国际仲裁界的共识。

一般而言，仲裁员公正、独立地处理仲裁案件的原则，包括在仲裁程序中的公正独立以及公正独立地作出最后裁决两个方面，而且这两方面是紧密相关的。当今世界仲裁界普遍要求仲裁员在国际商事仲裁全过程保持独立和公正。在我国，公正、独立仲裁是《仲裁法》规定的一条基本原则。我国《仲裁法》规定的各项仲裁制度，能够较好地维护仲裁员的独立。首先，我国法律规定，仲裁应依法独立进行，根据事实、符合法律规定，公平合理地解决纠纷，不受行政机关、社会团体和个人的干涉，不因任何私利、外界压力而影响裁决的公正性。其次，我国仲裁机构的组织原则也能保证仲裁员独立办理仲裁案件。我国的仲裁机构与行政机关脱钩，仲裁委员会独立于行政机关，与行政机关没有隶属关系，仲裁委员会之间也没有隶属关系。仲裁员、仲裁庭独立裁决案件，在法律和仲裁规则的范围内，依其特有的专业知识、经验依法独立裁决案件，并不受仲裁委员会以及其他机关、社会团体和个人的干预，尤其是行政机关不得对案件的审理和裁决施加消极的影响。此外，仲裁员和仲裁庭也独立于法院，虽然法律授予法院对裁决有必要的监督权，但这并不等于仲裁附属于审判。可以说，没有公正、独立特征的仲裁，就不是真正的仲裁。

二、主动披露与回避

主动披露与回避是指仲裁员应当主动披露可能影响公正、可能造成不公平或可能造成偏袒印象的任何利益或关系，并在可能存在这种利益或关系的情况下主动回避。这种义务同样也是一项被普遍接受的保证仲裁权主体公正和公信力的原则，它要求仲裁员应尽力了解并持续向当事人和其他仲裁员披露现存的或以往的与当事人之间或重要证人之间的金钱、商业、职业、家庭或社会方面的关系，以及与仲裁结果直接或间接的金钱或个人利害关系，以便于当事人和仲裁机构考虑此种关系是否影响该仲裁员的独立性和公正性。披露以后，除非当事人同意，否则其不宜担任本案仲裁员。若全体当事人要求某仲裁员回避的，即应回避。

披露应当在仲裁员接受任命之前提出。仲裁员若在任命前并未意识到上述利益和关系，而是在仲裁程序中发现了可能引起此类怀疑的新情况，也应当加以披露，时间并不限于接受任命之前，而是持续于整个仲裁活动中。如果未履行此披露义务，将被视为仲裁员对职业义务的违反，即使未予披露的事由本身并不构成不宜担任仲裁员的情形。

利益或关系是指可能影响公正性的利益或关系，这要求仲裁员应尽可能披露各种存在影响可能性的利益或关系。因此，当仲裁员把握不准是否应当披露时应倾向于进行披露。但是，如果另一方当事人知道这种情况并同意仲裁员继续进行仲裁的也应当尊重当事人的意思。这种利益或关系一般主要包括但并不限于:(1)是本案的当事人、代理人或当事人、代理人的近亲属;(2)与本案仲裁结果有任何直接或间接的利害关系;(3)对于本案事先提供过咨询的;(4)私自与当事人、代理人讨论案件情况或者接受当事人、代理人请客、馈赠或提供的其他利益的;(5)在本案为当事人推荐、介绍代理人的;(6)担任过本案或与本案有关联的案件的证人、鉴定人、勘验人、辩护人、代理人的;(7)与当事人或代理人有同事、代理、雇佣、顾问关系的;(8)与当事人或代理人为共同权利人、共同义务人或者有其他共同利益的;(9)与当事人或代理人在同时期审理的其他案件中同为仲裁庭的仲裁员,或者首席仲裁员两年内曾在其他案件中被一方当事人指定为仲裁员的;(10)与当事人或代理人有较为密切的友谊或嫌怨关系的;(11)其他可能影响公正仲裁的情形等。

为确保仲裁员披露义务的履行,我国部分仲裁委员会还实行了仲裁员声明制度。如《成都仲裁委员会仲裁员声明及公正承诺书》规定,仲裁员在仲裁中,应就以下事项做直接声明:(1)我和我的配偶、直系亲属与本案当事人、法定代表人、负责人、代理人及其配偶不是直系亲属或三代以内的旁系亲属;(2)我和我的配偶、直系亲属与本案没有利害关系;(3)在本案受理前,我没有为本案事先提供过咨询;(4)在3年内,我与本案当事人、法定代表人、负责人、代理人没有在同一单位工作过;(5)在3年内,我没有担任过任何一方当事人的常年法律顾问、代理人,领取过报酬;(6)我没有私自会见过当事人、法定代表人、负责人、代理人,或者接受过当事人、法定代表人、负责人、代理人请客送礼;(7)没有其他足以影响我对本案作出公正裁决的情形。

值得注意的是,披露并不是对仲裁员公正性和独立性的否认,披露的目的在于帮助当事人判断他们是否与仲裁员的判断相一致,如果他们希望的话,也可以进一步探究披露的情形,而且这种披露并不必然导致仲裁员的回避。

在我国的一些仲裁组织关于仲裁员的行为准则的规定中,还有不得代理本会案件的规定。如北京仲裁委员会的《仲裁员守则》就规定,仲裁员不得在本会的仲裁案件中担任代理人。我国实行的是机构仲裁制度,当事人只能从仲裁机构的仲裁员名单中选择仲裁员,而仲裁机构的仲裁员人数有限,加上仲裁员之间合作共事、经验交流日益频繁,因而很可能产生在此案担任代理人,在他案中又与此案仲裁员共为仲裁庭组成人员的情况,而这会影响到仲裁的公正性。鉴于公正是仲裁的灵魂和生命,维护当事人的合法权益是仲裁活动中考虑一切问题的出发点,因此,明确禁止仲裁员代理本会的仲裁案件(包括代理执行与撤销本会仲裁裁决的案件)是很有必要的,这对维护仲裁委员会的公信力和仲裁员队伍的整体形象都将产生积极的作用。另外,即使那些允许仲裁员代理本会案件的仲裁委员会,也明确要求在本会代理案件时不得有以下行为:(1)违反出庭时间和提交法律文书的期限;(2)在当事人或对方代理人在场的情况下,与本案仲裁员或办案秘书谈论其作为仲裁员承办的其他案件;(3)与本案仲裁员或办案秘书私下讨论本案情况;(4)向当事人、代理人表示自己与本案仲裁员、办案秘书的密切关系;

(5)知悉自己担任代理人有可能出现仲裁员回避的情形时,不主动向本会或仲裁庭讲明;(6)向仲裁庭和办案秘书提出与代理人身份不符合的要求。

从法理学角度看,要求仲裁员“应当主动披露可能影响公正或可能造成不公平或可能造成偏袒印象的任何利益或关系,并在可能存在这种利益或关系的情况下主动回避”,体现了程序正义的基本原则,即“任何人都不应当成为自己案件的法官”。在仲裁中将“程序正义”的观念引用进来,是为了保证仲裁独立,使仲裁机构的仲裁权得到一定的制约,从而保障仲裁员行为的公正性。而且,这种正义不仅包括形式上的程序正义,还包括实质性正义。当然,仲裁中的“正当程序”毕竟不同于公法中的概念,它会在当事人的意思自治和正当程序之间做一个很好的平衡。例如,在某些存在利益冲突的情况下,当事人仍能通过明示肯定仲裁员继续进行仲裁。

三、勤勉

当事人基于信赖选择仲裁员担任审理自己案件的“法官”,仲裁员一旦接受选择,即应当公正、勤勉地履行职责以实现案件的快速、合理解决。在国内有些仲裁委员会的仲裁员守则上就明确规定:“仲裁员在接受当事人选定或本会主任指定时,应签署仲裁宣誓书,说明其独立与公正在任何情况下都不容置疑,并保证时间,认真、勤勉、高效地解决案件争议。”

实践中,多数仲裁员是兼职的,且都是有关行业的高级专门人才,他们有责任完成好自己的本职工作。所以,他应当谨慎地接受指定或选定成为某一案件的仲裁员。

仲裁员首先要量力而行,在自己的能力范围内接受指定。仲裁员的水平高低直接关系到当事人能否得到一个公平合理、令人信服的裁决。民商事纠纷往往涉及特殊的知识领域,会遇到许多复杂的法律、经济贸易和有关的技术性问题,专家裁判更能体现权威性,这也决定了仲裁是一项专业性、实践性很强的工作,仲裁员需要具备解决争议所需的知识、经验和能力。如果被选定的仲裁员不具备某方面的学识与经验,就不要勉强,否则可能接手一个自己不能胜任的案件。国际仲裁协会《国际仲裁员行为准则》中还规定:接受仲裁指定的仲裁员还应通晓仲裁语文,否则不宜接受,即仲裁员只有确信自己具有丰富的知识和经验可以解决该案的,才能接受选定或指定,否则就不能在仲裁中正常发挥作用,从而影响仲裁的质量。拒绝接受自己不熟悉专业领域的案件,也是对当事人、对仲裁委员会负责的表现。

仲裁员一旦接受了指定,就应当保证适当精力和时间的付出。它要求仲裁员在接受指定或选定时应考虑自己是否有足够的时间和精力办理案件,如果仲裁员在该段时间个人工作忙或私人事务多,可以不接受选定或指定。而一旦选择了接受选定或指定,就不得再以工作忙为由而耽误案件审理,造成案件不能在仲裁机构规定的期限内审结。确有特殊情况的,应及时和仲裁委员会秘书处取得联系,不得已时,可予更换。被更换下来的仲裁员应积极配合秘书处妥善解决遗留问题。仲裁员对案件有足够的时间和精力投入还包括:在开庭前,仲裁员应当仔细地审阅案件的全部材料,找出纠纷问题的焦点,并在开庭前就应当参与仲裁庭讨论,交换意见,商定审理方案,明确下列问题:(1)双方的争执点、审理的重点;(2)举证、质证的范围及开列庭审证据明细表;(3)庭审顺序和步骤;(4)案件有关的法律、法规及有关的专业知识;(5)庭审中仲裁庭成员的配合与分工;(6)其他需要仲裁庭注意的问题。首席仲裁员应当在开庭审理前提出庭审方案的设想,以供仲裁庭讨论。独任仲裁员在开庭前应该拟妥审理方案。仲裁庭成员必须共同参加案件审理,并且实事求是地对案件事实、证据、性质、责任、适用法律以及处理结果等认真发表意见,切实保证办案质量。开庭结束后,首席仲裁员应当无延迟地主持合议,提出进行下一步程序的意见或裁决书起草的意见,并在规定的期限内结案。

目前,国内仲裁实践中存在的主要问题是仲裁员对勤勉义务的违背。一些仲裁员对仲裁工作并未给予应有的重视,没有将当事人的选任视为一种荣誉,对当事人的信赖也没有给予充分的尊重。有的仲裁员不阅读案卷甚至开庭带错案卷,不起草裁决书或不提供裁决意见,对其他仲裁员或秘书撰写的裁决书稿不提修改意见,成了"三不"仲裁员。仲裁员的勤勉义务是仲裁员职业操守的重要体现,对此加以明确规定不仅有利于保证仲裁的效率,也有利于增强当事人对仲裁的信任。

仲裁员应严格遵守仲裁时限的规定,提高仲裁效率。效率问题是仲裁的重要价值取向和宗旨,没有效率的仲裁将使公正大打折扣。时限规定是仲裁效率的具体体现,它对当事人是一项承诺,对仲裁员则是一种履职行为的约束。这一问题,事关仲裁机构和仲裁员自身的信誉,必须引起仲裁员的高度重视,切不可将其视为小事而掉以轻心。实践证明,案件拖得越久,处理的难度就越大;审理时间越短,纠纷解决起来就越容易。

从提高仲裁效率着眼,我国的一些仲裁机构对有关仲裁员的勤勉义务作出了具体的规定。北京仲裁委员会制定的《关于提高仲裁效率的若干规定》就明确要求:(1)仲裁员在组庭后连续满20天不能参加案件审理的,应及时报告仲裁委员会,并视情况决定是否接受选定或指定,或者退出案件审理;仲裁员在审理期限内连续满60天不能参加案件审理的,应拒绝接受选定或指定,或者退出案件审理。(2)对开庭审理与裁决书制作时间予以明确规定,要求每一个环节均按时间要求进行,以保证每个程序高效、顺畅地展开。从仲裁程序各阶段入手,对仲裁庭的各个仲裁阶段的审理时间包括首次开庭时间、每次开庭之间的时间间隔以及裁决书制作时间等作出详细规定。同时还规定了在"仲裁庭未经合议或经合议对裁决未达成基本共识"的情况下,拟订裁决书的方法以及时间要求。这样做的目的就是要在保证审理质量和裁决质量的前提下,使每一步骤连接紧凑避免迟延,从而保证仲裁庭在规定期限内尽快结案,确保仲裁的快速、高效。(3)仲裁员应在规定期限内提供制作裁决的书面意见:仲裁庭未经合议或经合议对裁决未达成基本共识的,仲裁员应自审理终结之日或合议之日起5日内,就案件事实、证据、定性、责任、适用法律、裁决意见和理由等提出制作裁决的书面意见,由首席仲裁员或其指定的仲裁员进行汇总,拟订裁决书草稿。这样的规定,有利于增强仲裁员的责任心,制约个别仲裁员不阅卷、不提供制作裁决意见的不负责任的行为,也有利于仲裁员研究案情、提高裁决质量和为仲裁员提供发表不同意见的机会,有利于仲裁效率的提高。(4)规定仲裁员迟延情况下仲裁委员会予以更换的权力:仲裁员迟延致使案件超过审限,情节严重的,仲裁委员会有权在征得当事人同意后予以更换。这既保证了当事人能够获得及时的救济,也增强了仲裁员的危机意识,有利于督促仲裁员按照规定的时间要求推进仲裁程序。此外,北京仲裁委员会在《仲裁员守则》中还要求仲裁员参与审理且尚未审结的案件不能超过10件。人的精力都是有限的,如果仲裁员手中案件太多就难免顾此失彼,且易与仲裁庭其他仲裁员在时间安排上发生冲突,影响案件审理的质量和效率。

四、应避免的情形

仲裁员与当事人的关系比较微妙:一方面,仲裁是以双方当事人自愿协商为基础的争议解决制度和方式,仲裁员的仲裁权基于当事人的选择和约定而产生,这是仲裁程序当事人意思自治的重要体现。另一方面,仲裁员为了保证仲裁的公正性,又要谨慎地处理好与双方当事人之间的关系。这要求仲裁员不得私自会见当事人或讨论案件,更不能接受当事人的请客送礼,尤其不得偏向选定他的一方当事人。但在仲裁案件的调解过程中,一方当事人或代理人单独会见的情况不在此列。因为仲裁庭在调解前,须征得双方当事人的同意。当事人一旦同意由仲裁庭主持调解,即是授权仲裁庭以适当的方式接触当事人,包括与一方当事人单独会谈。

美国《商事争议中仲裁员伦理准则》也要求仲裁员不应与当事人私下接触,除非讨论是否愿意接受指定的问题,仲裁员不得与一方当事人庭外讨论案件。即使讨论的问题不涉及实体问题而纯为程序问题,也应适时通告对方,在给予对方表示意见的机会后再作出最后决定。国际仲裁协会《国际仲裁员行为准则》还规定,若一仲裁员在仲裁活动中与一方当事人有不正当接触,其他仲裁员有权经协商采取一定的行动,如要求其停止该种接触等。若仍不停止的,可告知一方当事人在极端情况下提出质询或采取其他措施。

当然,在国际商事仲裁中,有些国家也有关于“非中立仲裁员”的概念,即指单方指定的仲裁员,可以遵循与“中立仲裁员”不同的行为准则,并倾向于指定他们的当事人。[1]据此,在美国,非中立仲裁员在以下方面与中立仲裁员遵守不同的规范:(1)在接受指定后或担任仲裁员期间,中立仲裁员不得与当事人建立金钱、商业、职业、家庭或社会联系,或谋求金钱或私利,但非中立仲裁员不在此限。(2)非中立仲裁员也应向当事人和其他仲裁员披露有关关系和私利,以便他们了解现存的或显然会发生的倾向,但是只需披露这种关系和私利的性质和范围,而中立仲裁员则需披露得更为详尽。(3)非中立

〔1〕 参见郭玉军、胡秀娟:《美国有关仲裁员“明显不公”判定规则的新发展》,载《法学评论》2008年第6期。

仲裁员在非指定方当事人单独要求其回避时，可不回避，而中立仲裁员一般应当回避。(4)非中立仲裁员可与指定方当事人商讨第三名仲裁员人选，而中立仲裁员不能这样做。(5)非中立仲裁员在通知其他当事人和仲裁员后便可就任何问题与指定方当事人接触，且只要通知将就某类事项，在此后接触便无须逐次披露。而这对中立仲裁员是禁止的。(6)非中立仲裁员在就规范准许事项与指定方当事人书面联络时，无须告知，而对此，中立仲裁员恰恰相反。(7)非中立仲裁员可与当事人商定报酬，可倾向于作出有利于指定方当事人的裁决，而中立仲裁员不能如此行事。除上述 7 点不同以外，非中立仲裁员在其他方面遵守与中立仲裁员相同的规范，特别是非中立仲裁员不得卷入任一方当事人或证人的拖延政策或干扰仲裁的行为，也不应向其他仲裁员做不真实的或使人误入歧途的报告。这一规定一直是该规范在商事仲裁界引发较大争议并受到批评之处。

2004 年生效的美国仲裁规范保留了“非中立”的特殊规定，但将“非中立”由通常情况改成了例外情况，需要当事人作出特别声明，使有关人士从一开始就明白他不是中立的仲裁员。而且，在存在“非中立”仲裁员的情况下，是一方当事人指定的仲裁员偏向这一方，另一方当事人指定的仲裁员则偏向另一方，在这种对等关系和数量平衡的机制中，双方指定的仲裁员若达成一致即形成裁决意见定案，若不能形成一致意见，则交由第三名仲裁员裁断，第三名仲裁员是中立的，以此保证整个仲裁程序的公平和仲裁结果的公正。这一突出变化也反映了国际仲裁实践的内在要求，即无论在任何情形下，仲裁庭作为一个整体都应毫不例外地保持公正、独立，仲裁程序的公正性、裁决的公平合法性均不得有半点疑问。这是任何一个仲裁制度存在和得到承认的基础和先决条件。

我国的各种仲裁规则一直要求仲裁员处于中立地位，不代表任何一方当事人的利益。如中国国际经济贸易仲裁委员会、中国海事仲裁委员会《仲裁员守则》第 2 条就明确规定：“仲裁员不代表任何一方当事人，应当平等地对待双方当事人。”北京仲裁委员会《仲裁员守则》第 4 条规定：“仲裁员为谋求选定而与当事人接触的，属于不符合仲裁员道德规范的行为。”因为这样，会使仲裁员处于有求于人的境地而失去独立性和公正性。该守则第 8 条还规定，仲裁员在仲裁期间不得私自会见一方当事人、代理人，接受其提供的证据材料；不得以任何直接或间接方式（包括但不限于谈话、电话、信件、传真、电传、电子邮件等方式）单独同一方当事人、代理人谈论有关仲裁案件的情况。在调解过程中，仲裁庭应慎重决定由一名仲裁员单独会见一方当事人或代理人；如果仲裁庭决定委派一名仲裁员单独会见一方当事人或代理人，应当有秘书在场，并告知对方当事人。

有人认为，仲裁员为选定一方多考虑一些是正常现象，无可厚非，但对这种现象绝不可提倡。仲裁员应当根据事实，依照法律和合同规定，参考国际惯例，独立公正地审理案件，而不应当让天平从开始就产生倾斜。调查实践表明，中国国际经济贸易仲裁委员会的许多仲裁员在审理案件时并不在意自己是被哪方当事人所指定，有的仲裁员甚至不记得被谁所指定。美国仲裁协会的一项调查也是如此。这些都是值得称道的现象。

五、保密

保密是仲裁制度的一项原则,也是仲裁的一大优势,是吸引当事人采用仲裁方式解决纠纷的重要原因之一。保密可以使当事人的商业秘密不会因在解决纠纷中被泄露从而使其正常的商业活动受到不良影响。因此,几乎所有相关的伦理规范中都有明确的规定,即仲裁员要忠实地履行保密义务。

保密的内容对于当事人而言,是指仲裁员对于案件的看法以及合议的情况应当保密,在裁决宣告前不应透露讨论情况和案件结果。对于外界而言,是指仲裁员基于当事人对他们的信任,应对案情、审理过程、当事人的商业秘密和贸易活动以及其他不愿为人所知的情况保密,保证当事人的秘密不因仲裁活动而泄露,仲裁员也不得利用其在仲裁中了解的情况牟取私利或损害他人。同时,未经仲裁委员会同意,仲裁员不得私自与案件无关人员商讨仲裁案情,亦不得在会议、课堂、互联网等公共场合公布或讨论仲裁案件情况。这种保密义务理应持续到仲裁裁决作出后的任何时间。仲裁员要有保密意识,如果泄露仲裁秘密,无论是有意还是无意,都是违反仲裁员职业伦理的行为,不仅不利于仲裁裁决的作出,而且可能还会给当事人造成重大损害,不利于仲裁优势的发挥。

当然,仲裁员的保密义务也有在当事人同意公开情况下的例外。而且,仲裁员对外保密的义务也可能会受到一定的限制,如国际仲裁协会《国际仲裁员行为准则》就规定,虽应保密,但若发现其他仲裁员有重大过失或欺诈,认为有责任披露时可披露该类情况。

六、收取报酬

收取合理的仲裁费用是仲裁员的一项权利。仲裁员本是各部门各行业的高级专门人才,为了仲裁事业,他们受仲裁委员会的聘请,受当事人的选定而作为仲裁庭成员仲裁案件,其仲裁行为是一种非常复杂繁重的脑力劳动,他们理应获得相应的报酬。但是,法律规定仲裁员不能与当事人或者其代理人私自接触,这当然包括不能为报酬的问题私自接触。仲裁员不得在仲裁委员会付给的报酬之外,另行收取当事人的任何费用作为自己的所得。仲裁员在收取费用时应合理考虑案件的全部因素,并向当事人披露并解释费用的根据,这是一项诚信义务。有些准则中明确规定应由仲裁机构管理并统一收费。当然,这是以机构仲裁为前提的。在临时仲裁的案件中,准则要求与仲裁员之间,就有关报酬的商讨应当在所有当事人都在场时进行。这些费用应当是合理的,有市场价的应按市场价计算,没有市场价的尽量按成本计算。

七、相互尊重

仲裁员应当以谦虚、谨慎的态度处理与仲裁庭其他成员之间的关系。仲裁的成功与否并非取决于仲裁庭某个人的主观努力,而是需要仲裁庭其他成员,包括当事人及其代理人的理解、合作与配合。仲裁庭三位仲裁员是合作群体,不是利益个体,要有团队意识、大局意识、整体观念。仲裁庭三位仲裁员在仲裁活动中,要相互尊重,谦虚相待,默契配合。特别要明确的是,首席仲裁员不一定就是水平最高的,而是仲裁制度规定的。仲裁员的权威不是靠权力,而是靠学识、见地、能力、个人修养等诸多因素确立的。仲裁员既不能没有主见也不能固执己见,以权威自居。仲裁员特别是首席仲裁员,要有虚心听取他人意见的气度,能够以宽容的态度、宽阔的胸怀理解和审视分歧。首席仲裁员如果主观武断、盛气凌人、骄傲急躁、自以为是、刚愎自用,就容易破坏仲裁庭的合作气氛,必然会引起律师、当事人的不满与反感,就很难达到公正仲裁的目的,更不能取得解决纠纷的最佳结果。每个仲裁员都不应对别的仲裁员傲慢无礼,或者自私自利,事事处处以我为中心,否则就不能虚心研究正反两方面的证据材料,就不能听取来自各方面的意见,就会影响判断证据的客观性,损害认定事实、适用法律的正确性,损害仲裁的公正、权威。如果仲裁员在仲裁庭卖弄学术、文人相轻,这样肯定不能很好地解决纠纷,反而会“失望”于当事人,影响仲裁员包括仲裁机构的形象。所以,仲裁员一定要有团队意识、大局意识、整体观念,维护仲裁庭的形象。

合议制仲裁庭仲裁案件,应在首席仲裁员的主持下依法有序地进行。首席仲裁员应当尊重其他仲裁员的意见,其他仲裁员应当积极配合。由于仲裁员间的经历、职业不同,看问题的角度、方法不同,对案件事实的认定、证据的判断、法律的理解上出现不一致是很正常的。在这种情况下,仲裁员应当积极协商,但不得将分歧暴露在当事人面前,不得在开庭审理时争执辩论,更不得随意退庭。当然,这并不是要求仲裁员要违背公正的原则一味地妥协与迁就,而是指仲裁庭成员在时间安排上的体谅与配合,在审理程序和制作裁决的过程中共同努力、共尽义务,彼此给予充分参与的机会,不仅要提出问题,更要提出解决问题的方案和方法,以仲裁员之间的相互礼遇给当事人树立榜样。

八、提高水平

仲裁工作本身是一项专业性很强的工作,有其自身的特点和内在规律,而且随着社会的不断进步而发展,仲裁员要不断地学习、认识和研究。仲裁员尽管是各部门、各行业的专家,但不一定自然就是仲裁工作的专家。仲裁委员会应当经常组织仲裁员进行培训、研讨和经验交流。仲裁员有权并应当参与仲裁委员会的仲裁研究或经验交流活动,这对于提高仲裁员的业务水平,提高仲裁质量、树立和维护仲裁的良好声誉都是很有必要的。但是,仲裁员以仲裁委员会的名义参加有关仲裁的会议或活动、发表文章或做讲演的,应当事先得到仲裁委员会的同意。

另外,除上述职业伦理规范要求外,国内的一些仲裁委员会还要求仲裁员要注重仪表,服装整洁,举止得体,在开庭、调查询问时,不得查看或使用手机;不得随便出入仲裁庭或从事其他与审理无关的事项;裁决作出后,仲裁该案的仲裁员、记录员均不得以任何身份、任何方式参与或帮助当事人向人民法院申请撤销或不予执行该案裁决。

第三节　仲裁员职业责任

仲裁员的职业责任是指仲裁员对其与仲裁案件有关的不适当的行为或不作为所应承担的法律后果。当事人约定仲裁方式并选定仲裁员处理他们之间的争议,通常是基于对仲裁员专业知识和道德修养的信赖,但如果仲裁员在仲裁过程中存在某些不正当行为或过失,必然会影响到裁决的公正性,使当事人遭受不必要的损失。因此,为了避免仲裁员滥用权力,法律有必要对仲裁员的权力进行限制,并就相关职业责任作出规定。世界各国通常规定了仲裁员的回避、更换制度,以尽可能地提前避免损失的产生,但对已经产生损失的情况下,仲裁员是否要对其承担责任,在仲裁立法、仲裁实务以及仲裁法学理论方面存在很大的分歧和差异。

一、仲裁员责任观〔2〕

仲裁员责任制度上存在的差异,其根源在于对仲裁的性质,即仲裁员权力来源及法律属性上的认识存在不同。

(一)英美法系国家的仲裁员责任豁免论

英美法系国家主张仲裁员应享有责任免除权,即仲裁员不因为其在仲裁程序中的职务行为而对当事人承担民事责任,其理由主要有以下几点。

1. 仲裁是替代法院解决争议的一种方式,仲裁员履行的是一种司法或准司法的职能。责任豁免论主要强调的是仲裁员的准司法官的特殊身份。英国的唐纳森(Donaldson)法官甚至将仲裁员与法官的职能混为一谈。他说:“法院(法官)与仲裁员的业务相同,他们都是在执行法律。二者之间的唯一区别是:法院在公共领域执法,而仲裁员则是在私营领域执法。”〔3〕《美国商事争议中仲裁员伦理准则》“序言”规定:“仲裁在解决各种争议中的运用已有广泛发展,它已成为我们这个社会赖以公正地确定法律权利

〔2〕　参见谢石松主编:《商事仲裁法学》,高等教育出版社2003年版。

〔3〕　[英]施米托夫:《国际贸易法文集》,赵秀文译,中国大百科全书出版社1993年版,第667页。

的司法制度的重要组成部分。"美国联邦最高法院在"Mitsubishi Motors Corp. v. Soler Chryslery"案中也指出,仲裁员免责是为鼓励以仲裁方式解决争议的一项重要的联邦政策,在国际商事领域尤其如此。因此在美国,仲裁员免受当事人追诉的豁免权几乎是绝对的。根据这些国家的理论,仲裁作为准司法活动,发挥着与司法相近的作用。这些国家的法官一般不对其职务上的行为负民事责任,法官在司法上的不当行为可以豁免于任何赔偿责任。因此,如果法官在行使司法权时享有司法豁免权,那么同样解决纠纷的仲裁员在履行其职责的过程中也应享有豁免权。在英国,根据普通法,即使仲裁员违背了公正、谨慎、合理勤勉地实施仲裁的基本职责,也无须承担诸如损害赔偿之类的一般民事责任。虽然在某些情况下,当事人可能会基于仲裁员的故意或过失,以失职为由申请法院撤换仲裁员或将其作出的裁决发回或撤销,但终究不能通过诉讼的方式,要求法院责令仲裁员对其不适当的仲裁行为给当事人造成的损失,承担任何个人的民事责任。

2. 仲裁员享有免责权,可保证仲裁程序的稳定性。因为如果让仲裁员承担个人责任,败诉一方当事人可能会滥用申诉权随意指控仲裁员缺乏应有的小心而对裁决提出异议,要求重新审理。仲裁作为一种省时省钱的解决争议的方式,必然会因此而失去其应有的价值。

3. 如果仲裁员面临着承担责任的风险,可能会使一些有经验的、出色的仲裁员过分小心,甚至因为害怕承担责任而拒绝接受任命,从而引起仲裁质量的下降,使仲裁事业蒙受损失,这显然是不明智的。

4. 即使仲裁员享有责任豁免权,当事人的合法权益同样能获得保护。如果仲裁员在仲裁时有恶意或严重疏忽而影响公正裁决的,当事人仍然可以通过申请撤销裁决或不予执行等程序获得司法救济。

5. 为平衡仲裁员和当事人之间的权利,保护当事人的合法权益,各国仲裁法和仲裁机构的规则都为当事人提供了可供援引的权利救济措施。如英国仲裁法规定,当仲裁员在裁决中有欺诈恶意或未能及时合理履行职务或者与当事人一方有利害关系可能影响公正裁决时,法院可以中止仲裁员的职务。这些救济措施一般足以使当事人因仲裁员的故意或过失行为造成的后果得到补救,如果允许当事人就仲裁员的过错行为对有关仲裁员主张损害赔偿责任,则会使这些程序的设置失去意义。

6. 实施仲裁员责任豁免也有"实践层面"的原因。因为在很多情况下,仲裁员是否有过错很难认定,如果一味强调仲裁员的责任,将会削弱有关法律的可操作性。正是由于追究仲裁员的责任认定往往十分困难,也缺乏可操作性,用"豁免"实则是加以回避。

美国和英国是主张责任豁免的主要国家。2000 年美国《统一仲裁法》第 14 条规定,仲裁员在履行其职能时,如同本州法院法官行使其司法职能时一样享有相同的豁免,不负民事责任。英国法传统一直认为,仲裁员应绝对豁免民事责任,但在立法上长期无明确规定。直到 1996 年修改的《仲裁法》才明确规定给予仲裁员仲裁责任豁免权,即"仲裁员无须为其在执行仲裁职责或宣称执行仲裁员职责中的作为或不作为行为承担责任”。此外,我国香港特别行政区和新西兰、印度等国的立法与实践也赋予仲裁员仲裁责任豁免权。

(二)大陆法系国家的仲裁员责任论

大陆法系国家多奉行仲裁员责任论。这一理论根据责任范围的不同又有完全责任理论与有限责任理论的区分。前者主张仲裁员应当就其不履行职责的任何行为承担责任,后者主张仲裁员仅在一定条件下才对其履行职责的行为承担责任。奥地利、秘鲁、法国等国在实践中奉行完全仲裁员责任论,而德国、瑞士、日本等国家则支持有限责任理论。

在主张仲裁员责任论的大陆法系国家,大多不存在关于法官的司法行为绝对豁免的概念。相反,大多数欧洲国家采取一种强硬的政策,即公务人员包括法官对于因其不适当的公务行为给当事人造成的损害,应予以赔偿,法官可以因犯罪或违法行为(包括裁决行为)而负民事责任。依照法官的民事责任理论,大陆法系国家的仲裁员也要承担民事责任,且其权力受到很多限制。仲裁被认为是契约性的,不具准司法性。仲裁基于当事人的意志和合意而创立,仲裁员与当事人之间存在着合同关系,仲裁员接受当事人的指定,提供专业知识解决争议,并在作出仲裁裁决后接受报酬,是一种合同。如果当事人不给付报酬,仲裁员可依法向当事人提出请求;如果仲裁员在执行职务过程中有懈怠行为或者有侵害当事人的不当行为,当事人可以依照合同诉请仲裁员赔偿。《奥地利民事诉讼法》规定:“如果仲裁员未履行其在接受任命时所承担的职责或未在适当的时间里履行其职责,则要对由此给当事人造成的损失承担责任,而不考虑他们要求终止程序的权力。”根据奥地利法律,仲裁员要承担两种责任:一是契约责任,即当事人以契约形式赋予仲裁庭、仲裁员某种具体的责任,这一契约可以是提交仲裁的协议,可以是仲裁过程中由当事人与仲裁员协商而达成的协议,还可以是关于适用某些国际仲裁规则或机构仲裁规则的约定,通过这些方式使仲裁员在一定情况下承担民事责任。二是法律责任,即该仲裁过程所适用的有关国家的法律所规定的责任。在实践中,这种责任主要表现为小心责任和公正责任。所谓小心责任,是指仲裁员在履行其职责时应具有专业小心,如果因为不小心给当事人造成损失的,则要负民事责任。所谓公正责任,是指仲裁员应公正地履行其职责,不得接受贿赂、不得欺诈和滥用职权,否则可以撤销裁决或者对裁决提出异议,并且可以要求仲裁员对有关损失承担个人责任。《意大利民事诉讼法》规定:“仲裁员必须在当事人协议或法定的期限内作出裁决,否则裁决被宣布无效,他们要对损失负责任,如果他们接受任命而没有正当理由退出也一样负责任。”《希腊民事诉讼法》规定:“仲裁员对其在完成任务过程中的欺诈和重大过失负责。”《以色列仲裁法》规定:“仲裁员一旦接受任命就要忠实于当事人,如果背叛了当事人对他的信任,受损害方有权要求违反契约或本法规定任何损害的赔偿。”

这种仲裁行为契约说的理论不仅较好地解释了仲裁责任的基础,而且也提出了一些反对仲裁员责任豁免的理由。这些理由包括:第一,仲裁制度的特性使得仲裁员与法官行为的性质、内容、方式都不相同,因而仲裁员不能像法官一样享有责任豁免,而是应当对其仲裁行为负有责任。第二,仲裁活动的失误及不公行为会使仲裁当事人遭受损失,法律虽然为当事人提供了一定的救济手段,如申请撤销仲裁裁决、不予承认和执行仲裁裁决、撤换不合格的仲裁员等,但不能从根本上阻止仲裁员的不公,也不能弥补当事人的损失。如果使仲裁员完全免于仲裁责任,特别是在仲裁员实施了某种故意的不法行为时,仍要豁免其仲裁责任,显然这对当事人是不公平的。第三,从权力制约的角度看,仲裁员直接决定着案件的处理进程和裁决结果,享有很大的权力,没有制约就会导致权力滥用,权力的滥用必然会侵害仲裁当事人的合法权益,为了维护当事人的合法权益,从立法上规定仲裁员对于因其滥用权力给当事人造成的损失承担仲裁责任,可以有效地防止权力的滥用。第四,那种认为确立仲裁员责任制度会妨碍商事仲裁发展的想法只是一种主观推断。在商事仲裁的实践中,既没有出现当事人频繁起诉仲裁员、干扰仲裁员正常活动的情形,也没有发生仲裁员因为被不适当起诉而辞职或有能力的专家拒绝出任仲裁员的实际个案。当然,在仲裁中也存在一些可能被当事人用以干扰仲裁进程的具体制度,如异议程序,但是不能因某一制度具有一定的消极作用就否认其存在的合理性和必要性。

二、我国仲裁员责任制度的构建

(一)责任与免责

有关仲裁员责任的不同理论与实践都各有其产生的背景与原因,也都在特定的历史条件下发挥了一定的积极作用。责任豁免论无疑有助于促进仲裁制度的发展;而在伦理义务尚未形成强有力约束的情况下,责任理论对于加强仲裁员责任意识,提高仲裁质量也自有其特定意义。在现代仲裁制度背景下,绝对的豁免理论由于过于放任仲裁员权力,绝对的责任理论由于过于苛责仲裁员行为,都有失偏颇。有限责任理论由于在仲裁员承担责任与免除责任之间取得了一种平衡,在实践中逐渐获得了大多数国家的认可。在大多数国家的立法中,责任豁免和承担仲裁责任是相互渗透的,仲裁员在一定程度上可享受责任豁免,但在一定范围内则不能免除其责任。从各国的立法趋势来看,大多数国家也都从主张绝对的责任豁免或全面的仲裁责任制度向有限的责任豁免制度靠近。至于具体侧重于豁免还是侧重要求仲裁员承担责任,要视各国的立法目标而定。这也应成为构建中国仲裁员职业责任制度的方向。

仲裁制度发展到今天,已经日趋完善,但要成为一种成熟的制度,就必须让其行为人承担责任。没有制约将会导致权力滥用,虽然仲裁中存在其他救济方法,如撤销裁决、拒绝承认与执行仲裁裁决等,但这种救济是事后补救,而且不是针对仲裁员本人,因而难以从根本上消除仲裁员不当行为发生的内在因素。实行仲裁员责任制,有助于促使仲裁员谨慎小心地履行其职责,提升职业伦理水平,加强专业能力,避免出现重大过失。当然,为了保证仲裁员办案的独立性,仲裁员责任追究必须有严格的限制,且只能在用尽其他救济方法时,才允许当事人对仲裁员提起诉讼。

对仲裁员责任进行追究,应严格限制在只有仲裁员的故意或者重大过失导致其未能履行当事人所赋予的职责或法律所规定的义务时,才能对其不当行为所造成的损失负法律责任。仲裁员是否应当承担法律责任的判断标准,应是仲裁员在履行其职责时是否尽到了适当的谨慎。仲裁员欺诈、索贿、受贿应承担责任,自不待言。关于仲裁员的重大过错,则应严格限定在一定的范围内。有的国家规定仲裁员在处理与自己有利害关系的案件时,未按仲裁法或仲裁规则的规定予以披露,申请回避的,仲裁员应承担民事责任。还有的国家规定仲裁员未能在仲裁规则规定的期限内作出裁决、无正当理由退出仲裁、仲裁员违反保密义务的均应承担民事责任。对前述各规定情形,要仲裁员承担法律责任应有严格的限制条件,如果仲裁员明知自己与该案有利害关系却没有遵守有关回避的规定,而该案裁决被一方当事人因此抗辩并被撤销的,必然会给当事人造成时间和金钱等的损失,与其仲裁愿望不符,仲裁员理应对其不当行为承担民事责任,但是对利害关系作出恰当处理的则不应包括在此范围内,如仲裁员事先已作披露并获当事人谅解,仲裁员虽与本案有利害关系但裁决是公正的并未偏袒任何一方等。

(二)我国仲裁员的法律责任

在我国《仲裁法》颁布以前,有关仲裁的法律法规对仲裁员的仲裁责任未作明确规定,实践中也没有出现仲裁员承担责任的案例。1994 年颁布的《仲裁法》对仲裁责任作出了规定。《仲裁法》第 38 条规定,仲裁员有本法第 34 条第 4 项规定的情形,情节严重的,或者有本法第 58 条第 6 项规定的情形的,应当依法承担法律责任,仲裁委员会应当将其除名。第 34 条第 4 项规定的情形是“私自会见当事人、代理人,或者接受当事人、代理人的请客送礼的”。第 58 条第 6 项规定的情形是“仲裁员在仲裁该案时有索贿受贿,徇私舞弊,枉法裁决行为的”。通过分析上述这些法律条款,可以发现有如下特点:(1)赞成在一定的情况下仲裁员对自己的过错行为承担责任;(2)仲裁员的过错行为仅限于严重的故意违法行为;(3)仲裁员对过错行为除了承担法律责任外,还要被仲裁委员会除名。

仲裁员应对两种严重的违法行为承担责任,但现行法律中所说的“责任”究竟是刑事责任、行政责任,还是民事责任,法律规定并不明确。对此,多数学者们的观点是:仲裁员职业责任是一种有限的民事责任,而不是刑事责任或行政责任。因为依据刑法理论,具有“索贿受贿,枉法裁判行为,情节严重的”情节,所判处的罪名应为枉法裁判罪,但这一罪名的主体必须是国家工作人员,而仲裁员却并非国家工作人员,只是一般主体。依据行政法理论,仲裁委员会只是民间性的事业单位法人,而不是国家机关,仲裁员与仲裁委员会之间并非行政管理关系,不是行政法律关系的相对人,对仲裁员除名的责任也很难说是行政责任。以此推论,仲裁员如果要承担责任,应该是民事责任。

通过以上的分析可以看出,虽然《仲裁法》把仲裁员责任规定得很粗疏,但还是值得肯定的。因为:(1)仲裁员对其过错行为承担责任,虽然会对仲裁员产生一定压力,但也有助于促使仲裁员谨慎小心地履行其职责,从而提高仲裁的质量。(2)仲裁员仲裁责任制度给予仲裁当事人以权利救济。(3)仲裁员因其过错而承担个人责任,也体现了权利与义务的统一。仲裁员在仲裁过程中享有决断当事人利益的重要权力并可取得优厚的报酬,就必须谨慎小心地履行其义务,如果违反了义务,当然要承担相应的责任。

根据我国《仲裁法》第38条的规定,仲裁员应承担法律责任的行为有两种:私自会见当事人、代理人或接受当事人、代理人的请客送礼,情节严重的行为;在仲裁案件时有索贿受贿、徇私舞弊、枉法裁判的行为。这两种行为是仲裁员故意实施的不当行为,对仲裁公正的影响是非常严重的。当然,仲裁员的不法行为一旦暴露,他在社会上的形象和声誉就会受到影响,人们对其品质的评价就会降低,他被指定为仲裁员的机会就会减少,这也可以理解为其所承担的道义上的责任。同时他还承担着行业上或职业上的责任:轻者,他会被决定回避;次重者,他将被批评、通报或停业一段时间;重者,他将被仲裁委员会除名。《仲裁法》将仲裁员应承担仲裁责任的行为限制在故意、重大的违法行为之内,考虑了仲裁员承担仲裁责任和豁免责任的适当平衡,既有利于仲裁员消除顾虑、接受指定并积极参与仲裁活动,又可以保障仲裁结果的公正。

(三)我国仲裁员的纪律责任

仲裁员除了要承担一定的民事责任外,还应承担某种纪律责任。为此,一些国家和国际组织还就此规定了仲裁员的伦理标准,不仅用以约束仲裁员的行为,还作为纪律追究的尺度,例如,美国《商事争议中仲裁员伦理准则》和国际仲裁员协会《国际仲裁员行为准则》。在国内的仲裁实践中,中国国际经济贸易仲裁委员会、中国海事仲裁委员会以及一些地方的仲裁委员会也在其仲裁员守则或有关行业规则中,规定了仲裁员的纪律责任。

中国国际经济贸易仲裁委员会、中国海事仲裁委员会制定的《仲裁员行为考察规定》,明确仲裁员承担纪律责任的形式有更换仲裁员、解聘、警告等。

1. 仲裁员应予更换的情形

《仲裁员行为考察规定》第9条规定,仲裁员在办理案件过程中有下列情形之一,将严重影响案件质量、公正性及结案时限的,该仲裁员、仲裁庭其他成员、当事人可以依据《仲裁法》第37条之规定,向仲裁委员会主任提出更换的书面请求,但应说明具体理由。是否更换,由仲裁委员会主任决定。仲裁委员会主任也可依职权决定更换该仲裁员:(1)对于审理的案件缺乏必要的知识和能力;(2)未尽到勤勉义务;(3)未按照仲裁规则的规定行事;(4)其他不称职或不适当履行仲裁员职责的情形。

2. 仲裁员应当予以解聘的情形

《仲裁员行为考察规定》第 11 条规定，仲裁员聘任期限内有下列情形之一的，仲裁委员会有权将其解聘：(1)被法院定罪或因违反法律受到严重行政处罚的；(2)故意隐瞒应当回避的事实；(3)无正当理由不到庭审理案件；(4)不参加会议、调查两次或者一年内开庭迟到两次的；(5)一年内变更开庭时间两次的；或者一年内两次未预留足够开庭时间，导致案件不得不再次开庭的；(6)在案件审理中，有违仲裁员的公正立场的；(7)对案件审理严重迟延负有主要责任的；(8)向当事人透露本人看法或仲裁庭合议情况的；(9)违反仲裁员勤勉审慎义务，不认真阅卷，不熟悉案情，严重不负责任的；(10)徇私舞弊，枉法裁决的；(11)私自会见当事人，接受当事人请客、馈赠或提供的其他利益的；(12)仲裁员代人打听案件情况、请客送礼、提供好处和利益的；(13)执意支持一方当事人的请求和主张并(或)坚决反对一方当事人的请求和主张，不能说明理由的；(14)私下联络同案仲裁员，不顾事实和法律，人为制造多数意见，为当事人谋求不正当利益的；(15)未按照仲裁员培训规定参加仲裁员培训的；(16)在一个聘期内被警告两次的；(17)其他违反仲裁员守则，不宜继续担任仲裁员的情形。

3. 仲裁员应予警告的情形

《仲裁员行为考察规定》第 10 条规定，仲裁员违反仲裁员守则和仲裁员办案规范中的其他任何情形，综合各种因素，仲裁委员会认为对其行为存在合理怀疑，影响当事人对仲裁委员会的信任或损害仲裁委员会形象，但不宜回避、撤换、解聘的，均应予以警告。仲裁员应予警告的情形包括但不限于：(1)借故拖延办案时间的；(2)在庭审中存在接打电话、收发短信、随意离庭情形或者着装不得体的；(3)在开庭审理及仲裁程序中，表现出偏袒倾向，包括代替或变相替一方向另一方质证、辩论、提出请求或明显具有诱导性问题的。(4)无正当理由不参加合议、调查或者开庭迟到的；(5)确定开庭后又要求变更开庭时间的；未预留足够开庭时间，导致案件不得不再次开庭的；(6)未经仲裁委员会同意，擅自对外发表关于仲裁案件的不当言论的。

根据《仲裁员行为考察规定》的规定，仲裁委员会在作出上述决定前，应给予被查仲裁员说明情况的机会。无论关于何种情形，仲裁员在接到仲裁委员会转送的当事人的投诉或抱怨后，均应当认真对待，并向仲裁委员会如实全面准确地作出书面说明。

此外，我国的一些地方仲裁委员会在其制定的有关规则中，也对仲裁员违反职业伦理行为的纪律责任作出了规定。如台州仲裁委员会《仲裁员管理办法》规定，仲裁员有下列情形之一的，仲裁委员会应予以解聘：(1)隐瞒应当回避的情形，给仲裁工作造成不良影响的；(2)擅自携带仲裁材料外出，被盗、丢失、毁坏材料，使仲裁案件难以进行的；(3)未经批准私自会见当事人、代理人或单独接受一方当事人、代理人提供的材料、证据的；(4)开庭审理中，违背公正原则，代替或变相代替一方当事人向另一方当事人质证、辩论、提请求，提出明显具有诱导性问题的，或者有意偏袒一方当事人，与另一方当事人发生争吵的；(5)在仲裁案件合议时，不遵循客观公正原则，有意偏袒一方当事人,只表明裁决结果,未能对认定案件事实和适用法律充分说明理由的;(6)仲裁庭作出裁决书初稿后,本会在审核时认为该裁决可能存在问题,并提交专家咨询机构或有关专家讨论得出意见供仲裁庭参考后,仲裁庭仍坚持原意见,致使仲裁裁决被人民法院裁定撤销(重新仲裁)或不予执行的;(7)向当事人或代理人透露本人看法或仲裁庭合议情况,或者泄露当事人秘密的;(8)无正当理由在任期内两件案件审理超过审限的;(9)参与或帮助当事人就自己办理或参与办理的仲裁案件向法院申请撤销或不予执行的;(10)在任期内考核不称职的;(11)构成本办法第11条违规情形达三次以上的;(12)不服从本会管理,情节严重的;(13)不宜继续担任仲裁员的其他情形。

第四节　仲裁员职业伦理的培育

仲裁员职业伦理规范是仲裁员职业行为的行动指南。明确仲裁员职业伦理要求并不是目的,如果这些职业伦理规范要求不能在仲裁实践中发挥作用,那么无论这些内容设置得怎样科学、合理,最终都只能是流于空谈。因此,还必须让这些职业伦理规范内化于仲裁员的心中,变成他们的自觉行动和职业习惯。这个过程就是职业伦理养成的过程。

仲裁员职业伦理养成,一般有以下几个路径。

一、自律

首先,仲裁员的自律表现为主动了解职业伦理的内容,对自己在仲裁程序中应当遵循的行为准则有明确认识,从而为自己的行为提供有效指引。现实中,一些仲裁员的不当行为确实并非出于故意,而是由于不了解仲裁员的伦理规范所致。作为一名合格的、尊重当事人选择、对仲裁事业具有荣誉感的仲裁员,必然主动了解其在仲裁工作中的言行规范,对应当具备的职业操守、应当遵循的行为准则铭记于心。主动了解职业伦理的内容是仲裁员自律的前提条件。其次,仲裁员的自律表现为自觉按照职业伦理的要求约束自己,检视自己的行为,并以仲裁员的善意、诚信和良知,来理解和把握职业操守的真实含义。切实遵循职业伦理规范的指引约束自己的行为,是仲裁员自律的一个更高层次的体现。

仲裁员必须从内心深处建立起对法治的信仰,强化自我约束的意识,本着对仲裁事业负责、对当事人负责的精神,时时捍卫仲裁员的职业荣誉,才能使自己的言论、行为和形象不折不扣地合于职业伦理规范。

二、当事人的监督与评价

保障仲裁员职业伦理养成的第二个路径，是当事人的监督与评价。当事人的监督是指在案件仲裁时，通过约定将仲裁员职业伦理规范的内容并入仲裁协议，如果仲裁员违反了职业伦理规范，视同违约行为，当事人可以依据仲裁协议追究仲裁员的责任。国际仲裁员协会在《国际仲裁员行为准则》的“导言”中，就作出了这样的建议。由于这种做法使职业伦理规范成为仲裁协议的内容，直接对仲裁员产生约束力，对仲裁员职业伦理的培育能够施加强有力的影响。

当事人依照仲裁员职业伦理规范对仲裁员的行为进行评价，是保障职业伦理发挥实效的重要途径。这种评价包括两个方面：一是当事人对仲裁员的行为进行肯定性评价，这在积极方面促使仲裁员遵循职业伦理规范的要求。对于严格依照职业伦理规范内容约束自己的仲裁员，当事人必然会对其留下良好的印象，并可能在以后的案件中继续选择其作为仲裁员。这种肯定性评价对于多数仲裁员来讲，能够激励其更加努力工作，更好地遵守职业伦理的要求。二是当事人依据职业伦理的规范对仲裁员行为作出否定性评价，这可能使仲裁机构今后拒绝指定该仲裁员，甚至在社会上形成某仲裁员违背职业伦理的舆论。这种不良评价对仲裁员在仲裁领域的发展是极为不利的。大部分仲裁员是具有一定社会地位的精英人士，不可能不关注社会评价对其声望的影响。所以，当事人对仲裁员行为作出的否定性评价，对仲裁员遵守职业伦理规范能够起到督促作用。

三、仲裁机构的教育和管理

仲裁机构的生存、发展以信誉为根本，仲裁机构的信誉来自高素质仲裁员的道德实践。一个好的仲裁机构无不以有一支高质量的仲裁员队伍自我标榜，甚至作为长期奋斗的目标。因此，仲裁机构对仲裁员职业伦理的教育和管理，是仲裁机构的主要任务，也是仲裁员职业伦理养成的重要路径。

仲裁机构对仲裁员职业伦理的教育，主要通过对仲裁员进行培训来完成。几乎所有的仲裁机构都规定，仲裁员每年都必须参加若干次培训。这种培训有专业知识方面的内容，但更多的是职业伦理规范的内容。仲裁员接受培训，是仲裁员的义务，违反了这个义务，可能被仲裁机构除名。

仲裁机构对仲裁员的管理，包括多个方面。以下两个方面对培育仲裁员职业伦理有重要作用。第一，要求仲裁员签署声明书或规定仲裁员确认制度。许多仲裁机构在仲裁规则中规定，仲裁员在接受任命时，应当签署仲裁员声明书，并声明遵守声明书的内容。声明书的内容通常是仲裁员职业伦理内容的凝练。例如，中国国际经济贸易仲裁委员会规定仲裁员应当签署的《仲裁员接受指定声明书》，就是仲裁员行为规范的精华所在。通过这种方式可以有效强化仲裁员对职业伦理规范的认识，加强仲裁规则对仲裁员的约束力，成为对仲裁员遵守职业伦理规范的有效保障。确认制度在仲裁机构管理仲裁员方面不失为一项有效的方法。仲裁员在仲裁实践中的一贯表现，成为仲裁员能否获得确认的重要考虑因素。如果仲裁员动辄违背职业伦理要求，不能公正、勤勉履行职责，必将无法获得机构的确认而继续担任仲裁员。因此，确认制度能够督促和激励仲裁员严格约束自己，遵守“规范、公正、勤勉、审慎地参加仲裁工作”等职业伦理规范。第二，通过仲裁员名册制度保障仲裁员遵守职业伦理规范。各个仲裁机构均备有仲裁员名册供当事人选择。列入其中的仲裁员都是仲裁机构对其专业知识与职业操守予以认可的人士。对仲裁员评价的主要依据，是仲裁员在仲裁实践中是否自觉依照职业伦理的指引约束自己的行为。如果一个仲裁员屡次出现行为失当的情况，则仲裁机构可对其施以行业上的责任追究，进行通报批评甚至除名，在重新确定仲裁员名册时肯定将其排除在外。由于是否能列入名册既关系到仲裁员的职业发展，也关系到仲裁员的社会声望与评价，因此，仲裁员为了获得仲裁机构的认可，继续保持列入名册，通常会对参加仲裁的每个案件给予重视，并按照职业伦理的要求约束自己的行为。

四、司法监督

仲裁员违反职业伦理规范的行为虽不能作为申请撤销和不予执行仲裁裁决的理由，但是司法机关在具体评判仲裁员行为是否构成不予执行或者撤销仲裁裁决的理由时，其遵守职业伦理规范的情况，可以为司法机关提供有效的参考标准，帮助司法机关对仲裁员行为进行准确定性。

仲裁员职业伦理规范的内容同时也是法律规定时，仲裁员违反职业伦理的不当行为，就会导致司法机关针对程序或裁决采取相应的司法救济措施。例如，有 30 多个国家直接或间接采用的联合国《国际商事仲裁示范法》第 36 条关于“拒绝承认或执行的理由”中，就有与仲裁员职业伦理行为有关的规定。在 1993 年美国德莱蒙公司与萨克斯特公司的仲裁案中，当事人向美国第十一巡回上诉法院提起撤销裁决的上诉时，法院即援引了《商事争议中仲裁员伦理规范》第 7 条关于当事人指定的仲裁员可以“偏向于指定他们的当事人，但在其他方面有义务真诚地、廉政公平地尽职”的规定，来评价仲裁员的行为。在这种情况下，违反仲裁员职业伦理规范行为与撤销裁决或发回重审的结果之间，就建立起一种必然的因果关系，从而使司法审查过程成为评判仲裁员是否遵守职业伦理规范的过程。另外，司法机关在监督过程中，往往会援引仲裁员职业伦理的具体内容，作为判断的参考依据。这在一定程度上成为提升职业伦理规范在仲裁员心目中的地位，督促仲裁员按照职业伦理规范行事的有利因素。

仲裁制度以社会公信力为生存发展的基础，这决定了所有仲裁服务的提供者必然重视当事人、社会公众对仲裁的评价，也就必然强调仲裁员职业伦理规范的重要作用。仲裁员对职业伦理规范的自觉接受与实践，当事人依照仲裁员职业伦理规范对仲裁员行为的监督与评价，仲裁机构对仲裁员的教育、管理以及法院对仲裁的司法监督，都是仲裁员职业伦理养成的有效途径。

本章案例

经天津仲裁委员会查明：天津仲裁委员会仲裁员戚某在天津仲裁委员会[2003]津仲裁字第311、312仲裁案（合并审理）中，由该案被申请人选定为仲裁员，与申请人选定的仲裁员及天津仲裁委员会主任指定的首席仲裁员一起，共同组成仲裁庭负责审理案件。在该案审理期间，2005年7月6日晚，戚某在其住地天津某大酒店餐厅，私自会见了该案被申请人富士施乐实业发展（上海）有限公司的委托代理人陈某、张某，并接受其宴请。2006年2月9日，天津仲裁委员会经研究决定，将戚某从《天津仲裁委员会仲裁员名册》中除名（本案例来自国务院法制办公室：《关于天津仲裁委员会仲裁员戚某违反仲裁法的规定私自会见当事人被除名的通报》）。

请分析：戚某在被天津仲裁委员会除名后，可否被其他的仲裁机构聘请为仲裁员。

| 解析要点 |

根据《仲裁法》第34条和第38条的规定，仲裁员私自会见当事人、代理人，或者接受当事人、代理人的请客送礼，情节严重的，应当依法承担法律责任，仲裁委员会应当将其除名。《天津仲裁委员会仲裁员行为规范》明确规定，仲裁员在仲裁案件过程中，不得“以任何直接或者间接方式，包括会面、电话、信件、传真、电子邮件等私自接触任何一方当事人或者代理人”，不得“接受当事人或者代理人的请客送礼、索贿受贿、枉法裁决”。戚某的上述行为违反了上述规定，故对戚某除名是正确的。根据国务院法制办公室《关于进一步加强仲裁员、仲裁工作人员管理的通知》，仲裁委员会对违法违纪仲裁员实行“禁入”的制度，被某个仲裁机构除名的仲裁员，其他仲裁委员会如有聘任的，亦应予以除名，且今后亦不得再聘任。

法律职业资格考试例题

（多项选择）甲、乙两公司因合同争议在某仲裁委员会进行仲裁。仲裁过程中，首席仲裁员柯某因与案件有利害关系，由甲公司提出回避申请，仲裁委员会主任决定对柯某实行回避。刘某在担任本案新的首席仲裁员后，仲裁程序应如何进行？

A. 甲公司有权请求已进行过的仲裁程序重新进行

B. 乙公司有权请求已进行过的仲裁程序重新进行

C. 仲裁庭可以决定已进行过的仲裁程序重新进行

D. 仲裁庭可决定已进行过的仲裁程序不重新进行

| 试题解析 | ABCD

根据《仲裁法》第37条的规定，因回避而重新选定或者指定仲裁员后，当事人可以请求已进行的仲裁程序重新进行，是否准许，由仲裁庭决定；仲裁庭也可以自行决定已进行的仲裁程序是否重新进行。

第九章　公证员职业伦理

多设一个公证处，就可以少设一个法院。

——法谚

|章引语|

2018 年 5 月，中国公证协会正式印发以"崇法、尚信、守正、求真"为内容的"公证执业理念"表述语。"崇法"是公证人员对法律心怀敬仰和至高敬畏，模范遵守宪法和法律，严格按照法律规定办理公证事务，使每一份公证文书都能经得起法律和历史的检验。"尚信"是公证人员落实以人民为中心发展思想，恪守职业道德和执业纪律，坚持诚信为本，操守为重，做社会诚实信用的实践者、推动者和先行者，以良好的诚信保证公证公信力。"守正"是公证人员誓做社会公平正义的践行者和护卫者，保持中立，不偏不倚，不受任何单位、个人的非法干预，独立履行公证职能，维护各方当事人合法利益。"求真"是公证人员以工匠精神勤勉尽责，谨慎执业，精益求精，严格执行公证程序规则，以当事人之真意，发现法律之事实。"崇法、尚信、守正、求真"八个字，是对中国公证事业长期发展实践中形成的精神财富的概括和总结，是公证员职业伦理的核心内容，它对于推动公证事业持续健康发展具有十分重要的意义。

公证员职业伦理　公证员执业责任　真实　合法

第一节　公证员职业伦理概述

一、公证及公证员的职业定位

公证是公证主体根据自然人、法人或者其他组织的申请，依照法定程序对民事法律行为、有法律意义的事实和文书的真实性、合法性予以证明的活动。公证是我国社会主义法律制度的重要组成部分,在促进改革开放,保障经济建设顺利进行,保护国家利益和公民、法人的合法权益,维护社会稳定等方面,发挥了不可替代的积极作用。

新中国成立初期,公证工作曾一度有所发展,后很快又陷入停顿。1980 年恢复重建。2005 年 8 月颁布了新中国第一部公证工作的基本法律——《公证法》,标志着中国特色公证制度得以确立。目前,我国共有公证机构近 3000 家,公证员 13300 多名,基本满足了社会对公证服务的需求。每年办理各类民事、经济、涉外公证事项 1000 多万件,公证文书发往 180 多个国家和地区使用。形成了公证机构基本普及,布局趋于合理,业务领域不断拓展,工作逐步制度化、规范化的公证工作格局。

我国公证制度具有广阔的发展前景。社会主义市场经济体制的建立和完善,对进一步发挥公证职能作用提出新的要求;政府职能转变,为进一步发挥公证职能作用带来了良好的机遇;司法改革的不断深化,为进一步发挥公证职能作用提供了有利条件;健全国家信用体系,加强社会诚信建设,必然要求进一步发挥公证职能作用;对外开放的不断扩大,为进一步发挥公证职能提供了广阔舞台。

从世界范围来看,有关公证主体的确定有机构本位、公证人本位两种立法模式。前者是指公证书的公证力由公证机构予以保障,公证人在机构中执业,公证机构承担第一责任;后者是指公证书的公证力由公证人予以保障,公证人独立执业并承担第一责任。我国《公证法》第 2 条规定:“公证是公证机构根据自然人、法人或者其他组织的申请,依照法定程序对民事法律行为、有法律意义的事实和文书的真实性、合法性予以证明的活动。”由此可见,我国采取的是机构本位的立法模式,即公证的主体是公证机构,而不是公证员。在机构本位制度下,我国的公证主体制度也吸收了公证人本位的优点,借鉴了公证人本位的理念,在保证公证员依法办理公证业务的前提下,对公证员发挥个人的主观能动性给予了肯定。

我国《公证法》和 2006 年司法部发布的《公证员执业管理办法》规定,公证员是符合《公证法》规定的条件,经法定任职程序,取得公证员执业证书,在公证机构从事公证业务的执业人员。这就从法律上确定了公证员的职业化,即公证员是公证机构中办理公证事项的专业人员,其职责是受理、承办具体的公证事项,草拟、出具公证文书,并在公证书上署名。

为推进公证员的职业化建设,《公证法》对公证员的基本任职条件作出了规定,并建立了一套严格的选拔考核制度,以确保诚实守信、具有较高法律专业素质的人员担任公证员工作,让优秀人才进入公证队伍。依照《公证法》的规定,具备以下条件者方可担任公证员:具有中华人民共和国国籍;年龄 25 周岁以上 65 周岁以下;公道正派,遵纪守法,品行良好;国家统一法律职业资格考试;在公证机构实习 2 年以上或者具有 3 年以上其他法律职业经历并在公证机构实习 1 年以上,经考核合格。与此同时,考虑到当前公证队伍的现状,为吸引素质高、能力强、道德品质过硬的法律专业人士进入公证队伍,《公证法》(2017 年修正)还规定从事法学教学、研究工作,具有高级职称的人员,或者具有本科以上学历，从事审判、检察、法制工作、法律服务满 10 年的公务员、律师，已经离开原工作岗位，经考核合格的，也可以担任公证员。

公证员以公证为职业。公证员是在公证机构执业的法律工作者，必须严格按照宪法、法律的规定，依照真实合法的原则和法定的程序，办理公证事项，履行公证员的职责；公证员应当以事实为根据，以法律为准绳，独立、公正地行使职责，其在履行职责时，对发现的违法、违规或违反社会公德的行为，应当按照法律规定的权限，积极采取措施予以制止、纠正。

公证员是"以诚信为本"的特殊执业人员。公证服务虽然是有偿服务，但并不具有商业性质，不能为获利而有任何的变通，更不用说掺杂使假、作伪行诈。公证员在其行使法律证明权的过程中，任何的不诚信行为都可能导致这种证明权的落空，使整个公证业的声誉蒙受损失。诚信应当是公证员最基本、最起码的素质，不具备这一素质，就不具备做一名公证员的资格。

二、公证员职业伦理的概念和特征

公证员职业伦理由公证员职业道德准则、执业行为规范和职业责任三部分构成。公证员职业道德是指公证员职业应该具有的品性、品德。公证员执业行为规范是公证员执业活动方面的行为规则。它既是公证员执业时与当事人之间的关系准则，也是公证员之间以及公证员与公证机构之间的关系准则。公证员的职业责任包括积极责任和消极责任。本章所讲的公证员职业责任是消极责任，指的是公证员违反法律、职业伦理规范所带来的法律后果。我国的《公证法》对公证员的职业伦理有明确规定。司法部、中国公证协会也先后制定了《公证员职业道德基本准则》（2011 年修订）、《公证行业自律公约》（2004 年）、《公证员执业管理办法》（2006 年）、《公证执业违规行为惩戒规则（试行）》（2018 年）等一系列部门规章或行业规定，对公证员的职业道德准则、执业行为规范和职业责任做了更为具体的规定，基本形成了公证员职业伦理的规范体系。

公证员职业伦理既有社会的一般伦理要求，又要体现法律职业和公证职业特征。在现代社会，伦理包括社会伦理和职业伦理等方面。社会伦理要求一般人共同遵守，职业伦理的提出和建立是社会化大生产分工细化、民众权利扩张和伦理学发展的结果，是指某一特定领域的从业人员应当普遍遵守的伦理规范。职业伦理和社会伦理之间、不同行业之间的职业伦理并非泾渭分明，彼此多有交叉，但总有各自特别之处。公证员作为法律工作者，不仅应当模范地遵守社会伦理，恪守法律职业伦理，还要遵守公证职业最基本的伦理要求。

公证员职业伦理是与公证的法律价值、效力和公证员对社会所负的特殊责任联系在一起的。公证员通过对法律行为、有法律意义的事实或文书的真实性、合法性进行证明，来维护当事人的合法权益，维护市场经济秩序和社会秩序，保证法律的正确实施，实现公平正义。公证员所出具的公证文书具有证据效力、强制执行力等法律效力。这些要求公证员在职业活动中必须具有一定的职业操守，遵守一定的职业伦理规范，认真诚实地对待自己的职务，在处理职业活动中的各种关系时采取与自己的职业地位相称的行为，依法履行职责，维护当事人各方的利益和公共利益。

证明是一种非常普遍的现象，其本质就在于“据实以明真伪”“用可靠的材料来表明或者断定人或事物的真实性”，它有多种表现形式，如公证、合同鉴证、认证、律师见证等。公证证明区别于其他证明形式之处，在于公证证明是特定的主体通过特定的程序对特定的事项进行证明并产生特定效力的证明活动。在办理公证证明业务中，公证员所行使的是专属的公证证明权，必须按照法定程序、用法律的标准来判定申办事项的真实性、合法性，这就要求公证员的伦理水准要和法官一样，中立而公正。同时，公证员有“自由职业”属性的一面，公证员办理公证事项要完全凭借自己的知识、技能，其所体现的并非像法官、检察官工作那样是国家意志的体现。公正是公证的最本质要求。公证与律师虽同属法律服务领域，但性质和特征却不相同，公证的证明权源于法律授予，律师的代理权来自当事人的委托；公证活动处于中立地位，可为保障相关当事人双方的利益服务，而律师只代表委托当事人一方；律师工作主要是为已经发生的已然事项提供帮助式法律服务，而公证则更主要的是为尚未发生或可能发生的未然事项提供预防性法律服务。这些特征就决定了公证员的职业伦理，既有与法官、检察官、律师的共性，也有自己的固有特点。

三、加强公证员职业伦理建设的重要意义

公证员职业伦理是公证员在自己的职业活动中应该遵循的处理各方面关系的准则。加强公证员职业伦理建设意义重大。

在公证职业形成的过程中，职业伦理是其中不可缺少的重要因素。甚至可以说，没有职业伦理的支撑，就不会有现代意义上的公证职业。因为在现代法治社会，公证职业必须具备四种有机联系的品质，即掌握公证专门的法律知识和技能、致力于社会福祉、实现自我管理和约束以及享有良好的社会地位。而公证职业伦理是公证法律知识和技能的基本组成部分，是为社会服务的职业精神的具体体现，是公证业实现自我管理的一个基本途径，也是公证员享有良好社会地位的有效保证。(1)要成为一名优秀的职业公证人，其先决条件之一就是要通过专门的教育培训和资格考试，掌握基本的职业伦理。对公证员职业伦理的认知，为从事公证活动所必需，它应该属于公证员必须具备的最低限度的能力要求。具体地说，他应该知道公证行为该做与不该做的标准，这是关于职业称职和不称职评价；公证行为是非、善恶的判断，这不同于美丑、真假、神圣等价值判断；知道决定公证行为对错、好坏的标准，知道在面临争议时如何坚守自己的立场，将不同的伦理要求整合为连贯一致的形态，以及解决争议的办法是什么。(2)法治社会中的公证员职业是享有较高社会地位的，而作为这种地位的一个重要保证，则是其必须具有较高的职业伦理水准。公证员社会地位的高低，取决于其是否拥有以及在多大程

度上拥有社会公信力，而这在很大程度上又取决于社会对它的伦理评价。（3）公证被法律赋予了特定的甚至是预定的公信力，被称为靠信用吃饭的行业，如果公证员不遵守职业伦理的要求，“公证不正”“公证不信”，公证制度就失去了生存和发展的社会基础。

公证员职业伦理是公证制度的一个基本的构成因素，它对公证业的发展具有重大意义。公证员职业伦理的优劣是公证工作成败的关键，良好的公证职业伦理是公证机构为社会提供优质法律服务和赢得公众信赖的根本保障，形成良好的职业伦理也是公证工作反腐倡廉、提高信誉和发展壮大的重要途径。规范公证活动，充分发挥公证工作预防纠纷、维护民商事活动正常秩序和保障公民、法人和其他组织的民事权益的优势作用，都需要在新世纪着力推进公证员职业伦理建设，规范公证员职业行为，提高公证员执业水平，维护好公证员的职业形象。

新中国的公证制度自 1980 年恢复重建以来，虽取得较大成绩，但由于公证制度恢复之后的相当长一段时间内，没有明确的公证员选任标准和程序，没有建立公证员任职资格制度，社会各界缺乏对公证的重视，管理者习惯运用行政手段进行管理，老百姓不善于运用包括公证在内的法律手段维护自身的合法权益，公证员依附于司法行政机关，公证队伍的准入门槛比较低，公证行业难以吸引高素质的人才。由此，公证队伍部分人员学历水平偏低、法律知识不足、知识结构不尽合理、职业素质亦良莠不齐，难以适应快速发展的经济社会对公证工作的要求。当前，由于经济利益驱动及其他因素的影响，我国公证业的发展也暴露出了一些问题，公证也面临着诚信流失的尴尬，迫切需要通过加强公证员职业伦理建设来解决。比如，有的不严格遵守法律法规，为不符合办证条件的事项、当事人办理公证，或违反公证程序办理公证，或不负责任导致办证瑕疵、严重不负责任导致错证，影响公证质量，损害公证公信力；有的片面追求经济利益，采用压低收费、商业贿赂、恶意诋毁其他公证机构、公证员等不正当竞争方式争揽业务，破坏行业发展的整体氛围；有的办理公证过程中“脸难看、事难办”、服务态度不好，乱收费、索取或收受当事人的贿赂等，损害公证行业的社会形象。所有这些问题都与职业伦理失范有较大关系。这些问题，需要通过积极推进公证体制改革、推进公证员队伍的法律职业化建设和加强公证员的职业伦理建设等措施来加以解决。

第二节　公证员职业伦理的基本内容

《公证法》第 22 条规定：“公证员应当遵纪守法，恪守职业道德，依法履行公证职责，保守执业秘密。”这是对公证员职业伦理的一个总体要求。公证人作为法律服务的提供者，只有遵守职业伦理，才能得到当事人和全社会的认可。根据《公证法》（2017 年修订)、《公证员职业道德基本准则》(2011 年修订)、《公证行业自律公约》(2004 年)、《公证员执业管理办法》(2006 年)、《公证执业违规行为惩戒规则(试行)》(2018 年)、《公证程序规则》(2020 年修订)、《司法部关于建立公证员宣誓制度的决定》(2017 年)等法律、部门规章、行业纪律的有关规定,公证员职业伦理包括以下基本内容。

一、拥护中国共产党的领导,拥护社会主义法治

我国公证制度是中国特色社会主义司法制度的重要组成部分。中国特色社会主义最本质的特征是中国共产党领导,中国特色社会主义制度的最大优势是中国共产党领导。在中国特色社会主义的探索、开拓、发展中,中国共产党始终是领导者、开创者和建构者,没有中国共产党,就没有中国特色社会主义。公证员作为中国特色社会主义法律工作者,是落实依法治国基本方略、建设社会主义法治国家的重要力量,必须坚持党对公证工作的绝对领导,提高政治站位,始终从坚持中国特色社会主义法治的高度,把维护社会公平正义、满足人民对美好生活的向往作为目标,围绕全面推进依法治国对公证服务的新要求,忠诚履行职责使命,尤其是党员公证员要自觉坚持党的基本理论、基本路线、基本纲领、基本经验,认真贯彻落实中央的决策部署,担当起推进全面依法治国的重任,做依法治国的推进者、先行者,始终走在前、做表率。

二、忠于事实和法律

公证是证明权的体现,公证工作必须忠于事实真相,忠于法律制度,这是公证文书客观真实的基本保障。所谓忠于事实,是指公证员进行公证活动时要立足于客观事实、忠于事实真相,其全部业务活动都要建立在有充分可靠证据证明的客观事实基础上。所谓忠于法律,是指公证员执业必须信守法律至上的观念,以现行有效的法律规定为标准,准确理解有关法律的精神实质,在业务活动中坚持正确的法律意见,而不能屈从于外部压力,违背法律,不能故意曲解法律以满足当事人的不正当利益。应当以现行有效的法律为衡量是非曲直的准绳。

1. 公证员应当忠于宪法和法律,坚持以事实为根据,以法律为准绳,按照真实合法的原则和法定的程序办理公证事务。公证是证明有关事项真实性、合法性的司法证明活动,因此坚持以事实为依据,以法律为准绳,按照真实合法的原则和法定程序办理公证事务,就成了对公证员执业行为的基本要求和必须遵守的行为准则。

(1)公证员的执业行为要遵循真实合法原则。在现代公证制度诞生地法国,“公证”一词的法文语词为“authentifier”或“authentification”,其原意为对事实的确认,直译可译为“证实”。合法性是公证员履行职责的应有之义。法律要求,公证机构及其公证员负有保证其所出具的公证书具有法定效力的义务,即说明公证证明自然包含对合法性的证明。遵循真实合法原则,实质上要求公证人员坚持“以事实为根据,以法律为准绳”。

所谓以事实为根据，按照真实的原则办理公证业务，是指公证机构和公证员所出具的证明文书要证明的法律行为、有法律意义的文书和事实的内容在公证时是客观存在的，或者是有充分证据证明其是客观存在的，而不是虚假或伪造的事实。真实性是公证员职业活动的最基本要求，是公证活动的灵魂。

所谓以法律为准绳，是指按照合法的原则办理公证业务。公证机构和公证员办理公证事项的内容、形式、程序都应当遵守法律，符合法律规定，并且不违反社会公德和公序良俗。"应当遵守法律"，可以简称为"依法"。依法原则是基础，做不到依法，则客观、公正原则就无从谈起。公证是一种法律活动，公证证明是一种法律证明，公证真实是一种法律真实。因此，公证活动的要义就是"应当遵守法律"。公证机构和公证员办理公证的合法原则，包含以下含义：一是公证机构和公证员办证应当遵守《公证法》及有关法规、规章规定的公证程序规范；二是公证机构和公证员办证应当遵守与公证事项相关的民商实体法规范，这是公证证明合法性的必然要求，公证机构及其公证员履行职责时要运用这些实体法规范为当事人提供服务；三是公证机构和公证员办证应当遵守与公证事项相关的诉讼程序法规范。因为公证的作用之一是预防纠纷，但在纠纷发生时，公证书要作为证据提交法庭，要遵守证据规则的要求；具有强制执行效力的公证书在发生债务人不履行债务的情况时，要提交法院申请强制执行，所以要遵守诉讼程序法规范。与上述要求相适应，内容和形式不合法的事项不能进行公证，否则应为无效，严重违反法定程序作出的公证文书也不能产生相应的法律效力。

公证员执业行为的真实原则和合法原则是相互联系、密不可分的。真实性是合法性的基础，唯有真实的公证事项才能被公证证明，也才符合法律的规定，产生应有的法律效果。但真实性又不等同于合法性，真实的法律行为、法律事实和法律文书并不必然是合法的，如签订以禁止流通物为标的的买卖合同属于非法行为，不能进行公证。因此，合法原则是在真实原则的基础上对公证员业务操作行为的进一步限制。

（2）公证员的执业行为要依照法定程序进行。公证程序是公证参与者进行公证活动时所应遵循的方式、方法和步骤，它是公证法的核心内容，也是公证机构和公证员进行公证活动的法律基础。只有严格遵守公证程序，才能保证公证机构和公证员正确执行国家法律，才能保证公证文书的真实性、合法性，从而保障公证当事人的合法权益，保证公证活动的高质量，有利于提高公证工作的信誉。当然，不同公证事项有着不同的办证规则，我国《公证法》第 28 条规定了公证机构和公证员应当根据不同公证事项的办证规则办理公证。《公证法》颁布前后，根据公证工作的实际需要，司法部制定了《公证程序规则》《提存公证规则》《遗嘱公证细则》《城市房屋拆迁补偿、安置协议公证细则》《房屋拆迁证据保全公证细则》《遗赠扶养协议公证细则》《招标投标公证程序细则》《开奖公证细则（试行）》等一系列规范公证程序的规范性文件，有力地推动了公证工作的程序化和制度化建设。

2. 公证员在履行职责时，应当恪守独立、客观、公正的原则，不受非客观事实和法律之外因素的影响,忠实地维护法律的尊严,确保法律的正确实施和公众权利的平等实现。

(1)公证员在履行职责时应恪守独立的原则。独立性是公证机构的基本特性和公证员执业行为的基本原则,它是公证机构和公证员树立公信力的基础。公证机构和公证员如果不具有独立性,其出具的公证书的公信力就会受到社会的怀疑,而受到质疑的公证书,就不再具备良好的品性。在这里,所谓的"独立",是指公证机构和公证员独立地行使公证证明权、独立承担责任,这是公证法律服务活动的本质需要。公证法律服务活动,建立在公证与当事人之间相互信任的基础上。当事人请求公证的目的,就是通过公证人所掌握的法律知识、技能和能力,使双方合意的契约、文书合法化,从而取得证明效力。因此,公证的特性就是公证人员以不偏不倚的第三方的身份进行证明工作。公证人不是政府官员,所以公证人在工作时不会受到任何政府机构的影响,他在作出公证决策时,没有任何上级单位或个人给他发出指示或是施加影响,法律和法规是公证人的唯一行动法则。2006 年颁布的《公证员执业管理办法》第 3 条第 1 款明确规定:"公证员依法执业,受法律保护,任何单位和个人不得非法干预。"公证机构和公证员的独立性具体可表现为:一是公证员可以按照法定程序自主处理自身的各类公证事务而不受外来干预;二是公证员独立地运用法定权限,在权限范围内处理公证事务。

(2)公证员在履行职责时应恪守客观的原则。公证是法律信用体系的重要组成部分,公信力是公证的固有特征。公证机构及其公证员办理公证时,在遵守有关法律的同时,还应做到客观。所谓"客观",是指公证机构及其公证员在办证过程中,必须忠于事实真相,不能凭借主观想象、猜测来办证。为了保证公证的客观性,防止公证工作中发生违法行为,根据《公证法》的有关规定,公证机构办理公证业务,应当对申请人的资格、申请的事项、证明材料等进行审查,对申请公证的事项以及证明材料的真实性进行核实,有关事项在外地的,可委托异地公证机构代为核实,有关单位或者个人应当予以协助。同时,法律还对公证机构和公证员为不合法、不真实的事项出具公证书或者出具虚假公证书、私自出具公证书等职务违法行为规定了严格的法律责任。

(3)公证员在履行职责时应恪守公正的原则。公正是人类普遍公认的崇高价值,也是公证最本质的要求。公证制度是公证机构和公证员进行司法证明活动的一种法律制度,与其他某些行业相比,公证制度被法律赋予了特定的甚至是预定的公信力。因此,公证员的公证活动应当保持公正的原则。从某种角度上说,"公证"就是"公正"的代名词。公证的中立性要求公证人站在第三者的位置,站在国家法律和社会公共立场上,不偏不倚,以寻求正义的价值。公证员在执行职务时,应当平等、热情地对待当事人、代理人和参加人,并要充分注意到其民族、种族、国籍、宗教信仰、性别、年龄、健康状况、职业的差别,避免言行不慎使当事人产生歧义。

公证机构及其公证员办证所恪守的公正原则,有别于法院司法的公正原则。司法公正是指在法律规定的范围内行使自由裁量权,作出公平合理的判决;而公证主体无权将自己的意志强加于当事人，只能引导当事人各方达成合法、公平的协议。公证机构及其公证员通过履行咨询义务来实现公证的公正价值。咨询义务要求公证人负有公正的义务，即公证人不是一方当事人的代理人，他应当公正地评价双方的利益，从法律的角度保护弱者，向当事人各方提示法律风险，供当事人决策时参考。如果所办理公证事项违法或者不公平，他有权拒绝出具公证书。在这里，公证人不是单纯为任何一方当事人的利益服务，而是为公证各方当事人乃至为整个社会的利益服务，其承担的责任也不是单纯为任何一方当事人甚至双方当事人，而是为公共利益而承担。如果公证主体不能公正地平衡公证各方当事人的利益，引导他们达成合法、公平的协议，以此保障法律安全，则公证制度就没有存在的意义。因此可以说，公正原则是公证的生命线。

3. 公证员应当自觉履行保密的法定义务，不得利用知悉的秘密为自己或他人谋取利益。公证员履行职责中的保密原则，即公证机构和公证员应当保守他们在公证活动中接触到的国家秘密、当事人秘密的原则。我国《公证法》第 22 条规定，公证员应当保守执业秘密。这里的“执业秘密”包括国家秘密、当事人的商业秘密、个人隐私以及公证机构的内部秘密。该法第 42 条第 5 项同时规定，公证员泄露在执业活动中知悉的国家秘密、商业秘密或者个人隐私的，由司法行政部门给予相应行政处罚，构成犯罪的，依法追究刑事责任。这两项规定加在一起就构成了公证员的保密原则。对此，《公证程序规则》《公证员惩戒规则（试行）》也作了相应的规定。

保守秘密之所以成为公证员履行职责的基本原则，是由公证制度的本质属性及其基本特征所决定的。作为一项预防性司法制度，公证制度的目的在于预防纠纷，减少诉讼，保护国家以及社会主体的合法权益。为实现这一目的，公证员只有严格保守在公证活动中接触到的秘密，才能更好地保护当事人的合法权益，取得社会大众的信任。如果这些秘密被泄露，轻则会引发纠纷、导致诉讼，重则将危及公证信誉、国家安全和社会利益。因此，世界各国公证立法均要求公证人员保守国家秘密、商业秘密和当事人的隐私。公证员遵守保密原则，应当努力做到以下几点：其一，妥善保管公证文书和各种公证档案，防止泄密；其二，不能私自向他人泄露公证内容，对申请人的动机、目的、用途等也要保守秘密；其三，不能随便向当事人以外的人发放公证书的正本、副本或抄本；其四，除对本人办理的公证业务负保密义务外，对其他公证员办理的公证事项也要保密；其五，保守公证工作秘密，不得泄露办证过程中形成的内部意见、内部材料和不应当透露的其他与公证工作有关的信息。司法部的有关部门曾在相关文件中强调，公证机构和公证员要认真做好保密工作，防止泄密，特别是在办理有关部门所需要的保密公证事项时，应指定专人负责办证和打印、保管，不得扩大知情范围，这些规定都必须得到切实遵守。

在实践中，随着公证业务范围的不断拓展，公证员在办理公证业务中还可能会接触到一些能给自己或亲友带来利益的信息，如开奖公证、拍卖公证等，这时公证员还必须牢记职业伦理规范的要求，注意维护公证员的信誉，不能为自己或他人谋取利益。这是公证员职业伦理的基本要求。

4. 公证员在履行职责时，对发现的违法、违规或违反社会公德的行为，应当按照法律规定的权限，积极采取措施予以纠正、制止。真实、合法是公证活动的基本原则，是公证建立和保持公信力的核心所在，世界各国的公证立法均严厉禁止对不真实、不合法或违反社会公德的事项进行公证。需要指出的是，这里所谓的“为不真实、不合法的事项出具公证书”，既包括故意，也包括过失。过失为不真实、不合法的事项出具公证书，是指公证机构由于疏忽大意或者过于自信未履行法定职责，导致公证书的不真实或者不合法。随着社会的发展，人们的法律意识逐渐增强。越来越多的人意识到公证这一法律手段的重要性，并开始运用公证来维护自己的合法权益。与此同时，也有一些人滥用公证，出现了一些违背社会公德甚至违法的申请公证事项。因此，为了保障公证证明权的正当、有效实施，防止公证申请权的滥用，维护社会秩序，规范公证行为，确保公证职能的实现，我国《公证法》以及《公证员职业道德基本准则》《公证员惩戒条例（试行）》等都作了相应的规定，要求一个事项只有同时符合真实、合法两个条件，并不违反社会公德时，公证机构和公证员才能予以公证。否则，公证机构和公证员有权拒绝出具公证书。

三、爱岗敬业，规范服务

1. 公证员应当珍爱公证事业，努力做到勤勉敬业、恪尽职守，为当事人提供优质的法律服务。1803 年，拿破仑颁布的《风月法》将公证人定义为公务员，并指出规定公证制度的原意在于：“除了调解和裁决纠纷的官员外，公众的安定还需要有其他的公务人员，这些公务人员对于当事人既是无私的顾问，也是他们意志的公正的表述人；他们使当事人明了对契约应当承担的全部义务，明白地表明了这些义务，并赋予契约以公证性质和终审裁决的效力；他们使当事人保持对契约的记忆，并且完整地保管契约文本，防止善意人之间产生分歧，同时，满怀信心地使那些贪婪的人放弃提起不正当要求的念头。这些无私的顾问，这些公正的文书起草人，这些作为使契约当事人恪守义务的一种自愿的法官，就是公证人，这种制度就是公证制度。”这一表述，赋予了公证员以崇高的使命，而实现公证职业预防纠纷、减少诉讼的社会责任，需要高素质的公证人经过不懈的努力才能完成，而并非像有些人所说的盖一个橡皮图章就完事，因为公证图章的背后是对真实性、合法性的确认。具有强制执行效力的债权文书公证还会产生既判力的效果，没有高水平法律专业素质和一定的公证实践经验是很难胜任的。公证员的职业是高尚的，只有较高的业务素质，没有勤勉敬业、恪尽职守的高尚的道德情操，也很难满足公证员职业的需要。因为公证员执业的过程就是一项细致的劳动过程，完成这个过程需要艰苦的努力来积极收集相关证据材料，并在此基础上，认真分析、独立思考、自主判断，并且要敢于坚持正确意见，只服从法律，排除一切干扰。

公证员勤勉敬业、恪尽职守还需重点强调：对于法律规定的必须由公证员亲自办理的公证类型和内容,公证员必须亲自办理。比如,公证员亲自接待与公证事项有关的利害关系人和其他对公证事项有重大影响的人员,直接听取他们的陈述,了解当事人申请办理的具体事项、办证目的和用途,并审查是否属实;亲自审查公证事项的主要内容和有关证据,必要时还应亲自调查证据,以便对公证事项有全面深入的了解;亲自认定公证事项的真实性和合法性,杜绝不直接办理公证事务,而由其他人代办,然后由公证员署名的情况。这样做的意义在于:第一,保障公证员正确认定公证事项的真实性、合法性,作出符合客观事实的证明;第二,帮助当事人纠正偏差,规范各类民事、经济行为,为可能发生的经济纠纷设置一道防线。

2. 公证员应当依法履行职责,不得超越法律规定的权限办理公证事务。公证员从事的是为全社会提供法律服务的公共职务行为,遵纪守法和品行良好是公证员履行职务所必须具备的条件。公证员在职业活动中应当做到:其一,按照法律明文规定的权限履行职责。公证员只能在法律规定的范围内行使职权,不得超越法律的规定活动,否则就属于滥用职权。其二,依照规定的程序履行职责。程序正义是实体正义的保障,公开、公正的程序能够使实体的权利、义务得到公平的体现,有利于更好地维护公众的合法权益,所以公证员应当按照规定的程序办理公证。其三,正确适用实体法。实体法是以确认权利义务关系和法律责任为主要内容的法律,是判断公证对象是否合法的主要依据。公证员在办理公证过程中,必须正确适用公证事项所涉及的实体法,以保障该事项主体适格、当事人意思表示真实、标的物确定(或可能)、不违反社会公益,真正做到预防纠纷。其四,认真履行职责。这项要求包括:公证员应当亲自履行职责,不得委托他人履行;公证员应当坚守工作岗位,不得擅离职守;公证员应当努力提高工作效率和工作质量,反对官僚作风;公证员应当按规定的程序和期限办理公证事务,及时受理、审查、出证,不得因个人原因和其他主观因素拖延推诿;公证员应当不断提高工作效率和工作质量,杜绝疏忽大意、敷衍塞责和其他贻误工作的行为。

公证员不得私自出具公证书。公证机构对公证员的执业行为需要承担民事责任,根据权利义务相一致的原则,公证员出具公证书应当经由所在公证机构同意。为此《公证法》第22条规定,公证员应当依法履行公证职责,这包括依照法定程序办理公证。《公证程序规则》第40条规定:"符合《公证法》、本规则及有关办证规则规定条件的公证事项,由承办公证员拟制公证书,连同被证明的文书、当事人提供的证明材料及核实情况的材料、公证审查意见,报公证机构的负责人或其指定的公证员审批。但按规定不需要审批的公证事项除外。公证机构的负责人或被指定负责审批的公证员不得审批自己承办的公证事项。"

3. 公证员在履行职责时,应当告知当事人、代理人和参加人的权利和义务,并就权利和义务的真实意思做出明确解释,避免形式上的简单告知。公证员是法律职业人员,精通法律知识和办证工作程序,而当事人可能对法律知识知之甚少。公证员应当耐心地将有关规定和当事人依法享有的权利、所承担的义务、法律后果和注意事项等充分地向其一一告知，并将有关的概念讲解清楚，使当事人在办理公证过程中能够很好地行使权利、承担义务，配合公证员顺利办好公证事项。对于不同民族、种族、国籍和宗教信仰的当事人，公证员应当注意语言和宗教信仰的差异，选择适当的语言和表达方式，使其真正了解其依法享有的权利和承担的义务。对于文化水平不高的当事人，要用通俗的语言明确告知其法律的相关规定，使其了解法律规定的内涵，并在此基础上真实地作出自己的意思表示。对于行动不便的当事人，公证员还应到当事人的住所讲解有关法律，办理公证事项。

向当事人进行相应告知是公证工作得到普遍认可并获得重视的一项执业行为要求。作为一项重要的非讼制度，公证制度的作用并不在于解决纠纷，而在于预防纠纷的发生。公证预防纠纷的手段，除对不真实、不合法的事项拒绝公证以外，最主要的就是将与公证对象有关的事项充分告知当事人，提醒其注意。如果告知不充分，公证的预防作用就会大打折扣，对公证员来说也是一种失职。对此，国际拉丁公证联盟常务理事热弗莱·塔比（Jeffrey Talpis）就曾指出，“公证员必须讲清权利，告知法律，必要时还要告知法律学和法律理论，告知各方会产生的经济后果，使他们明确将获得哪些好处，或遭受哪些损失。他们监督执行各法律条款的认真履行，一旦问题发生质疑应立即告知各方。出于对协议合法性的考虑，必须对法律的履行情况进行检查，有时司法机关硬性要求公证员进行这种正式的检查”。[1]

公证员的告知要求有时在公证书上也可以体现出来，如2003年司法部《关于公证处办理居民身份证复印件与原件相符公证的批复》[司复(2003)15号]就规定：“在公证书证词中，应当明确限定公证书只用于该项公证申办事由，用于其他事由无效。”此外，公证员在公证活动中履行告知的要求，还应注意：一是将告知的内容记入笔录；二是告知的内容并不受公证书记载的内容的限制，凡是与公证对象有关的事项都要充分告知当事人。

4. 公证员应当注重礼仪，做到着装规范、举止文明。公证员作为法律职业人员，行使的是证明权，因此其必须树立良好的职业形象，以维护公证行业的声誉。在执行职务时，应当注意仪容，着装整洁得体，举止文明大方。接待会谈、调查访问、查阅材料和制作笔录，应表现出法律职业人员的儒雅风范。现场宣读公证词时，应当庄重、严肃，在形体动作上表现出法律的权威和尊严。要用清晰流畅、有节奏的规范语言表达公证词的内容，使人有一种庄重而不疏远，亲切而又有距离的感觉，充分发挥公证的作用。

5. 不得违反规定的收费标准收取公证费。公证费是公证机构在办理公证事项的过程中，按照政府有关部门规定的收费标准向公证申请人收取的费用。根据《公证法》第34条第1款关于“当事人应当按照规定支付公证费”的规定，公证机构在公证活动中，

---

[1] [加]热弗莱·塔比：《市场经济中公证员以他的地位、职责和作用对国家的经济发展作什么样的贡献》，载中国公证员协会编：《“公证与经济发展”国际研讨会论文集》，法律出版社2003年版，第50～51页。

必须严格执行有关收费的规定,不得违反。司法部、最高人民检察院、国家发展和改革委员会、中国银行业监督管理委员会《关于规范公证法律服务秩序有关问题的通知》要求,公证处要向社会公布公证法律服务的具体收费项目、收费标准以及收费减免办法,自觉接受社会监督。公证处为申请人提供公证法律服务,应按照规定的收费标准向申请人收取公证费,出具收费票据,并不得随意扩大减免公证收费的范围。公证员个人不得私自收费。公证处、公证人员在办理公证业务时,不得向任何单位和个人支付回扣或以公证事项"介绍费""协办费""联络费""信息费"等为名的、带有回扣性质的费用和其他利益。任何单位和个人不得以任何名义和形式向公证处或公证人员索取上述带有回扣性质的费用和利益。

四、加强修养,提高素质

1. 公证员应具有良好的工作作风和较高的执业水平。公证是公证人依法行使证明权的活动,公证文书是一种重要的法律文书,公证从来就是与信誉共存的。公证制度的这一基本内涵决定了公证人应当是诚信的化身。公证员应当不断提高自身的伦理水平,保证自己的道德素养、执业品质和专业技能能够满足正确履行职责的需要。公证员应当具有开拓创新意识,有研究和探索前沿学科、掌握和运用先进科学技术的积极性和自觉性。

《公证法》《公证员执业管理办法》还从反面对公证员的职业伦理作出了禁止性规定,明确有以下情形之一的,不得担任公证员:无民事行为能力或者限制民事行为能力的;因故意犯罪或者职务过失犯罪受过刑事处罚的;被开除公职的;被吊销执业证书的。

2. 公证员不得通过非正常程序或在不恰当场合,对其他公证员正在办理的公证事项或处理结果发表不同意见。同一个公证处内的公证员应当相互尊重,各自对依法受理的公证事项认真履行职责,不得干涉他人的正常工作,不得为当事人说情送礼,也不得将公证员的住宅电话和其他私人信息披露给当事人,不得向办理公证事务的公证人打听办证情况,也不得了解相关内容。对于其他公证员正在办理的公证事项或者处理结果,除非在正常的讨论程序或审批程序中,不得发表有可能影响其他公证员独立自主判断的不同意见。对于有充分理由的不同意见,可以按管理权限向公证机构的相关负责人汇报,并充分阐明理由,通过审批程序来维护正常的办证秩序。

3. 公证员不得在公众场合或新闻媒体上,发表泄私愤、不负责任的有损公证严肃性和权威性的言论。每名公证员都要自觉地维护公证的严肃性和权威性,对于办理公证事项的不同看法,允许各自保留,但在出具公证书时要尊重主办公证员和审批者的意见。如确为错误公证,应该按法定程序予以纠正;对于学术上不同观点的讨论,要选择适当的场合和方式进行,但不得干涉他人依法出具公证书,更不得出于泄私愤的目的,发表不负责任的言论。公证员不得在公众场合或新闻媒体上发表不适当的言论,使公证的严肃性和权威性受到影响。

五、清正廉洁，同业互助

公证员是否清廉，关系到公证活动的客观性、公正性以及公证机构和公证员职业群体的形象，而公证员间能否互相尊重、互相合作，直接关系到公证事业的健康发展。公证人员要想达到“清正廉洁、同业互助”的要求，就必须在职业活动中做到以下几个方面。

1. 公证员只能在一家公证机构中执业。根据我国有关法律的规定，公证员只能在一家公证机构中执业，而不能同时在两个以上的公证机构执业。其原因在于根据《公证法》的有关规定，公证员从推荐到监督都是与具体的公证机构联系在一起的，如果允许公证员在两个以上的公证机构执业，将会导致公证机构和司法行政部门的管理、监督工作目标指向不明，陷入混乱、无序的状态。因此，公证员只能在一家公证机构中从事公证执业活动。此外，公证员的数量根据公证业务的需要确定，如果允许公证员同时在两个以上的公证机构执业，会使公证员追求个人利益的最大化，这与公证的价值背道而驰。

2. 公证员不得经商和从事与公证员职务、身份不相符的活动。在实践中，会出现公证员在从事公证业务的同时，还从事有报酬的其他职业，例如，有的公证员直接或者间接经商办企业。这些活动不但不利于对公证员的管理，而且还损害了公证员的形象，削弱了公证机构及其公证员的公信力。因为公证的价值和功效要求公证员持一种中立性的态度，对各方当事人所追求的利益进行公平的保护。如允许公证员从事有报酬的其他职业，公证员与某些当事人之间将可能先行产生利益交错，在办理有利害关系的公证事项时容易徇私枉法、“权力寻租”，滋生腐败行为，将使公证失去其中立性和衡平作用。为此，依据规定，公证员从事有报酬的其他职业，违反公证职责，有损公证职业的纯洁和尊严，应予禁止。《公证法》第41条还规定，公证员从事有报酬的其他职业，由司法行政部门给予相应的行政处罚。《公证法》只是禁止公证员从事“有报酬”的其他职业，并没有禁止公证员从事不收取报酬的职业，如果公证员从事一些公益性的工作是应当允许的。

《公证员职业道德基本准则》第20条规定，公证员不得从事与公证员职务、身份不相符的活动。因为这样会破坏公证员职业群体形象，影响公证活动的公信力。公证员违反这些禁止性规定的，将依法承担相应的责任。

3. 公证员应当妥善处理个人事务，不得利用公证员的身份和职务为自己、家属或他人谋取私人利益。公证员办理的公证事务渗透到社会生活的许多方面，尤其是在经济领域，很多都涉及财产权益。这就要求公证员在办理公证事务时，必须妥善处理好个人事务，不得利用公证员的身份和职务为自己、家属或亲友牟取私人利益。与此问题相关，在公证员的执业活动中，也会涉及公证员的回避问题。所谓公证员的回避，是指在公证活动中，公证员对于与自己或自己的近亲属有某种利害关系的公证事项不享有公证权力。其理由在于，公证机构及其公证员出具的公证书具有极强的证明力和公信力。要确保公证书的这种效力，就必须确保公证员在公证活动中不徇私枉法，对申请公证的事项以及公证当事人提供的所有材料进行审查，对按照有关规则需要核实或者对其真实性有怀疑的，应当进行核查，对不得公证的事项要坚决拒绝。如果公证员为本人及近亲属办理公证或者办理与本人及近亲属有利害关系的公证的，公证员就有可能徇私枉法，滥用自己的职权，出具不真实、不合法的公证书或者私自出具公证书等，损害其他人的利益。沿袭大陆法系国家公证立法的传统，《公证法》第23条规定，公证员不得为本人及近亲属办理公证或者办理与本人及近亲属有利害关系的公证。同时该法第41条规定，公证员违反回避原则的，由司法行政部门给予相应的行政处罚。除此之外，《公证程序规则》还对公证员回避制度作了比较详细的规定，《公证员惩戒规则（试行）》第13条规定公证员违反回避规定的，予以严重警告。

4. 公证员不得接受当事人及其代理人、利害关系人的答谢款待、馈赠财物和其他利益。公证员是法律执业共同体中的重要一员，其在司法活动和社会生活中所处的重要位置，以及公证员中立公正的执业行为特点，决定了其所担负的职能对维护正常的法律秩序来说是非常重要的。因此，公证员的执业行为必须清正廉洁，不受物质利益诱惑，不得接受当事人及其代理人、利害关系人的答谢款待、馈赠财物和其他利益，不拿法律作交易，严格按照法律规定审查申办事项，维护公证的权威性和严肃性，维护公证员群体的良好声誉。

5. 公证员应当与同行保持良好的合作关系，禁止不正当竞争行为。根据《公证法》第25条的规定，自然人、法人或者其他组织申请办理公证，可以向住所地、经常居住地、行为地或者事实发生地的公证机构提出。申请办理涉及不动产的公证，应当向不动产所在地的公证机构提出；申请办理涉及不动产的委托、声明、赠与、遗嘱的公证，也可以向住所地、经常居住地、行为地或者事实发生地的公证机构提出。也就是说，在办理公证业务中，公证机构之间仍有适度的竞争关系。公证员之间只有相互尊重、公平竞争，才能促进公证事业的发展，维护公证员群体的威信和名誉。为此，公证员应当与同行保持良好的合作关系，公平竞争，同业互助，共谋发展。公证员应当相互尊重，不得在任何场合损害其他同事的威信和名誉。

同业之间通过竞争促进发展，是市场经济的客观需求。目前公证行业自身还存在一些与改革发展不相协调的现象，有些方面表现得还比较突出，主要是不正当竞争，如有的公证机构以诋毁其他公证机构、公证员或者支付回扣、佣金等不正当手段争揽业务。所谓"诋毁"，指以不存在的或者虚假的信息对其他公证机构、公证员的声誉进行打击、破坏；所谓"回扣"，指公证机构为了招揽业务，不正当地、直接或间接地向申请公证的当事人或者招揽到公证业务的其他人员提供的礼品、赏金或其他任何形式的补偿；所谓"佣金"，指公证机构为了招揽业务，向申请公证的当事人或者招揽到公证业务的其他人员支付的服务酬金。综观各国，无不把公证制度的信誉、公正、合法放在首位。

尽管各国的公证制度有所不同，但在禁止公证机构间无序竞争上是一致的。不正当竞争严重损害公证机构作为法定证明机构的形象，破坏正常的公证程序，损害自然人、法人或者其他组织的合法权益。如果不能正视和有效制止无序竞争问题，就会损害公证员的声誉和社会的良性循环，并最终危及公证事业的根基，使公证的公信力下降。对不正当竞争行为给予制裁和打击，对正当竞争刻意保护，才会有各行业的健康发展，公证行业也不例外。为此，《公证法》明确规定，公证机构不得以诋毁其他公证机构、公证员或者支付回扣、佣金等不正当手段争揽公证业务。《公证员职业道德基本准则》要求，公证员不得从事以下不正当竞争行为：(1)利用新闻媒体或其他手段炫耀自己，贬损他人，排斥同行，为自己招揽业务；(2)以支付介绍费、给予回扣、许诺提供利益等方式承揽业务；(3)利用与行政机关、社会团体的特殊关系进行业务垄断；(4)其他不正当竞争行为。

第三节　公证员职业责任

公证职业责任，是指公证机构和公证员在公证活动中，因违反有关公证的法律、法规和职业伦理规范所应承担的责任。公证机构办理公证，应当遵守法律和职业伦理规范，坚持客观、公正的原则。公证机构及其公证员办理公证业务时违反相关的法律规定或职业伦理规范，违反客观、公正的公证原则，从事了法律或职业伦理规范所禁止的行为的，就应当承担相应的职业责任。

一、公证员的纪律责任

公证员的纪律责任，又称公证员的惩戒、公证员纪律处分，是指公证协会对公证员违反职业伦理规范特别是职业纪律的行为所给予的处分。

《公证员惩戒规则(试行)》有以下规定：

公证员有下列行为之一的，予以警告：(1)无正当理由，不接受指定的公益性公证事项的；(2)无正当理由，不按期出具公证书的；(3)在媒体上或者利用其他手段提供虚假信息，对本公证机构或者本公证机构的公证员进行夸大、虚假宣传，误导当事人、公众或者社会舆论的；(4)违反规定减免公证收费的；(5)在公证员名片上印有曾担任过的行政职务、荣誉职务、专业技术职务或者其他头衔的；(6)采用不正当方式垄断公证业务的；(7)公证书经常出现质量问题的；(8)其他损害公证行业利益的行为，但后果尚不严重的。

公证员有下列行为之一的，予以严重警告：(1)刁难当事人，服务态度恶劣，造成不良影响的;(2)对应当受理的公证事项,无故推诿不予受理的;(3)故意诋毁、贬损其他公证机构或公证人员声誉的;(4)利用非法手段诱使公证当事人,干扰其他公证机构或者公证人员正常的公证业务的;(5)给付公证当事人回扣或者其他利益的;(6)违反回避规定的;(7)违反公证程序,降低受理、出证标准的;(8)违反职业道德和执业纪律的;(9)一年内连续出现2件以内错误公证文书的;(10)受理警告惩戒后,6个月内又有应予警告惩戒行为的。

公证员有下列行为之一的,予以记过处分:(1)一年内连续出现3件以上5件以下错误公证文书的;(2)违反公证法规、规章规定的;(3)违反公证管辖办理公证的;(4)违反职业道德和执业纪律,拒不改正的;(5)受到严重警告惩戒后,6个月内又有应予严重警告惩戒行为的;(6)其他损害公证行业利益的行为,后果较为严重的。

公证员有下列行为之一的,予以暂停公证员协会会员资格,并建议司法行政机关给予其暂停执业的行政处罚:(1)利用职务之便牟取或收受不当利益的;(2)违反职业道德和执业纪律,情节严重的;(3)1年内连续出现6件以上错误公证文书的;(4)受到记过惩戒后,6个月内又有应予记过惩戒的行为的;(5)其他损害公证行业利益的行为,后果严重的。

公证员有下列行为之一的,予以取消公证员协会会员资格,并建议司法行政机关给予吊销执业证的行政处罚:(1)泄露国家机密、商业秘密和个人隐私给国家或者公证当事人造成重大损失或者产生恶劣社会影响的;(2)故意出具错误公证书的;(3)制作假公证书的;(4)受刑事处罚的,但非职务的过失犯罪除外;(5)违反公证法规、规章规定,后果严重的;(6)对投诉人、举报人、证人等有关人员打击报复的;(7)案发后订立攻守同盟或隐匿、销毁证据、阻挠调查的;(8)违反职业道德和执业纪律、情节特别严重的;(9)受到暂停会员资格惩戒,恢复会员资格12个月内,又有应予暂停会员资格惩戒行为的;(10)其他违法违纪或者损害公证行业利益的行为,后果特别严重的。

二、公证职业行政责任

公证职业行政责任,是指公证机构和公证员对其违反有关公证管理的法律、法规和规章的行为所应承担的法律后果,具体表现为司法行政部门所给予的行政处罚。

我国《公证法》第41条规定,公证机构及其公证员有下列行为之一的,由省、自治区、直辖市或者设区的市人民政府司法行政部门给予警告;情节严重的,对公证机构处1万元以上5万元以下罚款,对公证员处1000元以上5000元以下罚款,并可以给予3个月以上6个月以下停止执业的处罚;有违法所得的,没收违法所得:(1)以诋毁其他公证机构、公证员或者支付回扣、佣金等不正当手段争揽公证业务的;(2)违反规定的收费标准收取公证费的;(3)同时在两个以上公证机构执业的;(4)从事有报酬的其他职业的;(5)为本人及近亲属办理公证或者办理与本人及近亲属有利害关系的公证的;(6)依照法律、行政法规的规定,应当给予处罚的其他行为。上述规定的第6项是一项兜底条款，随着公证业务的发展，《公证法》或者由其他相关法律、行政法规还有可能规定应当给予处罚的其他行为。但该项中的“应当给予处罚的其他行为”必须由法律、行政法规作出明确规定，司法行政部门不得任意解释，更不得以此扩大自己的行政处罚权。另外，以上六种情形只涉及行政责任，不涉及民事责任和刑事责任。

我国《公证法》第 42 条第 1、2 款规定，公证机构及其公证员有下列行为之一的，由省、自治区、直辖市或者设区的市人民政府司法行政部门对公证机构给予警告，并处 2 万元以上 10 万元以下罚款，并可以给予 1 个月以上 3 个月以下停业整顿的处罚；对公证员给予警告，并处 2000 元以上 1 万元以下罚款，并可以给予 3 个月以上 12 个月以下停止执业的处罚；有违法所得的，没收违法所得；情节严重的，由省、自治区、直辖市人民政府司法行政部门吊销公证员执业证书；构成犯罪的，依法追究刑事责任：(1)私自出具公证书的；(2)为不真实、不合法的事项出具公证书的；(3)侵占、挪用公证费或者侵占、盗窃公证专用物品的；(4)毁损、篡改公证文书或者公证档案的；(5)泄露在执业活动中知悉的国家秘密、商业秘密或者个人隐私的；(6)依照法律、行政法规的规定，应当给予处罚的其他行为。因故意犯罪或者职务过失犯罪受刑事处罚的，应当吊销公证员执业证书。

三、公证职业民事责任

所谓公证职业民事责任是指公证机构及其公证员因其过错行为给当事人、公证事项的利害关系人造成损失，而由公证机构依法承担的赔偿责任。

公证是公证机构根据自然人、法人或者其他组织的申请，依照法定程序对民事法律行为、有法律意义的事实和文书的真实性、合法性予以证明的活动。真实性、合法性是公证活动所应遵循的基本原则。若公证机构对不真实、不合法的法律行为、不具法律意义的文书或事实予以公证，就会产生错误公证的问题。错误公证可能会给公证当事人、公证事项的利害关系人带来损失。

公证赔偿的特点在于：在公证赔偿的外部法律关系上，赔偿责任的具体承担者仅是公证机构而非公证员，公证机构和公证员并非连带或者补充责任关系。对于公证机构而言，公证机构的责任类似民法中关于雇主责任的特殊侵权责任。在责任承担上，公证机构要对公证当事人及公证事项的利害关系人的损失先承担相应的赔偿责任；公证机构赔偿后，可以向具体的侵权行为人，即有故意或者重大过失行为的公证员追偿。

2014 年 4 月 28 日，最高人民法院审判委员会通过的《关于审理涉及公证活动相关民事案件的若干规定》第 4 条规定，当事人、公证事项的利害关系人提供证据证明公证机构及其公证员在公证活动中具有下列情形之一的，人民法院应当认定公证机构有过错：(1)为不真实、不合法的事项出具公证书的；(2)毁损、篡改公证书或者公证档案的；(3)泄露在执业活动中知悉的商业秘密或者个人隐私的；(4)违反公证程序、办证规则以及国务院司法行政部门制定的行业规范出具公证书的；(5)公证机构在公证过程中未尽到充分的审查、核实义务，致使公证书错误或者不真实的；(6)对存在错误的公证书，经当事人、公证事项的利害关系人申请仍不予纠正或者补正的；(7)其他违反法律、法规、国务院司法行政部门强制性规定的情形。第5条规定，当事人提供虚假证明材料申请公证致使公证书错误造成他人损失的，当事人应当承担赔偿责任。公证机构依法尽到审查、核实义务的，不承担赔偿责任；未依法尽到审查、核实义务的，应当承担与其过错相应的补充赔偿责任；明知公证证明的材料虚假或者与当事人恶意串通的，承担连带赔偿责任。

四、公证员的刑事责任

公证员的刑事责任是指公证员因职业行为构成犯罪时依法应当承担的责任。关于公证员刑事责任承担的内容，在上文关于公证职业行政责任部分已经涉及，即《公证法》第42条所规定的几种情况。具体罪名可涉及职务侵占罪、挪用资金罪、泄露国家秘密罪、侵犯商业秘密罪等。此外，公证员还可能因与不法分子共谋而共同犯罪，或单独构成提供虚假证明文件罪、出具证明文件重大失实罪。最高人民检察院《关于公证员出具公证书有重大失实行为如何适用法律问题的批复》就指出，公证法施行以后，公证员在履行公证职责的过程中，严重不负责任，出具的公证书有重大失实，造成严重后果的，以出具证明文件重大失实罪追究其刑事责任。

第四节　公证员职业伦理的培育

公证员职业伦理关系公证行业的生存和发展。做好公证员职业伦理培育工作需要多方面的共同努力。在当前形势下，做好公证员职业伦理的培育，需要着重加强以下工作。

一、提高公证员的自律意识

有人认为，当前我国公证行业存在的种种不尽如人意的问题，是源自公证机构之间的无序竞争和现行公证制度的诸多弊端。但这些都应属于外在的原因，从业人员的自律和业务素质水平才是根本的原因。

“我们写的就是法律”，这是国际拉丁公证联盟徽志上的一句铭文。国际拉丁公证联盟前主席安贝尔托·卡波拉(Umberto Capra)也曾说：“无论过去、现在还是将来，任何其他的法律制度都不能像公证制度那样，对个人和国家提供如此的实利和安全保证。[2]”西安“宝马”彩票事件的出现虽然仅是极个别现象，但有可能将整个公证行业的信誉摧毁，而信誉损伤对公证行业是致命的。如果整个公证行业赖以生存的信誉基础都缺失的话，那整个公证行业的从业环境将不复存在。公证活动不仅需要法律的规范与支持，更需要伦理道德的强力支撑。

当前，市场经济和法治建设的发展，公证工作要适应国际化、专业化、信息化的挑战，加强公证员职业伦理建设，就必须与时俱进，勤奋学习，努力钻研，自重、自省、自警、自励，不断提高自身的素质能力，保持高尚的道德情操，保证自己的执业品质和专业技能不断满足正确履行职责的需要，为公证事业的发展开创更广阔的空间。只有每位公证员都从自身做起，从点滴做起，约束自己，注重职业操守，爱惜公证行业，珍惜公证员称号，不给行业抹黑，做行业信誉的维护者，在履行公证职责中锤炼职业品德，使公证职业伦理在为人民服务和自觉接受人民群众监督的过程中得到提高、完善和发展，才能把我国公证队伍的职业伦理水平提高到一个新高度。

二、加强公证员职业队伍建设

提高公证职业准入门槛，把高质量人才吸引到公证员职业队伍，是做好公证员职业伦理培育工作的基础之一。在公证行业恢复重建的初期，由于对公证员的学历和文化素质要求较低，公证员队伍良莠不齐。此后，由于公证制度改革滞后，公证行业没能吸引并且留住高素质的法律专业人才。一段时间以来，甚至出现了业务骨干流失严重的情况。为此，《公证法》对公证员的法律知识、专业能力、业务表现、职业操守等都提出了全面的要求，规定公证员必须从具有本科学历并通过国家统一法律职业资格考试的人员中选拔录用，由具有专门职业素养的人担任。同时，考虑到当前公证队伍现状，为吸引素质高、能力强、道德品质过硬的法律专业人士进入公证队伍，法律还规定从事法学教学、研究工作，具有高级职称的人员，或者具有本科以上学历，从事审判、检察、法制工作、法律服务满10年的公务员、律师，已经离开原工作岗位，经考核合格的，也可以担任公证员。这些加强公证职业队伍建设的措施，对于公证员职业伦理的培育，起到了基础性的作用。

三、落实公证工作“两结合”管理体制

司法行政机关依照《公证法》（2017年修订）和《公证程序规则》（2020年修订）的规定，对公证机构和公证员的执业活动和遵守程序规则的情况进行监督、指导。公证协会是公证的行业管理组织，负责对公证机构和公证员的执业活动进行监督，包括制定行业规范，推动公证业务研究、发展和完善，对公证员的违纪行为进行调查并给予相应的

---

〔2〕 转引自齐放：《论市场经济与公证制度》，载《求实》2002年第52期。

纪律处分,提高公证员的业务素质和道德修养,广泛开展对外交流,及时总结国内外公证行业的经验,面向社会宣传公证等。其具体管理职能可包括:制定行业规范;对公证机构、公证员实行行业惩戒;配合司法行政部门指导公证机构的业务工作等。

托马斯·亨利·赫胥黎(Thomas Henry Huxley)曾说:"人们之所以这样做而不那样做,并不是出于对法律的畏惧,而是出于对同伴舆论的畏惧。[3]"这句话虽然不尽全面,但却从一个角度说明了行业管理的重要性。公证协会对公证机构、公证员的执业活动进行管理是《公证法》第4条赋予的职责。《公证员执业管理办法》第32条进一步明确规定:"公证协会依据章程和有关行业规范,对公证员违反职业道德和执业纪律的行为,视其情节轻重,给予相应的行业处分。公证协会在查处公证员违反职业道德和执业纪律行为的过程中,发现有依据《公证法》的规定应当给予行政处罚情形的,应当提交有管辖权的司法行政机关处理。"

因此,发挥司法行政机关和公证行业协会两方面管理职能的作用和优势,探索行政管理与行业管理职能的合理配置,注重发挥公证行业协会的自律职能,加强对公证行业和公证队伍的管理、领导和监督,健全奖惩制度,惩治腐败,弘扬美德,从加强行为自律和提高惩戒力度入手,积极引导公证机构和公证人员在为政府、企业、社会提供服务的过程中,着眼于预防和化解社会矛盾,引导群众依法正确表达诉求,将各类可能发生的矛盾纠纷控制在萌芽状态,减少不和谐因素,维护社会稳定,密切关注扩大就业、完善社会保障、安全生产等方面的热点、难点问题,关注弱势群体,在群众最关心、最直接、最现实的利益问题上,充分发挥公证职能作用,切实维护人民群众的合法权益,维护社会的公平和正义等。

四、健全公证监督机制

公证监督机制包括公证机构对公证员执业行为监督和公证当事人监督两个方面。

在公证机构对公证员执业行为的监督问题上,世界各国因公证制度的不同而不同。公证员的执业活动直接关系到当事人或利害相关者的利益,关系到公证机构的信誉和公信力。因此,公证员任何违反职业伦理规范的行为,都可能会给公证机构造成不良后果。因此,对所属公证员的执业活动进行监督,是公证机构应有的职责。为此,2006年5月颁布的《公证程序规则》强调,公证机构应当建立、健全公证业务管理制度和公证质量管理制度,对公证员的执业行为进行监督。

公证机构对公证员执业行为的监督不同于行业协会及政府主管部门的监督,必须建立相应的内部管理制度。健全公证机构的业务管理制度,是公证机构履行对公证员职业监督行为、确保其执行职业伦理规范要求职能的有效途径。公证机构管理、监督的目的,在于强化内部业务管理,提高工作效率和办证质量,增强公证员责任意识,为社会

---

〔3〕 转引自唐凯麟:《伦理学》,高等教育出版社2001年版,第201页。

提供优质高效的公证法律服务。当前,健全公证机构的监督机制,具体可包括建立证据收集审核制度,建立业务审批制度,建立适当的公示制度等。

严格责任追究既是健全公证机构监督机制的应有之义,又是公证员职业伦理培育的必要环节。公证员执业过错是指由于公证员的主客观原因,造成其出具的公证法律文件为假证、错证,或因工作失误给当事人及公证事项的利害关系人造成损失的情况。公证员的执业过错不论是否给当事人及公证事项的利害关系人造成损失,都应当予以纠正并加以责任追究。这是加强公证员遵守职业伦理规范自觉性的重要途径。责任追究能促使公证员在承办、审批公证事项时,严格按照职业伦理要求自己,增强公证员的法律意识、责任意识、服务意识,并最终达到提高办证质量和工作水平的目的。

公证投诉制度是公正监督的重要内容。公证投诉制度,是指公证行业制定的,公证当事人认为公证机构或公证人员有违法乱纪行为,或者违反职业伦理行为,抑或认为公证机构出具错证、假证的,依法向公证机构或司法行政机关反映,并提出依法处理的要求,公证机构依法予以处理的制度。一般而言,公证投诉的范围包括:刁难当事人,服务态度恶劣,造成不良影响的;无故推诿,对应当受理的公证事项不予受理的;利用职务之便谋取私利,贪污、索贿、受贿的;故意出具虚假公证书或因工作失误造成错证,致使当事人的合法权益受到侵害的;泄露国家秘密或当事人隐私的;未按国家规定标准收取公证费或巧立名目滥收公证费的;其他侵害或妨碍当事人合法权益实现的行为。公正投诉制度有利于从当事人的角度,加强对公证员遵守职业伦理情况的监督。

五、完善公证员职业保障体系

公证员职业保障体系包括公证员职务保障和职业责任保险两个方面。

建立健全公证员职务保障制度,规定非因法定事由和非经法定程序,公证员不被免职或处罚。这是公证员严守职业伦理规范要求,依法独立执业、排除其他组织和个人的非法干预的有效保障。公证的性质和宗旨决定了公证员只服从于法律,其只有违反了法律才应受到制裁,任何组织和个人不得在法律规定的事由和程序之外,凭自身意志对公证员进行处罚。在职业有保障的情况下,公证员队伍才不会出现人员频繁流动的现象。一支相对稳定的队伍更容易培养起公证员共同的职业伦理和职业尊荣感,同时从制度上保证公证员从公证职业中获得必需的物质和精神需要。

公证执业责任保险制度是公证员职业保障体系的重要内容。公证执业责任保险是公证机构在依法履行公证职务时,因工作过错给当事人或利害关系人造成直接经济损失,依法应当承担公证赔偿责任的,在公证执业责任保险合同规定的范围内,由保险人对公证机构应当承担的民事赔偿金及有关费用给予支付的法律制度。实行公证责任保险,可以有效地增强公证业的抗风险能力,增强公证机构承担责任的能力,提高公证机构的信誉,使公证业成为一个更有信誉、更负责任的行业,使公证员更有信心严格依照职业伦理要求从事公证职业活动,使公证机构得以健康、持续地发展。

本章案例

2004年3月20日至25日，陕西省体彩中心授权西安市体彩中心，在该市新城区举办一次6000万元即开型体育彩票销售活动。某公证处对幸运抽奖活动进行了现场公证。彩民刘亮在抽奖时，现场抽中宝马轿车加12万元的特等A奖。次日，西安市体彩中心认为该彩票系假票，并宣布作废。刘亮通过各种方式提出异议。经过各方查证，终于查明"西安体彩宝马事件"不是刘亮造假，而是披着陕西省体彩中心销售主管外衣，打着西安市体彩中心工作人员旗号，具体组织实施这次体彩销售、兑奖活动的承包商杨永明等人，有组织、有预谋的犯罪活动。

在本案中，西安市新城区公证员董某负责对二次开奖过程进行公证。按照公证工作程序要求，要对中奖者的身份信息进行审核，而董某只是审核了中奖人的身份证号码；公证员还应该对中奖人相关的证明材料进行证据保全。但是董某以现场混乱、没有时间、找不到复印机为由，没有复印中奖人的身份证，没有进行证据保全；公证员应该对二次开奖中奖证明单的真实合法性进行公证，而董某也没有做；按照现场监督公证规则的要求，这些中奖证明单在封存之后，应该始终处在公证员的有效监督掌控之下，但是董某却把奖袋密封后直接交由体彩部门单方保管，使抽奖袋在抽奖前脱离了公证员的监控。

请解析：董某的行为违反了那些职业伦理规范？应当如何追究董某的责任？

| 案例分析提示 |

在几个重要的环节中，董某都没有按照公证工作的程序去做，使这次公证监督的作用几乎为零，致使发生了这次体彩销售、兑奖活动的承包商杨永明等人有组织、有预谋的犯罪活动。董某的行为不仅严重违反了公证职业伦理规范，还构成了犯罪。

法律职业资格考试例题

1.（多项选择）下列哪些行为违反了相关法律职业规范规定？

A. 某律师事务所明知李律师的伯父是甲市中院领导，仍指派其到该院代理诉讼

B. 检察官高某在办理一起盗车并杀害车内行动不便的老人案件时，发现网上民愤极大，即以公诉人身份跟帖向法院建议判处被告死刑立即执行

C. 在法庭上，公诉人车某发现李律师发微博，当庭予以训诫，审判长怀法官未表明态度

D. 公证员张某根据甲公司董事长申请，办理了公司章程公证，张某与该董事长系大学同学

| 试题解析 | BC

《律师法》《律师执业行为规范》等规定了律师执业行为规范。律师事务所应当建立利益冲突审查制度。A项中，某律师事务所明知李律师的伯父是甲市中院领导，仍指派其

到该院代理诉讼，这不违反有关规定。因此，A 项的行为符合相关法律职业规范的规定。

《检察官职业行为基本规范（试行）》第 46 条规定，检察官应谨慎发表言论，避免因不当言论对检察机关造成负面影响。遵守检察新闻采访纪律，就检察工作接受采访应当报经主管部门批准。B 项中，检察官高某以公诉人身份在网上跟贴，是不理性的行为，也与公诉人身份不符，违反了《检察官职业行为基本规范（试行）》的规定。

法官是法庭的组织者和指挥者，公诉人与辩护人是平等的诉讼主体。公诉人发现辩护人有违反法庭秩序的行为时，没有权力进行训诫，只能提请法官依法行使权力予以处置。C 项中，公诉人车某在法庭上发现李律师发微博，当庭予以训诫与法无据。审判长怀法官对公诉人训诫律师的行为未表明态度，既有违刑事诉讼法的规定，也违反了法官职业规范。

《公证员职业道德基本准则》要求公证员应当自觉遵守法定回避制度，不得为本人及近亲属办理公证或者办理与本人及近亲属有利害关系的公证。公证员应当妥善处理个人事务，不得利用公证员的身份和职务为自己、亲属或他人谋取利益。D 项中，公证员张某为身为甲公司董事长的大学同学办理公司章程公证的做法并不违反公证员回避制度。因此 D 项的行为符合公证员职业伦理规范。

2.（单项选择）下列哪一法律职业人员的行为不违背相应职业纪律要求？

A. 金法官向自己审理案件中受尽屈辱的原告推荐社会知名律师为其代理诉讼

B. 闻律师在办理无偿的法律援助案件后，收取受援人交通费

C. 公证员黄某在派发的名片上印有“法学硕士、法学副教授”的头衔

D. 曾律师发起举办了“金融危机下律师业的挑战”研讨会并邀请一些教授、法官、检察官、公证员朋友出席

| 试题解析 | D

法官应当保障司法公正审慎处理法官与法官、法官与当事人或律师之间的关系。根据《关于规范法官和律师相互关系维护司法公正的若干规定》第 6 条规定，法官不得为当事人推荐、介绍律师作为其代理人、辩护人，或者暗示更换承办律师，或者为律师介绍代理、辩护等法律服务业务，并且不得违反规定向当事人及其委托的律师提供咨询意见或者法律意见。律师不得明示或者暗示法官为其介绍代理、辩护等法律服务业务。A 项中，金法官向自己审理案件中受尽屈辱的原告推荐社会知名律师为其代理诉讼，明显违反了上述规定，是错误的行为。

在法律援助事项的承办中，法律援助人员在办理法律援助事项时不得向受援人收取钱物或者牟取其他不正当利益。法律援助机构所提供的法律援助完全是无偿的。B 项中，闻律师在办理无偿的法律援助案件后，收取受援人交通费，违反了法律援助的有关规定，也是错误的行为。

公证员应当做到清正廉洁、同业互助。我国《公证员惩戒规则（试行）》第 12 条规定，

在公证员名片上印有曾担任过的行政职务、荣誉职务、专业技术职务或者其他头衔的，对公证员予以警告。C项中，公证员黄某在派发的名片上印有“法学硕士、法学副教授”的头衔，法学副教授为专业技术职务，这就违反了有关规定，也是不正确的行为。

我国的法官、检察官、律师、公证员应当严格自律，自觉约束自己的行为，不能出现影响职业形象的行为，努力成为遵守社会公德和倡导良好社会风尚的楷模。D项中，曾律师发起举办了“金融危机下律师业的挑战”研讨会并邀请一些教授、法官、检察官、公证员朋友出席，这是提高职业能力的活动，是法律职业人员社会责任心的表现，不违反有关规定。

第十章　行政执法人员的职业伦理

廉者民之表也，贪者民之贼也。

——（北宋）包拯

章引语

行政执法队伍是政府形象的窗口，是老百姓接触最多的公务员群体。只有行政执法人员人人诚信执法，才能取信于民，才能真正构建起公平、正义、和谐的社会。只有加强行政执法人员职业伦理建设，才能增强其服务意识，弘扬依法行政的精神，彰显执法为民的情怀。

法治政府　权力清单制度　行政价值观

第一节　行政执法人员职业伦理概述

一、行政执法概述

行政执法有广义和狭义之分。广义的行政执法，是指国家行政机关执行法律的行为，包括抽象行政行为和具体行政行为。狭义的行政执法仅指具体行政行为，即主管行政机关依法针对特定的公民、法人或者其他组织的具体事项采取的直接影响其权利义务的行为，或者对个人、组织的权利义务的行使和履行情况进行监督检查的行为。下文所言行政执法专指狭义的行政执法。行政执法机关是代表国家执行行政管理职能的执法机关，是代表国家行使行政管理权力的部门，是国家依法行政的重要组成部分。行政执法人员是直接、具体行使行政执法职权的行为主体。在执法过程中，行政执法人员既是国家法律、法规的捍卫者和执行者，同时又是党和国家与人民群众密切相连的桥梁。

行政执法的功能与作用是多方面的，主要的有以下三个：第一，行政执法是法律实施的重要途径。立法是执法的前提,是执法的基础,没有立法,则无法可执。执法是立法实现的途径和保障,“法律的生命力在于实施,法律权威也在于实施”。没有执法,立法在很大程度上只能等于废纸一堆,立法调控社会关系的目的也无从实现。第二,行政执法是保护公民权利、自由的重要手段。实现、保障和维护公民权利、自由是执法的目的,离开了公民权利、自由,执法就失去了意义,而执法是公民权利、自由实现的手段,没有执法,公民权利、自由在很多情况下就可能成为“画饼”,而且随时可能被侵犯、被蚕食、被践踏。第三,行政执法是维护社会秩序和市场经济秩序的重要措施。保障和维护社会秩序、市场经济秩序是执法的重要任务,离开了保障和维护社会秩序、市场经济秩序的任务,执法在很大程度上就失去了社会需要和存在的理由。没有执法,社会秩序和市场经济秩序将不可避免地出现混乱,人们可能不得不恐惧地生活于某种“无序状态”中。

影响行政执法行为作用实际发挥的因素包括执法体制、执法方式和执法程序的优劣等。好的(民主的、科学的、文明的)执法体制、执法方式和执法程序可以促进执法行为发挥积极作用,有利于保障人权,有利于构建、维护和保障社会秩序;不好的执法方式、执法体制和执法程序可能妨碍执法行为积极作用的发挥。在高度集权的执法体制下,运用野蛮的执法方式,漠视相对人权益的简单粗暴的执法行为也可能构建、维护和保障某种有条不紊的“秩序”。但是,这种“秩序”是以牺牲相对人人权,牺牲相对人积极性、创造性,牺牲社会、经济发展的活力和效率为代价的,因而这种“秩序”只能是暂时性的,最终将因相对人的不满和怨气爆发而终结,使社会经济秩序重新陷入混乱。然而设计得再优良的制度,也得靠具体的行政执法人员去执行。所以笔者认为,行政执法行为在一定程度上受行政执法体制、行政执法方式与程序制约,更受行政执法人员职业伦理的制约。行政执法人员的职业伦理不仅在一定程度上决定行政执法行为,也在一定程度上影响行政执法体制、行政执法方式与程序。行政执法人员勤政、廉政的动力只有来自献身公益的理想与荣誉感,来自对待本职工作的诚信态度,勤政、廉政才能转化为自觉的、高质量的行为。更为重要的是,目前我国社会正处于现代化建设的进程中,法律制度尚不完备,制度衔接不畅,行政执法技术的发展远未臻完善,在这种情况下,行政执法人员的伦理建设就显得更为重要和关键。

行政执法人员职业伦理对行政行为作用的影响是明显的。首先,执法人员的品行在社会上有表率作用。“民以吏为师”,执法者品德不正、行为不端,会给行政相对人作出坏的榜样,形成不好的民风。其次,执法人员的品行影响执法的权威,“身不正而令不行”,执法者自己违法乱纪,却要求行政相对人严格遵纪守法是很难的,甚至是不可能的。执法者执法语言粗野、行为恶劣,要求行政相对人严格服从管理、令行禁止是很难的,甚至是不可能的。最后,执法人员品行不佳,会给违法犯罪分子提供施放“糖衣炮弹”,将其击倒或“拉下水”的机会。违法犯罪分子、社会黑恶势力如认定、看准某执法人员是见钱眼开、见利忘义、见色忘乎所以的人,即会通过“钱权交易”“色权交易”将其收买，让这些腐败分子充当他们违法犯罪活动的“保护伞”。至于某些执法人员不待他人“拉下水”，自己主动往“水”里跳，以权入股，参与违法犯罪活动的，这种情况对于社会、经济秩序的危害则更是自不待言。

不言自明，强调行政执法人员的职业伦理是很重要的，它有助于确保行政执法人员依法行使法律授予的职权。

二、行政执法活动的职业特点

各行各业除了共同的职业伦理规范外，都有其特殊的职业伦理要求。在总结行政执法人员的职业伦理内容之前，我们必须明确行政执法人员职业活动的特点，其主要表现在四个方面。

（一）强烈政治性

美国行政学家古德诺认为，政治是国家意志的表达，行政是国家意志的执行。制定政策是政治，执行政策是行政。[1] 行政执法人员在执行公务时，必须服从国家的意志，按照国家的法律和政策办事，处处考虑国家的利益。也就是要服从和执行统治阶级的意志，为统治阶级的利益服务。在社会主义国家，工人阶级和广大人民群众是国家和社会的主人，行政执法人员的公务活动同样必须体现工人阶级和广大人民群众的意志和利益，这就为其职业活动打上了深刻的烙印，使它具有强烈的政治性。

（二）重大责任性

行政执法人员的职责就是行使国家行政权力，执行国家公务。他们的主要任务是根据法律制定和执行法规、规章，领导和管理国家各项行政事务，协调社会各方面的关系，保证社会分工体系中各行业的正常运行。因此，行政执法活动直接关系着整个社会和国家的现状、前途和命运，这是其他任何普通职业都不能与之相比的。

（三）“绝对”权力性

历史上各级各类行政执法人员都拥有各自相应的权力，并借以领导和管理国家行政事务，履行自己的职责，维护统治阶级利益。行政执法人员享有的这种权力，具有强制性、单方面性和不可处分性等特征。行政执法人员在实施行政管理时，以国家机器为其贯彻实施的后盾，在其法定权限范围内，一切公民、法人和其他组织（行政相对人）都必须受其约束，不得抗拒或妨碍其实施，否则将受到国家法律的制裁。行政相对人不仅必须服从，而且还依法负有协助行政执法人员实施行政执法活动的义务。

行政执法人员是代表国家管理日常行政事务的，以命令—服从关系为其处理与相

---

〔1〕 参见［美］古德诺：《政治与行政》，王元译，华夏出版社1987年版。

对人关系的基本特征。在绝大多数情况下,行政执法人员在行使这一权力时都是单方面的,不必征得行政相对人的同意,其效力的发生也不以相对人的意志为转移。在个别情况下,虽然相对人也可在某种程度上对这种权力的行使施加影响,使之具有双方行为的性质,但这种情况不仅少见,而且即使在这种情况下,行政执法人员也大多居于明显的优势地位。

行政执法人员享有的行政权力,体现了人民的整体意志,是国家治理的具体化。对行政行为相对人来说是一种权力,对国家来说是一种义务。行政机关必须忠实地履行职责,依法定要求行使行政职权,不得任意处分自己享有的权力。任何行政执法活动必须有法律依据,严格按法定程序办事。任何行政机关及其工作人员都不得越权或失职,不得放弃或转让行政职权,否则有关责任人员就应当受到法律的制裁或处分。

(四)复杂多样性

现代行政执法活动领域极其广泛,既涉及国家事务的管理,又覆盖社会公共事务的管理,这是由现代行政发展的现象决定的。现代行政已不像18、19世纪的行政那样仅限于治安、国防、税收、外交等领域,而且还扩展到包括工商、卫生保障、环保绿化、劳动保护、妇女儿童保障、社会福利等在内几乎所有的社会生活领域,触及社会的每一个角落。西方学者形容其为“从摇篮到坟墓”的全方位管理。行政执法活动触及的领域具有多样性,而且层次不同,名目繁多,种类不一,有些领域又具有极强的专业性、技术性。为了适应这种多样性和复杂性,使行政执法工作适应社会生活的现实需求,在立法中就会赋予行政执法机关更加广泛的自由裁量权,即具体情况具体对待。自由裁量权是在法律规定的条件下,行政机关根据其合理的判断,决定作为或不作为以及如何作为的权力。但是我们也必须看到行政自由裁量有被滥用的可能,因此应当对自由裁量权的行使加以控制。

三、行政执法人员职业伦理的特点

行政执法活动的特殊性决定了行政执法人员的职业伦理除了具有社会伦理、职业伦理共有的一般特点和属性外,还具有自己的一些特殊性。

(一)明显的政治性

行政行为首先是与国家各级政府有直接关系的活动,它是围绕执行社会公共权力而展开的活动和关系,行政职业直接体现并执行着国家的意志,所以它属于上层建筑领域。国家行政执法人员是国家大政方针、具体政策的制定者和实施者。正确的政策之制定和执行,不仅取决于行政执法人员的能力,也取决于他们是否具有良好的职业伦理。行政执法人员如果没有明确地为公共利益服务、为人民服务的价值取向,没有公正廉洁、忠于职守、实事求是的伦理品质,就不能坚定不移地、正确地贯彻落实党和国家的路线、方针和政策,从而对党和国家的形象造成损害,甚至可能在人民群众中产生对党和国家的信用危机。

行政执法人员的职业伦理在本质上反映着国家和政府政治的价值追求,体现着社会利益(包括政治利益)的分配,也正是在这个意义上,马克思、恩格斯认为它“始终是阶级的伦理”,是“为统治阶级的统治和利益辩护”。行政执法人员的职业伦理的这种政治属性,明显地体现在具体的行政执法人员的职业伦理规范之中,如“忠于国家、拥护政府”无一例外地成为各国行政执法人员的责任和义务,即使在标榜政府对政党政治采取中立态度的西方国家亦是如此。

(二)外在的强制性

伦理观念作为一种社会的理性思考或价值意识,在其实现方式上,一般说来主要是依靠社会舆论、风俗习惯、人们的信仰等来维护和保障的。行政执法人员的职业伦理在实现方式上,无疑也具有这方面的特点。但是制度化的职业伦理有助于行政执法人员职业群体的良性发展。一方面,由于行政执法活动是一种从事社会公共事务管理的特殊职业,行政执法人员的行政行为直接关系着国家利益和社会公共利益,因此其伦理规范不仅应当具有正当性和统一性,而且应当具有较强的约束性——一旦有人在工作中非伦理地行事,就有可能造成恶劣的社会影响,并损害群众的权益。另一方面,职业伦理的制度化可以维系该群体的凝聚力和身份认同感。制度化的职业伦理使行政执法人员认识到其负有服务相对人的伦理义务,并且认识到所有行政执法人员属于同一群体,具有同一身份。而作为其中一员,则有义务促进该群体的良性发展,或者至少不能因自己的不当行为损害整个职业群体的形象。职业伦理的制度化可以对行政执法人员的行为是否符合职业伦理进行评判,并通过相应的责任机制提高其执行力。因为制度规范通常要比单纯的伦理准则具有更强的约束力——“伦理基础提供的是信念、前提、秩序,以及指导行为的原则,而法律的主要目的在于提供控制和限制活动的方式”[2]。目前,许多国家和政府都将行政执法人员的职业伦理以法的形式规定下来,出现了行政执法人员的职业伦理法制化的趋势。与社会公德、家庭伦理以及其他职业伦理相比,行政执法人员的职业伦理在实现方式上具有一定程度的强制性,至少是具有强制性与非强制性并存的特点。

(三)社会的示范性

行政执法人员的工作是面向社会的,担当着社会生活管理者的角色,他们负责调节社会生活中的各种关系,因此,他们的一举一动都会关系到国家利益或公共利益,都可

---

〔2〕 [美]菲利普·J.库珀:《二十一世纪的公共行政——挑战与改革》,张秀琴译,中国人民大学出版社2005年版,第13页。

能对社会产生具有普遍性或较大范围的影响。换言之,行政执法活动的职业特性,使行政执法人员的职业伦理对行政执法人员的内心情感、信念和行为的规范上,已超出了国家行政执法人员个体的范围,是通过国家行政执法人员个体的行为实施对全社会的影响。从这个意义上说,行政执法人员的职业伦理在社会伦理体系之中,实际上是处于主导地位的,并对整个社会伦理、家庭伦理和其他职业伦理等具有强烈的示范作用。与此同时,行政执法人员伦理水平的高低和伦理行为的好坏,不仅在很大程度上代表着整个国家和社会的伦理状况,也会直接影响整个国家和社会的伦理状况以及风气。中外的历史发展证明了古人所讲的"上好礼则民莫敢不敬,上好义而民莫敢不服,上好信则民莫敢不用情"的道理。优良的政风必然造就优良的民风和崇高的社会风尚,从而有利于社会稳定,有利于社会生产力的发展。相反,如果行政腐败、政纪松弛,则必然会引起整个社会风气的败坏,甚至造成社会动荡。

四、行政执法人员职业伦理的核心

构建社会主义行政执法人员职业伦理要以全心全意为人民服务为核心。全心全意为人民服务是社会主义的本质在行政执法人员职业伦理中最根本的体现,也是社会主义行政执法人员职业伦理与资本主义行政执法人员职业伦理相区别的根本标志。

把权力行使的过程作为为人民服务的过程,是马克思主义的一贯要求和共产党人的根本立场。马克思在总结巴黎公社经验时指出,公职人员是人民公仆,应当为组织在公社的人民服务。毛泽东同志把马克思主义的基本原理与中国的具体实际相结合,把全心全意为人民服务确定为党的宗旨。他指出,全心全意为人民服务,一刻也不脱离群众,一切从人民的利益出发,而不是从个人或小集团的利益出发,向人民负责和向党的领导机构负责具有一致性,这些就是我们的出发点。邓小平同志提出了"领导就是服务"的论断,鲜明地提出了"人民利益标准",并具体化为"人民拥护不拥护""人民高兴不高兴""人民赞成不赞成""人民答应不答应"。江泽民同志科学总结了我们党 80 年的基本经验,提出了"三个代表"重要思想,强调我们党应始终成为"中国最广大人民利益的忠实代表"。胡锦涛总书记在"三个代表"重要思想理论研讨会上,要求各级行政领导人员必须以"对人民负责的精神,做到心里装着群众,凡事想着群众,工作依靠群众,一切为了群众,坚持权为民所用、情为民所系、利为民所谋"。[3] 习近平总书记指出"坚持立党为公、执政为民,自觉践行全心全意为人民服务的根本宗旨,把党的群众路线贯彻到治国理政的全部活动之中,把人民对美好生活的向往作为奋斗目标,依靠人民创造历史伟业"。[4]

---

〔3〕 胡锦涛:《在"三个代表"重要思想理论研讨会上的讲话》,载《人民日报》2003 年 7 月 2 日,第 1 版。

〔4〕 习近平:《在纪念周恩来同志诞辰 120 周年座谈会上的讲话》,载《习近平谈治国理政》(第 3 卷),外文出版社 2020 年版,第 135 页。

1. 全心全意为人民服务是社会主义国家的性质决定的。全心全意为人民服务，既是我党的根本宗旨，又是我国社会主义民主政治的内在要求。我国《宪法》第 27 条第 2 款规定："一切国家机关和国家工作人员必须依靠人民的支持，经常保持同人民的密切联系，倾听人民的意见和建议，接受人民的监督，努力为人民服务。"社会主义制度、国家政权、国家机关的性质，决定了行政执法人员职业伦理的核心是全心全意为人民服务。我国的社会制度是以公有制为基础，实行人民民主专政的社会主义制度，这种社会制度的本质就是为人民谋利益，国家机关是为人民服务的机构。所以，甘为人民公仆，全心全意为人民服务，是社会主义国家行政执法人员的天职和宗旨。在我国，主要的行政执法人员是公务员。《公务员法》第 14 条规定，公务员应当履行全心全意为人民服务，接受人民监督的义务。这一方面表明了社会主义行政执法人员的职业伦理，与以往剥削阶级国家官吏伦理有本质的区别；另一方面，它表明了行政执法人员来源于人民，授权于人民，又服务于人民，是人民的公仆。是当人民的公仆，还是做人民的主人，这是社会主义国家行政执法人员与剥削阶级官吏的根本区别。剥削阶级的国家官吏都把自己看作是骑在人民头上的"主人"，他们的所谓"为民做主"，实质上是要求人民群众俯首听命，为剥削阶级服务。与此相反，社会主义国家行政执法人员的权力来自人民，因此，他们服务的对象只能是人民。国家政权必须依靠群众，国家机关必须为人民服务。唐代思想家柳宗元曾说过"为吏者人役也"，即官吏是老百姓的仆人，这是十分进步的见解，但是在私有制条件下不过是愿望而已。只有在社会主义条件下，国家行政执法人员做人民的公仆才能成为现实。行政执法人员不过是接受人民的委托来管理国家、为人民办事的，行政执法人员的职业伦理就是这种客观关系的反映。

2. 全心全意为人民服务是我们党的群众路线的必然要求。我国的行政执法人员与党和政府的关系极为密切，政府和行政执法人员是由中国共产党领导的。中国共产党是执政党，党员干部是国家行政执法人员队伍的主体。我国实行的是党管干部的原则，行政执法人员的各项管理制度是按照党的干部路线、方针、政策来制定的。这与西方国家的多党制度、党派政治，以及在此条件下标榜"政治独立"的制度是完全不同的。这也表明，我国行政执法人员不仅是政府的，而且是在党领导下的执法人员，行政执法人员与党和政府存在密不可分的联系。行政执法人员与人民群众的关系，直接反映了党和政府与人民群众的关系。党和政府与其行政执法人员的力量源泉来自人民群众，所以党和政府历来重视密切联系群众的问题。

任何执政党的根基都在于民众的支持。人心向背，历来是决定一个政党、一个政权兴亡的根本性因素。我们党始终坚持一切为了群众，一切相信群众，一切依靠群众，赢得了最广大人民群众的拥护和信任，从而赢得了革命、建设和改革开放的一个又一个胜利。20 世纪 80 年代末以来，在世界上一些国家和地区执政几十年的老党、大党先后失去政权，有的甚至走向衰亡，原因是多方面的，而且各自不尽相同，但脱离群众、失掉人心却是共同的、根本的。他们的失败，本质上是被人民群众抛弃的结果。这个深刻的教训很值得我们深思和警惕。

没有人民群众的抚育和支持,党一天也不能生存。在执掌全国政权和改革开放以后,党有了更多更好的为人民服务的条件,也增添了脱离群众的危险。如何有效地防止这种危险,在新的历史时期保持和发展党同人民群众的血肉联系,直接关系到党和国家的盛衰兴亡。在新的历史条件下,作为党领导下的行政执法人员,特别是具有共产党员身份的行政执法人员,必须始终把人民群众的意志和利益作为自己一切工作的出发点和归宿,必须始终把依靠人民群众的智慧和力量作为我们推进事业的根本工作路线,时时处处诚心诚意地为人民谋利益,全心全意为人民服务。只有这样,才能得到人民群众的信任和支持,赢得民心,密切党同人民群众的血肉联系,从根本上保证党、国家和人民的事业兴旺发达。

全心全意为人民服务是社会主义国家行政执法人员职业伦理的核心,是调整行政执法人员职业内外部关系的最基本的出发点和指导原则。国家行政执法人员全心全意为人民服务的方式具有特殊性,它是通过运用手中的权力来服务人民、服务社会的。能否做到为人民服务,或为人民服务能否做到全心全意,关键在于如何认识和运用权力,树立正确的权力观。

五、行政执法人员职业伦理的原则

(一)法治原则

行政执法人员的执法活动,以国家赋予的行政权力为前提。行政权具有的特征,使得它很容易被行政执法人员滥用。行政权一旦被滥用,其危害程度与立法权和司法权相比,是最大的。因此,强调依法行政的原则是十分重要的。

习近平总书记指出:"国务院和地方各级人民政府作为国家权力机关的执行机关,作为国家行政机关,负有严格贯彻实施宪法和法律的重要职责,要规范政府行为,切实做到严格规范公正文明执法。"[5] 这是对法治原则的精辟解释。德国的萧勒(U. Scheuer)教授对法治原则进行过阐述,认为法治原则必须贯穿两个最基本的价值:其一,保障个人的自由;其二,将国家权力用法来规定,以对抗恣意滥权与不法行为。法治原则要求国家和公民的关系应受一般法律的调整(或者说国家权力和公民的权利自由之间的界限应由一般法律来确定),这种法律不仅使行政活动得以确定,而且使公民可以预见和测度。

如果权力是金子,就应该用到比刀刃还要重要的位置上;如果权力是种子,就应该撒到足以开花结果的地方;如果权力是钳子,就应该用它剪断盘根错节的关系网和不正之风的风源;如果权力是"金箍棒",就应该用它扫尽一切人间的牛鬼蛇神;如果权力是

---

〔5〕《习近平谈治国理政》,外文出版社有限责任公司2014年版,第140页。

千斤顶，就应该用它托起人民的重望，维护人民的基本权利和自由。[6] 因此，必须规范政府权力的正当行使，使政府的权力用在最恰当之处。行政执法人员在行使国家授予的权力时，不得超越宪法和法律为其设定的合理界限。正如《宪法》规定的，国家维护社会主义法制的统一和尊严，一切国家机关和工作人员必须遵守宪法和法律，没有超越宪法和法律的特权。所以，《公务员法》第 14 条第 1 项规定，公务员应当忠于宪法，模范遵守、自觉维护宪法和法律，自觉接受中国共产党领导。

我们要实现"干部清正、政府清廉、政治清明"的政治建设新目标，推行权力清单制度是极其重要的一步。推行权力清单制度，必须遵循职权法定、边界清晰、主体明确、运行公开原则，使政府机关职权的设定依照法律进行，严格实行"法无授权不可为"。各级政府和部门实施行政管理、开展行政执法、提供行政服务，都要在法定范围内进行，体现法治政府对行政主体行使权力的要求。

（二）合理性原则

合理就是权力的行使要正当有效，符合国家和人民的利益。国家行政执法人员执行职务必须正确行使职权，特别是自由裁量权。权力的行使行为应当在情理之中、适度之内，估计各种相关的因素，保障权力行使行为的正当有效。

合理性原则产生的原因在于行政裁量权的存在与扩大。行政裁量权，包括要件裁量和行为裁量，是指行政执法人员的自行决定权，即对行为的方式、范围、种类、幅度等的选择权。在一定条件下必须采取一定的行为，由法律作出明确无疑的单义性规定，行政机关只能单纯地执行法律规定，所作出的行为是羁束行为；当法律上使用不确定概念，给行政机关执法人员以要件判断余地时，称为要件裁量；法律给予行政机关执法人员选择是否采取行为以及采取何种行为的自由时，称为行为裁量。例如，《海关法》第 30 条第 3 款规定："前两款所列货物不宜长期保存的，海关可以根据实际情况提前处理。"也就是说，海关在处理方式上（如变价、冰冻等）有选择的余地，"可以"的语义包含了允许海关作为或不作为。

行政裁量权的存在和扩张是现代行政权发展的一个明显特征。出现这个特征的原因有二：第一，保证行政效率是自由裁量权存在的决定因素。依法行政管理的范围非常广泛，这就要求行政机关所拥有的行政权必须适应纷繁复杂、发展变化的各种具体情况。为了使行政机关能够审时度势、权衡轻重，不至于在复杂多变的问题面前束手无策，错过时机，法律、法规必须赋予行政机关在规定的原则和范围内行使自由裁量权，从而灵活果断地解决问题，提高行政效率。在现代社会中，必然要加强行政管理，讲效率，因而行政机关的自由裁量权也会越来越大。第二，立法的普遍性与事件的个别性之矛盾是自由裁量权存在的又一决定因素。由于我国是一个幅员辽阔、人口众多的大国，各

---

〔6〕 参见肖泽晟：《宪法学——关于人权保障与权力控制的学说》，科学出版社 2004 年版，第 206 页。

地区的政治、经济和文化发展很不平衡，社会习俗、生活方式也有很大差别，法律、法规所调整的各种社会关系在不同地区也有不同程度的区别，对各种情况也不可能概括完善、罗列穷尽。因此，从立法技术上来看，立法机关无法作出细致的规定，往往只能规定一些原则、一些有弹性的条文、可供选择的措施以及可供上下浮动的幅度，使行政机关有灵活机动的余地，从而有利于行政机关因时因地因人卓有成效地进行行政管理。

我们也应该注意到行政自由裁量权也有被滥用的可能，所以构建社会主义行政执法人员职业伦理的第二个原则是合理性原则，使法律在彰显权威性的同时体现法的正义性和人道性，让执法的对象真正“服法”。但是需要指出的是，行政执法人员的裁量并不是独立于法的自由裁量，而是在法律范围内的裁量。

合理性原则是从实质方面对行政裁量权的行使提出要求，这个原则的内容是客观、适度、符合理性，它要求程序公正无私，形式公开、透明。如果行政执法人员背离了公正、合理、适度的原则，行使职权便失去伦理规范的保障，难以正确把握法律留下的自由裁量的幅度，就会出现权力被曲解、滥用，导致有法不依、执法不严，甚至违法行政现象的产生。

第二节 行政执法人员职业伦理的基本要素

以全心全意为人民服务作为行政执法人员的伦理核心，以法治原则、合理性原则作为行政执法人员伦理原则，绝不是空洞的口号和枯燥的伦理教条，它通过一系列伦理规范来贯彻、落实和体现。结合行政执法活动的职业特点，我们认为，行政执法人员的职业伦理要素包括公正透明、廉洁高效；忠于职守、勤勉尽责；遵守法纪、严守秘密；实事求是、秉公执法；文明执法、民主管理。

一、公正透明、廉洁高效

为了有效地贯彻上述两项原则，使行政执法人员在执法过程中服务于公民权利，有效防止国家权力侵犯公民权利，应该强调行政执法活动的实质公正和程序公正。公正是行政执法人员的职业理想。其中，实质公正是指行政执法人员不畏权势、法律至上、公正地处理一切案件，真正做到以事实为根据、以法律为准绳、法律面前人人平等、同等情况同等对待。程序公正是强调过程的公开透明、公众的参与等。鉴于我国长期以来重实体、轻程序的传统，我们更应该重视对行政执法人员执法活动的程序控制。行政公开、透明表现在行政程序法的各项原则和各项具体制度之中，可以说是行政程序法的生命。行政公开是当代行政法的基本原则，作为监督行政的基本前提，其目的一是强化民主政治，二是防止“暗箱操作”、贪污腐败。行政公开、透明原则是政务公开原则在行政领域的贯彻和落实。

另外，我们也应当看到，与司法权相比，行政权更强调效率。行政行为的效率是其追求的最基本价值，过分强调行政公开、透明而不管程序本身的成本也是不正确的。只讲规范权力的运行，而不注意维护行政效率的行政程序也是缺乏科学性的。所以，在具体实践中出于行政效率的需要，行政秘密制度在许多国家的某些领域仍得以延续，成为行政公开原则的例外。

廉洁高效是行政执法人员的职业伦理要素，更是人民的要求。行政执法人员应该做到廉洁奉公，不贪污，不受贿，不图谋个人私利，全心全意为人民服务。自觉抵制剥削阶级思想的腐蚀，抵制当前社会上流行的“拉关系”“走后门”的不正之风，不断提高思想伦理素质。纠正官本位的思想，提高服务的意识。当前，我国的一些部门和地方机构臃肿，人员超编，使官僚主义有了“温床”，机关效率不因人多而提高，反而日趋低下，人民群众对此意见很大。曾有老百姓民谣这样说：“天上星多月不明，地上坑多路不平，人间官多事难成。”改革开放以来，虽然经过几次政府机构改革，以上所说的现象得到了一定程度的纠正，但要彻底克服行政执法人员的官僚主义作风，提高办事效率还是任重而道远。这从反面说明高效作为行政执法人员职业伦理的重要性。

行政执法人员公正透明、廉洁高效的行为是体现人民政府良好形象的一个突出的方面。社会主义伦理所要反对的是一切损人利己、损公肥私、金钱至上、以权谋私、欺诈勒索的思想和行为。以为人民服务为宗旨的行政执法人员是人民公共事务的管理者，只有廉洁、高效才能有效地同各种形式的不正之风作斗争，才能充分调动人民群众的积极性和创造性。

二、忠于职守、勤勉尽责

“职守”指工作岗位。忠于职守就是要忠于自己的职业，安心和热爱本职工作，对行政执法工作一丝不苟，兢兢业业，有高度的责任心。行政执法人员是国家机构运行的主力军，没有行政执法人员，国家行政机构就不复存在；没有行政执法人员忠于职守地勤奋工作，国家行政机关的职能也就无从实现。

早在中国古代，大思想家孔子就提出了“执事敬，与人忠”的思想。在他看来，做事与做人应当是一致的，无论从事什么工作，都应全身心地投入，都应尽心尽力，要以恭敬、虔诚的态度对待手中的工作和身处其中的职业劳动。

在现代社会，“忠于职守、勤勉尽责”同样是职业行为的准则之一。对行政执法人员而言，这一规范要求：第一，要有坚定正确的政治方向，忠于国家。行政执法人员作为行使政府权力的主体，无论在什么情况下，都必须忠于国家，为国效力，不但自己不得有损害国家尊严和人民利益的行为，而且要勇于同各种不良的现象进行坚决的斗争。第二，热爱岗位、热爱职业。只有对岗位和职业有喜爱的意识和情感，才会在行动上对岗对业高度重视,认真负责。个人的热情、心境和努力是影响执法质量和执法效果的重要因素。只有爱岗、敬业才能使行政执法人员突破、克服现有职业的条件局限,在工作中创造辉煌。第三,精益求精,以事为业。也就是说,不仅要爱岗敬业,还要将这种热爱之情转变为实际的行动,这就是以事为业,即敬业;用一种恭敬、严肃、认真的态度对待自己的工作,勤奋努力,绝不敷衍了事、马马虎虎。第四,敢担风险,敢负责任。在职业行为中不论承担怎样的责任,每位行政执法人员都必须在从事执法活动之前树立明确的责任意识,每个人对工作都应尽心尽力。能否意识到自己的责任,将会直接影响到执法人员以怎样的态度和方式从事职业行为。所以,行政执法人员应该敢于承担责任,绝不能因为害怕承担责任而互相推诿、扯皮。只要是利国利民的事,行政执法人员就应当不怕困难和风险,不怕挫折和失败,不怕打击和损失,坚持原则,迎难而上,以对党和人民高度负责的精神,圆满地完成本职工作。

三、遵守法纪、严守秘密

国家行政执法人员代表国家和人民行使行政权力,对全社会影响重大。这就要求他们必须以身作则、遵纪守法,为广大人民群众树立榜样。国家行政执法人员作为人民群众中的优秀分子,在执行法律的同时也不同程度地参与部门规章、纪律的制定,因此更应该模范遵守和执行,这是行政执法人员的天职。因此,行政执法人员必须加强法治观念,在知法懂法的基础上,培养遵纪守法、依法办事的高度责任感,并使之成为自觉的伦理义务。要正确地处理自由和纪律、民主和法治的关系,克服特权思想,树立法律高于一切的观念,培养自觉遵纪守法、按政纪国法办事的良好习惯。

政纪是国家机关制定的行政机关及其工作人员必须遵守的行为规范。如《公务员法》第59条规定,公务员应当遵纪守法,不得散布有损国家声誉的言论,组织或者参加旨在反对宪法、中国共产党领导和国家的集会、游行、示威等活动;不得组织或者参加非法组织,组织或者参加罢工;不得不担当,不作为,玩忽职守,贻误工作等。政纪是行政执法人员完成执法任务的保证,违反政纪的行为由行政机关依法依纪进行追究。

党和国家的秘密,是指关系到党和国家的安全和利益,依照一定的程序确定,在一定的时间内只限一定范围内的人知悉的事项。行政执法人员在执法工作中,有条件、有机会接触党和国家的秘密。为了保护党和国家的利益,要努力做到"不该看的不看,不该问的不问,不该记的不记,不该说的不说",并且勇于同各种各样的泄密行为作斗争。行政执法人员要做到严守秘密,首先应该在思想上予以重视,增强保密观念。国家秘密涉及国家和人民的根本利益,具有特别的重要价值,因而也是外国间谍和敌对组织等需要猎取的重要情报,一旦泄密,将会给国家造成政治上、经济上无可挽回的重大损失。除国家秘密以外,行政执法工作还涉及相对人的秘密。比如,企事业单位的经济、科技、经营管理方面的秘密,往往对行政相对人来说具有重要的意义,它能给行政相对人带来经济利益。为了不致损害行政相对人的合法权益,保守这些秘密也是极其重要的。

四、实事求是、秉公执法

行政执法人员是代表国家进行行政管理的，应当维护社会秩序，增进公共利益，保障公民、法人或其他组织的合法权益。因此，在执法过程中，必须保持清醒的头脑，审慎地分析具体情况，明辨是非，恰当处理。只有这样才能确保行政执法决定的准确性、权威性、稳定性。要做到这一点，行政执法人员必须坚持实事求是、秉公执法的职业伦理规范。

所谓实事求是、秉公执法，就是指行政执法人员在工作中要以事实为根据，以法律为准绳，不徇私情，不持偏见，明辨是非，确保行政执法决定的内容客观公正，处置适度、符合理性。其基本要求：一是注重调查研究，尊重客观事实。行政执法人员在执法活动中，首要的是要一切从实际出发，忠于事实，尊重客观规律。行政执法人员应该深入实际，调查研究，掌握第一手材料，查清事物的本来面目。二是说老实话，办老实事，做老实人。这是辩证唯物主义的科学态度和人生观的反映。忠诚老实是行政执法人员应具备的伦理品质，也是对国家和人民忠诚负责的表现。行政执法人员必须讲真话，不讲假话；要脚踏实地，不做表面文章，扎扎实实地干工作，老老实实为人民办事；要言行一致，表里如一，心口如一，绝不可口是心非。三是正确用权，不徇私情。行政执法人员必须执政为民、用权为政，公事公办，做到处理问题秉以公心，解决纠纷主持公道，不讲关系，铁面无私。四是坚持真理，修正错误。行政执法人员应胸怀坦荡，大公无私，其一切言论和行动，都要以是否符合最广大人民群众的最大利益为最高标准。因此，行政执法人员必须坚持"不唯上、不唯书、只唯实"的原则，不畏权势，勇于坚持真理；不怕丢面子，勇于修正错误。〔7〕

毛泽东同志指出，"研究问题，忌带主观性、片面性和表面性"。行政执法人员处理"案件"必须以事实为依据，以法律为准绳，绝不允许自以为是、主观臆断。行政执法人员要做到秉公执法必须刚正不阿、无私无畏，坚持法律面前人人平等。在执法的过程中，不论行政相对人的家庭出身、个人情况、社会地位和政治历史有什么不同，一律依法平等对待，该保护的依法保护，该制裁的依法制裁，不容许任何人有超越法律之上的特权。行政执法人员必须具备一定的专业素质，严格按照执法规程办事，并使之形成一种职业修养和职业习惯。

五、文明执法、民主管理

行政职业伦理的原则是依法行政，严格执法是依法行政的必然要求。行政执法人员执法的方式、方法不仅要实现执法的目的，而且要让被执法的对象心悦诚服，以达到法律效果与社会效果的统一。为了实现这样的执法效果，行政执法人员就必须坚持文

〔7〕 参见王水成、赵波编著：《职业道德论要》，中国社会科学出版社2003年版，第118～119页。

明执法。文明执法是社会文明程度的重要标志,其强调的是执法方式、方法和过程的文明。具体地说,文明执法是指行政执法人员以人为本,依照法律规定的职权和程序,运用法律规范办理各种案件,坚持教育与处罚相结合,坚持严格、公正、文明执法,坚持说理和服务的原则,目的是让不懂法者懂法,让懂法者自觉守法。它要求行政执法人员真诚地为人民服务,为社会服务,真正体现行政执法人员全心全意为人民服务的宗旨。正如"社会主义荣辱观"强调的那样,"以服务人民为荣,以背离人民为耻"。

文明执法要求行政执法人员在执法过程中,首先要把文明用语和法律法规的运用完美结合,做到以理服人;其次要进一步落实文明执法行为规范,杜绝不文明行为。行政执法的对象许多是下岗职工、待业人员、外来务工人员、刑满释放人员等弱势群体,遇到的问题大多属于人民内部矛盾。违法行为轻微没有造成严重后果的,应教育其纠正。如果行政执法人员言语粗鲁、行为野蛮,不但不能纠正其违法行为,而且会增加违法者的对立情绪,破坏政府形象。执法讲文明,行政执法人员应做到文明用语在先、亮明身份在先、指明违法事实在先、权利告知在先,在工作上充满真情,在环节上规范清晰,使违法者心悦诚服,从而减少行政执法工作的阻力,透射出党和政府对广大人民群众的关心和爱护。这既是执法人员文明素质的展示,也是行政执法不可缺少的必要程序。行政执法人员要坚持以人为本的思想,本着执法无情、操作有情的宗旨,把行政执法的"文章"做深、做细,处处为老百姓着想,时时为老百姓负责,逐步将对立关系变成合作关系,将执法对象权利、利益的"伤害者"变成执法对象合法权益的"维护者",把执法、管理与服务有机地结合在一起。比如,城市管理执法人员如果发现一无证摊点占道经营,执法人员不仅应该宣传法律法规,晓之以理,耐心进行教育,最终使其依法接受处罚,还应该考虑到当事人的困难,从"人性化"的角度出发,主动和摊点安置单位进行协调,安置其在合法地点经营,为其办理相关合法手续提供必要的帮助。可以设想其最终的结果将是,该当事人不仅再不会违章占道,而且还会不断向其他经营户宣传城管法规,配合城市管理执法人员做好其他违章当事人的工作。

法治国家具有形式意义和实质意义之分。形式意义上的法治国家以法律为中心,凡是对公民自由和财产的侵害必须具有法律或议会的授权;而只要国家活动形式上符合法律,即视为达到法治国家的要求。实质意义的法治国家不仅要求国家权力受法律的约束,而且要求法律本身具有社会的正当性。实质意义的法治国家是形式意义的法治国家的补充和发展。[8] 没有形式法治,国家权力的恣意滥用就难以避免,公民的权力就会受到随意的侵害。但是,仅有形式法治并不能真正实现法治。如果一项法律赋予政府按其意志行事的无限权力,那么政府的所有行动在形式上就都是合法的,但是这一定不是法治原则下的合法,而是以法的形式所推行的专制,或者说在法的名义下推行的暴政。而事实上,以法的形式所推行的专制或者说在法的名义下推行的暴政,由于法

---

〔8〕 参见[德]哈特穆特·毛雷尔:《行政法学总论》,高家伟译,法律出版社2000年版,第105页。

的普遍性而导致一般人的利益受侵害的范围更广泛、程度更深远,因而完全可能比没有法的形式而推行的专制和暴政更残忍,20世纪出现的法西斯"恶法之治"便是明显的例证。[9] 所以行政执法人员不仅应该强调在执法过程中的依法行政,还应该强调执法根据的正当性、合理性。

20世纪90年代以来,不少行政执法机关通过组织听证会的办法来提高民主管理的水平,这是一个好的办法。通过听证会,行政执法机关认真分析原因,研究对策,制定和完善执法的根据——规章制度,规范依法行政行为。民主既是一种国家制度,也是一种工作方法。任何行政法规规章的制定、修改和废止,都必须坚持群众路线,认真听取群众意见。这样做可以集思广益,从而有利于提高法律法规的科学性。当然,我们这里讲的群众路线,并不等于要实行"群众立法"。专门机关应该在广泛发扬民主的基础上,由专门机关作出适当的、正确的集中。民主管理的职业伦理要素是要坚决打破行政执法人员"一言堂"的家长制管理模式,实行民主集中制的优良作风。使权力产生向心力和凝聚力的一项重要的方式就是民主,要把人民群众的聪明才智集中起来,形成一种合乎社会发展规律的促进社会进步的合力,推动建设中国特色社会主义事业不断向前发展。事实证明,在法律法规的创制工作中广泛听取各方面的意见,反复进行比较、论证、协商,可以创制出质量较好的法律、法规,也便于执法、守法和进行法治宣传。

第三节 行政执法人员职业责任

根据《汉语大词典》的解释,"责任"可以从两个方面来理解:第一,"责任"意味着分内应做之事;第二,"责任"意味着未做好分内应做之事所应受的谴责和制裁。从第一层含义看,"分"即角色,它说明责任与责任主体的社会角色是相联系的,各种社会规范要求社会成员作出与自己的社会角色相适应的行为,表明了社会对责任主体的行为预期,属于积极意义上的责任。从第二层含义看,它说明社会对行为不符合社会规范的成员所给予的谴责和制裁,反映了社会对其成员不履行或没有履行好积极意义上的责任进行的处置,是社会成员因为没有做好分内之事而引起的,属于消极意义上的责任。前者是后者的基础,只有首先界定了前者,才有可能界定后者。

责任的实现也包括两个方面。就积极意义上的责任而言,它的实现有赖于责任主体对自己责任的认识和对自己行为的控制,如果认识正确、行为得当的话,他就会成功地履行自己的责任,责任通过这种方式实现是最理想的。就消极意义上的责任而言,它

---

〔9〕 参见张明楷:《罪刑法定的两个侧面对法治的启示》,载《法学论坛》2003年第2期。

的实现依靠社会的评价和社会采取的处置措施，是社会对责任主体偏离社会规范的惩罚和制裁。责任通过这种方式实现尽管不是最理想的，却是建立秩序所必要的，因为社会秩序是靠社会规范来维持的，对偏离社会规范的行为不处罚，社会规范就会失去效力，社会也就失去了秩序。我们知道，任何职业伦理行为都是人们在一定职业伦理意识支配下进行自由选择的结果。具体地说，就是人们在处理职业伦理关系时，在一定职业伦理意识支配下所作的涉及社会和他人利益的行为选择。它包括符合职业伦理的行为选择和不符合职业伦理的行为选择。由于职业伦理行为选择是自主性的活动，由此决定了行为主体要对行为选择所产生的结果承担责任。所以，明确行为主体所可能承担的责任，是通过积极的方式实现还是通过消极的方式实现，对于选择职业伦理的行为具有至关重要的意义。选择一定的职业伦理行为，就意味着承担与此相应的职业责任。

基于不同的职业伦理行为的评价标准，行政执法人员所可能承受的责任也不同。一般而言，行政执法人员的职业伦理责任包括道义责任、政治责任、纪律责任和法律责任。

一、道义责任

产生这一责任的根据不是法律法规的规定，更多在于社会舆论、内心信念。社会舆论作为职业行为评价的重要形式，是指一定社会集团为了自身的某种需要，在一定的伦理观念支配下，利用各种宣传方式，通过赞扬或贬斥一些行为或品行，造成一股无形的精神力量，以制约人们的行为。社会舆论对人们的行为具有巨大的赞扬或贬斥的作用，它能够形成一种善恶分明的社会氛围，使非伦理行为的行为者受到强大的精神压力和心理压力，畏惧、内疚甚至羞愧得无地自容；使那些行为高尚者受到赞扬、尊敬。内心信念即良心，伦理学上所讲的内心信念，是指伦理信念。职业伦理信念是一个人发自内心地对职业伦理义务的真诚的信服和强烈的责任感，是深刻的伦理认识、强烈的伦理情感和顽强的伦理意志的统一，是人们据以进行职业伦理行为选择的内在动机和伦理品质形成的基本因素。职业伦理信念促使人们自觉选择职业伦理行为，纠正不伦理动机，遵守伦理规范。比起社会舆论，职业伦理信念是更为重要的。[10] 如果行政执法人员不顾社会舆论的评价而选择非伦理的或者不遵守职业伦理的行为，其后果必将是承担一定的道义责任。道义责任的具体形式包括同行的批评、社会舆论的批评、自我良心的谴责等。

二、政治责任

政治责任是指“国家机关及其工作人员所作所为，必须合理、合目的性（合乎政府为人民服务的宗旨），其决策（体现为政策与法规、规章、行政命令等）必须符合人民的

---

〔10〕 参见王水成、赵波编著：《职业道德论要》，中国社会科学出版社2003年版，第224页。

意志与利益。如果政府决策失误或行政行为有损于国家与人民利益,虽则不一定违法(甚至有时是依其自定之不合理的法规、规章办事的),不受法律追究,却要承担政治责任”。[11] 我国目前追究行政执法主体行政责任的形式,仅限于引咎辞职。根据《公务员法》第 87 条第 3 款的规定,领导成员因工作严重失误、失职造成重大损失或者恶劣社会影响的,或者对重大事故负有领导责任的,应当引咎辞去领导职务。该条第 4 款规定,领导成员因其他原因不再适合担任现任领导职务的,或者应当引咎辞职本人不提出辞职的,应当责令其辞去领导职务。

引咎辞职在国外早已屡见不鲜,在国内却一直比较罕见。中国有句古语叫“当官不为民做主,不如回家卖红薯”,表明中国老百姓同样希望不称职的官员能有引咎辞职的自觉性。但是由于缺乏强有力的制度保证,一些明显不称职甚至严重失职、渎职的官员非但不会主动请求辞职,反而“笑骂由他笑骂,好官我自为之”,极大地损害了官员在普通群众中的形象。从最基本的意义上讲,一名官员如果因为失职、渎职或违法乱纪,已经在群众中造成恶劣影响,不再适合担任领导职务,却脸不红心不跳地依然赖在那里不走,这种行为无异于对民意的漠视,无异于对“官德”——官员群体的职业伦理的侵蚀。善良的人们自然要追问当政官员们的负疚心、责任心、过失感以及公共道义、职业操守的缺失,这一切将给领导干部队伍建设带来相当大的危险。在领导干部中推行引咎辞职制度,将证明官员有足够的知耻之心、羞恶之心,有助于树立领导干部在群众中的威望。

推行领导干部引咎辞职制度,就是要大力强化领导干部的责任意识,促使他们明白一个道理:必须格外珍视党和人民赋予的权力,一旦出现疏漏、失误,将无脸继续在台上为官执事。随着这一制度的确立,我们应该逐渐习惯和接受一种理念,即不仅“贪官”要下台,庸官也要下台;不仅直接责任人员要负责,承担领导责任的有关人员也要负责;不仅违法犯罪的官员要承担相应的责任(行政和刑事法律责任),即使不构成违法犯罪但由于“官德”出问题的也要承担相应的责任(官场伦理责任)。应当说,这种观念的出现对于提高领导干部特别是主要领导干部的政治责任心,澄清吏治,解决干部队伍的“能出”“能下”问题,是有积极意义的。

三、纪律责任

行政执法人员虽然没有违法,但违反了党章或者纪律的规定,也要受到党纪政纪处分,甚至被罢免职务。产生这一责任的根据是规章制度的规定,规章制度是评价职业行为的一种形式。规章制度实质是一种纪律,即不应该做什么,是主体行为的下限。低于这个下限便要实施制裁,是一种消极的方法。另外,如果将这种下限作为一种警戒线,调动主体的警惕和畏惧心理,使之经常地、主动地不作出超越纪律与义务所允许的选

---

〔11〕 郭道晖:《法的时代精神》,湖南出版社 1997 年版,第 468 页。

择,这是规章制度的积极作用。如上所述,行政执法人员的职业伦理内容之一就是遵守纪律。纪律通俗地说就是规矩,是指一定的社会群体、组织所制定的,其所属机构和人员必须共同遵守的行为规则。只要有社会、有人群、有集体、有组织,就必然有纪律。纪律是一个群体、一个组织、一个机关的路线、方针、政策的重要保证。因为正确的路线、方针、政策要得到顺利的贯彻执行,变成现实的物质力量,必须要靠严格的纪律来作保障。为了维护和巩固纪律,很重要的就在于实施相应的纪律处分,来严肃纪律的执行。

追究行政执法人员的纪律责任的主要意义在于戒之以规,以预防为主,事后惩处为辅,即在追究行政执法人员的纪律责任时,首先,应该坚持补救、惩戒和教育相结合的原则。仅靠教育和科处补救性义务,并不能有效地控制和防止行政执法人员违纪行为的发生。一定程度的惩罚是必要的,而惩罚的目的是教育并使违纪的行政执法人员在将来的工作中更好地履行职责和义务,作出正确的职业伦理行为的选择。其次,追究行政执法人员的责任,还必须遵循责任与违纪程度相一致的原则,要求适用于违纪的行政执法人员的纪律责任的种类和形式,必须与违纪行为所造成的损害后果以及违纪行为的情节等相一致,必须根据违纪行为的程度适用适当的责任追究,选择适当的强度和方式。如果适用过轻的责任形式,遭受损害的权益就得不到有效的补救。相反,如果使用过重的责任方式,受惩罚者就会产生抵触情绪,不利于行政管理秩序的建立和完善。

行政执法人员所从属的行政机关不同,其违反职业伦理,违反纪律须承担的纪律责任、纪律处分也不同。如果行政执法人员是人民警察,根据我国《人民警察法》的规定,对违反纪律的人民警察可以降低警衔、取消警衔,必要时可以对其采取停止执行职务、禁闭的措施。[12]

人民警察有下列行为之一的,可以对其采取停止执行职务的措施:(1)泄露国家秘密、警务工作秘密的;(2)弄虚作假、隐瞒案情,包庇、纵容违法犯罪活动的;(3)刑讯逼供或者体罚、虐待人犯的;(4)敲诈勒索或者索取、收受贿赂的;(5)违反规定使用武器、警械的;(6)其他有必要采取停止执行职务措施的。[13]

人民警察有下列行为之一并不听制止,可能造成恶劣影响的,可以对其采取禁闭的措施:(1)非法剥夺、限制他人人身自由,非法搜查他人的身体、物品、住所或者场所的;(2)殴打他人或者唆使他人打人的;(3)酗酒滋事,扰乱公共秩序的;(4)其他有必要采取禁闭措施的。[14]

四、法律责任

正如我们前面已经讲到的,20 世纪 90 年代以来,许多国家和政府出现了行政执法

---

〔12〕《人民警察法》第 48 条。

〔13〕公安部《关于公安机关执行〈人民警察法〉有关问题的解释》。

〔14〕公安部《关于公安机关执行〈人民警察法〉有关问题的解释》。

人员的职业伦理法制化的趋势,即行政执法人员的职业伦理规范以法律义务的形式确认,并且依靠法律的强制性保障行政执法人员的遵守。法律的强制性就体现在,当有人违反法律规定的义务时,就必须承担一种不利的后果,这就是法律责任。运用法律的力量拨乱反正、扶正祛邪,在一定程度上为行政执法人员职业伦理建设提供了强有力的制度支撑。追究违法行政执法人员的法律责任,正是法律面前人人平等和依法行政原则的充分体现。法律面前人人平等和依法行政的原则,不允许任何国家机关、社会组织和公民个人凌驾于法律之上,一切国家机关、社会组织和公民个人都必须遵守宪法和法律。追究违法行政执法人员的法律责任就是要把行政执法人员纳入守法的行列,打破其在专制统治制度下所享有的那种凌驾于法律之上的特权地位,从而把民主法治的精神贯彻到国家生活的核心部分中去。

行政执法人员承担的法律责任,可以分为行政法律责任、经济赔偿责任和刑事法律责任三种。产生这一责任的根据是相关法律的规定,即把法律作为职业行为评价的一种形式。社会舆论等作为职业行为的评价形式,其评价的标准从善、恶出发,依据社会主义职业伦理原则、规范,对职业行为进行评价。法律作为职业行为的评价形式,其评价的标准在于合法、非法,从合法、非法的角度出发,依据相关职业伦理的法律,对职业行为进行评价。

这里需要注意的是,追究行政执法人员的法律责任,一定要遵循责任法定原则,只有法律上明文规定的,才能成为确认和追究违法责任的依据。对违法责任的确认和追究,必须严格依法进行,并严格限制类推。

(一)行政法律责任

国家行政机关依照行政隶属关系对行政执法人员违法失职行为(不是犯罪行为)给予的惩戒措施,统称为行政处分。这是一种特定的行政制裁,是行政执法人员承担法律责任的主要形式。行政处分是国家行政法律规范规定的责任形式,与一般的纪律处分有明显的区别:纪律处分是组织内部依照组织章程、决议等作出的,不及于组织以外的人员;行政处分可以由行政执法人员所在的行政机关作出,也可以由上级主管机关或监察机关作出。行政处分是行政机关系统内的责任形式,是国家行政机关对其行政系统内部的行政执法人员实施的一种惩戒,不涉及一般行政相对人的权益。

我国的行政处分有六种:警告、记过、记大过、降级、撤职和开除。

(二)经济赔偿责任

经济赔偿责任,是兼有惩罚性和补救性的责任承担方式。行政执法人员承担经济赔偿责任,前提是行政违法人员实施了违法侵权行为。我国不少法律和行政法规规定,行政执法机关及其工作人员对公民、单位实施了侵权行为的,应当承担赔偿责任。例如,我国《治安管理处罚法》第117条规定,公安机关及其人民警察违法行使职权,侵犯公民、法人和其他组织合法权益的,应当赔礼道歉;造成损害的,应当依法承担赔偿责任。

根据《国家赔偿法》的规定,违法侵权行为分为两类:一类是侵犯行政相对人人身权的行为,比如行政执法人员以殴打等暴力行为或者唆使他人以殴打等暴力行为造成公民身体伤害或者死亡的;另一类是侵犯行政相对人财产权的行为,比如一些政府部门以召开会议和举办各种活动为名,向企业摊派活动经费和伙食补贴费。此外,根据最高人民法院《关于适用〈中华人民共和国行政诉讼法〉的解释》(2017 年)第 98 条规定,因行政机关不履行、拖延履行法定职责,致使公民、法人或者其他组织的合法权益遭受损失的,人民法院应当判决行政机关承担行政赔偿责任。在确定赔偿数额时,应当考虑该不履行、拖延履行法定职责的行为在损害发生过程和结果中所起的作用等因素。因此,行政执法人员承担经济赔偿责任的根据还可能是行政执法机关及其工作人员不履行法定行政职责。

需要注意的是,行政执法人员的执法行为不是个人行为,而是职务行为。在执法的过程中,始终代表的是其所在的行政机关。行政执法人员承担这种责任,需要满足两个条件:一是行政赔偿义务机关已经向受害人支付了赔偿金;二是行政执法人员有故意或重大的过失。《国家赔偿法》这样规定,既可以保证受害人及时得到赔偿,避免因公务员财力有限难以向受害人支付足额赔偿的情形发生,又可以监督行政执法人员依法行使职权,依法执法,增加其责任心,有利于行政执法人员反省自律,吸取教训,改进工作作风,减少不法行政行为的发生。

(三)刑事责任

行政执法人员违反有关法律,情节严重构成犯罪的,应依法追究其刑事责任。例如,《人民警察法》第 49 条规定,人民警察违反规定使用武器、警械,构成犯罪的,依法追究刑事责任;尚不构成犯罪的,应当依法给予行政处分。

刑事责任是强制手段最为严厉的一种法律责任。被追究刑事责任的行为,既是一种犯罪行为,一般也是违背行政执法人员职业伦理的行为。因此,行政执法人员的刑事责任,也在行政执法人员职业伦理规范的研究范围之内。

第四节 行政执法人员职业伦理的培育

一、加强职业伦理教育

行政执法人员职业伦理教育,是指有目的、有计划、有组织地对行政执法人员施加系统的职业伦理影响，把职业伦理核心、原则转化为个体的思想意识和伦理品质的活动。行政执法人员的职业伦理教育，目的在于塑造行政执法人员良好的职业伦理品质和作风，以期使受教育的行政执法人员养成良好的职业伦理习惯。

职业伦理教育要坚持持之以恒的原则，通过受教育者积极主动的学习来实现。行政执法人员应该坚持不断地学习，把职业伦理教育落到实处。伦理修养的前提假设是人的理性，或者说具备职业伦理修养条件的人首先是一个理性的人。而人的理性的成熟程度，一是取决于自己改造客观世界的实践，二是通过学习。伦理知识、马克思主义理论的学习以及所有科学文化知识的学习，都是增进伦理水平、提过伦理修养所不可缺少的内容。古希腊人认为“知识即美德”，知识要通过学习得来。人们往往在读书钻研中使灵魂得到净化，自然而然地提高了伦理修养的能力和分辨是非善恶的能力，[15]由此提高职业伦理水平，养成高尚的职业伦理情操，树立社会主义职业伦理信念，锻造坚强的职业伦理意志，养成良好的职业行为习惯。

新时代行政执法人员的职业伦理教育，最重要的是要加强“不忘初心、牢记使命”教育。党的十八大以来，党中央特别强调党员干部的教育，先后开展了党的群众路线教育实践活动、“三严三实”专题教育、“两学一做”学习教育和“不忘初心、牢记使命”主题教育。这些教育的目的，是要求党员领导干部坚定共产主义信念，身体力行共产主义伦理，大公无私、清正廉洁、服从大局、艰苦奋斗，为中国人民谋幸福，为中华民族谋复兴。各级行政执法人员坚持全心全意为人民服务，这不仅是一个个人伦理的问题，而且是是否坚持社会主义本质要求和中国共产党根本宗旨的政治伦理问题。在深化改革和全面对外开放的条件下，要反复地教育各级行政执法人员从这样的高度来认识和接受为人民服务的伦理原则，从内心深处将全心全意为人民服务的伦理规范固化起来，在任何利诱和挑战面前不丧失全心全意为人民服务的宗旨。

新时代行政执法人员的职业伦理教育，还要加强“依法行政”的教育。党的十八届四中全会明确指出，法治中国建设要坚持依法治国、依法执政、依法行政共同推进，法治国家、法治政府、法治社会一体建设。由此可见，依法行政在法治中国建设中有特殊重要的地位。没有实现依法行政，法治中国的建设任务就不可能完成。通过不断地学习和教育，每一个行政执法人员树立法律意识、丰富法律知识、时时刻刻把宪法和法律放在心上，坚定法治信仰，掌握依法行政的本领，使依法行政成为工作中的自觉行动。

二、加强职业伦理立法

《中共中央关于全面推进依法治国若干重大问题的决定》要求行政机关要“创新执法体制，完善执法程序，推进综合执法，严格执法责任，建立权责统一，权威高效的依法行政体制”。在大力推进依法行政的过程中，仅靠职业伦理的一般要求来规范行政执

---

〔15〕 参见罗国杰：《道德建设论》，湖南出版社 1997 年版，第 502 ~ 503 页。

法人员职业伦理行为是不够的,应该加强行政职业伦理规范的法制化建设。这样做的意义在于,它为行政执法人员解决执法中的伦理冲突提供了一般性的指导与价值选择基础,也为惩罚那些违背行政职业伦理要求的行为提供法律依据。把行政执法人员职业伦理要求融入法治建设中,从法律上规范行政执法人员的职业伦理,是提高行政执法者素质的重要途径。

关于行政执法人员职业伦理立法的设计,大致包括行政执法人员的政治立场、伦理品质、廉政要求等方面。需要注意的是,很多时候对于行政执法人员伦理品质的要求已能与其职务行为相连接,即将这种伦理品质的要求转化成工作过程中所应遵循的各种行为准则。廉政问题一直是公务员管理中的重要问题,因为行政的目的是实现社会公益和相对人权益的增进,而非公务员个人利益的增进,但公务员所享有或实际行使的行政权却有可能使其达成与之相反的目的。如果放任不管,不仅可能对公共资源的分配造成不良影响,且其所导致的腐败甚至可能危及政府本身存在的合法性。[16] 因此,行政执法人员法制化建设应该包括廉政要求的制度构建。

三、完善监督机制

国外有学者指出,“至今人们还没有发现这样一个过程,当上负有公共责任的部门长官,就能够摆脱自己对私人福利、对个人偏好、民族情感以及种种偏好等类的私心”。这种说法有一定的道理。权力越大,越需要制约和监督。缺乏监督的权力必然是会被滥用的。造成权力蜕变最直接、最重要的一点就是权力失去制约。在一个充满着机会和诱惑的社会经济环境里,手里握有无限制的可以换取个人所需的权力是危险的,要熄灭欲望之火,不仅需要个人良心伦理的内在约束,而且需要有一定的外在制约。只有建立起多层次的、多方面的监督体系,才能及时发现和迅速制止权力滥用的现象。作为行政执法人员,对其的监督主要来自社会舆论、行政机关、司法机关等。

社会舆论监督本质上是群众监督,它无处不有、无所不在,具有广泛性、公开性、及时性等特点,在我国监督体系中占有不可代替的位置。现代传媒的发展使社会监督系统中的舆论监督日益重要。对于某些行政执法人员来讲,他们之所以不愿或不敢做不伦理的事,往往并非惧怕上帝或惧怕法律的处罚,而是惧怕社会舆论的谴责。这种惧怕源于人的群体属性和荣辱感。舆论监督的主要形式是批评报道,揭露各种不符合社会主义伦理原则和规范的言行,使缺德者和不伦理的行为曝光,使之处于千夫所指、万人唾弃的舆论谴责之中,这对当事者是一种舆论惩罚,对公众又有警醒和教育作用。

行政机关对行政执法人员的监督,主要是通过行政机关内部的监察和纪检机构完成的。可以说,这是保证行政执法人员依法行使权力、公正廉洁的一个抓手,它可以保证行政执法的正常运作和行政机关形象不受损害,也是行政执法人员职业伦理培育的

---

〔16〕 参见刘福元:《公务员伦理规范的立法与完善》,载《理论报刊》2015 年第 10 期。

关键。通过监督,对于全心全意为人民服务的给予肯定、奖励;对做不到为人民服务或不能很好地为人民服务的则必须给予批评、惩罚。只有这样才能弘扬正气,抑制歪风,促使行政执法队伍纯洁,战斗力加强,行政执法的效率得到提高。

司法机关的监督,主要是通过处理行政诉讼案件实现对行政执法机关、行政执法人员的监督。由于人民法院遵循"不告不理"原则,所以司法监督实际上是由行政执法人员执法的对象即行政相对人启动的。司法机关对行政执法人员的监督,与其他监督方式相比,是被动进行的,而且监督的范围也仅限于行政执法人员所作出的行政行为。

四、注重实践砥砺

伦理本身就具有知行统一的特点,言行不一本身就是不伦理的。这一特点决定了培育行政执法人员的职业伦理脱离不了职业伦理的实践活动。通过职业伦理教育,人们认识了职业伦理规范,还不能说就具备了这些职业伦理品质。只有当他按照职业伦理规范的要求去参加实践,才能真正体验它的正确性与意义,从而使它转化为自己的职业伦理意识,形成职业伦理品质。不断的实践、体验,可以铸造一个人优秀的职业伦理素养。职业伦理素养形成的这一规律,要求人们必须身体力行,持之以恒地将自己的职业伦理知识运用于职业实践,指导自己的言行。这样,行政执法人员的职业伦理品质就一定会不断提高。人们总是在参加本职业的实践活动中,在与他人、集体和社会的关系中,才会培养出高尚的伦理品质,同时才会发现自己伦理品质上的不足之处,从而自觉地克服和改正。一个不积极投入社会实践活动的人,要培养优秀的职业伦理品质,显然是不可能的。也就是说,行政执法人员在职业伦理形成的过程中,要完成由"知"到"信"、从"信"到"行"的两次转变,伦理实践环节必不可少。行政执法人员在执法的实践中往往会遇到阻力,关键在于有没有信心和决心去克服它,甚至有些问题还要有无私无畏、不怕牺牲的精神才能解决。因此,行政执法人员要有勇于实践的精神,这是磨炼自己的思想品质的艰难过程,特别是当社会上不正之风从各方面袭击过来的时候,敢不敢坚决顶住,这是对自己的伦理品质的锻炼和考验。

在实践的过程中,必须进行认真而不是敷衍的自我批评,即周恩来同志概括的"应该努力反省"。一位哲人说过,世界上最难认识的是自己,最难把握的恐怕也是自己。一度有人们感慨社会风气坏了,人们思想堕落了,执法人员伦理品质低下,这都和执法人员平时不能自持、自省、自重有着直接的关系。孔子曰:"内省不疚,夫何忧何惧?"

行政执法人员在职业伦理实践中,要注意从隐蔽、微小的地方做起,努力做到防微杜渐。在错误思想和行为刚刚冒头时,及时采取措施以制止,不使其发展,以免铸成大错;对善的事,即使很小也要坚持做,做到不仅在有人的情况下坚持职业伦理原则,在无人监督情况下也坚持职业伦理原则。只有经过无数次的无人监督的场合下,自觉坚持伦理原则,才能真正树立坚定的伦理信念。

五、建立促进职业伦理的利益激励机制

与计划经济体制时期的伦理规范相比，新时代建立的行政执法人员的职业伦理具有新的特点：义与利的统一性。一般来说，经济关系的本质是一种利益关系。利益关系的变化包括利益得失等，其必然要引起人们伦理观念的改变；反过来说，通过一定的利益关系的调整，对在行政执法人员中培养新的伦理观念，克服过时的伦理观念，是完全必要而又行之有效的。这一观点如果用中国传统伦理范畴说，就是义利之间是有着密切的渊源关系，人们在其伦理实践中完全应该而且可以把二者统一起来。但是，由于中国传统伦理中"君子喻于义，小人喻于利"等重义轻利观念的长期影响，计划经济体制时期又把物质奖励说成是具有资产阶级和利己主义性质的丑恶东西，因此过去在培养行政执法人员伦理观念的途径上，只是强调宣传和教育以及精神鼓励的作用，讳言物质利益的作用，把义与利割裂开来。在新中国行政管理的历史上，虽然每个时期都有像焦裕禄、孔繁森这样无私奉献的伦理楷模出现，但是要求一般行政执法人员都能做到这样并不现实。特别是长期以来这种片面的做法，往往导致社会实践中遵守行政伦理的"老实人"吃亏，相反不那么遵守伦理的人受益，结果使伦理宣传和教育变成了说教，很多人不能甚至不愿遵守伦理规范。改革开放之初，邓小平就指出，"如果只讲牺牲精神，不讲物质利益，那就是唯心论"，"不重视物质利益，对少数先进分子可以，对广大群众不行，一段时间可以，长期不行"[17]。因此，新时期的行政伦理建设，要在巩固以往已经建立起来的宣传、教育机制的同时，进一步健全激励约束机制。要运用物质手段使伦理高尚的人的利益得到增加，使伦理卑劣的人利益受到损失。只有做到这一点，才能真正使行政伦理观念变成一般行政执法人员的行政伦理实践。

本章案例

一次，服务于英国警界的尼格尔·柏加到英格兰一个湖泊区度假，发现自己在30千米的限速区以33千米的速度行驶后，给自己开了一张违例驾驶传票，到目的地后交给了当地交通当局。主管违例驾车案件的法官大感意外。他说，他当了这么多年法官，还从未遇到这样的案件，最终决定判罚25英镑罚款。事情传出后，人们对该警察大加赞赏。尼格尔·柏加获得了"世界最诚实警察"称号。

| 讨论 |

你认为尼格尔·柏加的行为是否符合行政执法人员的伦理规范？

观点一：该警察即使在无人监督的场合，自觉坚持伦理原则，达到了"慎独"的境界。

观点二：该警察处罚自己的行为违背了回避原则。

---

〔17〕《邓小平文选》(第2卷)，人民出版社1994年版，第146页。

法律职业资格考试例题

（单项选择）《人民警察职业道德规范》中，秉公执法的要点是：不徇私情，不畏权势，（ ），不枉不纵。

A. 严禁逼供

B. 刚正不阿

C. 办事公道

D. 清正廉洁

|试题解析| A

秉公执法的要点是：不徇私情，不畏权势，严禁逼供，不枉不纵。人民警察必须严格依法办案，依法管理，不办"人情案""关系案"，不为私情、私利做不合法的事，坚持法律面前人人平等的原则。人民警察必须做到执法不阿、无私无畏、理直气壮、铁面无私地维护法律的尊严，有法必依、执法必严、违法必究，不惧强权，坚决抵制以言代法，以权压法的违法行为。人民警察必须坚持正确的审讯原则和方法，以事实为根据，以法律为准绳，防止主观片面，讲究斗争策略，绝不偏听偏信，不搞逼供、指供、诱供。人民警察必须坚持调查研究，实事求是，绝不放走一个坏人，也不冤枉一个好人，坚持严肃与谨慎相结合的方针，公正执法。

第十一章 法律学者职业伦理

在我们国家中一直有一些最出色的人，他们一向的职能就是向人民阐释法律并回答与法律有关的问题。

——[古罗马]西塞罗(Marcus Tullius Cicero)

章引语

法律学者是法治文明的创造者、继承者和传播者，也是法治人才及其后备力量的培育者。在法律职业共同体中，他们发挥着“黏合剂”的作用。法律学者拥有丰富的法学理论知识，熟知法律职业技能，享有受人尊敬的社会地位。唯其如此，更需严于修身律己。

法律学者 使命 师德 学术道德

第一节 法律学者职业伦理概述

一、法律学者的定位

在《汉语大词典》中，“学者”有两种含义：一种是“做学问的人、求学的人”，另一种是“学术上有造诣的人”。在《牛津高级英汉双解词典》中，“学者”是指对某学科有较深研究的人(person who studies an academic subject deeply)，与汉语词典中第二种含义比较接近。本章所称的学者主要是指第二种含义上的学者。而法律学者(或称为法学家)，是指在法律学领域学有专长，研究“法”这一特定社会现象及其规律的学者。

尽管早在古希腊时期已经出现了柏拉图、亚里士多德等研究阐述自然法的学者，但作为一个群体出现的法律学者阶层，则形成于古代罗马共和国时期。其原因在于古希腊时期虽然有法律，但没有健全的专门法律机构和专门研究法律的职业，有关自然法的论述大多掺和于《理想国》《政治学》《伦理学》等哲学、政治学著作中。

公元前2世纪,罗马帝国征服了古希腊后,古罗马法律取代了古希腊法律。古罗马的法律制度达到了古代西方法律制度发展的一个顶峰,这种繁荣催生了法学家阶层,这一阶层又反过来把罗马法推至更高的巅峰。在那个时期,第一次出现了法学教育和法学流派,第一次编写了法学著作。典型的如盖尤斯(Gaius)所著《法学阶梯》,这本当时的法学教材,是迄今为止发现最早、保存最完整的西方法学专著。关于当时法学学者的职能,西塞罗说过:"在我们国家中一直有一些最出色的人,他们一向的职能就是向人民阐释法律并回答与法律有关的问题。"当时的法学家并不在研究所或大学里闭门研究或教授学生,相反,他们每个人都开办法律咨询服务所,向罗马贵族、平民提供法律咨询。当时,法学家的工作就是用自己的法律专业知识帮助罗马人民。在之后的漫长岁月里,法律学者的职能慢慢丰富起来,他们参与立法、司法以及法律服务,从事研究,著书立说,教书育人。法律学者是一个智慧的群体,更是一个与国家的法治建设息息相关的群体。

(一)法律学者与法律职业共同体

关于法律学者是否属于法律职业共同体的一员,中国法学界曾经有过热烈的讨论。反对的理由主要认为法学家属于知识分子阶层,在法律职业共同体之外更有利于法律职业共同体的建构。[1] 实际上,这种观点是很难立足的,因为法律职业本身就是一个精英荟萃、知识分子集中的职业圈子,法官、检察官和律师也属于知识分子阶层。以"法学家属于知识分子阶层"来否认法律学者是法律职业共同体成员,是占不住脚的。法律学者在职业共同体之外有利于法律职业共同体的构建的观点,也没有实践依据。目前"法律学者是法律职业共同体的重要成员"这一观点已经得到了越来越多的人的认同。

1. 法律职业及其共同体的特征

职业是指人们由于社会分工和生产内部的劳动分工,长期从事的具有专门业务和特定职责,并以此作为主要生活来源的工作。职业化分工是人类社会发展到一定阶段的必然结果。人类的活动林林总总,人们从事的某种活动具有什么特征才能被称为一项职业呢?美国学者E.格林伍德曾经对职业的特征进行过概括,简单说有以下几条:第一,职业人员拥有以系统的理论知识为基础的技能;第二,职业人员对他们的工作有相当大的自主性;第三,职业人员形成联合体,对内调整职业人员内部事务,对外代表职业人员的利益;第四,要成为一个职业成员往往要受到现成员的认真审查,并要参加职业考试,这个过程受到有关职业组织的调整;第五,拥有要求其所有成员遵守的职业道

〔1〕 关于这场讨论可参见黄文艺:《呼唤中国的法律职业共同体——"中国法治之路与法律职业共同体"学术研讨会综述》,载《法制与社会发展》2002年第5期。

德法典。[2]

对于法律职业的特征，学术界有很多不同的观点。季卫东教授认为法律职业特征应该具备三项条件："(1)坚决维护人权和公民的合法权益，奉行为公众服务的宗旨，其活动有别于追逐私利的营业；(2)在深厚的学识的基础上娴熟于专业技术，以区别于仅满足于实用技巧的工匠型专才；(3)形成某种具有资格认定、纪律惩戒、身份保障等一整套规章制度的自治性团体，以区别于一般职业。"[3]孙笑侠教授认为如下四点可以概括法律职业共同体的特征："1. 法律职业或法律人的技能以系统的法律学问和专门的思维方式为基础，并不间断地培训、学习和进取；2. 法律人共同体内部传承着法律职业伦理，从而维系着这个共同体的成员以及共同体的社会地位和声誉；3. 法律职业或法律人专职从事法律活动，具有相当大的自主性或自治性；4. 加入这个共同体必将受到认真考查，获得许可证，得到头衔，如律师资格的取得。"[4]还有学者认为法律职业共同体应具有以下特质："1. 法律职业共同体使用一种特定的语言符号、概念系统；2. 法律职业共同体拥有独特的思维方式；3. 法律职业共同体受过相同的法律教育和职业训练，拥有共同的知识背景和实践传统；4. 法律职业共同体拥有一个共同的价值目标：追求社会正义的实现；5. 法律职业共同体拥有共同体的精神，信仰法治；6. 法律职业共同体拥有一种自我约束、自主评价、自我管理的运作机制。"[5]其实，仔细考究起来，以上观点并无根本的不同之处，只不过论述的角度有所不同而已。

综合概括以上观点，我们可以将法律职业共同体的"共同特征"概括为以下六个方面，即法律职业语言、法律职业技术、法律职业知识、法律职业思维、法律职业伦理、法律职业信仰。前四项可以合称为"法律职业技能"，后两项称为"法律职业伦理"。也就是说，法律职业共同体的基本特征是拥有共同的"法律职业技能和法律职业伦理"。

2. 法律学者是法律职业共同体成员的理由

用上述标准去衡量法律学者，我们会发现他们是法律职业共同体的当然成员。与法官、检察官、律师相同，法律学者出身于法学院校，受过系统的法学教育和训练，他们使用的是相同的法律语言，拥有独具特点的"形式理性"思维，当然也具有共同的法治信仰。

将法律学者纳入法律职业共同体并不仅仅是因为上述特征上的契合，另外还有非常重要的一点，也就是法律学者是法律职业共同体当中不可或缺的一环。当然，并非因为法律学者是法律职业共同体形成的必要条件，所以就必然属于该共同体。我们认为，只有法律学者属于法律职业共同体的成员，法律职业共同体才能稳固形成。换言之，法

---

〔2〕 参见美国学者 E. 格林伍德在其《职业的特征》一书中阐述的内容。转引自朱景文：《现代西方法社会学》，法律出版社 1994 年版，第 103 页。

〔3〕 季卫东：《法律职业的定位》，载《中国社会科学》1994 年第 3 期。

〔4〕 孙笑侠：《法律人之治——法律职业的中国思考》，中国政法大学出版社 2005 年版，第 21 页。

〔5〕 郭立新：《法治社会中的法律职业共同体》，载《河南省政法管理干部学院学报》2003 年第 6 期。

律学者是法律职业共同体的“黏合剂”，缺少了法律学者，法律职业共同体无法形成。这样说的理由有二：(1)法律学者传授的法律知识、技能与法律职业伦理，是法律职业共同体形成的前提条件。尽管法律职业共同体是在法律职业活动中形成的，但是法学院及法学职业培训机构却是法律职业者及法律职业素养的摇篮。法律学者的使命并不仅仅限于检验实在法的合理性、研究国家治理、社会管理的最佳模式，他们还担负着继承和传播法律知识、技能与法律职业伦理的重要任务。只有在法律学者大量存在，并且只有在法律学者积极传授法律知识、技能与伦理的情况下，作为法律职业共同体基础的法律职业人的产生才成为可能。(2)法律学者是法律职业理念认同的桥梁。在法律活动中，法律职业共同体内部人员的价值取向及由此而生的思维模式，各自带有明显的行业特点，也存在价值观方面的差异。“一名律师与一位法官或法学家之间的差异，有时甚至大于他与一个农妇之间的距离。”[6]如果缺乏“职业认同”，法律职业共同体便难以形成。这种“职业认同”既是对法治精神、法治原则的认同，也是对职业伦理的认同。“职业认同”带有强烈的主观色彩，尽管这种主观的概念没有一定的标准，但其客观表现却是现实的。“职业认同”绝不是简单的口号，而应当是一种融化在职业法律人血液中的共同精神，是体现在他们职业活动中的行动指导。

如要达成这种“认同”，法律学者的作用至关重要。无论是法官、检察官还是律师，在他们踏入法律职业生涯之前大多在法学院校学习，受法律学者教育。在法学院校学习的学生，是其世界观、人生观和价值观形成的重要时期。他们在学习期间，没有行业界限和身份差异，最容易形成共同的价值理念和思维模式，这是维系法律职业共同体的精神纽带。这些法治人才的后备力量毕业后，一旦跨入法律职业界，无论是从事审判、检察还是从事律师工作，都具备了对法律职业的基本认同。所以，法律学者对法科学生的教育，对法律职业共同体的形成，起到基础性作用。此外，在法律职业共同体成员执业过程中，总会再回到法律教育机构培训，培训机构中的教学人员大多是法律学者。他们在培训时传授的法律知识、技能，特别是法治理论、法治精神和法律伦理，对于弥合不同法律职业者之间的裂痕有积极的意义。

(二)法律学者职业的复合性

法律学者是法律学领域的专家。严格来说，法律学包括法学和律学，前者研究的是“应然法”的领域，后者研究的是“实然法”的领域。前者偏重于探求未知，后者侧重解释已有。由此出发，法律学者是否需要分为“法学家”和“律学家”？我们觉得无此必要，因为“应然”与“实然”本身就是一组密不可分的概念。没有“实然”，“应然”就没有任何意义；没有“应然”，“实然”也就没有发展的可能。“应然”是未来的“实然”，“实然”是“应然”的基础。既然如此，也就不必在“应然法”与“实然法”的研究之间设置无

---

〔6〕 林喆：《法律思维学导论》，山东人民出版社2000年版，第140页。

谓的专业壁垒了。

我们所说的法律学者的职业复合性,并不仅仅指上述研究思维方式的复合,还有职业的复合、研究领域的复合等。其实这些复合性,从法律学者诞生的那天起就一直存在。我们前面说过,职业法学家群体萌芽于古希腊时期,诞生于古罗马时期,而那个时期法律学者从事的就不是单一的工作。

古希腊时期,曾经出现了一批对自然法规有所涉猎的学者,代表人物有柏拉图和亚里士多德,我们很自然地就会将他们归类为哲学家或者政治学家。从此以后,法律学者的身份就与哲学家与政治学家以及社会学家、历史学家、经济学家等产生了不解之缘,也常常发生混同与交叉。这或许是由于法律的发展涉及人们生活中的方方面面,也因此导致法律科学的研究涉及更广阔的领域。

到了古罗马时期,法律学者的身份进一步复杂起来。古罗马法学家不仅仅研究讲授法学理论、参与立法、解释法律,他们还充当了国家官吏、政府顾问,有的还直接充当"辩护师"。可见,法律学者职业的复合性自其诞生时就存在了,并一直延续到了今天。简单梳理一下,我们大致可以将法律学者的职业类型概括为以下几种:(1)法学教师及法学研究人员;(2)有法律研究专长的律师;(3)有法律研究专长的法官、检察官等司法官员;(4)有法律研究专长的国家立法、行政机关工作人员;(5)在企事业单位从事法务工作且有法律研究专长的人员等。

通过上面的细分,我们可以看到法律学者的职业领域涉及面非常宽,同时也从另一个侧面说明了为什么一定要将法律学者纳入法律职业共同体之内。

二、法律学者职业伦理的特点

法律学者群体是一个复合性的群体,其职业身份具有复杂多样性。这就决定了法律学者的职业伦理不同于其他法律职业,如法官、检察官、律师,而有其自身独特的特点。其最主要的特点便是由此而生的伦理的综合性,此外所表现出的另外一个重要特点是道德的高水准。

(一)综合性

法律学者是指研究"法"这一特定社会现象及其规律的学者。法律学者主要供职于法学院校、法律培训机构及法律研究机构。如果将其复合身份进行层次上梳理的话,他们的第一层身份是学者,即在法律学领域学有专长的人。因此,他们应当具有学者所应有的职业伦理。他们的第二层身份则陷入了多种职业的交叉组合之中。绝大多数法律学者以教师为其本职工作,此外还包括专职法学研究人员,法官、检察官、律师、公务员、立法机关工作人员队伍中从事法律研究的人员等。而这些身份也往往由于兼职的关系出现交叉,如法学教授兼职法官、检察官、律师等,并且这种情况非常普遍。这种复杂的交叉职业身份在职业伦理方面的体现便是伦理的综合。师德、法官职业道德、检察官职业道德、律师职业道德、公务员职业道德等也随之出现了交叉复合的情况。正是在此基础上,我们认为法律学者职业伦理具有相当复杂的综合性特点,这正好可以体现法律职业伦理的全部内容。

(二)高水准

在所有法律职业的人员中,法律学者群体的法律素养应当是最高的。这是就总体水平而言的,而不是针对某一个体。这一点,我们看看法律学者的主体——法学院校的教师的高门槛便会一目了然。其实法律学者群体的高标准也是有着深刻原因的,主要由他们在法治建设进程中的任务所决定。法律学者的首要任务是传承法律知识,传播法治文明,培养法律职业人才。这就要求他们比其他法律职业者具有更渊博的法律知识、更深刻的法律职业伦理意识。其次,法律学者还担负着创新法治观念和法律文化的任务。这就更要求他们具有敏锐、严谨、富有逻辑的思维,以及常人所不能企及的法治信仰。再次,法律学者还承担着对过时、不合理的法律进行批判的任务,以推动法律的发展与进步。因此,法律学者往往需要在社会上充当“牛虻或马刺”的角色,这就需要他们具有“不唯上、不唯书,只唯实、只唯理”的高尚品格。从这些分析中,足可见法律学者职业道德的要求是远高于其他法律职业的。

第二节　法律学者职业伦理的基本内容

一、创造、传播与传承法治文明的使命

(一)法律学者群体在法治发展史上的重要作用

1. 创立法治思想。在世界法治发展史上,法律学者群体起着举足轻重的作用。流行于当代的法治理论,就是古希腊著名学者亚里士多德创立的。罗马帝国时期,相对于古典政治学、哲学的衰落,法学获得了空前的发展。随之而来的,传播和弘扬法治思想的使命也从政治学家、哲学家转由法学家来担当。古罗马的法学家并没有停留在古典政治学家、哲学家推导出的“人类需要法治的原因”之逻辑证明层次,而是转向关注法治的具体要求,而这正是法治思想的核心要素。与之相对应,古罗马法学家也致力于对司法实践中的法律疑问进行意见陈述,并且这种陈述的权利得到了当权者的认可。这些关于法律意见的陈述,使法律原理具体化,成了罗马法中最为精湛的部分。蕴含于其中的关于法治的一些基本理念则流传至今,成为后来法治研究者的重要理论依据。罗马法学家的创造性理论活动,使罗马法逐步走向成熟,达到了世界古代法的巅峰。他们

根据法律效力的范围把罗马法分为自然法、万民法和市民法；依据法律的性质将法律分为公法与私法；他们创立和概括了诸多至今仍在使用的法学定义、概念、术语和原则，提出了主权在民的思想……毫无疑问，罗马法律学者在人类法治发展史上的杰出表现具有开拓性意义，也给后世学者树立了一个很好的范例。

2. 传播、传承法治文明。法治文明是指一个国家的法律制度及其实施发展到了较高阶段所形成的有关法治的系统化、完整性的文化。法治文明是精神文明的重要组成部分，是衡量一个国家是否具备现代化的重要标志。按照辩证唯物主义和历史唯物主义的观点，人类文明是劳动人民创造的，法治文明当然也是劳动人民创造的。在劳动人民中间，法律学者是专门从事法律文化宣传和研究工作的，他们应当是传播、传承法治文明的重要主体。或者说，由于法律学者的工作性质，他们担负着传播与传承法治文明的重要使命。法律学者通过总结法治建设的经验得失、指导法律实践，通过著书立说、形成理论学说，通过教育学生来传播与传承法治文明。

（二）法律学者在中国法治化进程中的积极作用

中国已经进入了21世纪，经过40余年的改革开放，我们基本建成了社会主义市场经济体制，物质文明达到了史无前例的高度，经济总量跃居世界前列。按照党的十九大的战略部署，2021年，我国全面建成小康社会取得了决定性成就，2035年，我们要基本实现社会主义现代化。与经济建设相适应，我国的法治建设也已经取得了巨大的成就，社会主义法律体系初步建立，法治水平在逐步提高。社会主义现代化国家建成之日，一定是法治国家、法治政府、法治社会基本建成之时，一定是中国特色社会主义法治文明成型之时。因此，当代法律学者适逢建功立业的伟大新时代，中国特色社会主义法治文明将在我们这一代手中建成。

我国是社会主义国家，法治建设的指导思想是中国特色社会主义理论，特别是习近平新时代中国特色社会主义思想，指导我们思想的理论基础是马列主义和毛泽东思想。我们传承和传播的法治文明，应当是与当代中国社会发展规律相适应，有助于保障人权、促进公平正义的人类一切优秀法律文化成果。我们要创造的法治文明应当是在继承人类一切优秀法律文化成果的基础上，符合中国经济建设和社会发展的规律，促进和保障人的全面发展，真正实现公平正义的，具有社会主义精神和中国风格、中国气派的法治文明。当前，中国的法治建设到了一个关键的时期，在法治文明建设方面，法律学者应当做好以下工作：

1. 研究和宣传中国特色社会主义法治理念。《中共中央关于全面推进依法治国若干重大问题的决定》要求，“深入开展社会主义核心价值观和社会主义法治理念教育”。中国特色社会主义法治理念，是人们通过对社会主义法治本质及其规律的正确认识和总体把握而形成的符合理性的基本观念。中国特色社会主义法治理念是社会主义法治建设的基本认知模式，是我们做好立法、司法和执法工作的重要保障，也是我们进行法律宣传和法律教育的主要内容。中国特色社会主义法治理念强调"依法治国、执法为民、公平正义、服务大局和党的领导",这是对法的精神和法律价值的准确把握。

2. 客观分析资本主义的法律文化。资本主义的法律文化是法律发展到资本主义阶段的产物,是人类法治文明的一项成果。对于封建社会法律文化来说,它是全新的和进步的;对于社会主义法律文化来说,它有保守和落后的一面。但是,资本主义法律文化继承了资本主义社会以前人类创造的一切优秀的法治文明,它对社会主义法律文化也会产生重要影响。我们建设社会主义法治文明,尤其在经济、文化相对落后的国家、时期建设社会主义法治文明,必须积极吸收资本主义法治文明中的优秀部分。在吸收资本主义法治文明优秀成果的同时,我们必须克服全盘照搬和一概拒绝两种错误倾向,而应当坚持扬弃的观点,进行客观分析。凡是符合中国国情和社会发展阶段,对保障人权和促进社会公平、正义有积极作用的法律文化,我们都要吸收,否则我们则予以拒绝。

3. 探索一套中国自己的法律体系和法治理论。我们在学习古今中外优秀法律文化的同时,也必须不断总结我国现代法治建设的经验、教训,进行理论概括,逐步探索一套中国自己的法律体系和法治理论。"法治"是个舶来词,法治思想随着 19 世纪末 20 世纪初的"西学东渐"传入中华大地。西方资本主义的法治文明已经有了几百年的历史。世界上唯一不变的就是"变化"。有兴就有衰,有生就有死,它也不可能长盛不衰。此外,法治虽源自西方,但法治的模式、道路却并不是唯一的。各国有各国的法治土壤,并没有一个放之四海而皆准的唯一模式。法治文明的构建应以本国的国情为基础,而不应当崇洋媚外,那种言必称西方的研究路线是值得我们反思的。反观中国近代有案可查的法律模式,其实并不能武断地以西方法治模式来否定东方法律秩序。〔7〕 在法治文明的召唤下,建设中国特色的社会主义法治体系,建构中国特色社会主义法治理论,应当是法律学者的又一重要历史使命。

上文所提出,基本上是从宏观的角度出发来阐述法律学者的使命。从微观的角度看,法律学者的使命则是具体和明确的。比如,继承和传播法治思想、法学理论;积极参与立法、司法活动以促进法律制度现代化;批判现有法律、法治中存在的问题,设计未来的法律、法治体系;关注民生,反映民意;解说、诠释、分类、归纳各种形式的法律或判例;对法律、法治进行历史的、比较的分析……凡此种种,一时不能尽述。总之,就微观而言,在法治建设上的"继承、传播、批判、创新、服务",基本可以大致概括法律学者的使命。

二、求是、严谨、规范的学术道德

(一)学术研究及其目的

学术道德是法律学者职业伦理的主要内容。它是人们从事科研活动所应遵守的道

---

〔7〕 关于近代中国法律秩序与西方模式的不同,可参见[日]滋贺秀三等:《明清时期的民事审判与民间契约》,王亚新、范愉、陈少峰译,法律出版社 1998 年版。

德规范，是人们在学术研究活动中正确处理自己与他人、集体、社会、国家之间关系的行为准则。很显然，学术道德有一个特定的“域”，即所谓的学术研究。何为学术？查《辞源》可知古人所称的学术指“学问、道术”。现在我们把有系统而较为专门的学问称为学术。所谓学术研究，就是针对某种专门的学问而进行的研究工作。既然称为研究，在哲学社会科学领域就应当是发现和讨论理论上和实践中的问题。当然研究不一定非得提出新观点，作出新论证。总结和归纳本身也是学术研究的正当方法，并且从中得出的结论也是研究成果之一种。归纳、演绎、推理、调查、考证、实验等，是我们进行学术研究通常所采用的方法。学术研究的终极目的是什么？亚里士多德在《形而上学》一书中讲到，人本自由，而不为任何功利目的，为学术而学术的自由思考，是最符合人的本性的生活方式。实际上，现代学术研究从宏观上一般以知识为力量，以增加社会福利为目的；从微观上则很难与学术研究者个人的利益相分离。也就是说，现代的学术研究首先要体现公益性，但也不能忽视研究者个人的功利主义思想。那么究竟以怎样的行为去从事学术研究才能是合乎道德的呢？或者说，学术道德标准是什么？这是一个重要的学术规范问题。

（二）中国的学术规范传统

早在清末，梁启超就提出这样的学术规范：“一、凡立一意，必凭证据。无证据而以臆度者，在所必摈。二、选择证据，以古为尚。以汉唐证据难宋明，不以宋明证据难汉唐；据汉魏可以难唐，据汉可以难魏晋，据先秦西汉可以难东汉；以经证经，可以难一切传记。三、孤证不为定说。其无反证者姑存之，得有续证则渐信之，遇有力之反证则弃之。四、隐匿证据或曲解证据，皆认为不德。五、最喜罗列事项之同类者，为比较的研究，而求得其公则。六、凡采用旧说，必明引之，剿说认为大不德。七、所见不合，则相辩诘，虽弟子驳难本师，亦所不避，受之者从不以为忤。八、辩诘以本问题为范围，词旨务笃实温厚。虽不肯枉自己意见，同时仍尊重别人意见。有盛气凌轹，或支离牵涉，或影射讥笑者，认为不德。九、专治一业，为‘窄而深’的研究。十、体贵朴实简絜，最忌‘言有枝叶’。”[8]这10条是乾嘉学派之学风，亦是其学术规范。其中第2、9条两条与考据学的特殊研究对象相关，其余都不失学术规范的普遍意义。乾嘉学派对中国古籍的整理成绩“汉唐以来，未有其比”，这样的成就恐怕与他们科学严谨的学术规范有着必然的联系。这些规范中的许多内容，在今天看来仍旧不为过时。

（三）当今法律学者的学术规范要求

法律学者是学者中的一个特殊的群体，他们的研究及其发表的言论对于国家法律甚至基本制度的设立有重要作用，对司法实践中某些案件的判决也有一定的影响。因

---

〔8〕 梁启超：《清代学术概论》，中国人民大学出版社2004年版。

此，法律学者发表意见（包括出版论著和发表言论）应当深思熟虑、谨言慎行、有根有据，务必要做到求是、严谨和规范。

1. 求是。“求是”是指探求事物的规律性。要想探求事物的规律性，必须从客观实际出发，进行认真的调查研究。法学是科学不是玄学，法学的理论是要经过法律实践检验的。法律学者提出理论观点，一要有科学根据，二要经得起法律实践的检验。

2. 严谨。“严谨”应当成为法律学者必须具备的品德。立法工作需要严谨，否则所立之法会误国误民；司法和执法工作也需要严谨，否则可能草菅人命。学风是社会风气的先导，法律学者的品德对立法、司法和执法工作都有重要的影响，不唯立法要借鉴学术研究成果，司法、执法也要接受法学理论的指导。而且立法、司法和执法工作人员的道德品质在很大程度上也受法律学者们的影响，因为这些人员往往是法律学者的学生。一个国家的法律学者群体有严谨的作风，这个国家的立法必然是严谨和科学的，司法和执法必然是认真和严肃的。相反，一个国家法律学者群体如果没有严谨的作风，这个国家的立法肯定是草率的，司法和执法一定是不负责任、马虎了事的。

3. 规范。“规范”是法律学者最基本的道德品质。“规范”是法律的生命，规范也应当是法律人最基本的行为准则。规范的学术研究才能出科学的成果，才能保证国家有规范的法律制度，规范的司法和执法活动。

2004 年 6 月 22 日，教育部颁行了《高等学校哲学社会科学研究学术规范（试行）》，这是一部学术道德“法典”，对学者的学术研究工作提出了道德上的要求，也应当是法律学者必须遵守的行为规范。根据该规范的规定，学术研究应以马列主义、毛泽东思想、邓小平理论和“三个代表”重要思想为指导，遵循解放思想、实事求是、与时俱进的思想路线，贯彻“百花齐放、百家争鸣”的方针，不断推动学术进步。学术研究者应以推动社会主义物质文明、政治文明和精神文明建设为己任，具有强烈的历史使命感和社会责任感，敢于学术创新，努力创造先进文化，积极弘扬科学精神、人文精神与民族精神。学术研究应该合法，不能违反《著作权法》《专利法》《国家通用语言文字法》等相关法律、法规。

该规范对学者的研究提出了宏观上的思想指导、方针、路线与任务要求。这些要求字字见血，针针刺中要害。缺乏使命感与责任感正是当前学术界存在的主要问题。学术研究的出发点低俗、学术研究手段卑劣而单纯、抄袭成风、学术霸权等无一不是学术精神颓靡的后果。该规范提出这样的宏观要求，绝不应看作“大而空”的口号式宣言，而确实应该引起学术界的重视与反思。

该规范指出，不得以任何方式抄袭、剽窃或侵吞他人学术成果；注重学术质量，反对粗制滥造和低水平重复，避免片面追求数量的倾向；应充分尊重和借鉴已有的学术成果，注重调查研究，在全面掌握相关研究资料和学术信息的基础上，精心设计研究方案，讲究科学方法；力求论证缜密，表达准确；学术成果文本应规范使用中国语言文字、标点符号、数字及外国语言文字；学术成果不应重复发表；另有约定再次发表时，应注明出处;学术成果的署名应实事求是;署名者应对该项成果承担相应的学术责任、道义责任和法律责任;凡接受合法资助的研究项目,其最终成果应与资助申请和立项通知相一致;若需修改,应事先与资助方协商,并征得其同意;研究成果发表时,应以适当的方式向提供过指导、建议、帮助或资助的个人或机构致谢。

引文应以原始文献和第一手资料为原则;凡引用他人观点、方案、资料、数据等,无论曾否发表,无论是纸质或电子版出版物,均应详加注释;凡转引文献资料,应如实说明;应该合理使用引文,对已有学术成果的介绍、评论、引用和注释,应力求客观、公允、准确。该规范还明确指出,伪注、伪造、篡改文献和数据等,均属学术不端行为。

三、高尚的师德

(一)师德及其重要性

师德,即为人师者之德,是教师素质之灵魂,是教师的基本属性之一。19 世纪德国著名教育家约翰·弗里德里希·赫尔巴特(Johann Friedrich Herbart)曾说:"道德普遍地被认为是人类的最高目的,因此也是教育的最高目的。"法律学者大多都承担有培养高素质社会主义法治人才的任务,处于法治建设的核心。能否培养出合格的、具有崇高法治理想的法治人才,直接关系到法治建设的成败。因此,在实现高等教育现代化及法治现代化的进程中,法律学者的师德建设是非常重要的。

高尚的师德,是一部生动的人生教科书,其影响力是潜移默化、催人奋进的。古人云:"经师易遇,人师难遭。"中华民族传统师德以儒家思想为基本内核,对教师的德、业、学、识、品、行等方面作出了具体的规范和要求。经过数千年教育事业的发展、积淀、传承下来的教师职业道德思想和道德实践经验,不断丰富、完善,逐渐形成了具有中华文化特色的师德传统、师德风范。这些传统和风范具有内视观、综合观、积极入世观等显著特点和不衰的魅力。中华民族优秀的师德传统博大精深,其精华可以概括为:注重修养,为人师表;以身作则,言传身教;学而不厌,诲人不倦;讲究教法,循循善诱。

习近平总书记在 2014 年 9 月 9 日同北京师范大学师生代表座谈时指出,"做好老师,要有道德情操。老师的人格力量和人格魅力是成功教育的重要条件。'师也者,教之以事而喻诸德者也。'老师对学生的影响,离不开老师的学识和能力,更离不开老师为人处世、于国于民、于公于私所持的价值观。一个老师如果在是非、曲直、善恶、义利、得失等方面老出问题,怎么能担起立德树人的责任?广大教师必须率先垂范、以身作则,引导和帮助学生把握好人生方向,特别是引导和帮助青少年学生扣好人生的第一粒扣子"。

(二)法律学者应具备的师德

梅贻琦先生曾经讲过:"大学者,非大楼之谓也,乃大师之谓也。"何谓大师?应有原创性、奠基性、开拓性、前沿性的学术成就。同时,治学的态度、治学的精神、做人的态度、对社会的责任感、对他人的责任感结合在一起堪为师表,就是大师。

1. 清廉、公正、刚直不阿。法律学者应该成为法学教育的大师,应当具备学者的一切优秀品质。考虑到法律工作的特殊要求,法律学者在清廉、公正、刚直不阿和富于人文精神等方面,应当有高于常人的要求。“清廉”指清白、廉洁。清白、廉洁是为政的要求,法律学者多数不是“为政”者,为什么应当具备这样的品质呢?法律学者承担着培养法律人才的任务,法律人才中的多数是要“从政”的,而且从事的是关乎国家长治久安、人民生命财产安全的工作。从事法律工作的人必须清白、廉洁,否则根本不能从事法律工作。如果作为老师的法律学者不是清白、廉洁的,他们的弟子也很难做到清白、廉洁。

公正是指公平、正义,这是法律最基本的价值追求。公正的法律由公正的人来制定,也要求公正的人来执行。没有法律人的公正,也就没有法律的公正。法律人的公正,首先取决于法律学者的公正。

刚直不阿能够产生凛然正气。法律人必须要有凛然正气,才能不折不扣地实行法律,才能保证作到“法律面前人人平等”。刚直不阿的老师才能培养出刚直不阿的学生。如果老师是见风使舵、苟且势利之人,学生也可能不是刚直不阿之辈。

2. 深厚的人文精神。法律学者要有深厚的人文精神。人文精神在今天是指人类文化创造的价值和理想,是对人的主体生命层面的终极关怀,其本质上是一种珍视人的自由而全面发展的精神。只有将科学真理的认识与道德的真诚和情感的趋向有机地结合起来,才是完整的、现代的人文精神。人文精神在当今应当是整个人类文化所体现的最根本的精神,是人类文化生活的内在灵魂。它以追求真、善、美等崇高的价值理想为核心,以人的自由和全面发展为终极目的。从这个意义上说,一切包含着道德精神、艺术精神的人文学科与人文活动,都是推动整个人类社会生生不息、向前发展的强有力的精神动力。

人文精神对法律学者而言有着特别重要的意义,因为现代法治是以权利为核心的,法律知识研究、传授者的人文精神直接关乎它的继受者的价值关怀,也就直接影响法治建设的进程与水平。

第三节　法律学者职业伦理的培育

群体伦理的培育与个体道德的养成,是自律与他律的辩证统一。自律依靠的是自身的道德修养以及职业责任感与荣誉感;他律依靠的则是制度上的强制规范及社会的道德评价。我们的讨论也将围绕这两个原则，针对法律学者职业伦理的不同侧面来分别进行。

一、法治使命感的养成

（一）法治使命感之必要

上文我们已经提到过，法律学者自诞生之日起便肩负着创造、传播与传承法治文明的神圣使命。在西方社会，法律一开始是与宗教紧密联系在一起的。最初的人们之所以服从法律，不仅仅是因为它能给自己带来好处，更是因为法律是神圣的，是神明的启示。如果违反法律，就会遭到神的惩罚，这也正是我们现代人看来似乎荒诞的"神明裁判"的根据所在。或许正是因为法律是象征神明的东西，作为法律的创造者、传播者和解释者的法学家从一开始便受到了人们如同神明般的敬畏。尽管现代法治已经摆脱了宗教的神秘而彻底趋向世俗和理性，然而笼罩在法律学者头上的神圣光环从来没有暗淡过。而这些荣耀与赞誉的获得所依靠的绝不是宗教的神秘力量，也不是法律所依靠的国家机器之强大，它们来自法律学者在崇高的历史使命感鞭策和号召下的神圣事业。

使命绝不是一个空泛的口号，而是一种精神力量，它代表的是一种责任所在，一种对国家、对社会乃至对整个人类所担负的厚重的历史责任感。法律学者使命感的养成也绝不是虚无缥缈的东西，而是必将直接影响整个社会法治进程的关键因素。缺乏使命感的法律学者必定无法超脱于世俗的束缚，也必定会沦为庸俗的谋利者与法治的"绊脚石"。

（二）法治使命感之养成

法律学者法治使命感的养成，从根本上说是一个改造主观世界的过程。这是一个长期的、痛苦的过程，有时还会有反复。法律学者是社会的"精英阶层"，但这并不意味着他们就天然地更高尚，也并不意味着他们的世界观、人生观就不需要改造。学术界也面临着严重的道德危机。我们可以看到一些学者热衷于担任各种社会兼职，习惯游走于司法机关与商界巨贾之间，甚至甘心充当钱权联姻的媒婆；有的法律学者为垄断学术地位，封杀新秀、排除异己……也正是从这个角度上来说，法律学者对自己主观世界的改造已经到了刻不容缓的地步。

改造主观世界首先要明确什么才是正确的世界观与人生观，什么才是法律学者应有的历史使命。主观世界的改造需要触及灵魂，有时需要刻骨铭心。法律学者要善于学习，努力提高自己的理论素养。在方法问题上，法律学者应当勇敢地面对批评，要听得进普通公众的声音，不要瞧不起普通大众，不能一听到老百姓谈法治就嗤之以鼻。另外，历史唯物主义告诉我们，"意识"不过是意识到了的"存在"，主观世界的改造要与客观世界的改造相结合，在改造客观世界的同时改造主观世界。转型时期的中国，种种诱惑、种种思潮在不断地冲击着我们的传统意识。面对着这个物欲横流的花花世界，作为肩负着法治重任的法律学者就更不能沉迷于其中，而应该抽身出来，站在“山外”看世界，在通过自己的努力改造社会，使之转向法治社会的同时，改造自己的世界观、人生观，从而形成法律学者崇高的历史使命感。

二、学术道德的培育

（一）建立健全的学术规范体系

自20世纪90年代以来，随着社会转型时期各种道德问题的不断涌现，学术道德也日渐引起学术界及社会各界的广泛关注。各种学术失范现象、各类学术不端行为也不断地被揭露出来，其中尤以2003年“周毅事件”最为令人震惊。他创造了“一稿九发”的记录，其41篇文章发表了143次，仅2003年一年就发表文章113篇。建立健全学术规范已经刻不容缓。2004年5月，《云梦学刊》编辑部在岳阳主办“学术期刊发展战略研讨会”，讨论并通过了《岳阳宣言——遵守学术规范，推动学术发展》。同年8月教育部下发《高等学校哲学社会科学研究学术规范（试行）》；10月，“首都中青年学者学术规范论坛”在北京讨论并签署了《关于恪守学术规范的十点倡议》；11月，“全国高校学术规范与学风建设论坛”在杭州举办。这一系列紧锣密鼓的行动都在表明学术界端正学术风气的决心。然而，学术规范建设是一项系统工程，要建立健全学术规范，尚有很长的路要走。

（二）建构正确的评价体系

评价是一个与利益密切相关的机制，确立合理的评价机制是保证一个职业健康发展的必要条件。我们这里所讲的评价包括两部分，即教师评价和学术评价。前者是衡量教师水平的标准，后者是衡量学术成果的标准。关于教师评价和学术评价的问题，我们这里只做一个简单的梳理和介绍。

1. 教师评价体系的改革

什么样的教师是合格的、优秀的？什么样的教师又是不合格的？用什么标准来衡量一个教师是否能够晋升更高的职称，得到更高的学术头衔？这就是教师评价体系所要解决的问题。当前，我国高校的教师评价主要以学术成果的数量为指标，即以科研成果的绝对数量作为教师评价中权重最大的指标，而教师的奖励、职称晋升、待遇等都与之相挂钩。与这个量化指标息息相关的另一方面是学校的排名与声誉，一些高校为此规定教师在一定期限内要在某一级别的刊物上发表若干篇文章、出版若干本专著、承担若干不同级别的科研课题、获得若干科研经费等。教师评价的过度量化会直接作用于他们的学术行为。在这样的评价机制下，没有科研成果就意味着“饭碗”难保，于是高校教师不得不在教学之余撰写论文、专著，周旋于出版社、期刊编辑部，托关系、走后门。

为了量的指标,请人代笔,学生代笔、导师挂名,拼凑抄袭,一稿多发,种种不堪,不一而足。换个角度考虑,在这样的体系下,又能有多少学术创新呢?可见,如今的学术腐败,教师评价标准绝对应当承担相当大的责任。

如何改革我国高校教师评价标准,是教育管理学的一项重大课题。考虑本书的意旨和读者群我们不拟在此展开论述。关键的问题是,学术量化指标可以作为高校教师评价体系的一个参考系数,但不应该成为主要参考值。我们认为,应该将学生评价、同行评价、学术委员会评价,所开课程选课情况、学生成绩、所培养学生的长期跟踪考察,本人的研究成果、自我评价等,作为不同系数的权值,进行加权平均来对教师进行综合评价。

2. 学术评价体系的完善

学术评价所研究的问题,是应当以什么标准来衡量一项研究成果的水平。目前,我国高校普遍以学术期刊主办机构的所谓级别来确定该期刊的级别,以是不是核心期刊来区分学术期刊的地位,并以此为依据来评价论文的学术水平。更为滑稽的做法是对科研课题以经费多少,对论著则以字数来衡量其水平和价值。这样的结果,直接导致了大量文字垃圾的出现和虚假的学术繁荣。

有学者主张应当主要以原创性作为学术成果的主要评价标准,认为原创性是学术研究的最高价值取向。这其实涉及了学术的定位问题,即什么样的工作才能称为学术,什么样的成果才能称为学术成果。上面所提观点主要是建立在这样的学术观上,即学术就意味着发现知识,是在各种不同的场所进行各种不同的创造性工作。这就把学术界定在非常狭小的空间之内,尤其是将传播知识、应用知识排斥在学术之外。这样的学术观导致的教育管理上的后果便是,鼓励教师进行创新性研究,而教学则得不到鼓励。这样遭受损失的其实不仅仅是高校学生,最终的恶果还是由国家来承担。因为随着社会的发展,越来越需要把学术与社会的需要结合起来。美国学者博耶(Ernest L. Boyer)提出,学术应当有四种形式——发现的学术、综合的学术、应用的学术和教学的学术。[9] 我们赞同这种观点,由此出发,学术成果的原创性显然不应当成为唯一的关键性指标。

那么,学术评价的标准究竟应当怎样呢?根据国家对学术评价的要求,综合各家观点,我们认为以下两点应该得到重视:其一,学术评价要突出质量导向。应当把教师的学术贡献、社会贡献以及科研对人才培养的支撑作用作为学术评价的核心要素,不要把发表的论文数、获得的研究项目数、课题经费额等科研的量化指标作为学术评价的主要标准。更不要把这些量化指标与教师的绩效工资、奖励挂钩。其二,代表性学术成果应当成为学术评价的重要指标。所谓代表性学术成果就是能够反映该学科领域的学术水

---

〔9〕 参见顾建民、董小燕:《美国高校的学术反思与学术评价》,载《高等教育研究》2002年第2期。

平和学术地位的成果。[10] 对于一位学者，什么样的成果最能够代表自己的学术水平，应该由他自己来评价；而他的这些学术成果在该学科领域具有什么地位，则应由同行专家来评价。

（三）加强学术道德自律

道德是一个从“他律”到“自律”的过程，学术规范、学术评价终归不过是一纸外在的纪律要求，只有学者们发自内心的“自省”和“自律”，才能使这些外在的要求不至于成为一纸空文。2016 年 12 月 7 日，习近平总书记在全国高校思想政治工作会议上，明确指出：“教师是人类灵魂的工程师，承担着神圣使命。传道者首先要自己明道、信道。”

要加强学术道德自律，首先，应当加强学术道德教育，提高教师的自律意识。恪守学术伦理是治学的起码要求，马克思主义世界观、人生观、价值观并没有过时，尤其是在回答“什么是学术”“为什么而学术”的问题上。高校对教师的教育负有主要责任，各学校、院系设立的“学术委员会”，应当担负起学术规范和学术道德教育的责任。其次，应当树立相应的榜样，淡化名利观念。无论自然科学还是社会科学都应当继承和弘扬老一辈科学家的“两弹一星”精神，学习他们隐姓埋名、无私奉献、潜心学问的学术精神。最后，应当加强教师维护知识产权的意识，尤其是法学教师更应当以身作则，尊重他人的劳动成果。

三、师德的培育

（一）师德培育的迫切性

党的十八大以来，我国高等教育取得了巨大的进步，培养出了一大批优秀的教师，这是主流。但是，我们也应该看到，中国社会的急速转型带来的社会道德失序和道德观念的混乱，对高校教师的师德不可能不产生影响。我们能发现一些高校教师中存在的令人担忧的问题。例如，个别教师共产主义理想、社会主义核心价值观缺失，对马列主义的信仰、对社会主义的信念、对中国改革开放的信心、对党和政府的信任，不同程度地发生了动摇；一些教师在价值观念上困惑增多，甚至标准混乱。导致在个人利益与集体利益、物质实惠与精神追求、索取与贡献、享乐与奋斗等问题上，向个人利益、物质实惠、物质索取、个人享乐方面倾斜。表现在教学中往往是应付了事，或是把主要精力放在“第二职业”上，而对“立德树人”的本职工作却不负责任。也有的教师，在课堂上将这种消极的文化心态或情绪流露给学生，不可避免地对青年学生造成不良影响。还有的教师在教学与科研中，妒贤嫉能，压制、限制其他同事的发展；还有的教师以市侩哲学对待教学，不去严格要求学生，对学生放任自流；也有的教师为追求商业利益，放弃学者应

---

〔10〕 参见蔡曙山：《“代表性学术成果”是哲学社会科学评价的重要指标》，载《中国高等教育》2004 年第 23 期。

有的尊严，从事“媚俗”的商业文化快餐等。因此，加强和完善师德建设，应该成为新时代高等教育所应当重点关注的问题。

（二）高校师德建设的对策

我国的《教师法》《高等教育法》《教育法》《教师资格条例》《高等学校教师职业道德规范》等法律和规范性文件，对教师的职业道德、责任、义务等都作了原则性的规定。2014 年教育部发布的《关于建立健全高校师德建设长效机制的意见》，2018 年教育部发布的《新时代高校教师职业行为十项准则》，对高校师德建设的内容、路径和方法做了明确的指引。根据这些法律、法规和政策精神，我们认为，新时代高等学校教师的师德培育，从以下几个方面入手。

1. 加强教师职业道德的教育和培训，培育高校教师重德养德的良好风尚。教师不仅是一个职业，更是一份事业，一个崇高而神圣的事业，因而它对教师有着特殊的伦理要求。在中国文化传统中，教师本身就是伦理精神的象征，高尚道德的实践者、示范者。“为人师表”应当是“教书育人”的前提，这一点应该成为我们衡量高校教师资格的根本条件。

人格的伟大在于它塑造着一种正直的人，教师人格的伟大在于它能造就真正合格的教师。面对市场经济带来的负面影响，面对价值观念的混乱，使高校教师保持清醒的价值意识，拥有一份正直，守护一种人格尊严是至关重要的。如果我们能够在高校创造崇尚道德的文化氛围，能够使教师真正感受到人格的尊严与价值，他们就会更加珍爱自己的人格。另外，塑造教师的道德人格，还应该加强思想政治工作，引导他们正确看待社会，正确看待自己的权利与义务，正确地对待他人，正确对待批评、荣誉和挫折。

2. 健全师德考核、评价机制，促进教师提高自身修养。客观、公正地评价师德是师德培育的一项核心工作。师德考核、评价的依据或者说标准是制度化的师德规范以及公众心目中自存的师德标准。师德评价的主体应该是多元的，包括院系领导评价、学生评价、同行评价、本人评价等。师德评价的方法应该是加权平均，即赋予上述评价主体以不同的权值，将他们加权平均得出相对客观的结果。

3. 强化师德监督，有效防止师德失范行为。无论是伦理精神的塑造还是道德人格的培养，如果没有相应的监督，仍然会是一种流于形式的“口号”。道德的最高境界是“自律”，但也不是说不需要“他律”。我们前面讲过，道德人格的养成是一个从“他律”向“自律”的转化过程。“自律”是一种发自内心的意愿，在实现“自律”的过程中，需要“他律”。只有通过制度化的监督来约束，迫使主体在经历价值感受、习惯养成以及人格塑造的过程之后，师德才可能由敬畏服从外在的道德规范转化为自觉的约束。教师的工作是整个社会、整个民族的灵魂工程，直接影响教育能否培养出合格人才。因此，只依靠社会舆论、传统习惯和内心信念来调节个人道德行为是不够的。师德评价机制的建立也并不仅仅为激励提供参考，也是师德惩戒的重要依据。在师德规范中，应明确不同程度的师德惩戒办法，对于严重背离师德、影响恶劣的教师，应当坚决清理出教师队伍，而不论其学术水平如何。

4. 注重师德激励，引导教师提升精神境界。学术研究有激励机制，师德建设也应当有相应的激励机制。通过建立激励机制，激发教师自觉遵守职业道德规范，激励他们以高度的热情和创新精神来自觉提高自身的师德修养。在激励方法上，应当把精神鼓励与物质鼓励紧密地结合起来，可以把师德表现与教师的切身利益挂钩，对师德的模范者应当比照在科研上有贡献的教师，在职称评定、工资津贴等方面有所倾斜。

世界上不存在不食人间烟火的神仙，高校教师也是人，也有七情六欲，也食五谷杂粮。尽管我们提倡“老黄牛”精神，但适当提高教师待遇对于优良师德的建立还是必要的。提高教师的待遇，使其复杂的脑力劳动付出与收入基本相适应，使高校教师成为令社会尊重和羡慕的职业，这样会更有效地提升教师的职业自豪感和荣誉感，而职业荣誉感的建立正是职业道德产生的重要一环。

本章案例

A 高校法学院教师刘某，是 B 律师事务所的兼职律师。刘某平时经常将他曾经教过的、在法院和检察院工作的学生请回学校，举办餐叙会、茶叙会，一起研讨法律问题。他每每在律师事务所接到案件后，首先找自己教过的学生，告知以案件情况，请求关照，因此办案的胜诉率很高。在课堂上，刘某还经常把这些当作经验分享给在校的法科学生。

| 讨论 |

1. 刘某的行为与法律学者的职业伦理有哪些背离？
2. 刘某的行为对法律职业共同体的构建有什么危害？

法律职业资格考试例题

（多项选择）以下哪些行为有违法律学者职业道德？

A. 某法学院教授参加当事人及律师组织的案件论证，从不反对案件代理律师提出的意见

B. 某法律学者在代理刑事案件时，发现主审法官是自己的学生，于是主动提出了要求该法官回避的申请

C. 某法律学者在代理刑事案件时，发现主审法官是自己的学生，该法官观点与自己相悖，于是把法官叫到自己家里训斥了一通

D. 某法律学者从报纸上看到某案件正在审理，该案正是自己研究的专长，于是迅速写出评论文章发表，引发社会广泛讨论，最终案件的审理完全遵循了学者的观点

| 试题解析 | ACD

A 项，具体案件的专家论证，是法律学者凭借自己的专业知识对案件疑难问题进行的释疑。论证的出发点是为了解决案件的疑难问题，而不是为了赚取专家论证费。法律学者是否支持代理律师的意见，应当从自己的专业角度出发，而不能不分是非，罔顾公正。

B 项、C 项，根据三大诉讼法的规定，案件审理过程中如果出现法律列举回避情形之外的其他情形可能影响案件公正审理的，相关司法工作人员应当回避。法官是学生，代理律师是老师，即便案件审理是公正的，外观也不公正，理应回避。C 项，该学者不仅不申请法官回避，反而利用自己的老师身份影响审判，有违职业道德。

D 项，法律学者身负传播法治精神之使命，自不能违背法治基本要求。在案件尚在审理过程中，即大加评论，无论评论是否有道理，都是违背法治精神的。

参考文献

1.《公民道德建设实施纲要》(2001 年 9 月 20 日中共中央颁布)。
2.《马克思恩格斯选集》,人民出版社 1995 年版。
3.《列宁选集》,人民出版社 1995 年版。
4.《毛泽东选集》,人民出版社 1991 年版。
5.《邓小平文选》,人民出版社 1993 年版。
6.《江泽民文选》,人民出版社 2006 年版。
7.《习近平谈治国理政》,外文出版社 2014 年版、2017 年版、2020 年版。
8. 罗国杰主编:《伦理学》,人民出版社 1989 年版。
9. 罗国杰主编:《中国传统道德》,中国人民大学出版社 1995 年版。
10. 王永成、赵波编著:《职业道德论要》,中国社会科学出版社 2003 年版。
11. 汪荣有、徐迎红:《职业道德引论》,中央编译出版社 2004 年版。
12. [法]爱弥尔·涂尔干:《职业伦理与公民道德》,渠东、付德根译,上海人民出版社 2001 年版。
13. [美]博登海默:《法理学——法哲学及其方法》,邓正来、姬敬武译,华夏出版社 1987 版。
14. [美]罗斯科·庞德:《法律与道德》,陈林林译,中国政法大学出版社 2003 年版。
15. [英]约瑟夫·拉兹:《法律的权威——法律与道德论文集》,朱峰译,法律出版社 2005 年版。
16. 赵克俭主编:《司法伦理学》,法律出版社 1992 年版。
17. 沈忠俊主编:《司法道德新论》,法律出版社 1999 年版。
18. 李本森主编:《法律职业伦理》,北京大学出版社 2005 年版。
19. 孙笑侠主编:《法律人之治——法律职业的中国思考》,中国政法大学出版社 2005 年版。
20. 张勇:《卓识——超越法律职业的 59 项卓越素质》,机械工业出版社 2005 年版。
21. 曹建明主编:《法官职业道德教程》,法律出版社 2003 年版。
22. 怀效锋主编:《法官行为与职业伦理》,法律出版社 2006 年版。
23. 张智辉、杨诚:《检察官作用与准则比较研究》,中国检察出版社 2002 年版。
24. 邓基联主编:《法官法与检察官法》,中国广播电视出版社 2004 年版。
25. 王新清:《市场经济中的律师和律师工作机构》,中国经济出版社 1999 年版。
26. [美]克罗曼:《迷失的律师——法律职业理想的衰落》,周战超、石新中译,法律出版社 2002 年版。
27. [美]吉勒斯:《律师规范——法律和道德问题》,中信出版社 2003 年版。
28. 田平安主编:《律师、公证与仲裁教程》,法律出版社 2002 年版。
29. 宣善德主编:《律师公证与仲裁制度》,中国政法大学出版社 2005 年版。

30. 谢佑平主编:《公证与律师制度》,中国政法大学出版社 1999 年版。
31. 江晓亮主编:《公证员入门》,法律出版社 2003 年版。
32. 王胜明、段正坤主编:《中华人民共和国公证法释义》,法律出版社 2005 年版。
33. 严军兴主编:《中华人民共和国公证法释义》,人民法院出版社 2005 年版。
34. 潘俊星:《仲裁文化概论》,西安出版社 2003 年版。
35. 谢石松主编:《商事仲裁法学》,高等教育出版社 2003 年版。
36. 高文英、姚伟章主编:《警察法学教程》,中国人民公安大学出版社 2005 年版。
37. 杜晋丰主编:《警察伦理学》,中国人民公安大学出版社 2005 年版。